東航金融·衍生译丛

管理对冲基金风险和融资

适应新的时代

戴维·贝尔蒙特（David Belmont） 著

郑海燕 译

上海财经大学出版社
WILEY

图书在版编目(CIP)数据

管理对冲基金风险和融资/(美)贝尔蒙特(Belmont,D.)著;郑海燕译.—上海:上海财经大学出版社,2016.6
(东航金融·衍生译丛)
书名原文:Managing Hedge Fund Risk and Financing
ISBN 978-7-5642-2348-9/F·2348

Ⅰ.①管… Ⅱ.①贝… ②郑… Ⅲ.①对冲基金-风险管理 Ⅳ.①F830.593

中国版本图书馆CIP数据核字(2016)第018358号

□ 责任编辑　徐　超
□ 封面设计　张克瑶

GUANLI DUICHONG JIJIN FENGXIAN HE RONGZI
管 理 对 冲 基 金 风 险 和 融 资
——适应新的时代

戴维·贝尔蒙特　著
(David Belmont)

郑海燕　译

上海财经大学出版社出版发行
(上海市武东路321号乙　邮编200434)
网　　址:http://www.sufep.com
电子邮箱:webmaster @ sufep.com
全国新华书店经销
上海华业装潢印刷厂印刷装订
2016年6月第1版　2016年6月第1次印刷

787mm×1092mm　1/16　18.75印张(插页:3)　326千字
印数:0 001—4 000　定价:50.00元

图字：09-2013-924 号

Managing Hedge Fund Risk and Financing：Adapting to a New Era
David P. Belmont

Copyright © 2011 John Wiley & Sons (Asia) Pte. Ltd.

All Rights Reserved. Authorized translation from English language edition published by John Wiley & Sons Singapore Pte. Ltd.

No part of this publication may be reproduced, stored in a retrieval system, or transmitted in any form or by any means, electronic, mechanical, photocopying, recording, scanning, or otherwise, except as expressly permitted by law, without the prior written permission of the Publisher.

CHINESE SIMPLIFIED language edition published by SHANGHAI UNIVERSITY OF FINANCE AND ECONOMICS PRESS, Copyright © 2016.

2016 年中文版专有出版权属上海财经大学出版社
版权所有　翻版必究

感谢蒂莉(Tilly)、威尔(Will)和埃玛(Emma),让我有时间写这本书。我太长时间没有关注你们了。

总　序

　　20世纪70年代,随着布雷顿森林体系瓦解,美元与黄金挂钩的固定汇率制度遭到颠覆,金融市场出现了前所未有的大动荡。风险的巨大变化,带来了巨大的避险需求。以此为契机,金融衍生品逐渐从幕后走到前台,成为了风险管理的重要工具。金融期货是金融衍生品最重要的组成部分。1972年,以外汇期货在芝加哥商品交易所的正式交易为标志,金融期货在美国诞生。金融期货的本质,是把金融风险从金融产品中剥离出来,变为可度量、可交易、可转移的工具,被誉为人类风险管理的一次伟大革命。经过30年的发展,金融期货市场已经成为整个金融市场中不可或缺的组成部分,在价格发现、保值避险等方面发挥着不可替代的作用。

　　我国金融期货市场是在金融改革的大潮下诞生的。2006年9月8日,经国务院同意、中国证券监督管理委员会批准,中国金融期货交易所在上海挂牌成立。历经多年的扎实筹备,我国第一个金融期货产品——沪深300股指期货——于2010年4月16日顺利上市。正如王岐山同志在贺词中所说的:股指期货正式启动,标志着我国资本市场改革发展又迈出了一大步,这对于发育和完善我国资本市场体系具有重要而深远的意义。

　　股指期货到目前已经成功运行了一段时间,实现了平稳起步和安全运行的预期目标,成功嵌入资本市场运行和发展之中。股指期货的推出,对我国股票市场运行带来了一些积极的影响和变化:一是抑制单边市,完善股票市场内在稳定机制。股指期货为市场提供了做空手段和双向交易机制,增加了市场平衡制约力量,有助于降低市场波动幅度。机构投资者运用股指期货,可以替代在现货市场的频繁操作,增强持股信心。同时,股指期货具有一定的远期价格发现功能,可在一定程度上引导现货交易,稳定市场预期,减少股市波动频率。二是提供避险工具,培育市场避险文化。股指期货市场是一个专业化、高效的风险管理市场。股指期货不消除股市风险,但它使得股市风险变得可表征、可分割、可交易、可转移,起到优化市场风险结构、促进股市平稳运行的作用。三是完善金融产品体系,增加市场的广度和深度,改善股市生态。发展股指期货等简单的基础性风险管理工具,不仅能够完善金融产品体系,增加市场创新功能,提高市场运行质量,同时也有助于保障金融资源配置的主动权,实现国家金融安全战略的重要选择。

股指期货的成功上市,打开了我国金融期货市场蓬勃发展的大门。中国是一个经济大国,一些重要资源、重要基础商品、金融资产的定价权,必须通过稳健发展金融衍生品市场来实现和完成。"十二五"规划提出,要加快经济发展方式转变,实现经济结构调整。这需要我们不断扩大直接融资比例,积极稳妥地发展期货市场,同时也对我国金融期货市场的发展提出了更高的要求,给予了更加广阔的空间。下一步,在坚持国民经济发展需要、市场条件具备、交易所准备充分的品种上市原则的基础上,中国金融期货交易所将进一步加强新产品的研究与开发,在风险可测、可控、可承受的条件下,适时推出国债期货、外汇期货等其他金融期货品种,为资本市场持续健康发展,为加快推进上海国际金融中心建设,作出应有的积极贡献。

金融期货在我国才刚刚起步,还是一个新的事物,各方对它的认识和了解还需要一个过程。因此,加强对金融期货等金融衍生品的功能作用宣传、理论探索和实践策略的分析介绍,深化投资者教育工作,事关市场的功能发挥和长远发展。东航金控作为东航集团实施多元化拓展战略的重要金融平台,始终对境内外金融衍生品市场的现状和演变趋势保持着密切关注,在金融衍生品市场风险研究与资产管理实践等领域,努力进行着有益尝试。这套由东航金控携手上海财经大学出版社共同推出的"东航金融·衍生译丛",包含了《揭秘金融衍生品交易》《期权交易策略完全指南》《期权交易波动率前沿》《外汇期权》《管理对冲基金风险和融资》五本著作。它们独辟蹊径,深入浅出地向读者展示了国际金融衍生品市场的奥秘与风景。相信此套丛书一定能够有助于广大投资者更加深入地了解金融衍生品市场,熟悉投资策略,树立正确的市场参与理念和风险防范意识,为中国金融衍生品市场的发展贡献力量。

朱玉辰

原中国金融期货交易所总经理

2016 年 5 月

致 谢

最近的信贷危机及其后果提供了这本书的内容。我的多位导师给了我组织危机带给我们的经验教训的框架。我的同事给了我一个论坛使我能在写作前讨论和完善我的想法。我的妻子和家人给了我时间来写这本书。

出版的机会来自约翰威利父子出版公司(John Wiley & Sons)的尼克·沃尔沃克(Nick Wallwork)，我在新加坡讲学时他问我是否可以把我的关于风险管理可以用来创造股东价值的想法做成一本书。那一刻引向了我的第一本书，开始了我的出版事业。

这本书的质量也因我的编辑约翰·欧文(John Owen)提高了很多，他使本书有了更强的说服力和更好的组织。

有更多的人我想感谢，但是时间、空间和他们的谦虚让我停在这里。

引言　管理复杂性和不确定性

对冲基金和对冲基金投资是复杂的。管理对冲基金的风险也同样复杂。其核心是，对冲基金是一种因具有投资风险而未来价值不确定的证券组合。然而，杠杆的使用、衍生品交易的运营现实、证券作为抵押品的保证，以及授予投资者、大宗经纪商和对冲基金经理的不对称权利，产生了资金风险、交易对手风险和运营风险。这些风险合在一起极大地增加了对冲基金全面风险管理挑战和投资者所面临的投资风险的复杂性。

每个对冲基金在其策略、能力、投资者、风险偏好、资金特征和法律结构方面都是独特的。然而，整体而言，对冲基金代表了一种脆弱的商业模式，如果可持续阿尔法生成了，那么投资者的股权和大宗经纪商的资金应该与投资风险和杠杆相平衡。

给定的对冲基金的风险特征可能看上去是独特的，但深思熟虑的审视显示，对冲基金实际上并不是一个截然不同的风险种类，更准确地说，是共享一个共同的风险种类。给定基金的风险管理的挑战和优先顺序方面可能是不同的，但从根本上说，对冲基金的相似多于它们的不同。对冲基金面对投资风险、资金风险、交易对手风险和运营风险都是脆弱的。

在2008年臭名昭著的市场环境中，对冲基金的业绩表明这些脆弱是被低估的。统计风险建模和测量技术只关注对冲基金投资组合的潜在回报，严重低估了资金风险和潜在损失。由于投资组合外部风险（即交易对手风险、资金风险和运营风险）的影响，实际亏损超出了投资者最坏的预期结果。特别是，当投资者、大宗经纪商和对冲基金经理采取措施保护他们的利益时，资金稳定性假设被证明是错的。这些对冲基金的利益相关者行使的权利和抢先的行动对单个的投资者、优先债权人和对冲基金委托人是最优的，但对投资者作为一个整体是次优的。为了管理这种风险，应该考虑一种综合的风险管理方法，这种方法结合了投资者赎回行为、保证金融资收缩以及与投资者、债权人和交易对手财务关系的主动构建等方面最坏情况下投资业绩的压力和场景测试。

管理对冲基金风险和融资

　　这本书详细提出了对冲基金投资者和经理面临的风险的一个新的视角。它提出了一个综合策略，对冲基金经理通过该策略可以构建融资并管理投资风险、交易对手风险、资金风险和运营风险。这些策略可以定制成特定的对冲基金的投资策略。本书详细论述了过去十年中，特别是在 2008 年的信贷危机中，所有主要对冲基金策略的构建、风险特征和业绩。它总结了风险管理的经验教训并详细说明了对冲基金在资金风险、交易对手风险和运营风险方面应该具备的最低风险管理能力，以应对下一个危机。最后，它为每种风险类型推荐了风险管理策略，并详细说明了 ISDA、大宗经纪业务、费用和保证金锁定以及承诺融资贷款条款，通过协商这些条款来管理交易对手风险和资金流动性风险。

目 录

总序/1

致谢/1

引言 管理复杂性和不确定性/1

第 1 章　快者和死者：学到的教训/1
第 2 章　对冲基金风险管理综合方法/27
第 3 章　对冲基金策略和风险概览/66
第 4 章　对冲基金策略的风险/收益特征分析/111
第 5 章　管理资金风险/189
第 6 章　管理交易对手风险/235
第 7 章　对冲基金投资者的风险管理/247
第 8 章　结论/271
附录 1　尽职调查的主题/274
附录 2　对冲基金倒闭案例/278
附录 3　现金管理和倒闭概率/280

作者简介/285

第 1 章 快者和死者:学到的教训

全球信贷危机:2008~2010

自大萧条以来的 80 年间,全球经济和资本市场已经经历了好几个周期,但没有一次像 2008~2010 年的信贷危机一样具有戏剧性和严重性。自 2008 年 9 月开始的仅仅 8 周时间里,一场"海啸"席卷金融市场。最初的涟漪始于 2008 年 9 月 7 日,当时美国政府特别介入私营企业以防止美国经济两大基石的崩溃并接管了房利美(Fannie Mae)和房地美(Freddie Mac)。

一周后,涟漪发展成波浪,9 月 14 日,具有 150 年历史,并且经历过大萧条的雷曼兄弟公司(Lehman Brothers)倒下了,成为美国历史上进入破产程序的最大的公司。同一天,美林(Merrill Lynch)同意与美国银行(Bank of America)合并,以避免自己的灭亡。两天后,美国保险集团(AIG)——世界上最大的保险公司——为了避免崩溃,从美国联邦储备系统(U.S. Federal Reserve)接受了 850 亿美元的救助。

9 月 21 日,随着危机的深化,仅仅在 AIG 接受救助五天后,摩根士丹利(Morgan Stanley)和高盛(Goldman Sachs)——对冲基金业的两大主导资金供应者,寻求安全港避难,并经联邦政府批准成为银行控股公司。这使它们能够从联邦储备系统的紧急放贷机构获取急需的资金以保持流动性。这一举动实际上结束了自《1933 年格拉斯-斯蒂格尔法案》(Glass-Steagal Act of 1933)后形成的投资银行时代,这一法案在 1929 年股票市场崩溃后将投资银行和商业银行分开了。

金融市场的压力继续攀升,9 月 26 日,华盛顿互助银行(Washington Mutual)成为美国历史上倒闭的最大的银行,它被联邦监管机构接管。随着金融市场信心压力的增大,9 月 29 日,白宫和国会创历史地为金融业起草了 7 000 万美元的银行救助计划。这项救助计划最终称为问题资产救助计划(Troubled Assets Relief Program,TARP)。

对冲基金继续在风暴中航行,导航避开给它们带来灭绝性威胁的三种因素。其中一些了解它们的脆弱并寻求避风港,而另一些却冒险追求从危机中获利。在这个动荡时期,对对冲基金业健康状况的担忧广为传播,因为灾难性的投资业绩使整个行业面临前所未有的压力。在2008年信贷危机期间,1 471只对冲基金倒闭或关门创造了纪录。更有668只对冲基金在2009年上半年关门或倒闭。生存下来的对冲基金和倒闭的之间的区别就是,后者对他们投资的回报率确信不疑,而前者知道他们不能预测未来,已经通过投资于公司的风险管理来应对不确定性,并且遵循风险管理纪律在金融海啸来临前到达了安全港。

图1.1显示,对冲基金倒闭的比率,从2007年的低于7%,翻倍到了2008年的超过16%。

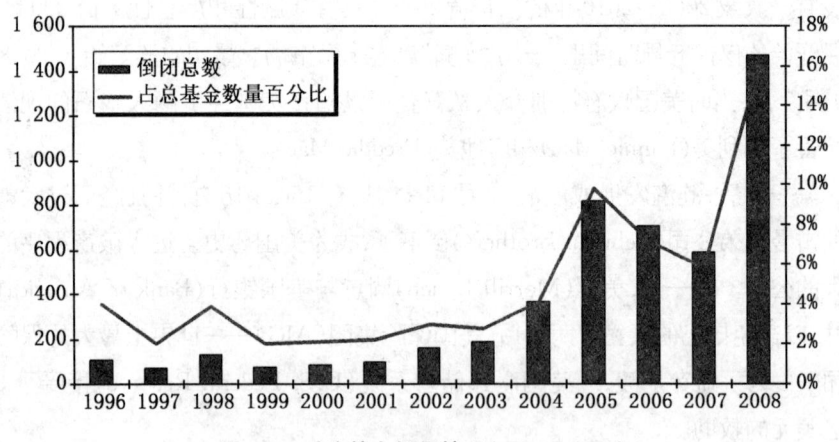

图1.1 对冲基金倒闭情况(1996~2009)

图1.2显示,随着基金业绩下滑、基金倒闭,以及投资者退出对冲基金投资,对冲基金业管理的资产在2008年大规模收缩。

系统性风险的增加

影响对冲基金业绩和生存的三大因素中,第一个就是系统性风险。资本市场的系统性中断直接增加了大部分对冲基金交易市场的波动和风险。基本的系统性风险以市场波动率和非流动性体现,导致许多对冲基金的市值损失和债权人对保证金要求的提高。

如图1.3所示,2008年的市场波动是前所未有的,不论是市场价格变动的频

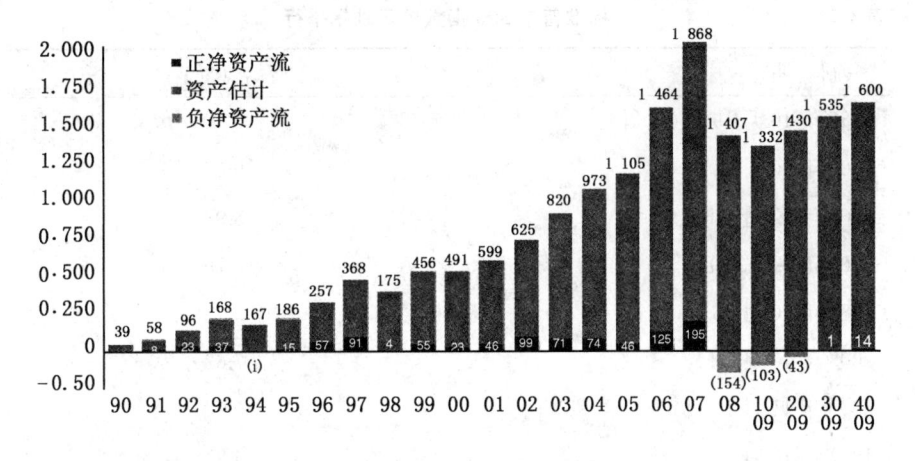

资料来源：对冲基金研究公司(Hedge Fund Research, Inc.)，2010年1月。

图1.2　对冲基金净资产增长估计(1990~2009)

率还是规模都大大超过了历史正常水平。

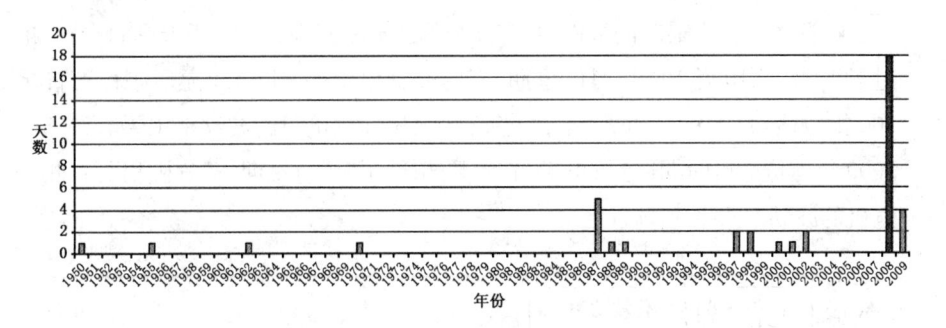

资料来源：彭博社(Bloomberg)。

图1.3　价格变动超过前一天5%以上的天数(标准普尔指数)

　　2007年10月市场到达顶峰后开始的熊市是20世纪20年代以来最差的熊市之一，仅次于1929年的股票市场大崩溃。从更广的权益市场来看，以美国标准普尔指数衡量，从2007年10月9日的牛市顶峰，下跌了超过58%。超过25个百分点的下降发生于2008年10月16日前的13天里。事实上，如果说整个2008年是对冲基金致命年的话，那么9月和10月是特别致命的。如表1.1所示，标准普尔500指数单日跌幅最大排行中，有五个是2008年的，其中又有三个在9月和10月。

3

表 1.1　　　　　　　　　　标准普尔 500 指数单日跌幅排行

日　期	跌幅(%)
1987 年 10 月 19 日	20.47
2008 年 10 月 15 日	9.03
2008 年 12 月 1 日	8.93
2008 年 9 月 29 日	8.79
1987 年 10 月 26 日	8.28
2008 年 10 月 9 日	7.62
2008 年 11 月 13 日	6.92
1997 年 10 月 27 日	6.87
1998 年 8 月 31 日	6.80
1988 年 1 月 8 日	6.77

资料来源:Bloomberg。

在这些历史上最差的熊市中,有一个的波动率升高到了前所未有的水平,超过了 1987 年 10 月 19 日"黑色星期一"的波动率水平。图 1.4 显示了标准普尔 500 指数移动 60 天平均波动率,能够比较出先前危机时的波动率水平。2008～2009 年信贷危机时期达到的波动率水平,超过了"黑色星期一"危机和所有此前危机的波动率水平 15% 以上。

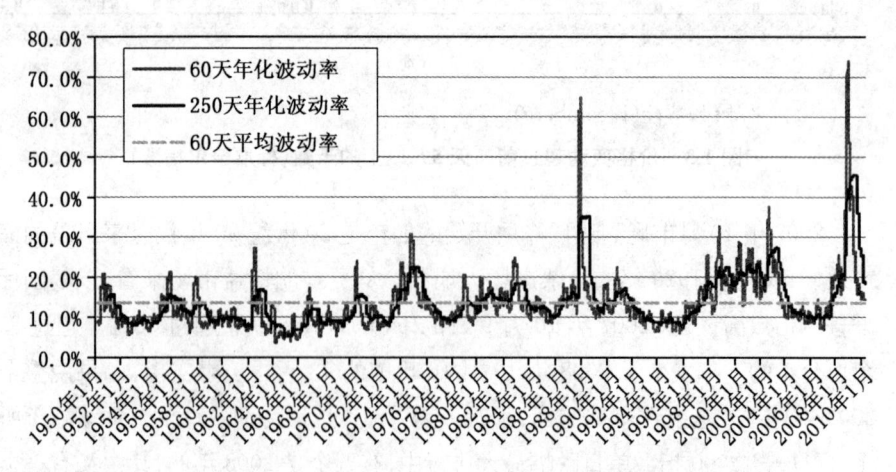

图 1.4　标准普尔 500 指数移动 60 天平均波动率(1950～2010)

资料来源:Bloomberg。

到2008年10月15日,波动率已经升到51.18%,与黑色星期一相等[1],并且在继续上升。

波动率上升的深度和宽度是前所未有的。在2008年1月1日至2009年1月1日间,有六个不同的交易日标准普尔500指数高收或低收超过5个百分点。以前从来没有一年有这么多超过5个百分点的波动的。[2]另外,所有这六个交易日都发生在2008年10月上半月。对冲基金必须在2008年的这两周营运的挑战是致命的。

相似的,如图1.5所示,CBOE波动率指数(Volatility Index,VIX),一种波动率的市场衡量基准,也达到了前所未有的水平。

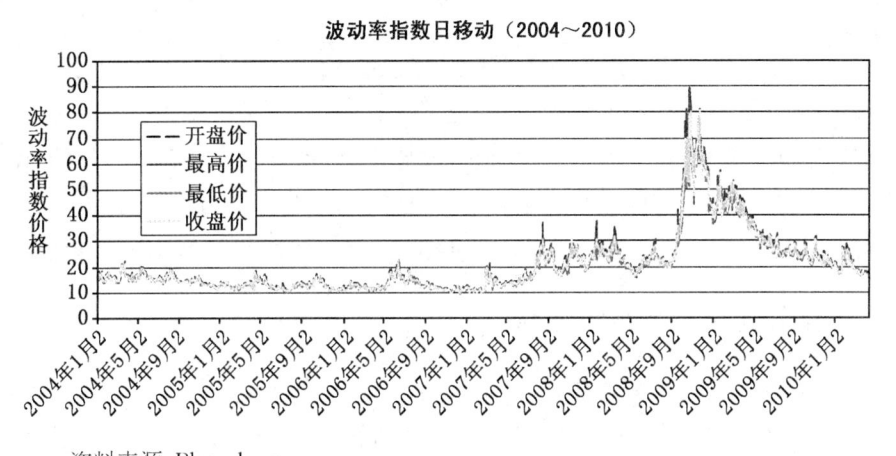

波动率指数日移动（2004～2010）

资料来源:Bloomberg。

图1.5　CBOX波动率指数(2004～2010)

CBOE波动率指数一般在10～30间交易,但是在2008年10月,指数在高于80处交易。

如同日间波动率增加一样,日内波动率也增加到了前所未有的水平。在2008年10月上半月的交易日里,标准普尔500指数日间价格波动有8个交易日里超过5%。从10月1日到10月16日,标准普尔500指数的日内波动率(用日内最高和最低的差表示)在2.25%到10.31%之间。这些波动极大的交易日在以前的46年中根本没有发生过(见图1.6)。同样的,2008年10月24日,CBOE波动率指数达到了89.53,是所有时间日内波动的最高值。

---

[1] 黑色星期一是1987年10月19日的星期一,那天标准普尔500指数下降了20.5%,道—琼斯工业平均指数下降了22.6%。

[2] 1987年只有5日移动平均大于或等于5%。

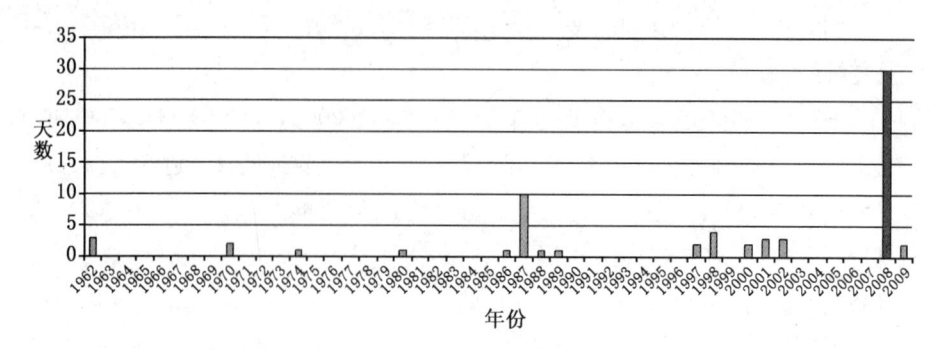

资料来源：Bloomberg。

图 1.6 标准普尔 500 指数日内价格变动超过 5%的天数(1962～2009)

在证券估值风向的切换中，对冲基金组合的价值下降了，大宗经纪商增加了他们对保证金的要求，以保护自己免受对冲基金违约可能性越来越大带来的损失。通过提高保证金水平，大宗经纪商增加了他们持有的抵押品，减少了给对冲基金的信贷总额。增加的保证金要求导致市值损失形成，对冲基金只得清算头寸以产生必要的现金来给大宗经纪商并避免违约，这进一步压低了证券价值。

银行间资金市场的收缩

影响对冲基金业绩和生存的三大因素中，第二个是银行间资金市场的冻结。主要金融机构偿付能力的不确定性导致银行间资金市场严重的收缩以致最后崩溃。这侵蚀了几乎所有对冲基金交易对手的偿付能力，导致了几大金融机构的倒闭(包括贝尔斯登和雷曼兄弟)。这极大地削弱了经纪交易商如高盛和摩根士丹利，它们不得不转为银行控股公司，以利用联邦储备系统的紧急放贷机构。随着违约担忧的上升，对冲基金迫切要求快速撤回它们在这些经纪商处持有的资产，导致对经纪商的冲击。摩根士丹利报告说，有 95%的超额对冲基金权益被要求在一周内撤回。

投资者的赎回

影响对冲基金业绩和生存的三大因素中，第三个是各种去杠杆化周期，这使对冲基金投资者惊慌，导致他们无情地要求赎回其对冲基金份额。这反过来又破坏了低流动性对冲基金投资策略，迫使对冲基金通过出售资产弥补损失来满足投资者的要求，或者通过拒绝赎回要求，不在心疼的价格下出售资产，努力渡过难关。许多对冲基金对于吞噬他们的赎回风暴没有准备。一些很快就倒闭了,而有许多会悄悄地封闭他们的基金,慢慢地清算,最终在蒙受了巨大损失后关上他们的大门。

快者和死者

危机前,大宗经纪商提供了大量的对冲基金运用的杠杆来产生高回报。基本上,大宗经纪商通过他们的保证金要求,决定一只对冲基金需要投入多少现金到证券中。大宗经纪商提供证券价格和保证金之间的差额作为融资(通常是贷款)给对冲基金用于买入证券。大宗经纪商持有证券作为贷款的抵押品。当证券价值快速下降时,基金就需要向大宗经纪商投入更多的现金以保持投资头寸。

在危机中,不但证券价值下降(导致对冲基金不得不投入更多的现金以保持投资头寸),而且一些大宗经纪商会增加某种证券价值的比例,对冲基金不得不投入以拥有该证券。有时这是对某一特定对冲基金信誉下降的反映,有时这种保证金改变应用于持有某种风险资产的所有基金。不管哪种原因,必须投入更多的保证金进一步降低了对冲基金的流动性和可获得的现金以满足赎回要求。

大宗经纪商、对冲基金管理者和他们的投资者面临着囚徒困境[1],如果现金需求是平衡的,他们都能提高从危机中走出来的概率,而第一个得到现金的当然会最小化他们的损失。在危机中,投资者现金和保证金融资就像创伤处的淋巴液,总是不够的。基金被市场崩溃粉碎了。投资者和大宗经纪商需要满足他们自己的现金需求,不得不决定哪些基金不能承受危机,哪些基金可能在投资者现金和保证金融资继续的话会生存下来。

那么是什么表明了生存的对冲基金和倒闭的对冲基金间的差别呢?风险管理和保持流动性是区分危机中基金业绩的关键。那些认识到他们的商业模式脆弱性的对冲基金,那些做好投资风险、资金风险、交易对手风险和运营风险全面计划的对冲基金,那些积极分析最坏情况下潜在资金需要的对冲基金,以及那些结构化了投资者、大宗经纪商和交易对手关系以保证他们的基金能够保持流动性的对冲基金,生存下来从而充分利用金融危机提供的机会。

基金是倒闭还是生存并发展壮大,依赖于他们综合的风险管理质量。在面

---

[1] 囚徒困境是博弈论中的常用术语,它的特征是描述了这样一种境况:通过合作,团体的损失会最小化或者团体的收益会最大化,而通过利己行动,个体损失可以最小化或者个体收益可以最大化。该名字描述了这样一种境况:在给定得益的情况下,如果两个囚徒相互合作,他们就能够轻而易举地打败警卫并逃跑,但他们不会这么做,因为如果他们失败的话,他们个人潜在的损失(死亡)是严重的。

临前所未有的市场波动和交易流动性快速下降的情况下,利用历史数据的投资风险数量模型爱莫能助。一些基金由于没有认识到他们已经在地图外航行,坚信他们的历史模型是正确的,而市场错了,他们跟随着有缺陷的罗盘,撞上了流动性不足的岩石而沉没。另一些基金务实地抛弃历史模型的重负,并聚焦于基本的风险管理原则——去杠杆化和多样化,来减轻损失。最好的基金有能力维持或者增加杠杆和资金流动性,因为他们跟大宗经纪商签有协商绑定锁定期和承诺融资,因此保证金融资保持稳定。通过较长的投资者锁定期和将投资组合流动性与潜在投资者现金赎回要求相匹配的赎回条件,来管理赎回。这样的基金能够保持流动性,并从危机中获得机会利润。为简要说明传统风险管理的缺点,我们来看一下1999~2008年期间对冲基金的业绩。

1999~2008年对冲基金的业绩分析

以前的业绩不能预测未来2008年的业绩。首先,2008年的危机是如此严重,以至于在12种对冲基金策略中,只有一种策略卖空在2008年是获利的。其次,如表1.2所示,在2008年,许多主流策略的负业绩大大超过了前两年的正业绩,使可转换债券策略、不良投资策略、新兴市场策略、固定收益套利策略甚至基金中的基金策略的三年平均和累计业绩都是负的。

传统的对冲基金风险分析

传统风险分析是基于历史数据的。它在预测2008年对冲基金损失大小方面非常失败,因为那年发生的事情是前所未有的。传统的历史数据统计分析会极大地低估潜在损失的大小。

表 1.2　对冲基金短期和长期策略业绩比较[1]（1999～2008）*

	2008年回报	2007年回报	最大回报(1997~2008)	最小回报(1997~2008)	最大回报年份	最小回报年份	三年平均回报(2006~2008)	三年累计回报(2006~2008)	10年平均	10年累计
可转换债券套利	−26.48%	3.87%	17.77%	−26.48%	2000	2008	−5.02%	−14.31%	4.75%	59.00%
CTA全球	12.78%	9.89%	14.58%	−0.35%	2002	2005	10.40%	34.55%	7.39%	104.02%
不良债务	−19.40%	7.16%	27.35%	−19.40%	2003	2008	−0.93%	−2.76%	9.28%	142.93%
新兴市场	−30.30%	20.79%	44.59%	−30.30%	1999	2008	−1.69%	−4.97%	10.71%	176.56%
股权市场中性	−7.34%	8.34%	15.44%	−7.34%	1997	2008	2.18%	6.69%	6.46%	87.06%
事件驱动	−16.20%	9.65%	22.74%	−16.20%	1999	2008	1.06%	3.23%	8.06%	117.12%
固定收益套利	−16.80%	6.01%	12.62%	−16.80%	1999	2008	−1.82%	−5.35%	4.65%	57.48%
全球宏观	−2.88%	12.93%	23.91%	−2.88%	1997	2008	5.60%	17.76%	8.17%	119.24%
多头/空头股权	−15.57%	10.53%	31.40%	−15.57%	1999	2008	0.05%	0.14%	7.00%	96.79%
并购套利	−1.03%	9.11%	18.11%	−1.03%	2000	2008	6.63%	21.23%	7.46%	105.33%
相对价值	−13.70%	9.43%	17.17%	−13.70%	1999	2008	1.44%	4.39%	6.80%	93.07%
卖空	24.72%	7.38%	27.27%	−23.86%	2002	2003	9.04%	29.66%	3.02%	34.64%
基金中的基金	−17.08%	10.07%	28.51%	−17.08%	1999	2008	−0.41%	−1.23%	6.22%	82.83%

* 给出的是年化统计数据。
资料来源：EDHEC风险与资产管理研究中心（EDHEC Risk and Asset Management Research Centre）。

[1] Veronique Le Sourd, *Hedge Fund Performance in 2008*, EDHEC Risk and Asset Management Research Center, February 2009.

风险度量和管理上的失败带来的影响是,在 2006~2008 年间,13 种策略中的 8 种,夏普比率(Sharpe ratio)和索尔蒂诺比率(Sortino ratio)转为负值。考察每种策略的最大月度跌幅,并与月度的历史回报波动率比较,可以清楚地看出风险管理度量的失败。如表 1.3 所示,在 2006~2008 年间,除了 CTA 策略外,其他所有对冲基金策略的历史的月度波动率小于最大跌幅。另外,对于大多数策略来说,95 分位的月度 VaR 小于最大跌幅的 1/4。

表 1.3　　　　对冲基金策略的风险(2006 年 1 月~2008 年 12 月)

	最大跌幅	波动率*	最大跌幅/波动率	调整后VaR***	最大跌幅/VaR	夏普比率*/**	索尔蒂诺比率*/**
可转换债券套利	29.27%	10.32%	2.84	6.76%	4.33	−0.82	−0.58
CTA 全球	5.29%	7.71%	0.69	2.73%	1.94	0.90	2.33
不良证券	22.60%	7.60%	2.97	4.47%	5.06	−0.57	−0.45
新兴市场	34.54%	13.73%	2.52	7.85%	4.40	−0.37	−0.34
股权市场中性	11.08%	4.85%	2.28	2.74%	4.04	−0.26	−0.06
事件驱动	20.07%	7.60%	2.64	4.18%	4.80	−0.31	−0.21
固定收益套利	17.60%	6.87%	2.56	4.35%	4.05	−0.77	−0.47
全球宏观	7.92%	5.30%	1.49	2.13%	3.72	0.41	0.94
多头/空头股权	21.04%	8.50%	2.48	4.65%	4.52	−0.40	−0.34
并购套利	5.65%	4.42%	1.28	1.80%	3.14	0.72	1.25
相对价值	15.94%	6.56%	2.43	3.77%	4.23	−0.30	−0.14
卖空	14.93%	12.11%	1.23	3.73%	4.00	0.46	1.59
基金中的基金	20.22%	7.53%	2.69	4.21%	4.80	−0.51	−0.45

*给出的是年化统计数据。

** 无风险利率为 2006~2008 年间美国三月期国库券的平均利率(3.44%);最小可接受回报率固定在 2.5%。

*** 非年化的 5%分位值是估计的。

资料来源:EDHEC Risk and Asset Management Research Centre。

运用 1999~2008 年间数据得出的结果与 2006~2008 年间的相似,在 2008 年观察到的最大跌幅依然远大于用波动率和在险价值预测的值。这表明,包含了一些危机时期数据的较长期的历史分析,对于提高风险度量的预测精度而言并不是足够的。各策略的最大跌幅与波动率和在险价值的倍数甚至比 2006~2008 年间的还要大。从 1999~2008 年间的更长时期来看,夏普比率和索尔蒂诺比率保持为正,但除一种策略外,都小于 1;即使从较长时期看,对冲基金在风险调整后的业绩方面,也不能战胜美国国库券(见表 1.4)。

表 1.4 对冲基金策略的风险(1999～2008)

	最大跌幅	波动率*	最大跌幅/波动率	调整后VaR***	最大跌幅/VaR	夏普比率*/**	索尔蒂诺比率*/**
可转换债券套利	29.27%	6.74%	4.34	3.55%	8.25	0.24	0.26
CTA全球	11.68%	8.80%	1.33	3.52%	3.32	0.48	1.01
不良证券	22.60%	5.88%	3.84	2.50%	9.04	1.04	1.22
新兴市场	34.54%	11.60%	2.98	5.05%	6.84	0.65	0.91
股权市场中性	11.08%	3.17%	3.50	1.28%	8.66	1.05	0.91
事件驱动	20.07%	5.83%	3.44	2.56%	7.84	0.84	1.04
固定收益套利	17.60%	4.21%	4.18	2.03%	8.67	0.36	0.33
全球宏观	7.92%	5.27%	1.50	1.56%	5.08	0.95	2.16
多头/空头股权	21.04%	7.60%	2.77	3.14%	6.70	0.51	0.86
并购套利	5.65%	3.58%	1.58	1.31%	4.31	1.21	1.68
相对价值	15.94%	4.52%	3.53	2.08%	7.66	0.81	0.82
卖空	36.30%	17.74%	2.05	7.91%	4.59	−0.01	0.05
基金中的基金	20.22%	6.18%	3.27	2.43%	8.32	0.50	0.78

* 给出的是年化统计数据。

** 无风险利率为1999～2008年间美国三月期国库券的平均利率(3.14%);最小可接受回报率固定在2.5%。

*** 非年化的5%分位值是估计的。

资料来源:EDHEC Risk and Asset Management Research Centre。

在险价值(Value at Risk,VaR)仅仅是对冲基金风险的一个视角,即投资风险。传统的基于波动性的VaR定量分析对冲基金投资的潜在的最大损失是不充分的,这是显而易见的。另外,如果说2008年危机说明了什么,那就是风险是可变的、可传染的。它可从投资风险扩大为资金流动性风险,然后资金流动性风险又转化为交易对手风险和运营风险。市场跳水使贷款人对于雷曼兄弟损失的大小不确定。这反过来增加了他们在与雷曼交易时可感知的他们承担的交易对手信贷风险,并影响雷曼自身的融资和融出证券产生现金流动性的能力。这又导致雷曼的崩溃,并影响了其所有对冲基金客户的运营。2008年危机并不仅仅是市场风险事件。为了避免甚至预测2008年的潜在损失,对冲基金风险管理者必须运行一个超长尾事件的方案,该方案将投资风险、交易对手风险、资金流动性风险和运营风险结合在一个复杂的、多阶段的场景中。

综合风险管理的价值

在危机前,只有少部分对冲基金雇有专职的风险经理。普华永道(PriceWaterhouseCoopers)最近的调查(见表 1.5)表明,仅有 31% 的对冲基金有独立的风险经理。

表 1.5　　　　具有独立风险经理职位的对冲基金的比例[1]

职位	特大型基金 (大于 50 亿美元)	大型基金(10 亿 ～50 亿美元)	中型基金 (小于 10 亿美元)	平均
合规官	83%	71%	44%	65%
内部律师	78%	56%	22%	49%
风险经理	37%	44%	12%	31%
IT 部门负责人	45%	41%	32%	40%

这并不意味着对冲基金没有实施风险管理。在投资管理的双螺旋结构里,风险管理是对回报最大化的补充。它就在成功的对冲基金管理者的 DNA 里。然而,风险管理一直关注投资组合,与经营风险是割离开来实施的。通常,对冲基金风险经理的例子是这样的:保持较小的投资集中度,使投资信心与每笔交易的期望回报率成比例,监控证券组合的流动性状况,监控总体杠杆,检查 VaR 和历史的压力测试结果,以最小化投资组合中的头寸所能带来的潜在损失。组合的投资风险通常仅仅以投资组合中证券的内在风险来评估,而没有放在基金的资金风险、交易对手风险和运营风险背景下,没有考虑基金中各类利益相关者的潜在行动。这种对投资风险的关注隐含着假定,对冲基金的主要风险是来自于投资组合,组合经理在任何情况下都具有对基金资产的唯一且排他的处置权。这是一个错误的且具有潜在灾难性的假定。

以下以虚构的伊卡洛斯资本公司(Icarus Capital)账户来说明对冲基金风险管理挑战的复杂性,说明仅仅考虑投资风险而没有考虑基金债权人和投资者的潜在激励和行动情况下风险管理框架的影响。

---

[1] Marlene Horwitz and Bruce Schwartz, *Global Hedge Fund Valuation and Risk Management*, PricewaterhouseCoopers, 2004。

伊卡洛斯资本：失败基金的肖像

以任何标准来衡量,伊万·琼斯(Ivan Jones)都是成功的。他毕业于常春藤联盟,于1992年获得了哈佛商学院的MBA。他直接从哈佛招到高盛毕业生训练计划,在公司的10年期间,成为一名成功的自营股票交易员,晋升到公司股票自营交易美国部门的负责人,是公司最年轻的合伙人之一。他不断证明他承担风险和利用杠杆的能力,他在公司期间,战胜了标准普尔500指数。对于他的努力,公司支付给了他不错的薪水,但在他看来并不丰厚,他已经积聚了超过2 000万美元净值的财富。

2002年,他觉得他需要有个新的挑战。他想成为他自己的老板,能够保留通过他的技能和才智产生的利润。他在公司具有良好的业绩记录,他知道他的价值远远高于公司给他存下的今后给他的几百万美元。他告诉公司,他辞职了,要开办自己的对冲基金。他的经理理解,因为他正沿着一条许多过去的公司明星交易员走过的耀眼道路前进。他们决定,与其失去他在公司内部创造的收入流,还不如投资2 000万美元到他的新基金来复制它。毕竟,他仍能保持对公司的忠诚并与他们交易。公司的大宗经纪商也能帮助伊万并且公司能够赚取额外的交易和融资费。

伊万将他的基金命名为"伊卡洛斯资本",并于2002年初发行了4亿美元管理资产(assets under management, AUM),部分由公司提供,部分来自于母校的捐赠,还有部分来自于基金中的基金以及朋友和家人的投资。他将自己全部2 000万美元净值投进了基金。

在接下来的58个月中,他遵循股权多头/空头策略。他对市场方向、各类产业和市场的业绩以及根据常见的基本面做出的公司相对价值进行押注。不时地,他会对市场方向押注,但他的直觉通常都是对的。基金获得了让人印象深刻的22.83%的年化收益(如表1.6所示)。收益看起来变动较大,波动率为13.32%,但大部分波动是偏向于向上的,向下波动相对较低(6.37%)。

有了良好的业绩,第一年后他就能够极大地从养老金计划创办人、捐赠和高净值的个人那里吸引更多的资本。他的大宗经纪商也有助于将他的基金推荐给新的潜在投资者。在相对比较短的时间里,他管理的资产迅速上升到10亿美元。作为CEO和组合经理,他的压力是要不断地交付成果,他花大部分时间思考市场趋势,评估分析人员的推荐,挖掘更多的市场机会。

表 1.6　　　　　　　　　伊卡洛斯资本的回报分析

伊卡洛斯资本	
平均值	1.74%
标准差	3.84%
年化回报	22.83%
年化波动率	13.32%
偏度	0.57
峰度	3.78
向下波动率	6.37%
最大连续收益	29.27%
最大连续损失	−8.90%
上涨月比率	78.57%
下跌月比率	31.63%
回报的序列相关	0.08%
正常 VaR	−4.59%
调整后的 VaR	−4.87%
期望尾部损失	−6.38%
最大跌幅	−8.90%
最好月份	12.63%
最差月份	−5.97%

CFO 的作用

他将基金的日常运营交给了他在哈佛的老朋友——巴特·斯托克斯(Bart Stokes)，聘他为伊卡洛斯的CFO。巴特在投资者、大宗经纪商、会计师、运营以及信息技术部门花了大量的时间，在基金管理和托管方面也是这样。他需要处理好基金运营的细节，这样伊万才能集中精力产生阿尔法。伊万的业绩一直良好，他们都从挣到的20%业绩费中变富了。伊万以及大部分员工都被要求将他们的收入的一部分投资回基金。作为CFO，巴特知道，所有的员工，包括他自己，都将他们的可支配收入投资回了基金。随着时间的推移，伊万雇用了四名资深交易员来协助他运营组合的不同方面。机会越来越难找到,收益越来越低。有更多的资深交易员帮助寻找、评估和投资投资者的资本帮助他维持着业绩。每个交易员遵循着不同的股权相关策略,而伊万关注股权相对价值并每天做出将多少资金分配到各个交易员的策略中去的决策。四个交易员遵循的策略分别是:可转换债券套利、事件驱动、新兴市场和维权策略。维权策略关注于小资本的公司,因为它们只需要很少的投资就能得到相对控股从而影响管理层。可转换债券套利关注于次投资级和没有评级的可转换债券,这些都是其他对冲基金很少关注的,但常常具有极大的能够货币化的期权价值。新兴市场策略关注巴西、俄罗斯、智利和印度尼西亚,因为伊万感到,在中国和印度对原材料需求的推动下,这些商品出口经济体具有巨大的升值潜力。事件驱动策略要么投资于伊万期望会并购或者接管的公司,要么投资于宣布的交易。

伊万实行了他曾在高盛用过的分析和报告系统,以帮助他管理交易员的活动。但不同于他先前在高盛他的风险承担情况由高盛风险经理监控并限制,在伊卡洛斯他能够自由做出风险承担的决定而没有高盛风险经理的二次审核。

对于每个头寸、策略/交易员以及整个组合,他都有每日的损益报告。他有在险价值报告,以95%的置信度显示,如果他在过去的几年中持有他的组合甚至是单个的交易头寸,他会在一天中损失多少。他有清算报告,显示在目前的市场容量下,需要多久才能卖掉组合中的证券并转换成安全的现金。他有集中度报告,显示他的组合在单个股票、各产业间和各个国家间是如何分配的。他有现金可得性报告,告诉他每个头寸所使用的杠杆总量,他从大宗经纪商那里借款多少,以及他能动用的现金有多少。他喜欢将这个现金数保持在基金管理资产的10%~20%。围绕着这些报告,伊万制定了一些指南,这些指南在他的整个成功的职业生涯中都很起作用。他不想任何一个头寸具有降低月度损益超过1%的潜力,除非那确实是一个高度确定的交易。他不想任何头寸超过组合总市值(the gross market value,GMV)的10%,除非那是一个事件驱动交易,肯定能够成交,或者那是一个维权头寸,他们需要影响公司董事会的决策。他不想任何头寸超过五天的交易量,除非能够把它放在一边作为长期投资。他们每周开一次委员会,在会上伊万、巴特和四名交易员将会审查组合并讨论市场趋势和资产分配。他们也会讨论伊万通常用来引领基金的规则的例外情况。每次会议结束前,伊万做出决定,根据交易员的策略的机会集,将多少基金权益分配给每名交易员的策略。通常,伊万在他的相对价值策略里控制着60%的基金权益,其他四名交易员控制着各10%。结果,伊万的头寸远远大于其他人的,大部分的规则例外都是他的头寸引起的。他的业绩显示,他的判断远远优于其他人。投资者将他们的钱放在他那里,他是创始人,时间表明他大多数情况下都是对的。

损益相关性增加

2007年7月,在一批量化基金清算了大量头寸后,市场波动率出现了跳跃。对于伊卡洛斯来说,这个月是独特的,因为这是他们的所有策略都遭到轻微损失导致月回报为-3.45%的极少数月份之一。伊万将这个看作是一些大量化基金行动产生的畸变。8月和9月,公司的策略恢复了通常的回报低相关性形态。一些或者全部策略通常获得很小的收益,当业绩汇总时,收益往往超过损失从而该月的基金收益是正的。仔细考察7月的主要因素如全球股票市场贝塔敞口、股票波动率敞口、信用价差敞口、商品价格敞口以及收益率曲线因素敞口,将会揭示这一点。

通过基金回报与这些因素间的因素分析,伊卡洛斯可以得到如表1.7所示的敏感性。

表1.7　　　　　　　　伊卡洛斯资本的因素分析

因　素	贝塔值
截距	0
全球股权市场	0.1
收益率曲线	1.3
股权波动率	0.01
商品价格	-4.66
信用价差	-8.76

进一步的因素分析将会揭示,当基金保持市场中性并且贝塔暴露较低时,通过可转换债券套利的信用价差因素暴露和通过新兴市场子策略的商品价格因素暴露是增加的。

具有指示意义的结论是:基金具有轻微正向的全球股权市场暴露,轻微的长期波动率暴露,正向的收益率曲线暴露,但具有高度负向的商品价格增加和信用价差增加暴露。这些暴露表明,基金将从上升的股权市场获利,但受累于各种"避险行为"场景,在那里股权市场下跌,国库券收益率下降,信用价差上升。通过模拟各个因素的冲击然后运用因素敏感性分析来估计这些冲击对回报的效果,伊卡洛斯能够模拟出给定因素暴露下的回报分布并将它与 VaR 比较。然而,通过运用诸如各种经济场景和压力事件下的因素变化方向和大小的宏观的视角,这个分析也能更进一步。要是进行了因素分析、压力分析或者场景分析,就会显示给伊万·琼斯,不管他的 VaR 告诉他,以 95% 的置信度,在一个单一月份里,他的损失不会超过 4.87%,但他的因子载荷会暴露出伊卡洛斯在一个月内有 6.38% 的潜在损失,这就会使他毫无问题地清仓。要是他和他的投资者知道这点,就会提示他重新评估那时的基金定位并会导致投资者考虑赎回或减少他们对基金的分配。

保证金增加

同时,7月份经历的波动率跳跃提示对冲基金信贷人,也就是大宗经纪商,重新评估放贷给他们客户的证券的保证金。由于 MBS 和 ABS 损失开始被报道出来,导致固定收益引起的大量损失聚焦于对冲基金。贝尔斯登已经允许两个固定收益对冲基金倒闭,这些基金资产的清算预期导致固定收益特别是结构化信用产品的下降和越来越多的清算。到 2008 年的冬天,大宗经纪商面对贝尔斯登不断恶化的信用状况,开始执行贝尔斯登引起的违约。2008年 3 月,纽约联邦储备银行(the Federal Reserve Bank of New York)提供的一笔紧急贷款以免贝尔斯登的突然崩溃,但公司并没有救活,只好卖给了 JP 摩根大通(JPMorgan Chase)。最后,对银行间市场交易对手风险的担忧开始引起低评级的固定收益债券、次投资级可转换债券的再抵押市场[1]以及小盘股和新兴市场股票流动性的降低。在 8 月初,巴特·斯托克斯参加了他的大宗经纪商主办的产业宴会,去听听其固定收益研究全球主管对于固定收益市场会采取什么行动。巴特也想从他的同行了解对冲基金的一些其他情况,如他们从大宗经纪商那里获得的最新的融资条件,以确保伊卡洛斯获得了可能的最佳交易。不论好坏,他正好坐在大宗经纪商的风险经理旁边。风险经理说,他担忧市场的发展,但大宗经纪商与伊卡洛斯和其他所有的对冲基金客户有

---

[1] 再抵押市场是用证券向经纪商和银行抵押从而提供低成本资金的银行间市场。在市场平稳时期,可以接受的支持贷款的抵押品种类很广泛,可以扩展到低质量证券,应用于抵押品的折现率也是很低的。在市场衰退期,可以接受的抵押品被限制于高质量证券,应用于抵押品的折现率很高。在危机时,很难再有低成本资金,唯有高质量的抵押品。

隐含的合作关系。当巴特问风险经理是否在考虑提高保证金时,风险经理有点间接地回答,他的公司在没有通知他们的客户前是不会提高保证金的。

如果大宗经纪商将杠杆延伸到风险更大的市场,他们具有相对固定的向上的潜力,而当市场变得更加混乱时,就会增加向下的风险。这个事实告诉巴特,当大宗经纪商没有激励来迫使基金倒闭时,如果基金去杠杆化了,大宗经纪商的风险就降低了。提高的保证金将会提高大宗经纪商在混乱市场中的风险。这就是为什么巴特要与大宗经纪商签订保证金锁定和 ISDA 协议,这样他们就不能在没有提前通知和不中止协议的情况下要求伊卡洛斯增加保证金。锁定的终止需要提早 90 天通知,或者需要伊卡洛斯发生了一些灾难性事件。ISDA 是不能被破坏的,除非伊卡洛斯违约或者伊卡洛斯管理的资产在一个月内下降了 15% 以上,要么是因为负的业绩,要么是因为基金赎回。另外,还有许多其他的大宗经纪商投向他的生意。如果这家提高保证金,他会把他的生意转到别处,并且很快。月末,巴特注意到伊卡洛斯手头用于追加保证金和赎回的现金从占管理资产的 15% 下降到了 12%。他要求员工检查他们投到大宗经纪商的保证金总额。他意识到他们日常接到的追加保证金通知确实是增加了。他打电话给大宗经纪商中负责设置保证金的风险经理要求给出解释。保证金为什么会在他们之间有锁定的情况下上升呢?风险经理解释说,尽管他们的保证金公式是静态的,他们的保证金还是会随着公式的输入——市场变量的改变而上升或者下降。伊卡洛斯组合中的几个大头寸的交易量已经下降了,结果,那些头寸的保证金就上升了。伊卡洛斯的一些维权策略头寸已经超过了两天的交易量,大宗经纪商正在要求更多的现金保证金。巴特很恼火,他仔细看了看保证金锁定协议,意识到尽管保证金规则是锁定的,但保证金水平并不是。然后风险经理要求巴特回答一些问题。他想知道过去几周伊卡洛斯的业绩如何,他们是否接到了投资者的赎回要求。他想知道他们证券的流动性状况。有多少能够在一天、两天或者一周内清算?最后,他问伊卡洛斯手头有多少闲置现金。巴特回答"AUM 的 12%",一阵长时间的沉默后,风险经理问伊卡洛斯是否对组合做过压力测试。巴特回答他们计算过 VaR,表明他们可能在一个月内损失 4.87%。风险经理告诉他,大宗经纪商对伊卡洛斯组合的压力分析表明,在极端情况下他们会有超过 15% 的损失,所有的资产变得更加相关,并以四个月波动率的标准差下降。当巴特表达了这种情景是根本不可能的观点时,风险经理回答不管怎样这是一种可能性。更进一步,他说大宗经纪商并不像对冲基金投资者一样承担着相同的风险。大宗经纪商和投资者都提供钱给对冲基金投资,但与投资者不同,如果对冲基金盈利了,大宗经纪商赚到的也不会更多;而如果对冲基金倒闭了,那么大宗经纪商就会与投资者一起遭受损失。如果大宗经纪商冒险贷款给基金超过其在最糟糕情况下证券的价值,那么它不会有什么好处。电话结束前,风险经理询问他是否可以打电话给巴特以追踪伊卡洛斯的最新情况。他告诉巴特他会给他送来大宗经纪商每天运行的压力分析报告并很高兴与他见面,一起探讨。巴特回答他会评估他是否可以从另一家大宗经纪商那里得到更低的保证金并将业务移到别处。巴特然后与伊万讨论了这件事情。他们都同意现金水平是有点儿低,但会在 8 月份后恢复。8 月份通常都会有所下降,那时交易员都在休暑假。流动性通常都会在 9 月份增加。然后他们的保证金就会下降,现金水平就会恢复。

赎回增加

9 月份,市场轻微下降,流动性继续不断下降,伊卡洛斯只能获得低微的 0.2% 的收益。更多的信贷关注于再抵押市场上金融中介萎缩的交易量的资本化,这导致股权进一步下降,信用价差扩大。在 10 月,雷曼兄弟在拖欠债务后,被迫进入收购程序。由于大部分股权策略亏钱,伊卡洛斯在 2008 年经历了 12.1% 的大损失。特别地,可转换债券策略由于流动性的下降以及因流动性保证金提高引起的价格下降中受损很大。这样的业绩并不是伊卡洛斯独一无二的,许多遵循类似策略的对冲基金经受了同样的负业绩影响。巴特和伊万接到了好多投资者的电话,特别是其基金中的基金投资者的电话,质询其策略,表示这种类型的收益波动不是他们投资对冲基金所期望的。华尔街的大宗经纪商,由于处于一个独特的位置能看到许多对冲基金客户的负业绩,并见证了其提供给对冲基金支撑保证金贷款的证券抵押品价值的下降,害怕其客户会很快用光现金并违约。为了保护自己及其股东,大宗经纪商开始增加保证金,要求基金拿出更多的现金以保持其头寸。对股权和可转换债保证金的增加影响了所有未锁定的对冲基金,迫使非锁定基金清算头寸,甚至是固定收益和货币头寸,以产生现金满足股权和可转换债头寸的保证金要求。这种去杠杆化导致证券市场的进一步下跌。伊卡洛斯并没有直接受到影响,因为它锁定了。巴特·斯托克斯接到了他的大宗经纪商的电话,询问伊卡洛斯是否能略微提高保证金,尽管他们之间有保证金锁定和紧密的 ISDA。巴特不清楚如果他不同意的话,大宗经纪商是否会给伊卡洛斯发一个正式的终止通知并增加保证金。他要求分析高保证金对现金的影响。分析表明伊卡洛斯的保证金将平均从15%上升到20%。如果不出售一些头寸来产生现金,这将减少可用现金到低于10%。巴特说他要和伊万讨论然后在本周回复。

巴特·斯托克斯已经给予投资者在45天前通知并按季度撤回基金的权利。投资者将钱投入伊卡洛斯是为了分散化、资本保值和类似债券一样升值。当伊卡洛斯发布正的两位数收益时,他们会很高兴,但他们没有料到连续数月的两位数负收益,不太愿意接受他们会输钱。每个投资者都会想知道其他投资者会不会很快从伊卡洛斯赎回投资。也许他们已经发出通知要赎回并抢先得到收益。投资者社区也非常紧张地关注着市场下跌并且知道华尔街的大宗经纪商已经要求增加保证金。他们知道如果基金违约了,大宗经纪商就会清算基金资产并用收益偿还他们给基金的融资。然后投资者才能分配剩余的部分。并不只有伊卡洛斯遭受了损失,大部分对冲基金在9月和11月已经损失了,投资者开始恐慌。投资者希望他们的钱是安全的现金,并且想把他们的现金在其他投资者或者大宗经纪商之前提出伊卡洛斯。投资者,特别是基金中的基金和需要满足自己投资者对现金需要并且满足年底支付现金承诺的机构,向伊卡洛斯提出要部分或全部赎回其在基金中的权益。11月15日,伊卡洛斯收到要求赎回50%的投资者基金,必须在2009年1月1日前支付。随着保证金的增长,伊卡洛斯只有8%的管理资产是现金。伊万·琼斯和巴特·斯托克斯已经没有办法满足投资者的赎回要求了,只能在快速下跌的市场中清算基金投资的大部分。继10月份负业绩之后,伊卡洛斯在11月遭到了更严重的损失,它损失了16.5%。如果它清算基金的投资,就会使市价损失明确化。更糟的是,这将会清算最有流动性的基金资产,剩下最缺乏流动性的基金资产给基金自己以及其他的投资者。

基金封闭决策

伊万和巴特也清楚,目前的50%管理资产赎回仅仅是冰山一角。一旦其余的投资者得知基金已经支付了50%的管理资产,他们就会认识到基金正在变得缺乏流动性,就会提出对剩余基金资产的赎回申请。巴特、伊万和将他们的几乎所有净值投资于基金的大部分员工,就会陷在缺乏流动性的不良组合中,或者就被消灭。巴特还告诉伊万,自从2002年初他们成立基金,他们的运营费用已经增加了。现在他们已经不能从运营费中支付员工的工资了,也没有业绩提成了。运营费是不断下降的管理资产的2%。根据他们的业绩, 他们在 2008 年根本不会有 20% 的业绩提成,除非他们保持高业绩水平。如果他们满足了赎回要求,他们将不得不马上解雇大部分员工。所有员工,包括伊万和巴特,就只能依赖于过去五年得到的业绩奖金,并会引发大量的抵押和其他债务。员工面临着个人破产。考虑到给投资者赎回会给继续留下来的投资者带来损失,仅仅留下缺乏流动性的资产,伊万和巴特决定封闭他们的基金。这是伊卡洛斯招募说明书上的一个条款,允许他们在必要时暂停一段不确定时间的赎回,以保护所有的投资者,但他们原本并没有想到要用到这一条。这也会冻结管理资产,并提供不变的运营费,让他们有时间管理基金的收缩。另外,当封闭期结束时,如果市场反弹,这也给他们一个生存的机会。如果他们现在清算,个人破产就是明显的。2008 年 11 月 31 日,伊卡洛斯宣布"封闭"基金,那时它已经收到赎回要求达到上限 90% 的基金资产。到 2009 年 1 月,伊卡洛斯宣布设立清算信托,接受投资者赎回,在可能的情况下部分用现金,部分用以伊卡洛斯缺乏流动性资产支持的信托股份。2%/20% 的费率依然有效。到 2009 年底,市场已经复苏了,但伊卡洛斯依然清算了信托以满足投资者的赎回。到 2010 年,大部分员工都离开了,或者被解雇了。伊万正在着手发行新的商品基金,2 000 万美元投资大部分来自于朋友和家人。他希望经过他的成功运作,这个基金的管理资产能达到 1 亿美元。

利益相关者的权利

如上面的案例所示,投资风险并不是存在于真空中。基金的融资结构,大宗经纪商、投资者和员工的激励和权利,所有这些都对最终的结果和收益产生影响。

这些不同的利益相关者每一个在基金业绩里都对基金资产拥有权利。基本的利益相关者是投资者、大宗经纪商和对冲基金管理人员。他们每一方对基金资产有不同的索偿权,并依据基金业绩获得不同的回报。每一方都有特定的权利会影响其他方的索偿权(见表 1.8)。在危机中,不断变化的权利提示利益相关方采取行动,这些行动从个体来看是损失最小化的,但对其他利益相关方是有负面影响的,导致从投资者集体来看次优的结果。

表 1.8　　利益相关方的权利与风险

利益相关方	权　利	激　励	风　险
投资者：对基金超额收益具有权益索取权，对违约事件具有次级索取权	基金的净收益权赎回对冲基金份额的权利	向上：无限。扣除管理费和业绩提成后的基金超额收益 向下：本金全部损失	·能强制清算资产，支付流动性溢价，引起市价损失
大宗经纪商：杠杆的托管人和提供者，得到融资利息，在基金违约时，对保证金和证券合约具有债权人的优先索取权	增加保证金的权利召回融资的权利拒绝交易的权利清算抵押品的权利收取借给基金资金利息的权利	向上：有限。大宗经纪商提供的托管服务费和保证金与借出证券的利息收入 向下：对冲基金违约时本金的部分损失以及对冲基金抵押品清算时的不充分收益	·能强制清算资产，支付流动性溢价，通过增加保证金引起市价损失 ·能通过拒绝交易限制或阻止对冲或风险承担 ·能在保证金未付情况下没收抵押品并清算
对冲基金管理人员：有权益索取权，对违约事件具有次级索取权，对其他利益相关方有信息优势，在基金中投资资金和人力资本	赎回的权利离开的权利封闭基金的权利提取管理费和业绩提成的权利	向上：无限。基金超额收益加上管理费和业绩提成 向下：净值全部损失，名誉损失，管理公司权益损失，丢掉工作	·能强制清算资产，支付流动性溢价，引起市价损失 ·能触发封闭，防止投资者赎回 ·能离开，给基金造成名誉和运营上的风险

投资者的权利

　　对冲基金的投资者范围很广，有成熟且有耐心的机构投资者如年金基金和捐赠基金，有很不成熟且有点轻佻的高净值个人，还有对冲基金经理的朋友和家人。然后还有基金中的基金的经理们，他们会筛选对冲基金投资，创建组合，然后向他们的客户（通常是机构投资者和高净值个人）提供对冲基金型的回报。不管这些投资者的背景如何，他们都希望在自己特定的组合策略下最大化收益。一家机构投资者可能仅仅向一名基金经理投入了一部分可投资基金（通常小于5%），而基金经理的朋友可能将50%~100%的个人净值投入基金。类似地，基金的员工可能将他们的全部净值投入基金。结果，每个投资者都有不同的损失承受能力，超出就需要清算投资来止损。另外，每个投资者对流动性的要求也不同。在危机中，几乎所有类型的资产都失去了价值，那些花费要依靠投资的投资者发现，他们必须选择清算哪一种投资以支持这些花费。通常它并不是最先清算失去价值最多的投资，而是那些仍然保持流动性的投资被出售了。

大宗经纪商(借贷人)的权利

大宗经纪商提供给对冲基金经理产生阿尔法所需要的元素,也就是杠杆。为了与对冲基金特定资产的优先索取权进行交换,大宗经纪商会向经理提供部分资金购买证券。考虑这样一个例子,基金经理与华尔街的主要经纪商有大宗经纪业务关系,在周一时基金经理决定购买 100 股宝洁公司(Procter & Gamble, P&G)股票。假定宝洁公司股票以 10 美元/股进行交易。如果基金在大宗经纪商那里现存的组合是分散的,并且增加购买的宝洁公司股票不会导致大宗经纪商的整体组合集中,对冲基金经理就只要拿出购买宝洁公司股票金额的 15%(保证金),其余的 85% 大宗经纪商会借给对冲基金,以换取对冲基金保留在大宗经纪商那里的整个组合的留置权。在这个例子中,对冲基金只要拿出 150 美元,而大宗经纪商需要拿出 850 美元。大宗经纪商将会在市场中购入宝洁公司股票,并将价值 1 000 美元的宝洁公司股票记入对冲基金账户。当然,大宗经纪商通常保留要求对冲基金提供更多现金保证金的权利。通常,如果大宗经纪商在交易日上午 10:00 前提出增加保证金的要求,那么对冲基金就必须在那天交易结束前补足增加的保证金。如果基金没有现金,就必须清算一些头寸以满足经纪商对保证金的要求。如果基金不能满足保证金要求,经纪商有权清算基金在经纪商处的所有资产。

员工的权利

对冲基金员工通常会将他们净值的很大比例投资于基金。在高管层,组合经理、CEO、COO 和 CFO 可能会将大部分个人财富投资于基金。沿着层级而下,交易员和行政人员可能将他们的递延收入投资于基金。在一些情况下,员工可能会将他们的财富投资于基金,即使按收入计划他们并没有被要求这么做。在危机时,基金的业绩是比较大的亏损,他们与其他投资者一样财富受到损失,但员工有动机去封闭基金,以避免清算,用最后的挣扎来复苏基金的业绩,重新获得他们的高业绩,恢复他们的财富,挣到足够保持基金活力的业绩提成。这是因为员工不仅将他们财富的大部分投入了基金,而且他们还将其职业生涯和名誉赌上了。允许投资者赎回,就是强迫基金在一个下跌的市场中清算,就会让损失透明化。赎回和损失会减少管理资产和管理费,这对保持基金管理公司活力是必需的,并导致基金倒闭——连同他们净值的很大比例、名誉和就业的损失,这对员工几乎就是肯定的。

利益相关方赎回场景

为说明利益相关方行动的相互影响,考虑在危机中常见的一种模式。基金中的基金提供给投资者一种能力,在投资者提前通知的情况下,在30~90天内赎回他们的投资。同时,基金中的基金可以构建一个附带30~360天赎回条件的对冲基金投资的组合。当市场下跌时,例如在2008年9月,基金中的基金投资者决定止损,要求赎回他们投资的大部分基金,这些赎回都是没有预期到的。这使基金中的基金经理只有不到30天的时间来寻找流动性来满足赎回要求。自然的,他们也会赎回其在对冲基金中的投资份额。但是,在很多情况下,他们并没有将其提供给投资者的赎回条件与他们投资于对冲基金时接受的赎回条件相匹配。基金中的基金最基本的资产和负债的不匹配,导致基金中的基金面临对冲基金的赎回要求崩溃,因为基金中的基金提供给投资者最短的通知期。结果,开始时基金中的基金温和的赎回就导致接受了其资金并且提供了最短赎回条件的对冲基金的赎回集中爆发。为了满足正在向他们移动的赎回要求海啸,这些对冲基金不得不开始清算他们的投资,常常是亏损的。更糟的是,许多基金的投资很相似,策略也很相似,他们拥有相同的头寸。同时,大宗经纪商看到一些对冲基金的资产价值开始快速下跌,那是对冲基金开始在出售资产了。他们也从对冲基金经理的月报表中得知赎回要求大幅增加。投资者从对冲基金的快速出逃表明基金倒闭的风险不断增加。另外,波动率和赎回的增加以及不断下跌的价格提示大宗经纪商行使他们增加保证金要求的权利,强制要求对冲基金增加在大宗经纪商那里的现金。但是,与投资者需要在30天内给付现金不同,大宗经纪商提出要求的当天就要给现金。当然,这增加了对冲基金需要清算的证券的数量,随着对冲基金出售更多的头寸,价格进一步下跌。这反过来导致大宗经纪商进一步增加保证金。这导致对冲基金报告的亏损程度进一步增加,增加了投资者止损和赎回的欲望。这进一步加剧了基金中的基金和对冲基金间资产一负债在时间上的不匹配。理解利益相关者对对冲基金的索取权和权利,对于对冲基金经营模型中的经营风险的有效管理是关键的,对于对冲基金投资组合的风险管理也是如此。各利益相关方制造资金压力和要求对冲基金保持流动性的能力,能迫使对冲基金经理过早剥离投资策略,并迫使投资者实现在此之前未变现的亏损。利益相关方的索取权和制造资金风险的能力必须综合进典型的对冲基金承受的投资风险、交易对手风险和运营风险,并以整合的方式管理。毫不惊奇,这种能力是成功的对冲基金的一个特征。

成功的对冲基金的风险管理

自从阿尔弗雷德·温斯洛·琼斯(Alfred Winslow Jones)1949年创立对冲基金以来,对冲基金已经从思想上经历了一段时期的试验、错误、疯狂和危机,现在发展成为一套投资策略,在标准的公司结构内执行,并受到最佳实践的风险管理原则管制。德劭(D.E.Shaw)、奥氏资本管理(Och Zoff Capital Management)、高桥资本(High-bridge Capital)以及其他公司是新的最佳实践机构的例证。由于投资风险已经成为对冲基金风险管理的主要焦点,最佳实践对冲基金现在已经完全将他们的交易对手风险、资金风险和运营风险的管理与投资风险管理整合在一起了。这些基金能够理解资金风险、运营风险和交易对手风险对投资回报的潜在影响,并综合管理他们脆弱的业务中所有的固有风险。

综合对冲基金风险模式

从概念上说,综合风险框架是直截了当的。资金风险、交易对手风险、运营风险和投资风险能够触发和放大彼此。大部分时间,这些单个的风险能够在基金内部被驾驭、被遏制、被控制和被使用,以产生阿尔法。然而,就像核反应堆驾驭核裂变以产生能量一样,如果风险没有很好地控制而达到了临界质量,对冲基金产生阿尔法也会崩溃。综合风险管理(如图1.7所示)对于平衡风险和收益,以及维持平稳的正的风险调整收益是至关重要的。

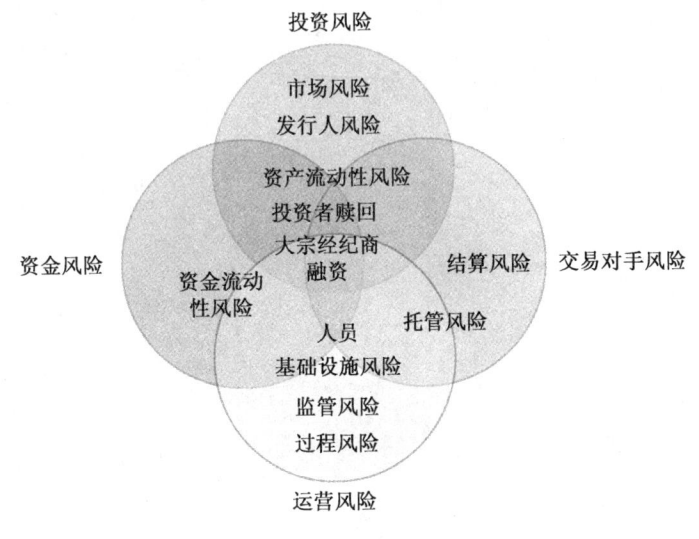

图1.7 综合对冲基金风险管理

如图 1.7 所示，在每种风险内部有常见的风险管理策略和实践被领先的对冲基金经理采用。合在一起它们代表了对冲基金应该展示的最小的风险管理标准。本书后面将运用支持性分析和实用的执行步骤来解释这些策略和实践。

结　论

对冲基金的投资风险不能从整个业务风险中割裂出来孤立地进行管理。大宗经纪商寻求保护他们借出的钱的损失最小化行动，投资者寻求保护他们的本金的赎回活动，以及员工追求保护他们的净值、交易记录和业务的动机，在危机中都直接影响了基金管理风险的能力。大部分对冲基金都没有风险经理。即使那些有风险经理的，通常将投资风险管理从业务风险管理中分离出来，前者分配给风险经理或组合经理，后者由 CFO 管理。最优化对冲基金整个业务风险的管理是本书余下部分的焦点。

第2章 对冲基金风险管理综合方法

　　生存下来的基金与那些触发封闭并且最终倒闭的基金有什么区别呢？所有基金都会进行某种形式的风险管理，不管他们有没有专门的风险经理。在大多数情况下，交易员将风险管理原则嵌入在他们的投资活动中。他们控制头寸的规模，以确保对他们策略的潜在影响与其头寸的信息相匹配。他们对冲掉意想不到的和没有回报的风险。他们监控着头寸流动性，当触碰到止损点时，就会清算头寸。组合经理是组合层面的风险经理，要确保资本分配到给定宏观环境下最有可能成功的策略上，确保策略间在特定公司、行业、国家和资产类别的集中不会形成，确保保持着最低水平的现金。

　　有专职风险经理的基金趋向于具有更多的制度化风险管理能力和正式的风险度量体系，但仍在完整的风险框架上捉襟见肘。通常，组合经理可以得到一整套的分析，非常详细地描述了投资组合的潜在风险。在险价值分析、情景分析、集中度报告、流动性分析的所有变量，所有方式的风险调整业绩比率[夏普、索尔蒂诺、欧米伽(Omega)、开尔玛(Calmar)、斯特林(Sterling)……]，以及回溯测试(back-test)都是可得的，但不总是用于投资决策过程。风险信息在投资过程中的有限使用，部分导致组合经理或者基金创始人拥有更大的基金所有权，这限制了风险经理的有效权威。他或她通常无权改变投资决策或资产分配，即使有一个正规的风险委员会。在大多数情况下，组合经理和创始人(通常只有一个并且是同一个人)保留着所有的最终权威。不管正规的风险委员会存在与否，不管专用的风险系统事先产生的压力分析显示了巨大的潜在损失与否，不管有无专职的风险经理，在危机中几乎都是无关的，因为这些努力大部分只集中于组合的投资风险。成功的对冲基金与那些失败的对冲基金的区别，部分是由于他们风险管理的成熟度，但更重要的，是风险架构是否整合进了其他的商业风险(如交易对手风险、资金风险和运营风险)。不管什么策略，充分的对冲基金风险管理应该包括并整合投资风险、资金风险、交易对手风险和运营风险领域的一套最低要求的能力。

最低要求的综合风险管理能力

对冲基金风险管理的基本目标是通过最大化潜在的上升力量和最小化潜在的下行力量将预期收益向正的方向偏斜。最小化收益的波动率不必是适当的目标,因为这样会因多元化而失去所有潜在的超额收益源。结构化头寸来承担预期风险和有回报的风险,并避免非预期风险,是产生正偏收益分布的关键。

综合风险架构

仅仅有风险系统、风险分析和风险报告是不够的。风险管理是为了最优化风险和收益的,而不仅仅是为了学术上的风险分析。仅有风险分析是没用的,除非提供的信息被整合进投资和组合管理决策过程。为了嵌入风险分析和风险管理于一个组织中,就需要实施一个风险管理架构。有效的风险管理架构的组成如图 2.1 所示。

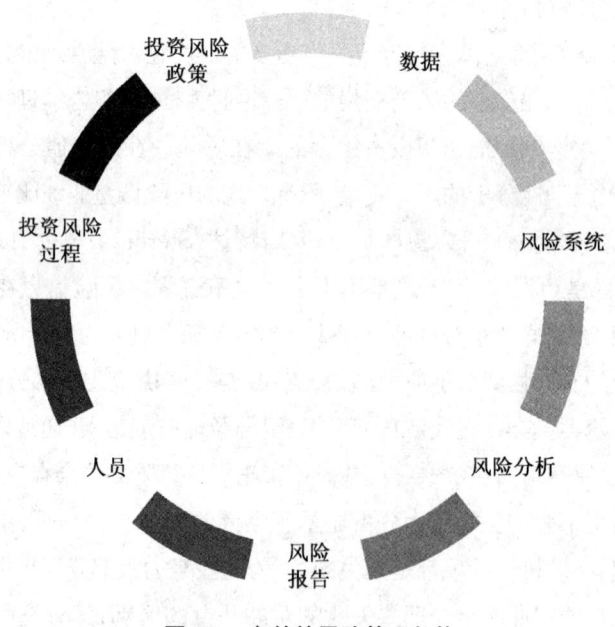

图 2.1 有效的风险管理架构

数据: 如今,数据在大多数金融机构里都是很重要的。没有精确、及时、完整的数据,大多数金融机构将不能生存。就对冲基金来说,投资风险分析的必要数据包括完整的头寸和证券水平数据。头寸数据是用来描述对冲基金拥有的证券的数量以及它们在策略中的相互关系的所有数据。最少就是证券的数量和ISIN。

证券数据是描述证券特征的详细信息的所有数据,是基于证券识别码的(如ISIN、CUSIP等)。这包括历史波动率、每天交易量、风险国别、产业部门、市场上限、信用评级、信用价差、发行规模、CS01、DV01、OAS、到期日,等等。

风险系统:采用的风险系统依赖于基金的规模和它的策略。许多大宗经纪商向他们的客户提供基本的和中级的风险系统,如 RiskMetrics 和 Imagine。这可能对于交易流动性证券的策略是合适的。许多专业性策略如不良投资策略、维权策略、统计套利策略和高速策略要求对风险有独特的视角,这些基金通常开发了他们自己用于风险管理和风险分析的系统。

风险分析:这合并了头寸和证券水平数据,完全随机性和确定性收益分析(压力和情景分析),融资和流动性分析,以及信贷敞口分析。

风险报告:利用风险分析系统(举例来说,如 Imagine、Sophis、RiskMetrics),就能编制期望和潜在收益分布、集中度、流动性、因素敏感性、压力测试结果和交易对手信贷敞口等的报告。

人员:专职的风险经理和分析人员执行投资风险过程,编制并分析风险报告以确保组合保持在风险参数之内。超出预先规定界限或者超出关注的敞口都能检测到并升级。

风险过程:这个过程检查风险报告,对头寸敞口规模相对于风险界限、市场前景和事件做出决策。

通过重新评估引起头寸变化的初始投资主题,以及确定收益潜力是否下降了或变得更不确定,来对异常的头寸和风险进行关注。通过执行补充的对冲减少风险而不侵蚀收益,具有恶化的风险-收益特征的头寸就被驱逐或者修改。

风险政策:这是高层的全面计划,包含了风险承担和管理部门的总目标和可接受的过程,这些都在基金的招募说明书中披露。

以上组成部分如有任一不足,整个风险架构就是不足的,因为每个组成部分都是相互依赖的。如果任一组成部分缺失或者不完整,整个架构就不会有效运作(例如,如果数据缺乏,风险分析报告就会不准,导致做出错误的风险决策)。尽管从概念上很方便将四大类风险区分开来——投资风险(也称市场风险)、交易对手风险、融资风险和运营风险,但这些风险不是相互排斥的。风险会从一种形式转换为另一种形式,有时还会是以很快的速度转换。

这些风险应该以综合风险管理架构的方式来管理。本章余下部分描述对冲基金应该具有的最低要求的综合风险管理能力,并说明性地描述了基于他们管理的基本类型风险之上的这些能力,尽管认识到这些风险类型是重叠的。综合风险管理认识到风险是可替代的,每种风险都是相互关联的。投资风险主要关注证券和衍生品价格(或费率)变化的影响,这些价格的波动率,以及证券价值相对于投资组合整体价值的相关性。然而,融资风险和交易对手风险的因素能够产生投资风险。例如,证券流动性风险影响一种证券价格的买入或卖出价差,从而影响证券或衍生品的价值。这也影响对冲基金能够获取的用来购买那种证券的融资金额的数量。流动性风险能够产生投资和融资风险。交易对手信誉的变化会影响需要的抵押品数量,这会通过改变实体需要的融资数量而产生融资风险。类似地,感觉到的信誉变化会影响该实体发行者以该实体为指数的证券或衍生品的价值,从而产生投资风险。

由于风险能从一种形式转换为另一种形式,因此对冲基金经理应该整合所有形式风险的监控和管理。结果,本章描述的"投资风险"实践包含了与组合持有的资产相关的信用风险和资产(或市场)流动性风险,以及更通常引用的投资风险因素:利率风险,外汇汇率风险,股票价格风险,商品价格风险。然而,交易对手风险指交易对手引起的非业绩风险。本章对监控交易对手信用风险的实践进行了描述。尽管对冲基金一般与具有高信用质量的交易对手交易,交易对手信用风险可能是对冲基金经理不太关注的,但雷曼兄弟和贝尔斯登确实倒闭了,给其对冲基金的客户造成了大量损失和融资风险。这强调了交易对手风险管理的重要性。尽管投资风险经常是对冲基金经理的主要关注点,但融资风险会限制其筹措头寸的能力。在对冲基金业务决定于杠杆和流动性的情况下,对冲基金经理比其他实体更关注这个风险。对冲基金经理可以运用专门的技术来管理融资流动性风险。对冲基金杠杆的使用,放大了组合内在的投资风险。杠杆会降低或撤回的事实,使资金流动性和杠杆管理对于基金经理维持头寸直至他们的投资主题实现的能力变得急迫。杠杆可以定义为相对静态的财务术语(基于财务报表)或者动态的基于风险的术语。动态的基于风险的杠杆度量向基金经理提供了更多的信息。运营风险包括与对冲基金人员、过程和与其运作的系统基础设施相关的风险。这可能是结果错误的数据、崩溃的系统和欺诈或违反监管的"法律风险"。

各类风险的最基本的风险管理能力

有效的风险管理要求对冲基金经理认识并理解基金获取利润或遭受潜在损

失的来源(例如,基金敞口的风险)。结果,基金管理团队的主要职责之一就是辨别风险的来源,区分其优先级别,并对其进行量化和管理。

投资风险

对冲基金经理必须运用一致的框架来衡量组合(以及组合的组成部分)的损失风险。为了管理对冲基金面对的风险,风险管理团队就需要提出相关的、及时的、有用的和准确的投资风险衡量方法。一般来说,限定发生率的期望损失估计、压力测试结果和情景分析是必需的。根据不同的基金策略或者策略群,就有不同的风险分析模型。由于衡量风险的框架或者模型需要由每个对冲基金经理来选择,因而每个模型都有结构上的局限性,必须理解这些才能确保模型没有误设并被用于不稳健或者不正确分析的组合中。例如,衡量组合的集中度(如组合分配给相同或相似资产类型、风险因素或地理区域的比例)是有用的,但对基金经理更重要的是深入认识头寸、风险因素和资产类型之间现有和潜在的相关性。对于复杂的组合,许多投资风险衡量方法并不反映这些相关性。

在险价值 在险价值(VaR)是一种常用的潜在损失模型,意在提供一种包含了头寸间相关性的概括性的投资风险衡量方法。VaR衡量在某一特定时期在一定置信水平下组合的期望价值的最大变化。例如,如果某组合95%置信水平之下一天的VaR为5 000 000美元,那么平均来说,每100个交易日中,只有5天的收益或损失会超过5 000 000美元。风险管理团队必须分辨出在组合层以及通常在交易员和策略层影响对冲基金风险和收益的因素。这包括对那些必须在投资过程中监控并通常受风险限制控制的风险因素的分析。这些风险因素是VaR计算的输入。通常包含在VaR和其他投资风险模型中的风险因素有:

1. 权益价格和/或权益指数
2. 相关货币的利率期限结构的水平和形状
3. 外汇汇率
4. 商品价格
5. 信用价差
6. 非线性性(特别是带期权性风险元素的投资工具隐含波动率的期限结构)
7. 历史波动率
8. 相关性

除了选择风险因素,风险经理还应确定用于VaR计算的合适的清算期假设、VaR方法、置信区间和历史数据。

管理对冲基金风险和融资

清算期和资产流动性　在清算期内要计算潜在的损失估计。在选择清算期时，风险管理团队要将"资产流动性"(即资产交易市场流动性的变化引起的潜在的损失敞口)作为一个附加的因素。可考虑的资产流动性的衡量方法包括：

- 清算和/或对冲问题头寸所需要的天数。
- 超过基于波动率预测的价值的附加价值,如果问题资产在这段时间内被完全清算和/或中和,就会失去这个附加价值(也就是说,需要支付价差或批量折扣以产生流动性)。

用于 VaR 计算的清算期意在反映清算(或对冲)组合中的头寸所需要的时间。结果,对于高流动性组合来说,最好的实践就是使用标准持有期(例如,在基本情况的 VaR 计算中使用一天、三天、五天和十天)。在实践中,许多对冲基金的头寸是很少交易或者缺乏流动性工具形式的,或者具有的流动性头寸在市场危机时会转化为缺乏流动性的。很难在 VaR 框架下为这些证券确定正确的清算/中和期。在这种情况下,就要先用 VaR 作为一个基本情况,但还要用压力测试和情景分析来确定组合中的持有期风险程度。

模型选择　VaR 方法需要一系列参数,这些参数描述组合中的头寸和基础市场的特征,并被输入到 VaR 模型。另外,VaR 的使用者必须选择三大类标准方法中的一种：

- **方差/协方差**。这种广泛使用的 VaR 方法,利用组合中的每个头寸的波动率(方差)和相关性(协方差),在全部组合的收益将会是正态分布假定下,计算波动率估计。这种方法的一个缺点是它对可选性处理不是很好。这是对数据和过程要求最少的 VaR 方法。
- **历史仿真**。这种 VaR 方法利用历史价格数据来给现在的组合重新定价,就好像在数据历史中它早就存在于每一天一样。这样一个仿真的每日交易损益计算就得到了。每天的损益然后按升序排序,产生一个损益分布。风险估计就可以从与分析所选的置信区间一致的分布百分比得到。这种 VaR 方法受过程和数据影响很大,但很多人认为是最直观和最有效的 VaR 形式。历史仿真解释可选性比方差/协方差好。
- **蒙特卡罗仿真**。这种 VaR 方法运用蒙特卡罗(Monte Carlo)仿真来模拟组合的损益分布。通过一大堆与基础工具波动率历史一致的随机观察,组合被重新定价。跟历史 VaR 一样,这些损益仿真然后按升序排序,产生一个损益分布。风险估计就可以从与分析所选的置信水平一致的分布百分比得到。蒙特卡罗 VaR 通常只用于非常复杂的组合,以极其非线性为特征。

每种 VaR 方法,如果运用准确,并与基金风险和资本分配政策一致,那么对于估计潜在的投资风险分布就是有效的,尽管是不完美的。但是,由于对冲基金投资的本性(对冲基金通过对冲组合寻求产生一致的低波动率收益),因而需要用对冲基金失败状态的评估来补充 VaR 分析。VaR 并不衡量"尾部风险",这需要压力和情景分析。尽管对于 VaR 分析来说,VaR 方法和清算期的选择是非常重要的,但置信水平(组合价值变化超过 VaR 的概率)和市场数据来源的时期选择也是同样重要的。置信水平决定了被模拟的损益分布的百分位,VaR 估计就是从那里得出的。市场数据来源的时期选择决定了用于单个头寸的波动率和证券对之间的相关性,这反过来又用于损益模拟。这些参数的决定进一步解释如下。

置信水平 对冲基金置信水平的选择是一个业务决策。VaR 结果在对冲基金决策中是很重要的。对于要用于决策的 VaR 结果来说,它们对那些决策者应该有信息价值。如果置信区间太高(例如,99.99%),那么估计的损失额对决策者来说看起来是荒谬的,得到的结果就会完全打折。如果置信区间太低(例如,64%),那么结果作为设定限制的控制机制就会没有价值。这些限制就会过于频繁地被打破。不同的行业,依据其风险偏好和 VaR 方法的使用目的,会用不同的置信水平。例如,银行会用 99.9% 的 VaR 来计算它的监管资本并用于风险控制目的。而对于对冲基金来说,VaR 分析一般更多地用于基于风险的决策,而不是风险控制。合适的置信水平决定于特定的对冲基金策略,基金的高级管理层必须在它的决定中积极参与。

市场数据的时期 在选择波动率和相关性数据采集的时期时,两个相反的问题很重要。第一,在一个无趋势的市场,时期越长,得到的参数的代表性就越大。使用太少历史数据点会导致非常不确定的 VaR 结果(反映在含点估计的大的置信区间)。另外,时期越长,"厚尾"事件能完全捕捉并融合进 VaR 的可能性就越大。但是,第二,使用越长的时间序列会导致难以置信的 VaR 估计,因为它忽略了越近的数据比老的数据更能代表未来的事实。运用指数加权数据能够部分解决第二个问题,但权重函数自身也需要估计。

最终,时期和权重函数的选择需要由风险经理和对冲基金经理共同做出,并考虑到他们遵循的投资过程或策略。由于 VaR 分析只有在包含投资过程相关信息时才起作用,因此分析必须回答关于组合潜在损失分布的关键问题,并与组合的管理方式相匹配。例如,如果大部分投资在几天或更少时间内就要做出、到期和剥离(就如在策略性套利时),那么使用强调最近数据的短时期系列来估计期望收益可能是合适的。[1] 如果近期过去是近期未来的代表,那么这样的 VaR 就能很好地估计期望损失,但它不会很好地反映尾部风险。如果与组合的 4 和 5 个日标准差压力测试结合使用,它可能就是合适的和充分的。如果策略更关注长期价值/价值高估并且组合交易额较低(也就是说,多头头寸和空头头寸在一些年内增加和剥离),那么使用长时期系列就会产生薄尾的 VaR。这样的 VaR 就能很好地估计长期期望损失,但它不会快速反映变化的经济范式。如果用情景分析补充 VaR,这个缺陷就能减轻,因为情景分析能够探测不同潜在经济范式下组合的收益。最终,时期选择应该反映基金的投资期限,但要认识并运用稳健的压力分析和情景分析来抵消 VaR 方法的缺陷。对冲基金经理和风险经理在权衡他们的决策时,应该明白他们有许多其他工具来探测组合潜在的损失分布。对冲基金经理可以使用条件 VaR[2] 来在 VaR 和压力测试间取得平衡。

最后,VaR 是一种向后看的方法,它依靠历史数据来预测未来收益。如果未来与过去从根本上是不同的,如果历史市场特性并不延伸到未来,那么 VaR 就不会有任何预测价值,就应该使用衡量潜在损失的其他替代方法。例如,市场因素间的相关度是很关键的,因为相关性对 VaR 的计算有很大的影响。大多数 VaR 模型使用历史相关数据。但是,由于历史相关数据是不稳定的(特别是有市场压力的时期),对冲基金经理应该运用情景分析和压力测试来确认不准确的相关性假设的影响。这里风险经理和对冲基金经理的判断就非常关键。对冲基金经理必须认识到单个的 VaR 数字并不能捕捉到基金面对的所有风险(也就是说,它们没有描述全部潜在的损失分布),成功的风险管理要求风险管理团队不但要分析 VaR 对 VaR 分析中没有表述的潜在市场状况的敏感性,而且要进行压力和情景分析来抵消 VaR 计算的缺陷,从而有助于投资决策过程。

压力和情景分析 VaR 计算是基于代表性或者"典型的"市场日的。市场压力或者危机的时期——最大风险的时间——在用于 VaR 分析的数据中往往没有充分表示。计算出来的 VaR 数字就没有捕捉到这些尾部事件,就会低估市场风险。为了解决这个缺陷,对冲基金经理必须定期进行情景分析以评估历史和潜在市场压力下现有组合的潜在损失。在创建情景分析时,不但要考虑经典

---

[1] 短时期系列会潜在地产生一个基于厚尾分布的 VaR。
[2] 条件 VaR 通过评估特定损失超过 VaR 的可能性(在某一特定置信水平下)而做出。用数学来表示,条件 VaR 通过在 VaR 和超过 VaR 的损失间加权平均而得到。超过 VaR 的损失的大小通常基于压力和情景测试。注意仅仅依赖于 VaR 模型的问题是风险评估的范围是有限的,因为损失分布的尾部通常没有评估。因此,如果损失发生了,那么损失额在价值上将会是很大的。

的历史压力时期(例如,1987年10月19日股票市场"崩盘",1997年亚洲金融危机,以及2000年3月网络泡沫破灭后股票市场衰退),还要考虑最近的2008年10月和2009年3月的信贷紧缩时期。

压力测试 对冲基金经理应该通过改变VaR模型的参数来对他们的组合进行压力测试。压力测试能够让对冲基金经理了解到,如果市场因素(价格、费率、波动率等)的实际值与用于基期VaR计算的输入值不同的话,VaR数字会发生什么变化。例如,如果VaR结果是基于95%的置信区间(也就是2个标准差历史波动率),那么4个和5个标准差压力测试就会解释尾部的潜在损失分布,对VaR分析是个补充。需要进行压力测试的市场因素有:

1.价格的变化

2.利率期限结构的变化

3.价格间相关性的变化

如果组合包含期权或者期权特性的工具,压力测试中还需要考虑的变化有:

1.波动率的变化

2.非线性性(例如,凹性或者伽马)

情景分析 从公式来说,增加波动率的标准差能够有助于探测尾部潜在损失分布,但仍然假定未来市场收益与过去市场收益是关联的。情景分析与压力测试在这一点上是不同的,它的初始前提就是一个新的市场范式出现了。未来的市场特性从根本上来说不同于过去。风险经理和组合经理然后就要推断这个新市场的特性是什么。一些市场冲击后,后续的事件链会是什么?资金会从哪里流出,又流向哪里?哪些资产类型具有流动性?哪些暂时或者永久缺乏流动?政府会有什么政策反应?这些政策变化会有什么市场影响?在这些事件中资产价值的潜在变化(正向或负向)会是什么,它们的时间段和顺序又会是怎样的?然后这些问题的答案表达为市场变量的形式,用于情景分析,以重估组合。

由于市场危机和范式转换并不仅仅表现为高波动率,而且还表现为单向降低的交易量,对冲基金经理也应当考虑组合中各种资产流动性变化的影响。例如,他们应当评估市场压力时期其资产的流动性特征,然后在压力测试中通过改变持有期来表达压力下的期望流动性。几天后可能会揭示一个损失(或收益)链,累加后会达到不可接受的损失,这是明显不同于VaR结果的。特定的资产流动性因素,如在正常市场条件下不变化市场价格清算头寸所需要的天数,未平仓头寸百分数,当前的买入或卖出差价,应该包含在头寸水平数据中并用于分析框架中。这些资产流动性因素自身在检查下列影响时能得到"强调":(1)价值的变化,这个价值会在标准持有期考虑中的头寸被清算时失去;(2)清算头寸需要的天数的变化。如前面所讨论的,反映目前市场数据的相关性的"分解"一定是风险经理和对冲基金经理的主要关注点。他们精心构建的"对冲"组合能够分解并经受市场风险。在市场危机时期,资产价格或费率间的相关性会剧烈变化并不可预期,结果本来想对冲或分散风险的头寸让它变得更加复杂。由于对冲相关性风险仍然很难,评估相关性变化影响的压力测试能够使对冲基金经理了解他们选择的任何资产所涉及的风险。如果他们承担风险而得到了充分的补偿,那么他们就能定期进行评估。

回溯测试 在用压力和情景分析评估 VaR 分析的缺陷的同时,回溯测试也应该进行。回溯测试是将 VaR 与基金的实际历史损益联系起来的过程,以了解 VaR 的预测性如何。通过比较组合价值的实际变化和通过 VaR 计算产生的变化,对冲基金经理就能获得 VaR 模型衡量基金风险精确度的见解。在回溯测试中,预期组合会不时地比 VaR 损失更多。例如,99% 一天 VaR 平均会在 100 个交易日中有一天被超过。当实际的组合价值变化超过 VaR 时,对冲基金经理就必须确定差异的来源(也就是说,是 VaR 方法有缺陷,还是这个损失仅仅是给定置信水平下预期的那个)。其他潜在的偏差来源包括:

1. VaR 模型或者数据有缺陷,没有充分抓住风险来源。
2. 组合中计算和观察间头寸的变化。
3. 基础市场发生了变化,包括在 VaR 分析中使用的时间序列中没有表示的因素或者在置信区间之外的因素的波动率、相关性或流动性的变化。

相关的收益和风险 如果回溯测试是成功的,并且风险度量的信心建立起来了,就可能开始将风险和收益联系起来以产生风险调整业绩度量。风险和收益在一个风险调整业绩度量中计算有一些方法。夏普比率被许多基金经理广泛使用,用来度量某一特定时期组合风险调整业绩。下面是用最常见的测量收益和风险的约定计算的任意组合的夏普比率。分子是同期组合的收益(R_p)超过无风险收益率(R_f)(也就是无风险证券如美国国库券的利率)的部分,分母——产生的风险——用组合的日收益的标准差 σ_p 来衡量。

$$(R_p - R_f)/\sigma_p = 夏普比率 p$$

夏普比率是一个概括性的风险调整业绩衡量方法。夏普比率分母中使用的风险组成部分是一种历史方法(组合收益的标准差)。分母是获取收益过程中发生的风险的衡量。它刻画了一些历史时期收益的实际波动。夏普比率的分子是在该时期组合收益超过无风险利率的衡量。(例如,在过去十年标准普尔 500 指数的夏普比率约为 1.2。)投资者喜欢较高的夏普比率,因为较高的比率表明,相对于发生的风险水平,组合获得了优越的收益。透明客观的组合评估对于精确的风险调整业绩衡量是很重要的。不幸的是,非流动性头寸或水平三(level-three)资产是要成本的,或者它们被标记在参数不真实或更新频繁的模型中,这些情况经常发生,导致更低的报告损益波动率和误导的高夏普比率。

业绩归因 业绩归因是重要的,有两个核心原因:

- 风险管理:基金不了解它的业绩来源就不了解它的风险。一个新的策略会增加在错误时间(如在市场大压力时期)表明的风险吗?要回答这样的问题,我们需要理解是什么驱动对冲基金获得收益。

- 阿尔法生成:许多对冲基金经理承诺正的绝对收益,而不管市场方向(也就是阿尔法)。对冲基金会用一些阿尔法来提供投资多样性吗,还是仅仅夸大市场贝塔?区分归因于贝塔的业绩和来源于阿尔法的业绩的能力是非常重要的,因为阿尔法是投资者投资对冲基金的目的。因为业绩归因对投资者非常重要,它对基金经理也应该非常重要。

主成分和因素分析 对冲基金经理、风险经理和投资者能够运用因素分析来分析业绩和风险。(因素分析更详细的应用,见第三章)

但是,这对投资者并不容易,有两个原因。第一,详尽的因素分析要求披露组合层次的持有情况,但许多对冲基金经理不愿意披露他们的头寸,以免影响他们的策略。甚至大机构投资者现在也很难得到这些信息。第二,一些对冲基金固有的风险并不仅是其投资的证券引起的,而且还与其采用的策略(交易的时间、方向、组合和顺序)有关。在进行对冲基金收益的业绩归因时,不但分配收益给市场因素(贝塔因素)是重要的,而且给策略因素也是重要的。只有这样,才有可能将残余的非预期业绩定义为阿尔法。

为了使投资者分析对冲基金产生阿尔法的能力有意义,头寸层的收益数据必须被分析。结构化的分析包含以下一般步骤:

1.组织数据:首先,必须确认数据的质量。离群值、缺乏流动性引起的过时数据和可分辨的数据错误应该从头寸层数据集中剔除。一旦健全的收益系列确认了,头寸层收益数据和对冲基金层收益数据必须按对冲基金和基本策略分类,以用于分析。然后,数据必须分为用于定义因素载荷的内样本部分和用于因素载荷的后续验证的外样本部分。从广义上讲,内样本分析用于揭示基金和因素间的显著关系,外样本分析用于验证这些关系并减少不正确的结果。

2.定义因素词典:选择过程为每个对冲基金分别分辨了相关的因素集,但都是从预先定义的因素中提取的。这些因素被分为贝塔因素(业绩归因于市场敞口)和策略因素(业绩归因于采用类似策略的基金)。选择的因素数量应该最小化以增加潜在的解释力。在基于收益的模型中包含无关因素会有引入不正确结果的风险。每个贝塔因素必须有事先的经济根据来解释对冲基金总体共有的业绩特征。每个策略因素必须有事先的经济根据来解释策略独特的且共有的业绩特征。选择这些策略因素是用来抓取由已知或常规风险因素引起的对冲基金收益的来源。策略群内对冲基金的异质性一般相当高,因此,不应该预期策略群内的每个基金会对每个预定义的因素都有敞口。不是源于贝塔或策略因素的风险是基金独有的,它反映了经理独特的投资、策略或过程,因此业绩归因于阿尔法。

■ 贝塔因素:对冲基金的业绩部分由广泛的系统性因素所塑造,这些因素潜在地影响着许多基金,以及基金的独特的行为。许多对冲基金投资于传统的资产类别如股权、债券、货币和商品或者这些资产的衍生品。广泛的研究已经分辨出驱动每类资产收益的因素。让人惊奇的是许多对冲基金经理并没有对冲这些因素敞口。例如,多头或空头股权基金通常与市场方向是偏的。同样,固定收益套利基金经常对赌工具间不同风险情况下信用或利率价差会趋同。这样,一部分对冲基金风险就从构成传统投资的熟悉的因素敞口中产生了。

■ 策略因素:策略因素包括贝塔因素不能解释但对于采用特定策略的基金来说是独特的和共有的那些因素。这些策略特定的收益来源产生于组合管理的方式。例如,可转换债券基金的一个策略是购入嵌入期权的可转换债券,然后通过购入信用违约互换(credit default swap, CDS)保护和德尔塔对冲期权来对冲可转换债券。基金抓住了一个套利利润,因为 CDS 和德尔塔对冲期权的联合成本要小于可转换债券的成本。但是,这个策略在 2007 年和 2008 年损失惨重,表明可转换套利基金存在着一系列共有的风险。特别地,可转换债券市场的流动性在危机期间急速下降,而 CDS 市场的流动性仍保持较高。应用于可转换债券的流动性折现的有效提高破坏了同一发行人可转换债券和信用违约互换间对冲比率的稳定性。可转换债券价格大幅下跌,而 CDS 的价差没有同比增加,导致该策略的损失。策略因素识别了影响采用同一策略的所有基金的业绩的共同来源。策略因素的例子还包括:许多合并套利交易可能在市场大幅下跌(一个事件套利因素)的同时中断,或者商品交易顾问(commodity trading advisors, CTA)的业绩更多的是他们的集体趋势跟随行为,而不是这些基金投资的商品或货币。策略因素在同类群如合并套利、不良证券和可转换套利之间构建对冲基金时特别有用。这是因为这些同类群的基金趋向于采用相似的、非传统的策略并管理着相对同质的投资。该行为对这些同类群的基金产生共性,而被动投资于流动资产类的基金不会产生。[1]

3.估计敞口:建立了适合用于特定基金收益模型的因素集之后,就要估计基金对这些因素的敞口。由于有许多估计技术,因此采用最合适的模型就非常关键。最佳统计方法依精确的研究目标和数据结构而定。一个明显并常用的估计模型参数如敞口的技术是普通最小二乘法(ordinary least squares,OLS)多变量回归,但这要假定因素敞口是常数。[2]对投资严格限制的缺失给了对冲基金经理很大的灵活性来用他们的方式快速做出变化,根据他们对未来的期望,在产业层或市场层面进行对赌。结果,他们比传统的经理在投资方法上更加动态化。解释对冲基金动态行为的常用回归框架内的方法是移动窗口回归。[3]但是,由于用更少的数据样本来估计,这会损失统计精确性。另外,这种方法不能在短时间窗口中获取敞口变化。OLS多变量回归对于敞口随时间变化很小的对冲基金来说可能是最好的选择。最后,最优估计方法依赖于被研究的基金以及研究目的。

4.样本外模型评估和回报复制:第一步是分析敞口估计的可预测性。这首先通过计算一系列样本外回报来实现,如下所示。假定月回报数据,对于给定的月底回报,运用到上月为止的数据来估计基金的因素集敞口。这些敞口结合当月观察到的因素回报来计算共用的因素回报,这能被该月的模型解释。特别地,对于 t 月,复制的回报为 $\Sigma_k X_{k,t-1} \int_{k,t}$,其中,$X_{k,t-1}$ 为运用到上月 $t-1$ 为止的数据来估计的基金敞口,$\int_{k,t}$ 为该月的因素回报。可以对这些复制的共同因素回报进行一些分析,以衡量模型的样本外业绩的特定方面。在这个框架中常用的方法是实现回报回归 R^2 与复制的回报对比。R^2 只是衡量了因素获取的样本外方差和对冲基金总回报方差的比率,而不是模型的总风险预测能力本身,因为基金特殊的方差并没有包括在内。

5.估计因素敞口:运用对冲基金收益历史,它们相应的风格分类,以及前几步得到的回归,就可以对单个的基金进行回报源估计。

这个过程提供了一个稳健的模型用于分析某一给定基金或对冲基金组合的

---

[1] Alvarez, Miguel, and Michael Levinson 2006. Hedge Fund Risk Modeling, MSCI Barra.
[2] 这种技术因简单易懂而被经常使用。但是,为了从回归估计中得到稳健的敞口,有一个重要的假设是必需的,那就是它们在估计期要保持不变。结果,使用仅仅基于回归估计的模型就很难获取对冲基金多样且动态的行为。
[3] 该方法运用更短和更近期的数据窗口来估计回归参数。用这种方式舍弃过去的数据能使模型更快速地获取最近的敞口变化。缺点是更短数据窗口的使用会产生噪声估计和劣质预测。

回报源。某一给定对冲基金收益方差与贝塔因素水平方差的相关程度,表明了基金产生与市场非相关的回报的能力。高相关性表明回报与市场因素高度相关,低相关性表明它们不是,经理可能提供阿尔法。类似地,基金回报和战略因素的高相关性表明经理与其同行间的偏离程度。高相关性表明经理可能采取了与同行一致的跟随策略,而低相关性很可能表明风格的转换。最后,经理回报与任一类型因素间的低相关性很可能表明模型设定错误或者潜在的回报欺诈。

资金风险

导致 2008 年和 2009 年许多对冲基金倒闭或者清算的原因,是市场、信贷和流动性三者共同作用的结果。第一批倒闭的基金是可转换债券基金。当股权市场下跌导致这些没有完全对冲的基金按市价计算头寸急速损失时,当贝尔斯登崩溃产生交易对手风险冻结了可转换债券市场时,先前流动性的头寸变得缺乏流动性了,大宗经纪商提供的杠杆逐步(有时是突然)地撤回。然后投资者要求赎回他们在基金中的权益,迫使基金经理要么封闭基金,要么在极低的价格清算。当这在许多对冲基金中发生时,由于大量的单向的清算指令,头寸清算导致价格的雪崩。管理资金风险的策略将会在第五章深入讨论。

流动性危机循环　流动性危机循环可以分解为五个阶段:

1.市场中断导致一段时期的高波动率和风险厌恶。

2.某一对冲基金或者基金群损失的谣言或者实际损失促发了交易对手更高保证金的要求。

3.这引起对冲基金以无序方式清算头寸以提高现金来满足他们即时追加保证金的要求。

4.需要支付投资者不断增长的赎回要求也迫使清算,不过这在支付追加保证金之后,因为投资者被要求提前 45 天以上时间通知赎回意向。由于最初和目前遭受的损失引起的投资者赎回,可能会要求进一步的清算。

5.随着市场对基金界行为的反应,对冲基金的资产净值(net asset value,NAV)或管理资产(asset under management,AUM)继续下降。对冲基金力争大量快速出售头寸而市场流动性并不能承受,导致价格进一步下降,对冲基金的NAV 进一步下降,反过来进一步需要清算以满足追加保证金或者赎回。如果其他的市场参与者知道对冲基金头寸的情况,这个下降的螺旋会不断加剧。

在这种环境下,对冲基金如果没有其他的流动性来源或者额外的现金来满足追加保证金和赎回要求,就会面临死亡螺旋。如图 2.2 所示,对冲基金经理面临严峻的选择：(1)要么继续清算以产生现金，但每次清算对余下基金头寸价值的影响要远远大于从清算中得到的现金；(2)要么封闭基金拒绝赎回要求，运用任何可得到的现金来满足追加保证金。封闭基金赢得了时间并允许在时间上控制清算，从而可能减少损失。但封闭基金行为并不一定能使基金复活，因为投资者的信心破灭了。

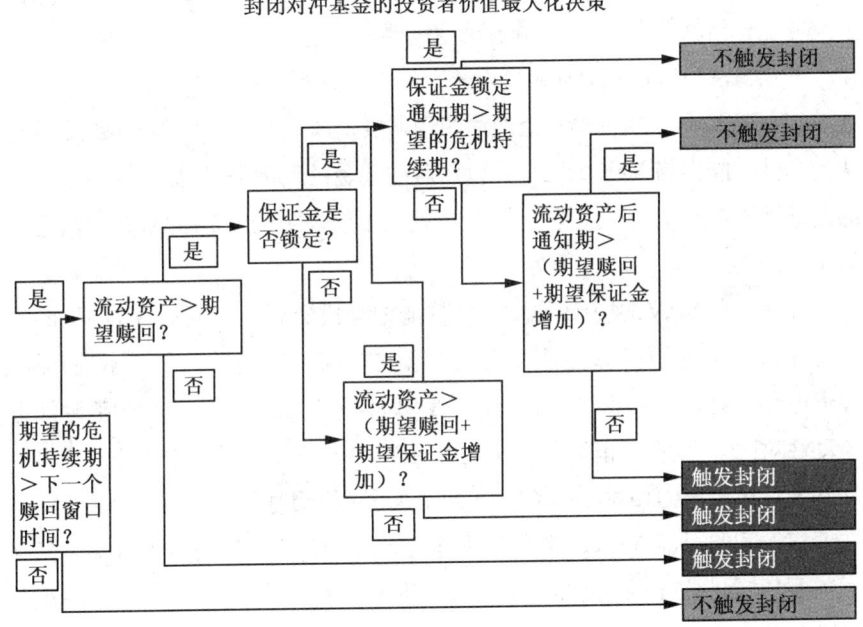

封闭对冲基金的投资者价值最大化决策

图 2.2　对冲基金经理的危机决策树

一旦损失超过了临界点，有人出血了，那么基金的流动性危机就会成为自我维持的。债权人不会冒基金违约的风险，会要求增加保证金。类似的，投资者不会冒进一步损失的风险，会要回他们的钱。竞争者只会出极低的价格来购买对冲基金资产。基金经理的最佳行动路线就是通过管理资金风险来确保其总能够满足债权人和投资者的要求，从而避免陷入不断加速下降的流动性螺旋。

衡量资金风险　所有资产经理和金融机构面临着资金风险，但由于涉及杠杆，它已经被证实为对冲基金经理的阿喀琉斯之踵。这是因为资金流动性问题大幅增加了倒闭的风险。因此，对冲基金经理应该集中精力和资源用于衡量和管理资金流动性风险。

对冲基金经理应该用各种指标来跟踪资金流动性风险。显然，现金为王，他们必须通过跟踪现金头寸(也就是现金和高信用质量实体发行的短期证券)来监控对冲基金的流动性。应该对这种现金是否充足到能够满足危机时期债权人和投资者的各种要求进行评估。类似地,充足性评估还必须包括基金的借款能力(例如,在保证金规则或者信用额度下的借款渠道),但基金经理应该认识到,这些规则是可以改变的,信用额度通常也可能在很短的通知期内撤销。流动性是否足够是个相对的问题。不存在有一个金额或 NAV 的百分比就一定充足到能在任何情况下保护基金。基金经理应该监控流动性的相对性并将这些方法(现金或现金+借款能力)与相应的流动性需要联系起来。

下列方法可以揭示对冲基金对流动性的潜在需要:

1.VaR:VaR 是目前最广泛使用的预期投资风险的方法。因此,跟踪现金或现金+借款能力与 VaR 的比率可以为对冲基金经理指明,基金流动性相对于它的流动性需要是上升了还是下降了,但就像不能表明金额是否足够一样,它也不能做出任何决策。

2.股权或 NAV:现金或现金+借款能力与投资者股权或基金 NAV 的比率为对冲基金经理指明,基金流动性相对于它的规模来说是上升了还是下降了。尽管该比率对于投资者和债权人来说是每月都必需的,并能在对冲基金间进行流动性对比,但就像不能表明金额是否足够一样,它还是不能做出任何决策。对冲基金在市场压力期对流动性的需要取决于它的相对业绩、投资者的赎回条件、与债权人间的保证金协议、组合的规模以及它所持有的资产的特性(除了基金赎回需要)。因此,对冲基金经理需要有衡量潜在的流动性的方法,来反映组合的风险度。

3.最大历史亏损:这个指标是一种风险衡量方法,它衡量了对冲基金在过去的流动性总量。但该方法是向后看风险的,可能不能表明现在的敞口。年轻的对冲基金,只有几年的运营历史,可能没有实际经历过大的亏损,或者经历的亏损与潜在的危机相比无足轻重。

由于这些方法都不能绝对确定流动性的充足程度,通过审视相对流动性方法随时间的变化,可以得到资金流动性的其他洞见。相对流动性方法随时间而变化是显而易见的并与"有效流动性"(也就是说,资产是流动的并且经理愿意利用这种流动性)一致。除了简单地监控流动性,对冲基金经理必须在以下几个方面管理流动性。

充分管理资金风险 这最重要的是运用对冲基金经理的经验和判断来维持流动性水平,使之与给定的损失风险和/或投资者赎回可能性相匹配。他们要积极管理(或监控)保证金账户里的现金。

其次，要运用市场风险、信用风险和流动性风险的综合风险管理，这样就能构建、维护和更新情景，描述这些事件冲击基金时的融合影响。即使现在的流动性在面临这样的情景时是充足的，基金经理也会知道他管理着风险并能了解它发生时对基金的影响有多大。

再次，在危机中，不确定性加剧。基金经理应该加强并维护与信用提供者的沟通，向他们及时提供基金风险和流动性方面的概要情况。在过去的危机中，最稀缺的商品(现金之后)是准确的信息。作为市场高度风险厌恶和动荡的结果，债权人对基金运营和风险头寸"透明性"的要求在频率和细节上都增加了。当不能及时收到反馈时，债权人不得不假定基金变得缺乏流动性并且采取行动以在基金崩溃前保护他们的本金。因此他们通过行使增加保证金的权利来撤回他们的融资，从而加剧了对冲基金的流动性需要，有时会造成他们害怕的危机。

为了在危机中维持债权人的融资，对冲基金经理应该提供详尽的风险分析，并进行更频繁、高水平的个人沟通。这降低了对冲基金信誉上的不确定性，可能阻止撤回所有融资的决定。

最后，债权人和对冲基金之间的权利关系应该在一开始就在合同上协商，它规定了每一方使用不曾使用的借款能力和改变保证金条款的能力。对冲基金经理应该协商保证金水平、大宗经纪商增加保证金比率的速度，以及在适当条件下的双边多边协定，以进一步降低流动性不足的可能性。

杠杆 试图管理对冲基金风险，而不解决杠杆具有放大这些风险发生的可能性并在风险发生时带来巨大损失的能力，是天真的。由于对冲基金的杠杆特性，控制杠杆是必要的，以同时管理风险。即使杠杆本身并不能简明或者直接地衡量风险，这也是事实。尽管如此，杠杆对于对冲基金经理来说也是很重要的，因为它对此前讨论的风险的三个主要领域都有影响：投资风险、交易对手风险和流动性风险。杠杆不是风险的独立来源，其实它更是一个因素，该因素影响三种风险因素变化带给组合价值变化的速度。

为了不是表面上了解杠杆，在对冲基金环境下考虑杠杆意味着什么(或者不意味着什么)是很重要的：

1.使用杠杆的头寸的流动性和价格波动与评估有效杠杆是相关的。持有一年期国库券且杠杆率为10∶1的对冲基金运用的杠杆，会比杠杆率为2∶1且投资于次投资级可转换债券的对冲基金运用的杠杆更少被关心，这是因为国库券波动率低且流动性高。

2.一个孤立的以资产为基础的杠杆数字并没有包含很多信息，且有可能被危险地误导。一个减少风险的交易可能会增加以资产为基础的杠杆衡量,而以风险为基础的杠杆衡量对组合的规模很敏感。一个很大但很好对冲了的组合可能会显示较低的以风险为基础的杠杆,尽管它可能是潜在缺乏流动性的。

在财务上有几种"杠杆"衡量方法。一些与会计报表的财务分析有关(运营杠杆),而还有一些仅仅在投资领域使用。尽管都是比率,杠杆指标依所评估的财务关系而变化。在投资中使用的杠杆比率是以资产为基础的或者以风险为基础的。

以资产为基础的杠杆衡量 在给定股权资本水平的条件下,运用借入资金(或它的等价物)能使投资者增加控制的资产。以资产为基础的杠杆衡量方法寻求建立运用债务和股权控制的总资产和借入投资于这些资产的资金间的关系。以资产为基础的衡量方法通常将"资产价值和股权"联系起来。与股权相关的收益和风险,通过运用传统的以资产为基础的杠杆,都被放大了。

一些广泛使用的以资产为基础的杠杆衡量方法随时间而改进,并由于它们的有用而被普遍接受(见表2.1)。对冲基金应该尽量计算并监控这些衡量,因为只要按时间跟踪,它们就有助于对风险的理解。另外,债权人、交易对手和投资者通常需要它们作为尽职调查和持续不断地监控基金的一部分(见附录1作为一个样本的尽职调查问卷)。信贷提供给对冲基金既有直接的(通过保证金融资和回购协议),也有间接的(通过短期卖出、互换、期货和其他衍生合约)。一些会计方法提供了对冲基金使用了多少直接或间接的信贷的信息。最广泛使用并被普遍接受的以财务报表为基础的杠杆衡量方法是那些与对冲基金资产负债表相关的项目。

表 2.1　　　　　　　　以资产为基础的杠杆衡量方法

杠杆指标	优 点	缺 点
总资产负债表 资产与股权之比	明确的 广泛应用于各类法人 易于计算 以审计后财务报表为基础	不太适合于对冲基金 没有包含资产负债表外项目 没有包含对冲的风险降低效果 会低估真实经济风险
净资产负债表 资产与股权之比	适合于对冲基金的法律结构 更详细同时仍然易于计算 部分解决了包含对冲的风险 降低效果的需要	没有反映组合的相关性,或者没有直接对冲那些在匹配的账面资产外的资产 没有包含资产负债表外的工具

财务上最简单并且广泛使用的杠杆衡量方法是总资产负债表资产与股权之比。该常用的方法易于用公开财务报表数据计算,但没能包含对冲基金有效杠杆的两个重要的因素。

第一,资产负债表对冲的风险降低效果没有被认识到。当进行对冲时,对冲是加到资产负债表里作为一项资产的。这增加了资产,因此增加了这个杠杆的比例,尽管交易可能极大地抵消另一个资产的风险。

第二,衍生工具的市场价值通常记录在资产负债表中,而不是全部的名义金额。如本节后面要例示的空头期权,衍生合约的价值会快速剧烈变化。某种程度上多头或空头衍生头寸的全部名义金额没有记录为资产或负债,这种方法会低估对冲基金的真实经济风险。更合适的衡量对冲基金以资产为基础的杠杆的方法是净资产负债表资产与股权之比。由于这种方法要求更详细的对冲基金组合头寸的信息,它确实部分解决了总资产负债表资产与股权之比方法的缺点,包含了反映在匹配的账面资产里的抵消与直接对冲。但是,对冲基金有效杠杆的两个重要因素仍然没有包括。

首先,净资产负债表资产与股权之比没有反映组合的相关性,或者没有直接对冲那些在匹配的账面资产外的资产。例如,在一个多样化的美国股权组合情况下,多头 S&P500 指数看跌期权对冲将不会看作是匹配资产,将会增加资产负债表的资产一侧,因为它不会净价计入多样化组合的各个股权成分中。

其次,净资产负债表资产与股权之比方法没有包含资产负债表外的工具。例如,如果在上一段中描述的多样化的多头美国股权组合,与完全复制该美国股权组合业绩的定制的股权互换对冲,该股权头寸的多头部分将会仍然显示为资产负债表中的资产,而通过互换的空头头寸是资产负债表外的。因为资产负债表外交易能够有真实的经济影响,其他的以财务报表为基础的衡量方法已经提出来,来体现资产负债表外交易(例如,远期合约、互换和其他的衍生品)。但是,必须认识到,即使是这些方法也有缺点,特别是作为对股权的对立的风险衡量来说。

对风险经理来说,关键问题是在给定股权水平下有多少风险必须支持。由于以资产为基础的杠杆衡量方法是常用的,它们并不是真正地可比的,因为由股权支持的资产其风险是变动的。例如,价外空头期权组合的总合约规模为 1 000 美元,支付 75 美元的期权费,以 100 美元股票支持,该组合的初始以资产为基础的杠杆为 0.75。但如果这些期权开始转为价内期权并需要 1 000 美元关闭,以资产为基础的杠杆迅速变为 10∶1。支持该组合的必要的股权数量是多少呢?

以资产为基础的杠杆哪个是正确的呢：是目前的 0.75 还是潜在的 10∶1？在资产具有动态性的情况下，资产的期望价值是必需的。因此，风险经理和对冲基金经理需要以风险为基础的杠杆衡量方法来体现破产风险，该风险是由潜在的组合价值的变化引起的。

以风险为基础的杠杆衡量　以风险为基础的方法通过评估"风险对资产"之比将对冲基金的投资风险和它的股权联系了起来。以风险为基础的方法(见表 2.2)提出了投资风险(通常是 VaR)相对于吸收风险的来源(现金或股权)的衡量。这样做，以风险为基础的方法通过将几个维度的风险转换为以一个简单的数字的方法，极大地简化了风险。这对投资者和债权人是有吸引力的，他们需要比较不同的基金的杠杆，但结果是一些细节丢失了。因此，基金的真实风险可能被低估，因为杠杆的特定效果是与市场风险、信用风险和资金风险交织在一起的。

表 2.2　　　　　　　　　　　替代的以风险为基础的杠杆衡量方法

杠杆指标	优　点	缺　点
组合价值的波动率/股权	客观的，因为它是以实现的组合波动率为基础的 明确的易于计算	如果组合的组成部分变化了或者市场条件变化了，就会误导 不会打破融资对基金风险特征的影响
VaR/股权	全面衡量股权的市场风险	不反映基金吸收非标准市场情景的能力
情景驱动的投资风险衡量/股权	可变的，能够指定各种情景	主观的，情景是假定的或是历史上的缺乏情景发生概率，破坏用处

例如，资金风险在以资产为基础和以风险为基础的方法中都经常会消失。考虑两个基金具有相同的 VaR/股权的以风险为基础的杠杆。一个基金采用多头或空头股权策略，运用 1 亿美元的保证金融资(贷方)和 1 亿美元的投资者股权来支持 2 亿美元的多头微型股权头寸和 2 亿美元空头微型股权头寸组成的组合。结果是 2∶1 的总资产负债表资产与股权之比并运用借入资金投资于"低风险"策略(例如，多头/空头股权策略)。VaR 为 5 000 万美元，VaR/股权的杠杆比率为 0.5。

第二个基金没有运用净资产负债表资产与股权之比这个杠杆。它的宏观策略是用它的 1 亿美元股权购入 1 亿美元的美国国库券，但以轻微的溢价全部售出货币基金期权。这个基金没有使用直接借入的资金，但由于出售期权带来的风险,产生的 VaR 为 2 亿美元,VaR/股权杠杆比率为 2∶1。宏观基金为高风险高流动性的,而多头/空头股权基金是低风险低流动性的,但每个基金都获得了相似的 VaR 以及以风险为基础的杠杆。资产的流动性风险被忽略了。

这个比较强调了为何杠杆衡量方法不应该孤立地用来评估风险的原因。以风险为基础的杠杆衡量方法反映了对冲基金组合的风险和基金吸收该风险的能力间的关系。但通过使用 VaR 并将风险转换为一个简单的数字,他们能极大地简化风险。由于这并不是唯一的能够使用的方法(借款能力是另一个选择),对冲基金的股权提供了有用的风险承受"能力"的衡量方法。对冲基金经理应该利用更全面的方法来评估多风险维度下的杠杆。对杠杆贡献的评估需要更多的信息。

然而,依据运用的不同策略和分析的不同目的,可以运用不同的衡量投资风险的方法。

组合价值的波动率/股权用实际业绩波动除以给定的股权来衡量。尽管有用,但还是受到批评。由于它是一种追溯性的方法,如果组合的组成部分变化了或者未来市场状况与历史状况不像了,那么它就没用了。此外,它没有将融资对对冲基金风险的效果分离开来,因为它包含了融入资产。

VaR/股权给出了对冲基金吸收"典型的"市场运动的能力的图像。对该方法的批评是它没有反映基金组合在极端市场下的风险。

情景驱动的投资风险衡量/股权评估极端事件的影响,运用极端事件情景(或压力测试)分析得到的投资风险衡量,就能计算出杠杆衡量。这种方法给高层管理关于对冲基金吸收极端市场事件能力的信息。这些是对冲基金经理最常用的杠杆衡量方法,也要运用其他的方法来分析杠杆。事实上,由于投资风险、资金流动性风险和杠杆是相互关联的,资金流动性风险的衡量——特别是相对于 VaR 的现金+借款能力——也为对冲基金经理提供了对基金杠杆的洞察力。

杠杆和流动性 流动性是影响对冲基金吸收极端市场事件影响的能力的关键维度。流动性决定了基金能够修改它的以风险为基础的杠杆的程度,特别是在市场压力期间。

从最好的情景开始,对冲基金资产是完全流动的,投资者不赎回基金,市场是稳定的,基金经理有两种方法能够降低以风险为基础的杠杆:

1.继续现存的投资策略,通过减少现存的资产负债表表内和表外头寸并有效地朝全现金组合靠拢,能够降低以风险为基础的杠杆。

2.通过降低目前接受的风险水平的方式(例如,通过分散头寸,改变策略,接受更具流动性的证券的风险敞口,或者在组合内对冲风险),来降低以风险为基础的杠杆。

如果市场动荡加剧,降低头寸规模可能不足以降低以风险为基础的杠杆。类似的,如果头寸缺乏流动性,它也不可能降低头寸规模。最后,如果投资者要赎回他们的投资,就不可能降低以风险为基础的杠杆,这是因为如果头寸降低了,释放股权所获得的现金就会支付给投资者。在最后的例子中,基金可能只留下缺乏流动性的头寸和最小的股权,导致以风险为基础的杠杆的增加。

为了跟踪对冲基金能在多大程度上改变它的以风险为基础的杠杆,基金经理、投资者和债权人应该跟踪基金投资风险衡量(例如,VaR)随时间的变化。下面两种衡量方法能够用来跟踪投资风险的指标和基金经理采取的调整杠杆的行动之间随时间推移的关系。这两种衡量方法都只考虑一个短的时间间隔(一天、两天……一周),两者都假定股权是不变的。

1.组合投资风险的变化:组合的投资风险衡量(例如,VaR)在上升后下降,表明基金经理具有在市场压力期为组合去杠杆化的能力(投资风险衡量可以是VaR或观察到的相关时期组合价值的波动率)。

2.投资风险变化和后续现金+借款能力变化之间的关系:所有其他情况相同,如果基金经理能够降低组合的以资产为基础的杠杆,那么结果就是现金或者借款能力的增加。因此,在某一时期现金+借款能力在组合的投资风险衡量(例如,VaR)增加后也增加了,就可能表明基金经理在通过降低杠杆来应对市场压力。

尽管这个能力是有用的,但以风险为基础的杠杆衡量并没有传递出任何关于借入资金在破产风险中起的作用的信息。

资金风险和杠杆 总之,没有单一的衡量方法能体现所有的风险因素,市场参与者、监管者或者市场观察者就将这些因素都归结于杠杆的概念。应该在考虑基金策略、资产流动性、投资者稳定性、与大宗经纪商的关系、当前市场状况和基金规模的条件下,来评估资金来源和杠杆。

对冲基金经理尽管一直跟踪和使用以资产为基础的杠杆衡量方法,但还是应该关注将组合风险和基金吸收这种风险(也就是投资风险——包括与组合资产相关的信用风险——和资金流动性风险)的能力联系起来的衡量方法。基金经理要关注这些衡量方法,是因为传统的以财务报表为基础的杠杆本身已经不必然传达破产的风险。说一个对冲基金的杠杆是2∶1而另一个没有杠杆并不必然意味着有杠杆的基金更有风险或者更可能碰到流动性问题。如果有杠杆的基金投资于政府证券而没有杠杆的基金投资于股权,那么以资产为基础的杠杆就会将两者的风险导向错误的结论。在这种意义上,以资产为基础的杠杆衡量方法可以说是最有缺陷的,因为它们不能传达出关于组合中资产的性质和风险的信息。

交易对手风险

交易对手信用风险是对冲基金经理关心的另一个领域。[1]对冲基金暴露在交易对手信用风险之下,这个风险就是交易对手不能按期望执行合约,所引起的损失。这个风险是交易对手信用质量的变化所引起的对冲基金的成本,其形式可以是证券合约没有执行引起的替代成本,可以是交易对手违约引起的抵押品无收益,还可以是强迫基金经理寻找替代的交易对手。管理交易对手风险的策略将在第 6 章详细介绍。对冲基金经理与各类交易对手进行交易,包括银行、证券公司、交易所和其他的金融机构。从某种程度上说,交易对手风险存在于几乎所有与第三方的交易中,包括证券和衍生品交易的结算,回购协议,抵押品安排和保证金账户。它也存在于开放式衍生品头寸,在那里一个交易对手对另一个的敞口会在合约期内随着合约价值的波动而变化。

对冲基金经理应该只选择高信用等级的交易对手,计算和跟踪交易对手的风险敞口,避免集中交易对手风险于单个的交易对手和世界上不同的地区。如果集中度上升,他们应该进行分散化,直到分散化对基金产生了运营或者财务费用。

决定基金经理有多大的意愿来与某个交易对手交易要考虑的因素之一,是基金愿意承受交易对手违约引起的损失。反过来,这又取决于基金对交易对手的敞口的大小、规范他们之间关系的文件,以及违约的可能性(也就是交易对手的信用)。

评估交易对手敞口　对特定交易对手敞口的评估应该包括对下列因素的分析:

1.目前的替代成本:如果交易对手资不抵债,基金经理不得不替换市场中的合约,对冲基金损失的金额。

2.潜在的未来敞口(potential future exposure,PFE):由于某一特定交易对手不能履行证券合约的义务而应引起的基金损失敞口会随着时间的变化而变化。

---

〔1〕 证券发行人信用质量的变化会引起这些证券价格的变化从而影响组合的价值,这个信用质量的变化包含于"投资风险"中。

如果交易对手在未来合约期的某一天违约而导致的期望潜在敞口需要进行统计估计以量化这个风险。大多数风险系统现在能够计算这种敞口(例如, Credit-Metrics)。潜在敞口特别适用于衍生品交易,在那里敞口是相互的,并可能在合约到期前变化很大,如互换。

3.损失概率:当面临很多交易对手时,一个交易对手在相关时间范围内违约的损失可能性能够被建模,并用于管理交易对手风险。损失概率是交易本身性质(马上我们就会看到)、交易对手目前的信用质量和交易期的长短的函数。

4.风险缓解和记录:初始和变动保证金抵押、交叉净结算条款、交叉违约和抵消条款或信用增强(如双向抵押),减少交易对手暴露大小的程度,是量化潜在损失时需要重点考虑的。

所有这些概念,可以用互换为例来充分解释。互换是对冲基金常常交易的,执行的交易对手具有各种不同的信用,从银行到经纪商到公司。它们通常在初始时价值为0,因而替代成本也是0,但具有延长的期限,导致巨大的潜在敞口。风险缓解净额结算协议、保证金条款和抵押条款都高度标准化,并清晰地记录于ISDA协议之下。

在一份互换合约中,假定对冲基金做多收入一侧,而做空支出一侧。由于两侧在价值上是可以交换的,因此一份互换合约有时候是资产,有时候又是负债,这取决于对冲基金在合约下是被欠钱还是欠别人钱。当互换是资产时,投资者(对冲基金)是被欠钱,互换交易对手违约就会导致投资者的损失。当互换是负债时,由于交易对手不欠钱,也就没有交易对手敞口。

互换交易,不管是利率互换、交叉货币互换、权益互换,还是信贷违约互换,都受到国际互换交易商协会(International Swaps Dealers Association, ISDA)协议的约束,在该协议下,交易对手违约事件的复苏就是互换的市场价值(也就是说,本金和所欠的支付的价值)。

例如,考虑一个五年期标准普尔指数互换,对冲基金做多收入一侧。在一个萧条的市场,波动率很低,互换的市场价值几乎为0,从而替代成本也为0。因此初始没有交易对手敞口。但是,互换要五年才到期,并且市场条件会在到期前变化。在一个波动率较高的上升趋势市场中,互换就会在未来相当有价值,在这种情况下潜在的敞口就会很大,交易对手的违约就可能对其他参与方造成巨大的损失。互换随市场运动变得有价值的潜力,这些市场运动的时机,以及欠钱的交易对手在那时违约的可能性,所有这些都会影响互换的价值。

这些因素都结合并数量化为一个指标,称为"交易对手估值调整"[1],用于管理交易对手风险。交易对手可能在合约期内违约,这是合约基于这种风险的价格赤字。它是合约实际价格和合约在交易对手无风险时的价格的差。这两个值之间的差就是交易对手违约风险的价格。差的大小取决于交易对手的信誉,一般用它的 CDS 价差、利率和支持合约的风险因素的波动率来表示。

以"错误方式"管理的交易对手风险 对冲基金经理应该特别警惕"错误方式"的交易对手风险。这发生在交易对手违约可能性与潜在敞口相关时。想象一下,例如,如果对冲基金在 2006 年先见之明地买入了对冲雷曼兄弟违约的保护,但却是从贝尔斯登买入的。当金融危机来临时,随着雷曼违约可能性的增加,在雷曼上的保护的价值也增加了。但是,这同样发生在贝尔斯登上,并且更迅速。贝尔斯登实际上在雷曼之前违约了,因此 CDS 就变得毫无价值,尽管它提供了保护,因为贝尔斯登还欠着支付。显而易见,贝尔斯登违约的可能性是和雷曼兄弟的违约相关的。在互换下欠基金的金额随着雷曼兄弟信誉的下降而增加了,但贝尔斯登的交易风险上升更快。这就是以错误方式管理风险的一个例子。

最小交易对手风险管理能力 最佳实践的交易对手风险管理包括以下几点:(1)交易对手验收和合约标准;(2)信用质量监控;(3)交易对手敞口衡量和限额;(4)交易对手风险报告;(5)交易对手风险减轻和对冲。

交易对手验收和合约标准 在对冲基金与拟议中的交易对手开始交易前,它应该审查所有可以获得的公开信息——包括 CDS 价差、信贷机构报告和交易对手的财务状况,之后才能同意交易。根据不同的法人实体来区分交易对手并评估他们特定的信誉也是很重要的,与 AAA 级银行的分行交易或使用他们的服务,可能在违约时并不能提供财务保护。

另外,一般假设与一个法人实体的交易所得不能与同一公司的另一个法人实体的所失相抵消,除非签有相关的协议。例如,如果一个公司被一家金融机构的欧洲分公司欠了 1 000 万美元,同时欠该交易对手的美国子公司 1 000 万美元,而欧洲分公司违约了,那么它仍然负有对美国子公司的偿还义务。

合约标准是指与合适的交易对手签署的合约的种类和形式。例如,在大部分衍生品合约中,一份标准合约如 ISDA 合约就被使用。但即使是标准合约也需要定制。ISDA 的信用支持附件(Credit Support Annex,CSA)详细说明了交

---

[1] 潜在敞口也被称为"潜在未来敞口(PFE)"和"交易对手估值调整(counterparty valuation adjustment,CVA)"。

易对手单边或双边的抵押品要求。它通常也包括提供交易对手信贷质量中的重大不利变动(material adverse changes, MAC)，也许在信用评级下降或者CDS价差超过某一水平时会要求更多的抵押品。最后，CSA详细说明了终止合约的规则——例如，不能提供抵押品的时候。ISDA主协议中应该保证在同一个交易对手的不同法人实体间能够净值交易。

信贷质量监控 交易对手的财务状况应该受到持续的监控，以预期并检测交易对手的信贷质量可能恶化的情形。从对冲基金的角度来回看信用危机，这应该包括监控银行和经纪商的CDS价差，确保他们有稳定的资金来源，有能力使用美国联邦储备系统、欧洲中央银行、日本银行、瑞士国家银行或者其他的政府支持的贴现窗口和回购设施，以确定哪些银行和经纪商是稳健的。

交易对手敞口衡量和限额 不同的对冲基金有不同的风险衡量方法。对于要与许多不同信用质量的金融中介进行柜台衍生品交易的大型基金来说，衡量当前和潜在的敞口是合适的。对于只进行标准外汇交易合约交易的基金，由于外汇就是交易对手，和/或只进行现金证券交易的基金，交易对手风险衡量并不会成为一个问题，因为外汇通常是高度可信的并且抵押品每天都在交易。但是，即使在这种情况下，知道有多少额外的现金放在经纪商账户和每天交易的抵押品的市值是多少，是合适的。

可能会基于当前的实际敞口，或者依据基金的衍生品交易确定的未来的潜在敞口，来设置交易对手限额。交易对手限额指交易对手风险的总额，用来证明交易对手具有可接受的协商交易合约。大多数基金的交易对手限额是设置一个总额。例如，如果一个基金不想承受超过1亿美元的交易对手风险于任何一个A级的银行，那么它可以将这个限额在基金内分解为不同的交易活动，如CDS、股权互换、方差互换等。

交易对手权威是指单个的交易者或者交易席位与交易对手进入新的交易的能力，并要考虑对当前或未来的交易对手敞口的可能影响。最佳实践基金会运用一些未来潜在的敞口衡量来设置他们的交易对手限额，尽管许多仅仅关注当前的敞口。一些基金也会设置组合集中度限额，例如，限制单个基金对某一经纪商的交易对手敞口，实行风险分散化。在所有情况中，基金需要建立例外政策以处理交易对手限额被有意无意突破的情形。

交易批准是一个验证过程，以确保在单个交易执行之前，所有的条件——交易对手启动、合约谈判、抵押品提供、抵押品收集（如果可行的话）和符合限额——都已经满足。一些基金并不遵循这个过程，或者，由于时间限制，只在大型交易时使用,并允许这些过程有较大的松弛。这些是需要进行实时交易决策形成的实际结果,但基金应该尽量不要这样做。

交易对手风险报告 交易对手风险报告应该说明基金经理管理的每个基金的交易对手风险,交易对手风险是由交易引起的,还是抵押品再抵押或者交易对手持有过多的股权引起的。总市值、未来潜在的敞口和总抵押品(双向)应该一起放在综合的报告中,显示法人实体非净值的敞口和净值的敞口。最佳实践的报告强调限额敞口、限额突破、潜在的相关敞口、集中度和对关键市场因素的敞口敏感度。

交易对手风险对冲和减轻 对冲基金有几种选择来决定交易对手敞口的形成并对冲交易对手敞口。当基金确定它对单一的交易对手的敞口太大,并且不能收取抵押品时,它就会采取一些行动。首先,可能会采取措施关闭一些交易头寸,移除交易对手过多的现金,或者发起新的可以降低风险的交易头寸。其次,基金可以尝试更替合约或者以它为中介并将它转给更有信誉的经纪商,也就是说,出于某种考虑将合约重新分配给另一个交易对手。再次,基金还可以"崩溃"一个交易,如果它发现它对两个不同的交易对手的交易是相同的和相互抵消的。

除了这些形成策略,其他的风险管理策略还有获取违约交易对手的违约期望损失保险。概括来说,如果交易对手是一家金融机构,对冲基金应该能够对冲交易对手敞口。购买信用违约互换本质上是购买交易对手信贷事件引发的,由另一个第三方的衍生品交易的交易对手进行的或有支付。

运用 CDS 来对冲交易对手敞口会出现有效性问题,并产生交易成本。在大部分衍生品交易情景,实际敞口是变化的,使得随时 100% 对冲敞口而不频繁进行对冲调整变得很困难。其次,在 CDS 市场,触发支付的事件可能并不完全对应于交易对手的违约事件。例如,当一家日本的消费者金融公司武富士[1]于 2010 年重整时,受 CDS 保护的所有者等了几天后才确认该事件是 CDS 和合成债权抵押证券(collateralized-debt obligations,CDO)的违约事件。再次,正如我们在 2008 年学到的,CDS 保护可能变得非常昂贵,CDS 交易对手可能受制于他们自己的业绩风险,就如雷曼兄弟的交易对手发现的那样。

运营风险

运营风险是一种风险类型,它包括了与对冲基金投资有关的所有的非投资、

---

[1] 2010 年 10 月 28 日,武富士提交了一份请愿书,在《本公司重组法》下开始公司重组,实际上把自己推向了破产。

管理对冲基金风险和融资

信用和流动性风险。它是内部控制、业务过程或者信息系统缺陷导致损失的风险,可能是内部或外部事件的结果。所有金融机构面临的典型的运营风险包括估值或风险衡量模型中数据录入或核对错误、欺诈、系统故障和错误等情况引起的风险。但是,对对冲基金来说,这些风险更频繁地导致它们倒闭。研究表明40%~60%的对冲基金倒闭可归因于运营风险管理不善。[1]

这种情况的主要原因是对冲基金在运营风险方面的过程和管理不那么成熟。也许因为对冲基金通常是围绕着执行组合经理的投资策略而建立的组织,最初雇用的都是前台工作人员,他们对运营过程的投资和关注是有限的。另外,大部分基金在开始时会外包大部分的行政、法务和/或合规性审核功能,这使他们在面对行政和后台功能与控制的缺陷时是脆弱的,在面对内部和外部欺诈时是脆弱的,在面对系统故障和失效的灾难恢复程序引起的业务中断时是脆弱的。

依据基金投资策略,组织的规模,以及基金核心过程的制度化程度,对这些事件的脆弱性还会增加。

投资策略 需要投资于结构化衍生品、私募或不良证券的策略,比那些使用普通衍生品和交易所交易股票的策略,要求有更高程度的运营复杂性。这主要是因为对缺乏流动性的结构化证券的估值是很复杂的,并且带有主观性。

对所有基金来说估值都是很关键的,但对那些提供短期投资者锁定和月度或季度赎回的基金尤其关键。估值之所以关键是因为符合条件的投资者同时赎回他们的投资时,就必须兑现指定的价值。同样,不管有没有实现收益,管理和提成费用要支付,也要进行赎回。在小型基金和机构化基金,定价通常分别由基金经理和估值委员会决定。

经理主观上对投资的估值能力会导致运营风险。估值应该是透明的,投资基金组合的定价应该符合公认会计准则(Generally Accepted Accounting Principles, GAAP),并定期由独立方审查。在公认会计准则下,投资在基金账簿中报告为"公允价值",定义为在该价格下知识渊博并且不相关的双方会交换资产或负债。因此,流动性溢价和折价应该成为基金估值的因素。

交易所交易证券的公允价值是明显的,交易所公布价格,基金在交易所购买和出售证券时接受这个价格。当基金持有非上市证券时,运营风险就增加了。场外交易市场(over-the-counter, OTC)或非上市的投资包括不良债务、可转换债务、银行贷款、公司债券、互换、OTC衍生品和私募或受限制股权头寸。

---

[1] 事实上,Feffer and Kundro(2003)的研究表明,50%的对冲基金倒闭可归因于差劲的运营控制和过程。

非上市或 OTC 证券在议价市场"以约定"的方式交易。由于缺乏价格上的透明度和估值上的高度主观性,这些证券在本质上有更高的风险。流动性也是影响证券实现价格的主要因素,并能在指定价格和实现价格间产生巨大差异。流动性以买入/卖出价差和集团规模的折扣的形式体现,使确定证券的可实现价格变得困难。非上市证券的价值通常由经理指定,一般基于一些定价实践,由于定价数据的来源、数量和时间的不同,工具的流动性,以及更重要的头寸规模的不同,而产生错误。许多经理经常会对相似的头寸指定差异很大的价格。

在使用模型的情况下,模型的有效性及其输入是很关键的。输入错误以及使用模型的运营人员缺乏对构成模型基础的假设的了解,增加了错误估值的风险。其他公司仅仅依靠单一经纪商的指示性报价,该经纪商通常是最初出售证券给基金的。这被认为好于向其他市场参与者披露头寸。但是,仅仅依靠交易对手的标志也会产生利益冲突。

私募股权或直接借贷在对冲基金资产负债表中也是常见的资产,特别是在它们的侧袋(side bag)里。但它们也很难估值。私募股权一般按成本列账,但公认会计准则要求市场数据纳入公允价值。因此,如果有市场事件支持价值的变动,私募股权就会被记高或记低。尽管私募投资通常分隔到侧袋里,那里提成费要在投资价值实现后才能提取,但并不总是这样的。对于直接贷款来说,估值是以利息支付的收取和折扣、债务人的信誉和支持的抵押品的价值联合作为基础的。

受限证券如公募股权证券中的私募投资(private investment in pulic equity securities, PIPES)也会产生价格主观性。会计指南要求这些证券按支持它们的公开上市证券的市场价的一定折扣计价,但许多经理没有按折扣或者随意定折扣来对 PIPES 计价。

但是,在一个又一个的基金因运营风险而倒闭中,有意无意的估值错误起了作用。在不凋花(Amaranth)这个案例中,基金集中投资[1]于天然气期货合约(在 2006 年的某个时刻,它在纽约商品交易所拥有 40% 的未清偿天然气合约交易,在 ICE 拥有更多[2]),如果不凋花出售这些头寸,无效的定价就不会考虑购买者要求的流动性折扣。

在 GLG 合伙人这个案例中,基金于 2005 年 5 月录得 14.5% 的月损失,是因

---

[1] 首先允许集中投资,对于不凋花来说就是另一个运营失败,它没有坚持它所宣称的分散化风险管理指南。

[2] U.S. Senate 2007, *Excessive Speculation in the Natural Gas Market*, Report of the Permanent Subcommittee on Investigations.

福特和通用汽车降级后信用违约互换和债权抵押证券的估值错误引起的。在一封致投资者的信中,GLG 宣称基金的损失是因为它的 CDO 定价模型错误,它不能解释汽车业因降级引起的波动率变化。由于 CDO 是按市值计价的,而不是按模型计价的,损失是显而易见的。[1]

在其他案例中,缺乏对基金的独立审查使得明目张胆的欺诈行为经常出现。在 2005 年 2 月,美国证券交易委员会(the U.S. Securities and Exchange Commission, SEC)指控全球货币管理(Global Money Management)的负责人骗取投资者超过 1 亿美元。SEC 认为对冲基金业绩或财务没有独立的审计使得负责人能够将投资者提供的资金用于个人用途。KL 投资(KL Investments)和拜誉集团(Bayou Group)的欺诈也是类似的由于缺乏对估值和财务的独立监管引起的。

对估值的独立监管不能完全杜绝欺诈。比肯山(Beacon Hill)就是一例,由三家支线基金(Bristol、Safeharbor 和 Milestone)持有的抵押支持证券(mortgage-backed securities, MBS)的过高估值,用来抵消 10 年期美国国库券巨大空头头寸引起的基金损失。在经受了不断下降的利率引起的损失后,支线基金中 MBS 的价值会高估 54%,并且审计师要几个月后才能发现。[2]

组织规模 基金管理公司的规模是与基金的运营风险程度相关的。管理公司可以是小的初创企业,有几年经营记录的中型企业,或者是大型的制度化的基金管理公司。小型组织的运营风险更高,它没有职责分离,经理对估值有很大的影响,交易管理和会计系统很不完善,合规政策不存在,后台人员没有经验,服务不到位。

制度化程度 即使是大型基金,如果它还处于初创企业的模式,要执行新的运营政策,雇用新的雇员,还要去熟悉新的角色和系统,它也会招致不断增加的运营风险。一名新的组合经理,他以前领导过一家投资银行的自营交易部门,得到了中后台的强力支持,得益于一大堆的公司服务,他在新的对冲基金执行策略时,会有很陡的管理和行政学习曲线。组合经理也应该建立薪酬和人力资源政策,管理法务和会计问题,以及其他的行政职能。

类似地,新雇组织在处理第一次交易时的学习曲线也几乎是垂直的。

基金的制度化程度越高,这些核心的运营能力就越能建立,基金经理就越能专注于核心投资过程和策略。

---

[1] 不能提前测试定价模型以确定未来压力情景下的精确度也是一个原因。
[2] 大的运营损失由单一的原因引起是很少见的。在比肯山和不凋花的案例中,集中投资首先发生了,这偏离了基金声称的投资和风险管理原则。这反过来导致了大的损失。

运营风险管理 由于对冲基金处理运营风险合适的技术和实践是与大型公共金融实体运用的技术和实践相同的,因此对冲基金就没有动力来花费这些面向控制的投资的成本,除非由投资者推动。事实上,严格控制员工,看起来官僚化的程序,以及昂贵的系统基础设施,这些投资都来自于管理费。实施以下这些控制的短期价值看起来都是低的:对价格的随机现场检查,对价格决策的双重或三重签核,投资于具有嵌入程序的可扩展的自动交易和总账系统,维护中央定价数据集合,开发应急计划和维护冗余系统以备基金核心系统故障,或响应第三方服务提供者的故障。初创和小的对冲基金没有能力承担这些固定成本,它会直接减少本金的短期收益。

未来显著提高运营风险管理水平,潜在的投资者需要知晓运营控制,它与单个基金的特质最相关,是投资于基金的前提条件。期望得到一个判断与基金规模或投资策略不合适的运营控制的标准是浪费的,但要求一个信贷相对价值基金(举例来说)来讨论它的 CDO 定价模型的主要假设和缺点,它是否在估值中使用了过时的数据,它检查模型价格相对于报价的频率,以及它如何将市场流动性因素考虑在估值中,这是合适的。

综合风险管理的重要性:雷曼兄弟国际(LBIE)

运营风险、交易对手风险和市场风险是如何结合在一起造成对冲基金损失的,雷曼兄弟国际是个很好的案例研究。特别是,那些对冲基金如果具有运营能力能在雷曼倒闭前来快速知道他们对雷曼兄弟国际的敞口并主动撤回基金,寻找其他的短期证券头寸和杠杆的来源,知道他们的证券被再抵押的程度,取消交易协议并用新的大宗经纪商来更新组合,那么他们就能避免损失,从而也避免了后续旷日持久的恢复过程。

雷曼兄弟是德国移民亨利、伊曼纽尔和迈耶·雷曼于 1850 年在阿拉巴马蒙哥马利成立的,并在随后的几十年里随着美国经济的成长而繁荣。美国住房市场的崩溃最终使雷曼兄弟倒下,因为它轻率地闯进了次级抵押市场,这被证明是灾难性的一步。在 2007 年,雷曼承销了比其他公司都多的抵押支持证券,累计达到了 850 亿美元的组合,或者是四倍于它的所有者权益。

随着 2007 年 8 月两只贝尔斯登的对冲基金倒闭,信贷危机爆发,雷曼的股票急速下跌。2007 年第四季度,雷曼的股票反弹,这是由于全球股市创出了新高,固定收益资产的价格也经历了暂时的反弹。但是,公司没有抓住机会来剪除

管理对冲基金风险和融资

它庞大的抵押组合,正如后续事件证明的,这是它最后的机会。

2008年雷曼的杠杆——总资产与所有者权益的比率——高达31,它的巨大的抵押证券组合在不断恶化的市场状况下,显得越来越脆弱。2008年3月17日,紧跟着第二大抵押支持证券承销商贝尔斯登的崩溃,雷曼的股价下跌了48%,人们担心它会成为华尔街下一个倒闭的公司。4月,雷曼通过发行以当时价格32%溢价的可转换优先股,募集了40亿美元,使得投资者对公司的信心恢复了一些。

6月9日,雷曼宣布第二季度亏损28亿美元,是被美国运通分拆后的首次亏损,并报告它又从投资者那里募集了60亿美元。公司还说它已经提高资金池到大约450亿美元,减少资产总值1470亿美元,减少了20%的住宅和商业抵押贷款敞口,并将杠杆从32降为25。

但是,这些措施感觉上太轻太迟了。在整个夏天,雷曼的管理层向潜在的合作者主动示好都没有成功。在2008年9月第一周,股票价格跳水77%,伴随着世界范围股权市场的暴跌。9月9日,期望韩国开发银行入股雷曼破灭了,因为国有的韩国银行搁置了会谈。

这些消息对雷曼来说都是致命的打击,导致股票价格跳水45%和公司债务上的信贷违约互换上升了66%。它的对冲基金客户开始退出,它的短期债权人削减了信贷额度。9月10日,雷曼预告第三季度业绩惨淡,强调财务状况脆弱。公司报告亏损39亿美元,包括了56亿美元的减记。同一天,穆迪投资者服务公司宣布,它正在审核雷曼的信用评级,认为雷曼将不得不出售大部分股份给战略合作者,以避免评级下降。这些导致了9月11日股票价格跳水42%。9月13日周末,雷曼、巴克莱股份有限公司和美国银行间的最后一搏,旨在接管雷曼的努力也没有成功。

2008年9月15日,周一黎明时分,华尔街第四大投资银行申请破产,结束了银行的运营,惊慌失措的对冲基金经理成为关门的投资银行的普通债权人。在那时,雷曼在世界各地有25 000名员工,6 390亿美元资产和6 190亿美元负债。它的资产账面价值远远超过了那些以前破产的巨头如世通和安然。雷曼的破产申请是历史上最大的。[1]

大宗经纪业的层次结构化为乌有。贝尔斯登被J.P.摩根收购,美林与美国银行合并,雷曼的经纪业务部门按地理位置分给了巴克莱资本和日本投资银行

---

[1] 即使是没有与雷曼有经纪业务的对冲基金也遭受损失。普华永道报告说雷曼的破产产生了超过141 000宗失败交易。

野村。

根据一些估计,一些对冲基金高达20%～70%资产持有在雷曼兄弟及其关联和分支机构手中。许多基金还和雷曼兄弟国际签有保证金借款协议,雷曼兄弟国际是受英国金融服务管理局监管的英国实体,由普华永道进入管理。对那些完全依赖于雷曼大宗经纪服务的对冲基金来说,破产宣布是致命的一击。2008年,1.9兆美元的对冲基金业跟跄着经历了20年来最差的一年。2008年8月下跌了4.7%之后,对冲基金在2008年9月又平均亏损了5.3%。[1]

对冲基金倒闭

随着困在雷曼泥沼中的基金不断增长,一些共性主题出现了。

首先,就如雷曼兄弟公司在美国破产和英国金融服务管理局核准的雷曼兄弟国际在英国运营还会继续,许多对冲基金发现他们现在只是雷曼兄弟的一般债权人,而不是有抵押的债权人。雷曼在英国注册的经纪业务分支雷曼兄弟国际的客户很难要回他们的担保和现金抵押,即使他们已经完全偿还了雷曼的贷款。这是因为雷曼兄弟国际持有的资产并没有分隔成单个的客户账户,雷曼兄弟国际不能找到并分清他们特定的抵押物。

许多美国的基金经理宁愿与雷曼的国际分支实体打交道,而不愿与受美国规则规定的杠杆限制的美国的经纪商打交道。以伦敦为基地的雷曼经纪业务有大约3 500个活跃客户,包括拥有450亿美元证券和另外200亿美元空头头寸或对赌的对冲基金,从而价格会下跌。[2]

许多雄心勃勃且过度自信的对冲基金经理希望得到最大的可能的杠杆,而那只有在美国监管体制之外才能提供。即使是很审慎的经理也宁愿与雷曼的国际分支打交道,仅仅是为了避免限制并能在需要时选用更高的杠杆。很少有对冲基金经理重视美国监管提供的更多的破产保护,这需要将客户资产与经纪商资产分开,也很少有对冲基金经理优先选择美国经纪商作为他的交易对手。

其次,对于那些与雷曼兄弟签有保证金借款协议的对冲基金来说,资产的收回更加复杂,因为许多基金的资产投资于雷曼兄弟,已经被再抵押了。这些基金用抵押证券作为贷款的抵押,导致雷曼兄弟"有权使用"这些资产并将这些证券借给想做空的投资者,或者用这些证券作为他自己的抵押,在影子银行市场筹措

---

[1] 根据全球对冲基金指数,由对冲基金研究公司编制。
[2] "Lehman's Hedge Fund Clients Face Margin Calls on Frozen Assets," Tom Cahill, Bloomberg, October 15.

低成本安全资金来为运营提供资金。当雷曼兄弟国际申请破产时,由于破产导致的交易冻结,这些抵押也停滞在了极其复杂的交易网中。这包括了据称是雷曼母公司在破产前从它的欧洲子公司撤回的80亿美元现金。[1]

即使这些资产最终能够追踪到,对冲基金经理也失去了交易这些资产并止损的能力,同时也失去了最关键的流动性来源来满足不断提高的对其他大宗经纪商的追加保证金和投资者的赎回要求。结果,许多对冲基金要么关门,要么他们的业绩受到雷曼违约的负面影响。[2]

具有讽刺意味的是,一些追加保证金来自于雷曼本身。当大量对冲基金不能访问他们的雷曼账户时,证券的价值随着市场持续波动。正如按揭贷款机构倒闭时,房屋所有者仍需归还按揭以维持他们对房屋的所有权,同样雷曼的客户在证券下跌时,如果他们还想继续拥有他们的头寸,就被要求增加抵押品。

学到的教训

雷曼兄弟的倒闭给对冲基金和他们的投资者提供了一个很好的风险管理的研究案例。许多投资者的资金曾经,或者目前仍然陷在雷曼兄弟的破产中;对于那些幸运的没有缠入的,也有可以学到的教训。

稳定:银行而不是经纪商　许多信贷泡沫的过度膨胀能够追踪到"影子银行"部门,那里往往是商业银行和投资银行业务模式的交叉处。商业银行和投资银行各有自己的融资模式来适合他们的资产风险特征。商业银行经营相对缺乏流动性的贷款,但他们有特权接触相对有弹性的核心存款资金。投资银行持有相对有流动性的证券存货,这使他们能够使用非常有效的短期低成本资金(如隔

---

[1] "普华永道——在英国的雷曼破产管理人,那里是欧洲经纪业务的基地——不知道具体有多少钱卷入。普华永道说,上个月它想尽力收回据称是雷曼母公司在破产前从它的欧洲子公司撤回的80亿美元现金。"彭博社,10月1日。

[2] 根据一封投资者信件,总部位于伦敦的MKM朗博资本顾问有限合伙(MKM Longboat Capital Advisors LLP)关闭了它的15亿美元的多策略基金,部分是因为资产陷在雷曼。总部位于芝加哥的橡树集团(Oak Group)拥有250亿美元的资产,依赖雷曼在伦敦的大宗经纪业务。"我们可能要歇业清算了,游戏结束了,"它说,"我们损失了70%的资产。"总部在新泽西的自由观点资本管理公司(LibertyView Capital Management Inc.)是由雷曼的纽伯格·伯曼分部(Neuberger Berman unit)拥有的,它在2008年9月26日告诉投资者,它已经暂停营业,"直至另行通知"计算基金的价值。自由观点公司并没有包括在2008年9月29日纽伯格转让给贝恩资本有限责任公司(Bain Capital LLC)和赫尔曼弗里德曼有限责任公司(Hellman & Friedman LLC)的交易中。当客户在破产前一周想拉回雷曼大宗经纪业务资产时,许多转让被延迟了,较小比例资产在雷曼其他经理也并发了。这些公司包括先驱资本合伙(Harbinger Capital Partners)、琥珀资本有限合伙(Amber Capital LP)、响尾蛇资本和港湾管理有限责任公司(Diamondback Capital and Bay Harbour Management LLC)、RAB资本股份有限公司(RAB Capital plc)、GLG合伙公司(GLG Partners Inc)和新港环球顾问有限合伙(Newport Global Advisors LP)。光荣启示基金(Pride Revelation Fund)是许多仅把雷曼作为唯一经纪商的香港对冲基金之一,它甚至不能关闭,因为他们不知道他们留下了什么资产,而这是用来确定他们要支付给投资者来清算基金的。

夜"回购"市场)。

但是影子银行承担了非流动性信用和利率风险(像商业银行),却运用资金主要通过批发市场(像投资银行)。大经纪公司如高盛、雷曼兄弟、贝尔斯登、摩根士丹利和美林是影子市场网络的大玩家。由于长期认可的监管漏洞,影子银行常常能够以比商业银行竞争者低得多的资本要求来运营。凭借着资本和资金的优势,影子银行成长到占美国信贷系统的约60%。不幸的是,他们被证明特别脆弱,其业务模式中的资产和负债受到信贷周期变换的极大影响。

尽管该系统成为推动美国经济的资金的巨大和关键的来源,但次贷危机和随后的信贷紧缩暴露了一大缺陷。不同于受监管的银行能够直接向政府借款并以联邦担保客户的存款,影子银行在压力时期并没有可靠的短期借款来源。另外,尽管行为像银行,但这些影子银行并不受制于相同的监管,因而他们并不持有很多资本来缓冲潜在的损失。当次贷损失开始侵蚀其高杠杆资产负债表时,他们的短期融资来源就枯竭了,贝尔斯登和美林就相应地被更强大的受管制银行J.P.摩根和美国银行兼并了。

这些事件向对冲基金和他们的投资者强调了仔细审查交易对手资产负债表的健康程度的重要性。大宗经纪业务是投资银行的一部分,它们自身也是全能银行模式的一部分,它们在资产负债表上拥有优势,拥有多种资金来源来产生更大的自信。

作为雷曼兄弟倒闭的直接结果,对冲基金从大宗经纪商那里转出相当大的资产,这些经纪商以前没有采用银行业务模式。在2009年7月全球托管人的年度调查中,对冲基金报告他们已经降低了以前采用经纪商模式的公司的余额。这个非常显著,43.6%的参与调查的对冲基金说他们已经降低了其在高盛的余额,非常不可思议的是,有70.2%的受访者承认他们在摩根士丹利也是这样做的。参与调查的托管人的平均降幅是25.4%。该研究还显示,真正的银行增加了市场份额,德意志银行和瑞士信贷取代了摩根士丹利和雷曼兄弟位居前二位。

多经纪商 在雷曼兄弟破产之后,尽管大宗经纪商个体都获益了,但在过去12个月中最大的获胜者是多大宗经纪商模式本身。经济形势对大宗经纪业务产生了影响,对冲基金现在更关心他们的信贷敞口,并且要保证他们至少在需要的服务供应方面有应急方案。许多投资者也拒绝投资于对冲基金,除非他们至少有两家大宗经纪商。

多大宗经纪商的运用在大型对冲基金那里也不是新鲜事,他们中的许多跟多达10家供应商有关系,他们挑选流动性最好的股票贷款,选择能向他们提供大量投资策略来支持对冲基金成长的银行。

塔布集团(the Tabb Group)的《对冲基金2008:对大宗经纪、波动率和扩展展望》(*Hedge Funds 2008: Perspectives on Prime Brokerage, Volatility and Expansion*)报告说,中小型基金采用了多经纪商模式,因为他们试图分散化他们的交易对手风险,降低单一经纪商倒闭时的潜在影响,扩大他们的融资和股票贷款来源渠道。塔布集团的研究发现,被使用的大宗经纪商的平均数是3,这允许对冲基金分散化他们的敞口,并在协商证券借贷和其他服务的费用时给他们杠杆。

抵押保护 对冲基金要从雷曼收回先前的交易保证金的要求往往被延迟,有的还不能收回,在雷曼宣布破产后,还被终止收回,这些经历增加了对冲基金对保证金管理解决方案的需求。特别地,他们希望能对其保证金保持更大的控制,在欠钱时能快速收回,降低交易对手在限额外再抵押的能力。另外,基金希望对他们的资产能有进一步的隔离和控制。

再抵押限制及对速度的要求 雷曼兄弟的倒闭强调了再抵押的风险,并且违反了这样的假设:一旦做出了从感觉到有风险的大宗经纪商或银行那里收回资产的决定,抵押就能快速收回。

因此,对冲基金寻求限制大宗经纪商为自己目的"再使用"客户资产的权力,确保资产能在需要时快速收回。一些对冲基金已经重新协商了现存的大宗经纪业务协议条款,用后雷曼透镜审查它们。下面这些条款正在成为标准:

再抵押限制:一个关键的问题是再抵押(大宗经纪商为自己目的再使用客户资产的权力)的一般市场惯例。当资产被再抵押了,对冲基金对它们就失去了所有权,对它们的返还只留下了合约上的权利。一旦大宗经纪商破产,根据管辖权[1],对冲基金在再抵押资产上可能只是一般的非担保债权人。大宗经纪商通常不要求提供显示哪些资产已经再抵押了的定期报告,经纪商不要求实际拥有和控制它依据符合交易法规则15c3-3(b)(3)的协议借入的证券。这使对冲基金不能够监控或管理这方面的大宗经纪商信用风险。

因此,对冲基金已经限制交易对手只能再抵押抵押品借方金额的140%。该金额基于美国交易法规则15c3-3。在该规则下,经纪商:(1)被要求实际拥

---

[1] 如果美国的大宗经纪商(或其他经纪商或交易商)破产了,它的客户的权利由证券交易委员会规则和条例(包括交易法规则15c3-2和15c3-3)、美国破产法、证券投资者保护法(the Securities Investor Protection Act, SIPA)和相关的州法律(包括UCC)管辖。

有和控制〔1〕完全支付证券和证券(超额保证金证券)超过140％的客户借方余额(完全支付证券/超额保证金证券要求);(2)可以当作它自己的财产,出售、借出、再抵押和用于其他允许的用途(包括融资融券)的客户财产不超过140％的借方余额。

承诺及时收回抵押品:对冲基金正在寻求一种机制,允许在大宗经纪商破产时及时释放出分隔的资产。在某些大宗经纪业务协议中,对快速收回抵押的要求越来越高。抵押品收回的速度随种类而变化。通常,现金抵押的收回要求在24小时内,没有再抵押的证券在36小时内,已经再抵押的证券在"商业上合理的"时间内。这些要求是很关键的,例如,如果大宗经纪商被允许使用小组实体作为分托管人并随后破产了。很可能分托管人也受制于破产程序受不同的管辖,破产的大宗经纪商可能很难从他们那里收回客户资产;即使它能这样做,它也可能不能全部收回。客户综合账户的使用和安全利益条款的存在,既有利于大宗经纪商,也有利于大宗经纪商的关联机构,这会引起与收回不足和延迟相关相似问题。然而,如果不遵守抵押收回的时间承诺是违约事件的结果,那么经纪商就会尽力确保他们能够遵守,并限制他们的再抵押行为,对客户资产保持更好的控制。

分隔资产 雷曼的主要教训之一是分隔资产提供的保护水平和资产收回到对冲基金的速度是很关键的。迅速分辨并区别对冲基金资产和违约大宗经纪商的一般资产和负债的能力能够使对冲基金更快地恢复它的资产并在大宗经纪商违约后继续正常运营。

越来越感觉到美国的监管制度对大宗经纪业务客户的保护要大于英国的。美国证券交易委员会客户保护规则和证券投资者保护法受托人制度主要是为保护违约经纪商的客户而起草的,而英国破产制度是作为保护债权人整体的利益而引用的,而不是专门保护破产大宗经纪商的客户。对冲基金可以选择交易对手,他们受制和得益于不同的监管制度。因此,雷曼事件让对冲基金经理更偏爱美国监管交易对手,因为美国要求经纪商将客户资产保持在清晰分隔的账户中。这保证了美国经纪商违约时能够快速分类和收回资产。

有人可能会辩称,英国大宗经纪商可以引用金融服务管理局客户资产和客户资金规则。英国金融服务管理局旨在保护对冲基金资产("客户资金")在交易对手破产时不被债权人求偿,并阻止公司使用客户资金用于他们的业务。这种

---

〔1〕 实际拥有和控制可能是,也通常是,通过第三方如清算公司或国家证券交易所或注册的国家证券协会的下属组织,其他符合条例T的经纪商或交易商,或银行。

保护由金融服务管理局的违约条例提供,它说明了客户资金应该如何处置并建立了一套程序来分配破产公司的客户资金。这些要求产生了法定信托,公司必须将客户资金与自己的分开保管(否则除非客户同意),这样就像圆形的篱笆一样圈住了客户资金,隔离了在破产时该公司的一般债权人的求偿。他们指出,即使使用了美国的大宗经纪商,非美国资产仍可能被英国的关联公司持有。

违约权利的双向事件 简单来说,对冲基金越来越要求将大宗经纪商不返还或延迟返还抵押品的行为视为法律上的违约,并将这样的规定包括在约束交易和大宗经纪关系的文件中。基金曝光金融机构"违约"的能力是一种强大的动力,可以帮助确保基金能够在需要时快速收回。以前,违约的规定是单向的,只有贷款人(大宗经纪商)能够说借款人(对冲基金)违约了。

第三方托管协议:自雷曼倒闭后对交易对手风险的不断关注,带来的创新是与银行托管三方关系的使用。三方托管协议允许对冲基金在托管银行持有他们的多头头寸,在大宗经纪商持有空头头寸。这不但能保证资产与大宗经纪商的违约事件分隔,而且通常还将资产持有在AAA+信用评级的机构手中。

通过将现金存入AAA级的托管人,对冲基金能够使大宗经纪商继续与对冲基金经理交易,同时让他们的投资者放心其现金得到了很好的保护。许多AAA级托管人都有法律协议和必要的运营程序允许对冲基金经理为了大宗经纪商或经纪商的利益提取现金。另外,许多AAA级的托管人也为对冲基金经理及其机构投资者多头账户中买入并持有的资产提供更放心的托管服务。有了这种服务,证券和其他资产不再保存在大宗经纪商那里,而是受到AAA级托管人的托管。

从雷曼破产学到了经验教训,即使是抵押证券也会在破产过程中陷入风险,机构投资者认为长期资产由第三方托管人持有才是放心的。

潜在负债:利益冲突、重大过失和赎回

如果对冲基金经理早已知道了雷曼面临的问题,出于自身利益,没有采取行动,那么他就很可能被投资者指控为重大过失。因此,许多大的资产管理公司已经建立了解决利益冲突问题的流程,这通常需要独立的顾问委员会的批准。另外,这些委员会能够快速咨询和批准非投资相关的决策。

赎回 9月15日雷曼的破产,不管对要赎回的投资者还是对非赎回的投资者,都产生了大量的赎回风险。2008年9月30日是季度结束,许多基金面临赎回要求。投资者的问题是对冲基金经理是否会遵守赎回要求,而不是封闭基金,

如果封闭基金,那么在抵押因为雷曼破产而不能提出与索偿数量和时间都不确定的情况下,经理管理的基金的价值如何确定。赎回的投资者相对于他们在基金中的投资可能得到了更多的补偿。如果是这样,他们可能面临不愉快的前景,他们不得不归还他们已经赎回资本中的一部分。非赎回的投资者要警惕,以保证他们在估值时被公平对待——不管在数量上还是在质量上。

雷曼后记

鉴于公司的规模以及它作为主要国际玩家这样的地位,雷曼的倒闭搅乱了全球金融市场好几个星期。雷曼的倒闭是一件影响深远的事件,它极大地加剧了2008年的危机,侵蚀了2008年10月全球股权市场市值大约10兆美元,是当时为止最大的月度下降记录。

相较于2008年3月默默地支持贝尔斯登(被J.P.摩根大通兼并),许多人质疑美国政府放任雷曼倒闭的决策。雷曼的破产导致超过460亿美元的市场被抹去。它的倒闭也被认为是9月15日宣布的美国银行收购美林的紧急交易的催化剂。

结　论

投资风险管理是对冲基金的核心能力,这体现在他们对投资者有资本保值的承诺。2008年的危机表明,仅有管理投资风险的专家是不够的,在资金风险、交易对手风险和运营风险管理方面最基本的能力也是必要的。这三种风险管理能力应该整合进一个统一的框架中,来解释给定对冲基金的主要风险。

第3章 对冲基金策略和风险概览

对冲基金策略

给对冲基金策略分类并了解每类策略的风险是一项有用的概念练习,是将广泛的信息组织成统一的思想框架的手段。但是,现实是几乎没有对冲基金会完全遵循纯粹的单一的策略。任何一个浏览过对冲基金招募说明书的投资者都会注意到,基金经理在描述他们的投资和组合结构指南时,为他们自己保留了很大的回旋余地。目前的现状是,只要不是自称的"多策略"基金,典型的对冲基金至少是几种原型策略的混合体。最后,给对冲基金匹配一个特定的明确定义的策略就好像是为独角兽匹配科学的基因和物种。因此,所有现实世界的基金策略的分类都是主观的、不完美的。本章提供了不同的原型对冲基金策略的风险的分类和描述。

表3.1将对冲基金分为事件驱动、相对价值和机会主义的策略。每类策略组的方向性[1](也就是说,对市场增加或减少的敏感性)从左到右是下降的。

表 3.1　　　　　　　　　　　对冲基金策略

机会主义的	事件驱动	相对价值
宏观	风险套利	可转换债券套利
多头/空头	不良证券	股权市场中性
新兴市场	维权策略	统计套利
行业聚焦基金		基础套利

---

[1] "方向性"的意思是基金寻求从整体市场的方向中获利的程度。例如,股权多头空头策略的经理倾向于在市场上升时做多并获利,而可转换套利基金通常完全对冲,没有方向性,与市场方向无关。

续表

机会主义的	事件驱动	相对价值
		资本结构套利
		固定收益套利
		高速交易

机会主义的策略

正如其名字所示,这些策略从金融市场的宏观层面、市场层面、特定股票层面、因素层面或交易层面的基本面主题、失效和错位中寻求获利。根据他们对影响市场或细分市场的基本面主题的信念,机会主义基金可能会在整体上做多或做空市场。

宏观策略 宏观基金寻求利用全球经济的转变。它们在流动性很大且有效的市场如固定收益、外汇和股票指数期货市场运营,投资范围非常广泛。它们通过提早预期系统性的价格变化来赚钱,而不是通过利用市场失效。例如,2009年宏观基金利用了大宗商品货币和主权债务的主题敞口。典型的宏观基金做空美元和经济合作与发展组织(OECD)货币和债务,并做多大宗商品经济体的外汇和主权债务,预期对大宗商品的需求会持续从而对商品出口国家产生贸易顺差,强化了这些国家的商品货币和主权债务;而经济合作与发展组织的财政赤字会增长,削弱了这些国家的货币和债券。

股权多头/空头策略 与宏观策略不同但仍是机会主义的,多头/空头策略通过深入的研究,寻求相对于其他投资者的信息优势,分辨出高估或低估的证券。他们可能寻求从产业或国家层面的主题获利。多头/空头基金的子策略是聚焦于一个地理区域或产业的基金。

新兴市场策略 新兴市场投资不再是一门新兴学科了。"发展中"[1]和"前沿市场"[2]投资是描述该学科的更加简明的术语,但术语"新兴市场"用在这里是为了方便和理解。

从历史上来看,发展中国家一直受制于不稳定的国际资本流动。通过升级

---

[1] IMF 使用了柔性分类系统来确定一个国家的"发展程度",要考虑:(1)人均收入水平;(2)出口多样性;(3)融入全球金融系统的程度。参见:"Q. How does the WEO categorize advanced versus emerging and developing economies?". International Monetary Fund. http://www.imf.org/external/pubs/ft/weo/faq.htm#q4b.

[2] 一个国家被贴上"前沿"的标签就意味着,随着时间的推移,市场会变得更有流动性,并显示出与更大、更有流动性的发达的新兴市场相似的风险和回报特征。

金融系统,他们已经降低了这种脆弱性,也给对冲基金创造了投资机会。不断增长的财富和国内银行借贷使国内信贷供应能够不断替代原本在危机时撤出的国际信贷供应。另外,随着国内龙头企业成长起来,他们接触到了国际债券和股票市场,能提供比国内或国际银行信贷更稳定的资金来源,这样做也创造了国际可交易证券的机会。此外,地方性债券和股票发行也在增长,创造了更多的投资机会。

当发达市场深陷信贷危机时,许多发展中国家股票和债券市场一片繁荣。反映这个的一个好的衡量方法是银行信贷与国内债券市场的比率。在亚洲和拉丁美洲,过去十年国内债券发行(包括政府债券)已经超过了公司的国际发行和银行借贷。在东欧,市场发育滞后于亚洲,部分原因是该地区追随西欧的公司金融模式,以银行借贷为主导。另外,欧盟的扩张使东欧的公司易于进入发达的金融市场,减少了建立国内股票和债券市场的需要。在非洲,过去五年里采用现代股票交易所的步伐正在加快,全球经济低迷加速了这种过渡。

对冲基金在发展中市场采用的投资策略与以前仅仅在发达市场中部署的投资策略相比是异质的、更加复杂的。这里的共同因素是在发展中市场有效阿尔法产生需要深入的特定的知识,包括逐渐成熟的监管、市场结构、政治经济和地方市场的投资者。另外,做空证券的能力、购入和交易衍生品的能力、获取杠杆的能力和自由在国内外转移资金的能力,通常是在发展中市场部署传统的对冲资金策略的前提条件。

前沿市场是一个正在开放的市场,与发展中市场相比,通常缺乏做空能力,市值较低,流动性较低,衍生品市场不发达,资本账户控制较严。前沿股票市场通常由追求高的长期收益并与其他市场低相关的投资者购买。

另外,发展中和前沿市场对冲基金是从相比于发达经济体而言新兴市场经济体更快速但不稳定的增长中来获利的,事实上这些国家的许多公司还没有很好地像他们的发达国家同行一样被研究过。通过研究这些市场,他们希望获得信息优势。

行业聚焦策略 就像新兴市场基金,行业聚焦基金寻求在部分市场专业化,利用该领域的主题趋势并从该市场的信息优势中获利。常见的行业聚焦点是技术、金融、能源、医疗保健和生物技术。例如,2010年专注于医疗保健的基金很流行,这是因为美国的医疗保健监管框架正在发生变化。聚焦于医疗保健的对冲基金正在做多或做空股票和少部分的公司债券,期望从预期的改革中获利。另外,行业聚焦基金,通过他们掌握的对该行业的"优越的"信息和知识,寻求挑选出高估或低估的证券来做多或做空。专注于医疗保健的基金具有信息优势的例子可来自于追踪食品与药物管理局在微型生物技术公司开发药物时的测试结果，而这是大部分投资者都没有关注的市场领域。

事件驱动策略

事件驱动策略是这样的策略，它的基本投资机会与风险和公司事件相关。涉及这些事件的公司的证券价格更多是受到了与特定事件相关的特定结果的影响，而不仅仅是整体债券或股权市场的价格变化的影响。事件驱动策略的从业者依靠的基本面研究从单一公司证券的估值扩展到影响产业的问题，这个产业正在经历重组，正在识别潜在的不良资产，确定目标公司和/或并购公司，以及评估可能会在重组产业时碰到的法律和结构性问题。

在风险套利方面，该事件通常是一次合并或公司行动。在不良投资方面，事件包括倒闭、重组或处于困境中的公司的恢复。在维权投资方面，对冲基金通过它拥有的公司的股权或债权，寻求直接煽动事件或影响事件发生的时间和性质从而创造股东价值。

事件驱动投资的目标是当证券通过价格变化来更准确地反映事件的可能性和潜在的影响时获得利益。由于事件驱动策略寻求从公司事件导致的估值偏差中获利，因此它们的业绩与整体股票市场的业绩不相关。也就是说，不良投资和维权投资不是真正的套利，因为它们通常有长期偏差，而风险套利更具市场中性。

风险套利策略 也称为"合并套利"，风险套利涉及监管者和投资者均接受的公司交易上的一个赌注。公司交易可以是合并、要约收购、清算、分拆或公司重组。用于执行策略的证券通常是普通股、优先股、债券和股票期权。

运用该策略的组合经理同时投资于所涉公司的多头和空头头寸。在股票互换的合并或收购中，组合经理通常做多被收购公司的股票并做空收购公司的股票。当收购以现金支付时，组合经理就能获得要约价格和公司股票交易价之间的差额。

不良投资策略 在本质上，不良证券投资涉及净做多低投资等级信贷。采用该策略的组合经理投资于各种资本结构，通常是处于财务困境或破产中的公司的债券和/或股权。这些公司的证券以平价的很大折扣进行交易。通过获取困境公司资本结构中不同部位的头寸，组合经理寻求从两种低价错误中获利。

第一，不良证券的市场价格和该证券的内在价值间的差异是利润的一个来源。内在价值是证券的现金流累积起来的真实价值。内在价值包含债券的期望利息加上重组后证券持有者期望累积的困境公司的企业价值的份额。

第二,证券相对价值的变动是不良投资中利润的一个来源。相对价值策略是一类证券的价值相对于同一公司资本结构中的其他证券的差额。当公司在重组时,不同级别的证券的价格可能存在定价错位。这就是资本结构套利的机会。采用不良投资策略的组合经理购入价值低估的证券,卖空估价过高的证券。

维权策略 维权投资是当组合经理获得了公司证券具有影响力的股份,然后运用这个股份来积极地影响事件的结果。组合经理在对公司行动投票时不是被动的,相反,而是提议并通过诸如分拆、重组、合并或收购等公司事件的决议,从而要么创造股东价值,要么在资本结构中的某些证券的持有者得到更大份额的企业价值。

相对价值策略

相对价值策略寻求从相关证券的错误定价中获利。相对价值错误定价可以运用无套利理论公式、历史关系统计分析或基本面分析识别。当特定集合的证券回归或移动到它们的历史或理论上正确的相对价值关系时,这些设计好的策略就获利了。这些策略寻求在基础股权或债券市场上很少或者没有敞口。它们是市场或贝塔中性的。

可转换债券套利策略 可转换债券套利利用了可转换债券相对于它们的对冲物在定价上的市场无效率。组合经理寻求买入可转换为股权的证券,然后以低于可转换证券自身成本对冲掉市场风险,获得利润。采用这些策略的组合经理运用可转换债券、保证、可转换优先股、普通股、CDS、公司债券、利率期货和互换,以及股票期权,来构建他们的组合。

可转换债券的价值是以可转换债券中的债券价值和期权为基础的。将债券转换为股票的期权的价值主要受到基础股票的期望波动性驱动。与许多其他的相对价值策略不同,可转换套利趋向于更确定,这是因为在规定可转换债券如何转换为股票的可转换债券文件中嵌入了法律合约公式。

典型的可转换套利交易有:

1.做多某一可转换债券并做空基础股票以隔离嵌入期权的价值(德尔塔对冲)。

2.做多某一可转换债券并通过做空同一发行者的类似期限的公司债券买入违约保护或者买入信用违约互换保护。

3.通过做多嵌入期权的价值为低期望波动率的可转换债券组合,做空高波动率股票指数期权,来进行波动性套利。

4.在复合可转换证券之间如带有看跌期权、看涨期权或转换期权的可转换债券和可转换优先股之间,进行价格无效率套利。

在理论上,可转换套利应该是市场中性的,但在实践中,组合经理可能对冲不完全而保留了一些残余多头德尔塔敞口。

股权市场中性策略 股权市场中性策略寻求从贝塔和/或货币中性时的市场无效中获利。这可以通过统计分析或基础分析实现。

统计套利策略 采用统计股权市场中性策略的组合经理使用历史数据的数量分析来识别机会。统计套利研究不同证券如股票、大宗商品、期货和期权之间的历史关系,并交易那些明显偏离了过去关系的头寸。组合经理寻求识别某些方面类似的股票总体中通常很小但统计上显著的收益机会。然后,他们寻求在该总体的证券间利用异常的统计上的关系。

统计套利策略倾向于运用显著的杠杆来增加利润,但也会增加损失,当基金价值降到维持保证金以下水平时可能会被迫清仓。该方法在历史关系因赎回而被迫出售从而扭曲时就不能使用了。

这些组合经理首先假设在证券价格和一系列原因或经济因素间存在系统的基础性关系。这些因素可能从库存－营业额之比直至GDP。分析人员然后回溯测试该假设并运用因素分析来优化关系并生成一个估值模型。一旦历史上的获利关系建立起来并进行了回溯测试,模型就被实施并指导构建组合,尽管组合经理会不时地修改模型。阿尔法的潜在来源翻倍了,因为按照模型被低估的股票会被买入做多而依据模型高估的股票会被做空。目的就是多空的高度多元化和股票组合的贝塔权重在组合两侧的均等化。

随着市场的不断变化,归入一个组的因素要持续进行再测试,因为它们可能不再属于同一组。统计套利经理必须决定什么时候并且是否要将股票从一个组中去除并加入新的股票。类似地,他们要持续地检查归入一个组的股票的因素。组合经理应该警惕地再测试模型以使它保持最新并且是动态的。

典型的交易围绕着均值回归的概念实施。组内类似股票的估值倾向于回归到组的平均估值。高于组的平均估值的股票就被出售做空。低于平均估值的股票就被买入并持有多头。预期就是两边会融合到组的平均。

基本面套利策略 与统计套利一样,基本面股权多头/空头组合的经理寻求从证券价格间的关系获利,但投资过程更是建立在个人判断之上。跟统计套利

相比，基本面套利组合经理通过基本面证券分析得到投资策略，而不是通过历史分析。基本面套利是最古老的对冲基金策略之一，类似于基本面估值学科的价值－成长投资，但组合经理也能通过卖空表达观点。就像统计套利者，他们构建的组合阿尔法的潜在来源也翻倍了，因为被低估的股票就被买入做多而被高估的股票被做空。尽管目的是为了市场中性和高度的多元化，但基本面套利者通常还是有点集中于他们的高信念头寸上，很少达到完全的多元化或者相等的贝塔权重组合。

资本结构套利策略 资本结构套利策略寻求从同一公司发行的不同等级的证券（通常为债券和股票）的相关错误定价中获利。由于市场基础设施和市场参与者的不同，债券和股票市场间的无效率就会形成。股票通常在交易所清算，而债券在柜台交易。散户在股票市场远比在债券市场活跃，债券市场往往以机构投资者为主。这就会导致公司债券和股票及其基本面价值间产生差异。采用该策略的组合经理在资本结构中通过买入他认为低估的证券并做空卖出他认为高估的证券，然后等待市场基本面价值关系重新建立。

但是，在同一发行者的债券和股票价格间存在短期不稳定和高异质性关系的情况下，资本结构套利头寸组合应该分散化以产生低波动率和低市场相关收益。

固定收益套利策略 固定收益套利寻求从全球固定收益市场的定价错误中获利。采用该策略的组合经理在相似的固定收益证券上构建多头和空头头寸相互抵消的组合，这些固定收益证券在数学上、基本面上或历史上是相关的，但相互之间暂时存在定价错误。套利机会产生于市场事件、投资者偏好、未完全表述的经济预期、对固定收益供求的外部冲击或者固定收益市场的结构性无效率。

典型的固定收益套利交易有：
- 收益率曲线套利和价差交易。
- 新发行债券和旧债券间的套利（固定收益供求驱动的交易）。
- 在相同资本结构的相似债券（例如，政府债券和机构债券）间套利。
- 在交易所交易固定收益期货和期权与实体基础债券间套利。
- 在公司债券和信贷违约互换间套利。
- 在嵌入于资产支持证券（asset-backed securities, ABS）的内含波动率的期权和互换期权与利率期货市场间的套利。

- 通过做多(做空)国库券期货和做空(做多)欧洲美元期货,在 TED[1] 价差上投机。

高速交易策略 高速或算法策略寻求从非常短(当天)的价格不正常和短期市场趋势以及在某些市场中提供流动性(做市)中获利。这些高度数量化的策略要求极强的高速计算能力、毫不延迟的执行能力、实时的市场价格提供和巨大的杠杆来识别机会并产生利润。采用该策略的组合经理会挖掘历史市场数据以获得一系列描述某种市场动态、模式或行为的交易规则。围绕这种关系计算机化的交易算法就开发出来了。程序的表现就用现实的市场数据来评估,看看模拟的业绩如何。如果业绩稳定持久,程序就可用。组合经理可能会编制多个程序来构建一个当天的组合:(1)数学上相关但相互间暂时定价错误的证券上的相互抵消的多头和空头头寸;(2)预期在当天会升值的高度流动的证券的头寸(基于观察到的相似证券的价格势头);和/或(3)在期权或期货做市和与最低成本对冲工具对冲过程中累积的头寸。

典型的高速交易策略有:

- 动量:"动量"交易者寻求发现那些在短期内价格明显朝一个方向移动并大量交易的股票。然后,他们抓住市场趋势,在方向改变前获得他们期望的利润。
- 趋势跟随:"趋势跟随"交易者旨在识别长期市场趋势,然后从这些趋势的暂时市场偏离中获利。
- 做市:在期权市场为某一价格提供流动性并以更低的价格对冲期货敞口,反之亦然。

对冲基金投资风险

我们已经讨论过的每种策略都面临着不同的风险。某些风险是所有策略都有的,有一些流行于对冲基金业务模式,还有一些是某些策略独有的。另外,策略不同,每种风险发生的概率也不一样。最后,策略不同,每种风险的潜在损失也不同。一些风险会经常发生但影响很小,而另一些风险虽然不常发生但会产生灾难性的后果。任何用于对冲基金的风险管理框架都必须与基金采用的特定的策略相匹配,并关注于管理它所面临的最可能和最大的风险。

---

[1] TED 价差是银行间贷款与短期美国政府债("国库券")利率的差。TED 是国库券(T-bills)和欧洲美元(Eurodollar)期货合约股票代码 ED 的首字母缩写。

为了便于说明,以下章节以风险来源来划分风险。划分为投资风险的风险来源于投资组合,通常与对冲基金拥有的证券有密切关系。交易对手风险、资金风险和运营风险大部分(尽管不是全部)产生于对冲基金业务模式。

投资风险的种类

对冲基金面临着一系列广泛的投资风险。一些是某些策略特有的,而另一些仅仅在某些策略中更明显。

特质风险:在组合理论中,与整体市场相对,由特定证券在特定情况下引发的价格变动,就称为"特质的"、"非系统性的"或"特定的"风险。在对冲基金领域,它常常被称为"阿尔法",这是资本资产定价模型(the capital asset pricing model,CAPM)中指定给特质风险的字母。该风险可以通过组合的分散化来消除。

特质风险是回报的来源,对冲基金通过资产分配、组合集中、信息优势、有效对冲、杠杆和其他技术来产生与其他资产类别无关的能带来回报的组合,对冲基金寻求分离并最大化这个回报。

特质风险的例子包括:

- 事件风险:证券价格变化是接管、合并、收购、资本募集或其他公司事件的结果。
- 交易中断风险:证券价格变化是由期望中的接管、合并、收购、资本募集或其他公司事件的取消而引起的。
- 欺诈风险:证券价格变化是由造假、腐败或不当行为造成的。
- 流动性溢价:向缺乏流动性的证券持有人支付了过多的回报。
- 不良证券:证券的价值依赖于特定公司事件的解决的证券。

系统性风险:在组合理论中,系统性风险是指一分散化证券组合已经不能通过进一步的分散来降低损失的风险。现实生活中系统性风险的例子有政策利率的改变、经济衰退、萧条和战争。它们影响整个市场,并且不能通过分散化来避免。系统性风险有时也被称为"市场风险"、"总体风险"、"不可分散化的风险"或"贝塔"。它是与整体市场回报的变动有关的风险,是对冲基金最想最小化或完全避免的风险。

在资本资产定价模型中,市场均衡时资产的回报率依赖于与资产回报相关的特质风险和系统性风险。也就是说,依赖于资产回报和总体对市场的回报(贝塔)的协方差。

给定资产的分散化组合,每个单一证券的特质风险都被分散掉了,只留下系统性风险敞口。任一证券的回报与组合回报相比都是微小的且不相关。因此,特质风险相对于分散化组合作为一个整体的风险来说是可以忽略的,只留下了系统性风险。

系统性风险体现在以下相互关联的风险因素:

1.股权风险溢价[1]:股权风险溢价是整体股票市场在无风险利率下提供的超额回报。市场无风险利率常常引用长期政府债券利率,它被认为是无风险的,因为政府违约的几率很低。另一方面,股票投资很少能得到保证,因为公司和经济体会定期遭受经济周期中的经济衰退和萧条。从理论上说,股票市场溢价是在长期通过支付更高的回报,来补偿投资者承担了相对较高的风险。溢价的大小随股票市场整体风险的变化而变化。理论上,投资于高风险时期通常会得到更高的股票溢价补偿。股票溢价的理由是风险-回报权衡,理性投资者会要求一个更高的回报率以做出更有风险的投资。

图3.1显示了1900年以来标准普尔500指数每年的股票溢价。分布的中位数是正的,一个标准差是18.85。股票风险溢价以及推而广之系统性风险水平是不稳定的。此外,分布是尖峰的,意味着大的负面事件比大的正面事件更可能出现。

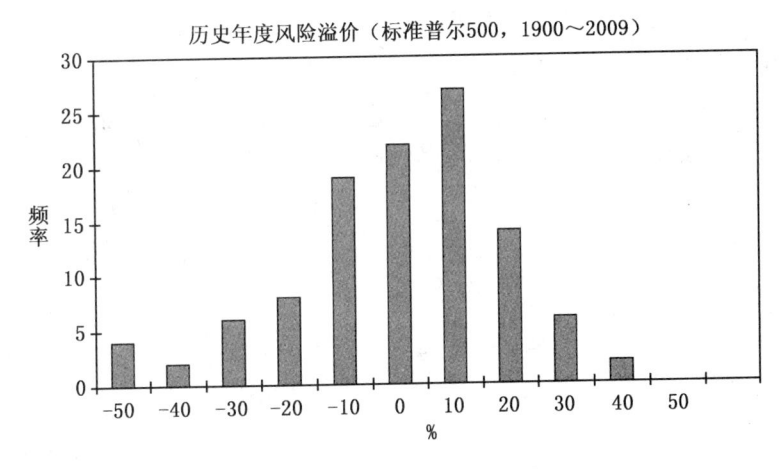

图 3.1 股票风险溢价波动性

---

[1] Dr. Robert Shiller, Stock Market Data Used in Irrational Exuberance, Princeton University Press, 2000, 2005, updated by Robert Shiller. Source: http://aida.econ.yale.edu/~shiller/data.htm。

2.**利率**：根据货币政策目标和经济周期，中央银行和市场利率在不断地改变着无风险利率。没有方法可以分散掉利率水平变化的影响，但它能被对冲掉。利率水平的变化影响着每一经济实体的借贷成本，可能增加或减少公司的收入，从而增加或减少持有公司发行的证券的人的回报。此外，利率被认为是系统性风险的组成部分，在朝前看的假设中，无风险利率的未来水平构成了几乎所有模型的基础，用来决定几乎所有证券的基础价值。无风险回报用来表示承受风险性投资的机会成本。其实，"无风险利率"是错误的名称，它并不是无风险的。由于它会改变和影响证券特别是债券的价值，并且不能通过分散化消除，因此它是有风险的。

3.**通货膨胀**：通货膨胀水平影响所有资产的真实回报。某些资产类型如固定收益证券的价格与通货膨胀负相关，而"真实资产"如大宗商品和房地产的回报的敏感度很小。股票有不同的通货膨胀敏感度，不同经济部门的公司可能是价格制定者，能够转嫁商品成本上升的影响，而另一些公司可能是价格接受者，不能在不削减需求的情况下转嫁成本。从投资者的角度看，通货膨胀的影响不能通过分散化消除，只能被对冲掉。

4.**外汇**：外汇汇率水平影响国内投资者以外币记账投资的本币回报。政府政策行为会影响外汇汇率。外汇风险不能完全通过分散化消除，只能被对冲掉。外汇水平的决定因素包括：

- **利率和通货膨胀的差异**：利率、通货膨胀和汇率是高度相关的。中央银行通过操纵利率来影响通货膨胀和汇率，变化的利率影响通货膨胀和币值。高利率给经济体中的贷款人带来了比其他国家相对更高的回报。因此，高利率吸引了外国资本，导致汇率上升。但如果该国的通货膨胀比其他地方高，或者有因素驱使本币贬值，那么高利率的影响就会减轻。降低利率时存在相反的关系，也就是说，低利率往往会降低汇率。

- **经常账户赤字**：经常账户是本国与贸易伙伴间的贸易余额，反映国家间所有的货物、服务、利息和股息的支付。经常账户赤字表示该国在对外贸易中支出大于收入，它需要从外部借入资本以弥补赤字。换句话说，该国需要的外国货币比出口收到的更多，而供应的本国货币比外国对该国产品的需求需要的更多。对外国货币的过度需求会降低该国的汇率，直到国内货物和服务对外国足够便宜，外国资产太贵而不能带来出口。

- **贸易条件**：贸易条件是出口价格和进口价格之比，与经常账户和国际收支有关。如果一国的出口价格上升幅度大于进口价格上升幅度，该国的贸易条件就改善了。增加的贸易条件表明对该国出口的需求上升了。这反过来导致出口的收入上升了,从而对该国货币需求增加了(及其价值的上升)。如果出口价格上升幅度小于进口价格上升幅度,那么该国货币币值跟贸易伙伴相比就下降了。

5.主权风险:主权政府的行为会改变持有该国发行的所有证券的投资者的回报。有时这些行为可能是渐进的、积极的。在另一些情况下,它们可能是突然的消极的。外国投资者总是寻找经济业绩稳健、政治稳定的国家去投资。培育起这些正面属性的政府会从其他具有政治和经济风险的国家吸引投资资金。例如,政治动乱会引起对该国货币的信心下降,资本就会流向更稳定的国家的货币,给突然不稳定国家的投资者的回报带来极大的影响。政治不稳定国家会陷入大量的赤字融资来支付公共部门项目和提供政府资金。这些行动刺激了国内经济,具有大量公共赤字和债务的国家对外国投资者就越来越没有吸引力,因为大量公共债务会引起通货膨胀,如果通货膨胀很高,债务就会消减,未来最终会以更少的真实美元偿还。在公共债务通货膨胀式螺旋中,政府可能会印刷纸币来偿还大量债务中的部分,但增加货币供给不可避免地会导致更高的通货膨胀。而且,如果政府不能通过国内手段(出售国内债券、增加货币供应)来消减赤字,它就必须增加证券供应出售给外国人,从而降低了证券价格。最后,大量债务还会证实外国人对国家会有违约的风险的担忧。如果违约风险很大,外国人就不愿意拥有以该国货币记账的证券。因为这个原因,国家信誉或主权风险是决定汇率的关键因素。当政府不愿或不能满足贷款偿还义务时,或放弃了贷款上的保证时,最后的主权风险就发生了。主权风险的例子包括朝鲜(1987年在一些贷款上违约)、俄罗斯[1998年金融危机时,俄罗斯对内部债务(GKOs)违约,但没有对外部欧洲债券违约]和阿根廷(在2002年经济危机时,阿根廷对世界银行的10亿美元债务违约)。这些单边主权行为影响了这些国家所有证券的价值,因为资本的国家成本急剧上升了。主权风险不能被分散掉或对冲掉。

基差风险:这是由相关证券的价格偏离它们的零套利价值而引起的潜在损失。它是证券头寸价值变化之间的差,该头寸的价格将被对冲,头寸(通常是衍生品)价值的变化用来构建对冲。

在财务上基差风险的例子是与使用期货的不完全对冲相关的风险。
这发生在当基础资产的现货价格和期货价格在未来到期日没有融合的时候。两者数量的差异的总额代表了基差风险的大小。

也就是说:

管理对冲基金风险和融资

基差＝对冲资产的现货价格－合约的期货价格

不同种类的基差风险包括日期基差(期货到期日和资产的实际出售日期的不匹配)。地点基差是在到期日时被对冲资产的地点和履行期货合约的实物交付地点的差异。

由外部事件引起的市场结构的短暂变化常常会对相关的两类证券间的基差产生偏差。因此,基差不总是稳定的。基差的偏差产生了投资机会和对冲基金风险。投机于两只相关证券间基差的方向是大多数均值回归策略的基础。因此,基差风险出现于大多数均值回归策略中。

例如,2007年和2008年的债券相对于CDS基差的偏差给活跃与固定收益套利(特别是信用套利)的许多对冲基金带来了损失。在CDS市场较大流动性情况下,五年期CDS合约和同一发行者的五年期债券的买入/卖出价差的偏差很大。这对于2008年的可转换债券套利者也是同样的情况,那时限制做空卖出,除高质量可转换债券外的再抵押市场都已经干涸。这两个因素限制了可转换债券持有者对冲嵌入在某些债券中的期权并清算头寸的能力,而不用相应地支付巨大的流动性溢价。

集中风险:这是因风险因素相关或回报来源相关导致的证券价值的同步运动而引起的潜在损失。在组合管理中,集中风险表示一只对冲基金中的证券对其全部组合持有的风险的全部价差。集中风险可以用很多组合向量来衡量,但通常用证券类型、资产类别、产业部门、地理/地区或基础风险因素等来估值。

在单个证券情况下,该风险可用解释了每只证券或证券策略占基金的全部市场价值的百分比的集中比率来计算。例如,一只具有五个相等总市场价值策略的基金的集中比率为0.2;如果有三个,那么它就是0.333;等等。

在单个风险因素的情况下,该风险可用解释了每个风险因素占基金的全部风险的百分比的集中比率来计算。例如,一只基金具有相同风险贡献的五个风险因素(股票贝塔、外汇、利率、信用价差和大宗商品波动率指数),它的集中比率为0.2;如果有三个,那么它就是0.333;等等。

在现实应用中各种其他的因素会进入这个方程,证券并不是均匀分布的。一只基金有10个头寸,每个头寸的价值都是100万美元,那么集中比率是0.10;但如果九个头寸是111 111美元,而最后一个头寸是900万美元,那么最后一个头寸的集中风险将会相当大(0.90)。同样,侧重于特定经济部门或地理区域的证券头寸将会产生比一系列均匀分布证券更高的集中比率,因为均匀分布证券会抵消影响基金业绩的任一特定产业部门的经济低迷风险。

对冲基金通常构建集中的组合，大量投资于其信心最大化阿尔法的头寸、策略、资产类别或投资主题。他们然后寻求对冲掉任何残余的系统性风险，只要这样做是成本效益的。

该策略的难点在于基金可能不能分辨和对冲掉"隐藏"的集中和风险因素。由于证券价格取决于所有市场参与者的交易行为，证券价格间的相关性只有在所有市场参与者的交易行为不变时才是稳定的。但是，实际情况是市场参与者的行为不停地变化，以前不相关的证券会变得相关。当这种情况发生时，以前隐藏的风险因素就以证券价格来表现。如果这发生在多个证券或资产类别，这些隐藏因素的集中就会在组合中形成。结果，投资者敏感或交易行为的更多改变就会产生组合证券价格的同时运动。

评估组合中是否出现了"隐藏因素"的集中需要不停地对组合中证券和策略的回报的相关性和组成部分进行衡量。如果组合中不同的本来不相关的策略的损益的相关性增加了，就要对组合进行业绩归因和主成分分析以分辨相关性来源。然后，组合应该重构来优化风险因素的分散化以减少任何意外的集中。

信用风险 在本书中，信用风险被认为是一种投资风险，因为对冲基金通常部分依据信用风险买入和卖出证券。对冲基金运用各种形式的信用风险来产生回报。这些类型的信用风险有：(1)信用价差风险；(2)违约风险；(3)违约相关性风险；(4)回收率风险；(5)提前还款风险。从信用风险变化中交易获利的证券有投资级公司债券、不良或高收益债券、CDO和CLOs、抵押支持证券、资产支持证券和可转换债券。

1.信用价差风险：信用价差是收益率价差，或者是不同证券间收益率的差异，由不同的信用质量引起。信用价差反映投资者从高信用风险的证券中挣得的额外的净收益率。特定证券的信用价差常用与信用无风险证券收益率的关系或参考利率(如美国国库券)来报价。

信用价差的衡量方法有好几种，包括Z-价差(Z-sprea)和期权调整价差(option-adjusted spread, OAS)。价差的大小表示特定证券的风险。对冲基金可以用信用价差风险做多或做空证券。这些价差的变化能够对对冲基金组合的价值产生变化，从而给对冲基金投资者带来收益或损失。

Z-价差：对冲基金总是在寻找套利机会，可以运用Z-价差来识别债券的内在价值和它的市场价格之间的差异。债券或资产互换的Z-价差是应用于一系列零息率所需要的基点数，这样债券的现值考虑了应计利息后，等于使用了调整后零息率折现后所有未来现金流的总和。每个现金流用到期时间和到期条件的即时利率折现,这样每个现金流都有它自己的零息率。价差不断重复计算,提供了比其他方法更精确的价值反映,因为它使用了整个收益率曲线来计算现金流的价值。用Z-价差计算的内在价值与市场价格间的差异就会因市场价格包含了额外因素(如流动性和信用风险)而出现。Z-价差对这些额外因素的影响进行了量化。

期权调整价差:这是一种用来计算含有嵌入期权的固定收益证券的相对价值的方法,如借款人提前归还贷款的期权,或者可转换债券发行人转换债券为股票的期权。OAS模型考虑了各种利率场景下提前支付的影响,试图估计证券的未来价值。这种方法使两种不同的债券——一种具有买入期权(或提前支付期权),另一种没有——的并排比较变得容易了。具有买入期权的债券通常具有更高的收益率来补偿提早赎回特性。OAS广泛适用于给抵押支持证券、结构化票据和可转换债券定价。

采用可转换套利策略、MBS套利以及各种其他的固定收益套利策略的对冲基金,运用OAS分析来识别低估的债券,这些债券能被有效对冲来获取套利利润。固定收益工具及其对冲(也就是基点风险)的价值间的稳定性是这些套利策略的主要风险。

2.违约风险:当债务人不能在债务合约下履行法律义务(没有制定还款计划,或违反贷款契约)时,违约就发生了。违约是不能归还贷款。这可发生于所有的债务义务,包括债券、抵押支持证券、CDOs、银行贷款和承兑票据。投资于这些证券的所有对冲基金通常都暴露于违约风险并管理这些风险敞口。

债务人不愿意或不能够偿债时,违约就发生了。"破产"是违约的特殊情况,这时债务人没有能力偿债,而不是不愿意偿债。

违约的种类:违约有两类,即债务偿还违约和技术性违约。债务偿还违约发生于借款人没有制定一个利率或本金的还款计划。技术性违约发生于肯定或否定契约被违反的时候。

肯定契约是债务合约中要求公司维持某种水平的资本或财务比率的条款。最常见的违反肯定契约的限制有有形资产净值、运营资本/短期流动性和偿债覆盖率。

否定契约是债务合约中限制或禁止的可能损害债权人头寸的公司行为(例如,资产出售、股息支付)。否定契约可以是连续的,也可以是以发生为基础的。与违反肯定契约相比,违反否定契约比较少见。

对许多债务(包括公司债、抵押和银行贷款)来说,契约包含在债务合约中,规定全部欠款在出现第一次支付违约时就立刻成为应支付的。一般来说,如果债务人在任何债务上对债权人违约,那么债务合约中的交叉违约契约规定该特定债务也处于违约中。

在公司财务中,面对未固化的违约,债权人通常会启动程序(发出非自愿的破产申请)来止赎任何抵押品从而保护债务安全。"破产"是对那些资不抵债或违约的财务事件采取法庭监管。即使债务没有抵押品的保证,债权人仍将会起诉破产,来保证公司资产能用于偿还债务。

有一些财务模型用来分析违约风险,包括杰诺－特恩布尔(Jarrow-Turnbull)模型、爱德华－奥尔特曼(Edward Altman)的 Z 评分模型,或罗伯特·C.默顿(Robert C. Merton)的结构化违约模型(默顿模型)。

3.违约相关性风险:采用固定收益相对价值策略的对冲基金会根据违约风险的不同而做多或做空证券。另外,对冲基金投资于如 CDOs 那样的证券化的信用风险产品。他们还根据其对违约相关性的看法而做多或做空这些证券的不同部分。

违约相关性是指在一部分 CDO 和实际违约间发生传染效果高于预期的可能性。例如,如果一个 CDO 中的所有公司都是银行业内的,并且一家公司开始倒闭从而不能履行债务,那么银行业一个普通因素导致其他银行动摇的可能性就会大于随机概率。因此,如果一家银行倒闭了,其他银行倒闭的概率就会增加。违约相关性风险就是违约相关性变化的风险,或实现的违约相关性与期望水平不同的风险。

对冲基金运用不同的方法来确定违约相关性。一些使用股票价格的相关性,一些使用 CDS 价差的相关性,还有一些使用基于评级机构研究的历史违约相关性。但是,正如信用危机已经充分显示的,在衡量甚至思考违约相关性方面还存在很大的问题。最棘手的问题是数量化。从市场价格得到违约相关性被证明是有缺陷的,因为市场风险偏好将信用价差压低到足够补偿期望违约的水平,因素(不只有流动性)的多重性也反映在信用价差和股票价格中,以及当考虑到历史上的违约率时,从不断变化的违约概率中区分违约相关性是不可能的。

4.回收率风险:这是期望比率或回收率的改变。回收率是债权人在违约信用的追索中最后收回的金额。通常用债务平价的百分比表示。通常在简约式模型中的另一种定义是将回收率表示为市场价值的百分比。

回收率风险与对冲基金交易债券的信用风险套利相关,而与 CDS、CDX/CDOs 或 CDX/CDO 部分和其他信用风险策略相对,这是因为回收率是组合中证券价值的输入。期望回收率的变化会改变证券的价值。

5. *提前还款风险*：这是与固定收益证券本金的提早归还相关的风险。一些固定收益证券嵌入了买入期权，可能会被发行人执行。提前还款率的变化会影响 ABS 和 MBS 的价值，因为它们改变了持有者的期望现金流的大小和时间。

在 MBS 和 ABS 的例子中，这些证券的到期收益率在购买的时候是未知的，因为现金流的时间和金额是未知的。例如，当本金提早归还时，那部分本金的利息就不用支付了。如果债券以溢价购买(价格大于 100)，那么债券的收益率就会比购买时估计的要低。

通常来说，对于嵌入了买入期权的债券，它的利率越高于目前的利率，提前还款的风险越大。这是因为不进行再融资就会有机会成本，当债券利率和目前利率的差距扩大时，借款人的利息也会降低。

例如，抵押支持证券的利率越高于目前利率，基础抵押就越有可能进行再融资。为高利率的可赎回债券支付溢价的投资者就承担了提前还款的风险。抵押的提前支付除了与下降的利率高度相关外，还与上升的房屋价值高度相关，因为这些给借款人提供了进行房屋交易或套现再融资的动力，这两者都会导致抵押提前支付。

对于对冲基金投资于抵押支持和资产支持证券，提前支付率的改变是很大的风险。

组合流动性风险

组合流动性风险(也被称为"资产流动性风险")是指对冲基金组合中的证券由于缺乏市场流动性而不能转换为等于内在价值的现金的风险。

组合流动性风险的成因　该风险在这种情况下产生：想要出售资产的对冲基金却做不到出售资产，因为在市场上找不到购买者想交易该资产或想按出售者要求产生更多现金来交易。

该风险通常不会表现为资产价格将为 0。如果真的发生这种情况，市场会说资产毫无价值但不必是缺乏流动性的。随着一种证券的交易下降，该风险表现为日交易量的下降；交易频率下降并且指示性和可执行的市场报价进一步分散；指示性报价陈旧(也就是说，报价有但不变化)；以及/或者买入/卖出价差扩大。

组合流动性风险往往与组合中的其他风险复合。例如，如果对冲基金具有一个流动性不好的资产的头寸，它在短时间内清算该头寸的有限的能力就与投资风险复合。类似的,如果基金具有违约相关性风险不断增加的证券的头寸,缺乏清算该头寸的能力增加了基金的投资风险。

即使流动性不好的头寸能跟市场风险对冲,公司仍然会有流动性风险敞口。假定一家公司通过与两个不同的交易对手做多和做空两种不同的证券拥有了对冲现金流,但不希望持有两种头寸到期。如果多头证券比空头证券更有流动性,那么公司可能会退出多头头寸,但不能够同时以抵消价值清算它的空头敞口。在这种情况下,它将不得不支付流动性溢价或一直维持"裸空头"直到它能够清算空头为止。这里,流动性风险跟市场风险复合。

组合流动性的衡量

■ 买入/卖出价差 市场参与者运用买入/卖出价差来衡量资产流动性。愿意从对冲基金买入流动性不好的资产的交易者肯定能够持有该资产作为存货直到它能够出售或者到期。买入/卖出价差由库存成本、运营成本、行政和处理成本,以及可能被消息更灵通的交易者交易所能获得的补偿所组成。为了比较不同产品的流动性,可以使用价差与产品的中位价格的比率。该比率越小,资产的流动性越强。

基于买入/卖出价差的组合流动性分析也要考虑被出售头寸相对于市场深度的大小。市场深度是对在各种买入/卖出价差下能够买入或卖出的资产量或批量的衡量。随着批量的增加,买入/卖出价差会扩大,导致滑移并压低可执行价格。经纪业的流动交易员会考虑在市场上执行一个大单的效果并相应地调整买入/卖出价差。流动交易员需要能够在短期内出售任何他买入的证券。如果他买入了一只特定证券的大量头寸,然后以小批量向不同的购买者出售,他会在几周时间里暂时满足该证券购买者的利益,或者事实上他会花几周时间以现价出售头寸给预期购买者。在几周里他最多支付该证券的可能损失。运用他对证券购买和出售的利益的知识,流动交易员会报出买入/卖出价差保证他能够出清库存。因此,买入/卖出价差是流动性的指标,缺乏流动性的证券一般比具有流动性的证券更不稳定。

■ 即时性(或"清算时间") 即时性指以规定的成本交易某些资产所需要的时间。即时性最常用的衡量方法是"清算时间"。它是在不导致市场价格下降的情况下出售头寸通常所需要的交易天数估计。它也可以用于在产生买方利益时一定百分比的市场价值会损失时的"清算时间"。

为了确定组合水平的即时性或"清算时间",证券水平的即时性衡量方法就要汇总。汇总的衡量方法可以表述为加权平均清算时间,每种证券的清算时间

用它所占组合总价值的百分比进行加权,如下所示:

$$\text{组合的清算时间} = \Sigma w_i \cdot TS_i$$

这里,总和是每种证券的清算时间(TS_i)乘以相应的每种证券在组合中的市场价值权重(w_i)。

另外,总组合价值中能够在某一固定时间内被清算的百分比也可以计算出来(也就是说,1个交易日、5个交易日、10个交易日或15个交易日)。

■ **弹性** 弹性是衡量流动性的另一种方法,它衡量了大量交易后价格回到前一水平的速度。与其他衡量方法不同,弹性只能用对一段时间的历史分析来确定。它也受制于所有市场参与者的交易量中,只有交易所交易产品才是知道的。不是所有的交易所共享这些数据。对于OTC产品来说,对冲基金通常只知道自己的交易。

管理流动性风险 流动性调整在险价值将外部流动性风险结合进了VaR,可以定义如下:

$$VaR + \Sigma(ELC)$$

式中,ELC表示组合中每种证券的外部流动性成本。ELC是历史买入/卖出价差分布下某种置信水平下最差预期半价差(也就是说,"买入价差中间价"或"卖出价差中间价")。

另一个调整是在需要清算组合的时期考虑VaR、压力和情景测试。在风险评估中持有期受到释放头寸所需时间长度的调整。然后在这段时间里仿真结果计算出来了。

业务风险管理策略

前一节讲述了对冲基金面临的投资风险。它们是组合中的证券引起的。对冲基金面临的另外的风险大部分是由对冲基金的业务模式引起的,而对冲基金的业务模式本性上是很脆弱的,因为它的大部分运营是外包的,它也依赖于第三方的资金来源(见图3.2)。

运营风险

运营风险是因内部程序、人员和系统、数据不充分甚至缺失引起的损失风险,或者是外部事件妨碍了公司执行预设的商业模式从而导致的损失风险。对冲基金业既不是静止的,也不是同质的。运营过程是经常变化的,因为这个产业

前台	中台	后台
投资策略 组合管理 交易系统 交易风险管理	交易支持 管理交易融资 交易对手关系 组合会计 OTC交易确认 核对现金和头寸 保证金/抵押品管理 风险管理 现金管理	维持交易和头寸 OTC交易 确认 资产服务 客户报告/门户网站 与对冲基金管理者核对现金和头寸

价值链：前台到后台

资金风险：唯一大宗经纪商、多大宗经纪商、各种资金来源、负债、投资者权益

运营风险：对冲基金管理者、托管人

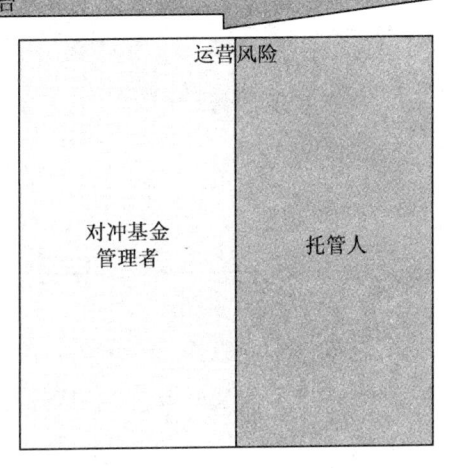

图 3.2　对冲基金资金来源和运营风险

其上游可达大型机构投资者(如养老基金)，与众多大型金融机构交易，并对发散的不断变化的监管环境做出反应。因此，运营风险是一个多侧面的概念，对管理提出了挑战，不管是对对冲基金经理还是对它们的投资者。

卡普科(Capco)是一家全球业务和技术咨询公司，早期专于向金融业提供后台和风险管理服务。它报告说风险是几乎一半的对冲基金倒闭的唯一原因，是更多基金倒闭的促成因素。[1] 市场复杂性和建立在外包服务提供者之上的商业模式仅仅是部分原因。越来越高的交易量、市场复杂性、杠杆的使用、引起投资者利益冲突的财务刺激、控制人员和控制的减少可能导致职责分离不完全，以及不充分的审核和平衡，所有这些都会导致对冲基金倒闭。

---

[1] "Understanding and Mitigating Operational Risk in Hedge Fund Investments." A Capco White Paper, March 2005。

管理对冲基金风险和融资

卡普科的另一个研究[1]强调了对冲基金内运营风险管理的重要性。该研究的关键发现是运营风险大大超过了与投资策略相关的风险,至少56%的对冲基金崩溃(也就是说,基金在向持有人归还或不归还资本的情况下停止运营了)直接与一个或几个运营过程的失败相关。一些研究估计80%的对冲基金倒闭由运营风险引起。[2]

表3.2列示了卡普科研究中区分的导致对冲基金倒闭的运营风险类型。

表 3.2 对冲基金运营风险来源

运营风险类型	占所有运营风险基金倒闭的百分比
失实陈述	41%
挪用基金/欺诈	30%
授权外交易	14%
其他	9%
技术过程不充分	6%

资料来源:Capco,2002。

运营风险包括欺诈、无意的违反法律法规如内幕交易,以及环境风险、系统故障和数据错误引起的损失。风格转换,或授权外交易,既是运营风险也是投资风险。

对投资者来说,欺诈是最让人担心的。最近的城堡大厅(CastleHall)研究描述了欺诈和/或渎职引起的运营失败的范围,它引述了327个案例,财务影响大约为800亿美元。[3]

尽管管理运营风险的责任在COO和CFO身上,但很少有基金实际上将资源直接投入运营风险管理。投资风险如信用和市场风险由基金的前台管理,而运营风险极少集中协调,也不主动管理。管理各种运营风险的责任通常分散在对冲基金和它的服务提供者之间,如期望IT团队管理系统故障和错误或缺失数据的风险。同样,期望HR负责人管理人事风险,他们对新进人员进行背景审核。CFO和COO要确保执行关键的控制。这些控制包括交易执行和协调的分离,投资者资金移出账户要双重签字,要确保基金的所有的财务报告符合

---

[1] Capco Research and Working Paper, "Understanding and Mitigating Operational Risk in Hedge Fund Investments," 2002。

[2] Giraud, Jean-René. "The Management of Hedge Funds' Operational Risks." EDHEC Risk And Asset Management Research Center, April 2004。

[3] From Manhattan to Madoff: The Causes and Lessons of Hedge Fund Operational Failure. CastleHall, 2009。

GAAP。对冲基金管理人和大宗经纪商要管理所有的交易结算过程并提出任何非对账项目。最后,托管人负责保管证券并管理所有的公司行为。

但是,运营风险事件的频繁发生及其后续损失使投资者越来越不能忍受忽视对冲基金的这些事情。最近头条新闻上的500亿美元的伯纳德·麦道夫庞氏骗局是戏剧性的但并不令人惊奇,因为这些事件是过去十年来不断加速的运营失败模式的一部分。[1]因此,最终投资者和基金中的基金的经理就会进行更严格的对冲基金尽职调查,并且除非他们对运营风险管理满意,他们才会投资。

投资者现在对很多运营方面的事情要求了解更多的细节,从法律和合规问题到信息技术、现金管理和评估。只有那些为投资者做尽职调查尽可能顺利的基金,才有可能获得资本。那些在这方面达不到投资者期望的基金就得不到投资。

投资者没有将运营的尽职调查外包给基金中的基金和咨询者,相反,他们对这个过程施加了很强的控制,在尽职调查检查中要评估的运营问题的广度和深度也变得更加详尽和频繁。这导致对对冲基金资源的更大需求,从而引起资源紧张。这不可避免地会导致对冲基金管理公司更高的成本和更低的利润率,尽管对冲基金本身的业绩可能不会降低。

运营风险管理策略

在对冲基金背景下,以下运营风险是最常见的:

1. 模型风险:由于错误设定、意外反应或过时的模型参数引起的潜在损失。该风险对于统计套利基金、量化基金、信用套利基金和固定收益套利基金最为明显。

2. 系统故障:由于交易、结算、风险管理或信号生成系统的突然故障而引起的潜在损失。所有的基金对该风险都是脆弱的,但它对统计套利基金、高速交易策略和做市策略特别显著。

3. 法律风险:由于非预期的法律结果或意外的违法而引起的潜在损失。所有基金都潜在地暴露在该风险下,但它对税法具有重要作用的不良资产和固定收益套利策略、维权基金以及某种程度上事件驱动基金特别显著。

4. 合规风险:由意外的违规引起的潜在损失。在某种程度上所有的基金都暴露在合规风险下,但国际和新兴市场基金暴露得更加厉害,因为它们必须遵守

---

[1] 2010年上半年针对帆船资本的拉杰·拉贾拉特南(Raj Rajatathnam)的内幕交易指控和SEC/FBI对涉嫌"专家网络"的对冲基金的突袭调查表明了对内幕交易规则执法的增强。

更多的监管制度。对冲基金面临的最大的合规风险是内幕交易。

  5.**欺诈风险**：由于盗窃、腐败、合谋、侵占、洗钱、贿赂和勒索引起的潜在损失。在一家基金里，举例来说，欺诈通常包括贪污资产或伪造业绩。所有基金都潜在地暴露于该风险，但以下这些基金更易受该风险的影响：(1)未向投资者披露全部信息；(2)没有第三方管理人/托管人；(3)未聘用公认审计公司。

  6.**第三方失败**：由于第三方未能履行服务层级协议而引起的潜在损失。聘用了第三方管理人或托管人的所有基金都易于受该风险影响。

  7.**数据错误**：由错误设定、错误的或缺失的数据引起的潜在损失。所有风险在某种程度上都易于受该风险影响，但该风险对统计套利和量化基金的影响最为明显，因为它们依赖于精确的分析来产生投资设想和阿尔法。

  为了管理这些常见的运营风险，对冲基金应该建立一个具有明确责任的管理策略。在某种程度上，包含报告、薪酬和决策机构的可行的运营职能应该独立于组合管理。投资者会在关键的专家领域评估对冲基金运营人员的经验和训练，特别是它在领导力方面的强度和独立性，通常要么是财务总监，要么是首席运营官。

  因此，拥有一位经验丰富的、能够确保投资要求得到遵守的CFO或COO是最最重要的。CFO/COO也应确保雇用了与基金复杂性和规模相关的足够数量和足够经验的运营和结算人员。在复杂的OTC衍生工具交易的经理需要确保有足够的后台人员来审查买入表格的确认函。交易量很大的公司应该投资第三方交易获取和订单管理系统，它能直接送入会计系统从而减少人工干预。即使是中台和/或后台职能已经外包了，也应该有运营人员来行使监督和协助服务提供商的工作的职责。

  从对冲基金经理或COO的角度来看，有效的运营风险管理策略应该能够处理所有以下的重大运营风险：

  模型风险 模型运用引起的风险的范围依赖于策略的性质、授权的复杂性以及使用的模型的类型。有些对冲基金以各种方式广泛运用数量模型。模型可以用于预测潜在的投资业绩，做出投资决策，找出业绩的原因，评估投资，或者管理风险。另有一些基金用模型来确定采用的数量策略，用于指导基金的投资过程，还有一些基金仅仅将模型用作决策支持工具。

  模型可能并不精确。它们的基础假设可能不成立。它们的解释能力随时间而下降，它们的核心洞见会变得平庸。它们可能没能抓住管理决策的动态特性。模型可能依据的是假的或不完整的假设或者不正确的数据，它们的应用可能是不适当的。而且，基金经理能对模型进行更改，从而导致对投资者组合的意外敞口。

稳健的模型应该为投资者反映广泛的潜在市场条件下相关的因素，并使用最佳的可得到的数据。模型的假设应该符合市场环境，并通过回溯测试来确保它们与市场现实依然是相关的。

模型风险敞口主要有三个来源：(1)模型的控制环境；(2)模型本身；(3)使用相同模型的竞争者。

控制环境 模型风险产生于差劲的模型控制环境导致不准确的预测。当对冲基金经理和模型开发人员在欣赏相对宽松的工作环境带来的创造性时，模型开发必须是正式的，并由详细的文档来支持，以降低任何内在的风险。成功的关键是达到质量控制，过程和文档是可复制的，而不是过度重复或严格到阻碍基金经理获取机会或窒息创新的程度。目前的产业标准实践是只有指定人员才能接触模型并拥有全部最新的应用程序的文档。模型的关键假设、概念输入和行为假设需要由投资管理委员会每月检查至少一次。

模型本身 另外，在一个差劲的控制环境里，模型如果错误设定并用于制定交易策略，那么模型本身也会产生风险。为了防止这个情况的出现，通常会使用一个验证过程来审核用于制定交易策略的模型或者审计师估值头寸的模型的假设和执行情况。没有计算错误显然是有效的评估方法的要求条件。审核模型假设本身能对正确的市场结果带来信心，但这个想法很难证实。拒绝一个模型可能是完全有效，也可能是完全无效，因为它允许负利率，因为它不允许随机波动，或者因为它忽略了折现的随机性，依据它是用于套利还是估值。从估值的角度看，如果市场乐意以不完美的模型价格交易特定的产品，要求产品用更复杂的模型来标以市价(也就是说，模型做了更多的符合实际情况的假设但产生的价格不能出清证券)，那么这可能同样会误导，如果市场没有包括"最佳的"方法。只要使用模型通过识别高估和低估的资产并从套利机会中获利，那么最佳方法就应该采用，套利被使用，只要流动性不是问题。[1]

竞争者的模型 为了避免由模型引起的损失，了解该模型与市场竞争相比是如何的，是很重要的。但是，为了了解这些，就需要有交易价格和实际市场交

---

〔1〕 模型驱动的基金的另一种危险的来源是市场异常和监管约束的存在，可能迫使头寸在它们显示为"正确的"之前被清算。流动性差，通常伴随着市场猜测大型相关价值参与者头寸的能力，也会导致模型驱动基金的困难。例如，考虑信用套利基金的情况，在模型充分合理的情况下，断定交易债券相对于CDS基础已经偏高，并进入大量均值回归交易以利用这种异常。如果市场知道了这些头寸，也可能由于上面提到的流动性差，如果基金必须在它回归到均值前释放这些头寸，那么后者会经历非常痛苦的逼空。

易特性的扎实的知识，只有这样，决定价格的模型才能通过反向工程得到。没有这种市场智能，那么管理模型风险的任务就是极其艰巨的。

不管一个理论模型是多么好或者多么令人信服，对冲基金总是会担心它是否能在竞争性招标的情况下始终打败竞争者。这表明市场认为基金付出太多了，因为其他公司正在使用不同的模型。在这方面，与其他公司的经纪商、交易商或者风险经理的合约能够提供可能是最有效的早期预警系统。

要考虑的另一个可能的原因是大量名义交易的突然出现，很难为名义交易建立一个以客户驱动的需求为基础的清晰的基本原理。这些交易背后的动机可能正是那些识别了特定类型交易的套利者的行为，而那些特定类型交易普通的市场假设或实践不能证明是合理的。

这可能表明模型要过时了。从历史来看，举例来说，这些交易的例子有后支付银行同业拆息率互换、前向互换期权、CMS 上限等。

系统故障 系统故障带来的运营损失通常由前后台职能间连接缺乏自动化、系统限制、系统可扩展性不足、计算机病毒以及灾害恢复计划不周到引起。对冲基金最严重的系统故障会导致基金不知道它的头寸的正确估值、可用的现金头寸是多少以及它放在哪个交易对手那里。这可能导致基金的完全崩溃。

有时基金会始终精确地遵循它自己的政策，但在估值程序或过程中的一个失误就会引起簿记上系统性的错误标记。当基金正在交易那些不能被常规处理系统处理的工具时，这种情况就很普遍，一些解决方案被设计出来，但后来证明是错误的。

可能出现的问题不局限于定价不正确。全部头寸有可能在基金的账簿和记录上体现得都不正确。奇异衍生品头寸可能被简化以使它们进入记录系统，这使风险系统不能正确地评估风险。有时全部头寸被错误地排除在外。抵押品、银行贷款、OTC 衍生品、可转换债券和所有非美元工具都很容易面临这些问题，如果基础系统不能完全支持它们。

确保系统保持稳健最有效的方法是在基金设立早期开发一套 IT 系统结构计划，然后持续投资于模块和可扩展的前台和中台基础设施。随着公司的成长，检测内部系统相对于第三方系统的集成可以帮助确保数据在组织内无缝流动并保持完整。

法律风险 对于不直接涉及不良债务或维权策略的对冲基金来说，与一家专业的对冲基金法律公司保持密切关系就足够了。但对于维权和不良债务基金来说，雇用一名内部法律顾问来协调外部律师的工作并制定策略来管理基金的法律风险是最佳的实践。

合规风险 机构化的对冲基金在管理合规风险方面拥有明确的最佳实践。对于大多数大型对冲基金来说,专职的管理团队包括一名合规官来推动合规。大多数还结合它们的审计师和法律顾问,开发了各种流程来与不断变化的监管和合规保持一致。

关于遵守不同的司法管辖区内幕交易法律的问题,只有基金管理层能降低该风险,包括如下:

政策和程序:公司应该认识到,他们具有控制内部信息并减少误用内部信息的风险的责任。他们应该制定政策和程序来解决价格敏感信息的处理问题,解决媒体的问询,指定资深人员来监督控制和程序,以及控制职员处理的信息。

认识和训练:公司应该训练并帮助员工理解保密的重要性,认识到不当披露所要承担的责任。在实践中,当新的规则实施后,公司应该考虑提供训练、更新员工的知识,并定期测试员工的认识和理解。

"需要知道"和其他的信息控制:公司应该采取措施限制接触内部信息人员的数量。在可行的情况下,应该考虑将处理团队与其他业务部门分开,只在确实需要知道这一层级披露内部信息。公司可以选择执行关于安全处置和机密文件(包括使用密码名称、执行清算席位政策以及制定异地工作程序)使用的政策。

价格敏感信息向第三方的传递:公司应该采取合理的注意来确保第三方知晓他们对收到的内部信息的使用和控制的责任。帆船公司(Galleon)就是通过价格敏感信息传递交换报酬的内幕交易经典案例。同样,当价格敏感信息必须共享时,对冲基金应该考虑向第三方尽可能迟地提供信息,并向第三方解释应负的责任,确保第三方具有相应的保护信息的程序。

IT 安全:对冲基金应该在 IT 系统中处理内幕信息的安全,处理接触内幕信息的安全,创建 IT 文件审核路径,并对系统和信息的接触限制做出控制。对冲基金也可能考虑要求 IT 人员遵守内幕交易政策和程序,并雇用"道德黑客"来测试防止数据失窃的安全。

个人交易政策:公司应该建立个人账户交易的政策,包括委托交易、通过委托账户交易和直系亲属交易。公司应该考虑在衍生品和相关产品,以及依据内幕信息的交易或促成交易的民事和刑事处罚方面的政策上做出具体的规定。对冲基金应该确定哪些雇员受这些政策约束,确保这些雇员完全理解他们所要承担的责任。他们应该接受定期培训,讲清他们能做什么,他们不能做什么,并要求他们能证明自己理解了这个政策。

管理对冲基金风险和融资

个人交易政策至少包括如下内容:
- 当政策用于公司时,明确适用的"人员范围"和"证券范围"。交易前对采用、执行和监控进行预检。
- 创建一个公司组合内限制的证券名单,详细说明员工禁止交易的证券。
- 要求员工提供月度和季度的经纪声明。
- 要求员工定期报告他们持有的证券。
- 要求新员工在到岗后10个工作日内报告他们持有的证券。
- 要求员工报告他们参与的外部商业活动。
- 完成检查以确保员工没有抢先在基金组合的交易之前或紧跟在基金组合的交易之后[1]进行交易。

欺诈风险 职责分离和独立按市值计价一直是金融机构控制上的基本原则,但在对冲基金业的应用仍不一致。稳健的内部控制和程序应该出现于交易循环的每一个阶段:交易授权、执行、确认、结算、核对和会计。职责分离方面出现的问题看起来几乎是每个欺诈引起的基金倒闭的一个因素。授权交易的人和记录交易活动的人之间充分的职责分离必须建立起来,以防止未经记录的交易损失。通过电汇或其他方式转移资金应该受到严格控制,需要多人签字才能授权转移资金。简而言之,职责独立和分离意味着,执行检查或批准估价的人不应该直接得到被估值投资业绩的激励或诱惑,并且不应向受业绩激励的经理报告。交易员或组合经理应永不执行最终的估值(尽管交易员或经理自己进行估值可以作为独立过程的"合理性检查",但只要可能,应由独立第三方审核这些估值)。只要可能,基金经理应该让财务/会计人员独立于组合管理团队,以按市值计价来编制和验证报表。

在大多数情况下,这些人员向基金管理公司的CFO或COO报告,他们的薪酬是基于管理公司的整体盈利情况,而不是基于公司管理的投资工具的业绩。在一些情况下,基金管理人会为基金经理执行这一职能。一些估值服务也会外包。许多基金也会聘用一名审计师来测试用于向投资者提供的财务报表的估值。基金经理应该总是在组合的估价向投资者报告前,聘用外部第三方来验证组合的估价是准确的。另外还有基金审计师,他们通常检查估值不是很频繁,并且通常在估值披露之后进行审计。

有时,估值问题是故意为了膨胀基金的价值,或者是为了隐藏未实现损失并

---

[1] 抢先和紧跟是指客户的大订单可能会引起价格的变动,在执行客户的大订单之前,某个个人账户买入或卖出证券以获取好处。

报告强劲的业绩,或者是为了掩盖偷窃和欺诈。例如,在曼哈顿基金(the Manhattan Fund)倒闭的案例中,[1]这看起来就是真的。在其他例子中,资产估值可能被操纵以平滑按市值计价损失并通过抑制波动增加基金业绩。[2]

对冲基金频繁交易的一些证券特别难以定价。即使价格容易得到,一些头寸可能仍然需要调整:例如,包含某期发行大部分的头寸应该折现,以反映它们不能无市场影响地清算的可能性。同样,如果持有某一证券足够多的数量,需要公开披露时(在美国就是 SCHEDULE 13D 文件),如果全部或部分头寸不能匿名出售,就要进行调整。有时,头寸会被错误计价,当计价被改正或者头寸逆转时,就会对基金估值造成突然的未预料到的影响。依据使用的价格的不同——买入价、卖出价或中间价——特别是对于成交清淡或缺乏流动性的工具,它们的买入/卖出价差可能会很大,还会存在着很大的不同。

第三方倒闭　由于对冲基金极大地依赖于第三方的大宗经纪商、托管人和管理人,合理选择这些关键的商业伙伴是避免损失的关键。选择这些关键的商业伙伴的选择过程应该聚焦于识别出与基金策略和业务模式相关的最好的合作伙伴。

不能指派知名的、经过证明的、独立的服务提供商可能会引起基金的运营缺陷。

选择大宗经纪商的运营风险准则　大宗经纪商提供许多重要的服务,包括经纪、证券出借、融资和后台支持(包括交易清算和结算)。大宗经纪商和其他的交易对手应该具备必要的资源和专业能力来处理基金的投资。

选择使用单一经纪商还是多个经纪商,对基金经理来说是一个困难的选择。大对冲基金可能有多个经纪商,而小的和新成立的基金不大可能多于一个。需要在运营简单性和第三方服务提供商倒闭风险的多样性之间进行权衡。单一经纪商允许集中交易和结算,使基金能够外包更多的后台活动。但是,一旦基金成长到它能够支付中台和后台费用的规模时,依赖于一家大宗经纪商是轻率的。

---

〔1〕曼哈顿基金由迈克尔·伯杰(Michael Berger)于1996年成立。伯杰在四年时间里从投资者那里募集了6亿美元,与他一样,这些投资者希望对市场下滑有一个"保险"。当然,问题是市场下滑对于伯杰和他的投资者来说来得太迟了。

保持空头头寸的成本在累积。随着损失增加,伯杰开始做假账,向他的管理人提交假的持有数据。据称他们都直接来自基金的推荐经纪商——一家小型的俄亥俄州公司,它反过来聘用贝尔斯登作为它的大宗经纪商,因此该管理人信任伯杰的数据。但是,曼哈顿基金为推荐经纪商贡献了大部分收入——导致一些人相信它很容易默许伯杰的要求。要求之一就是接受伯杰提交的持有数据。

关于曼哈顿基金更生动更完整的故事,见"Does Regulation Prevent Fraud? The Case of Manhattan Hedge Fund" by Chidem Kurdas。

〔2〕许多基金公布它们的夏普比率,抑制波动会错误地影响夏普比率,也会错误地暗示较高的回报。

管理对冲基金风险和融资

所有的大宗经纪商都应该是高质量的金融机构。一旦基金足够大了,就应该采用多经纪商模式。

选择大宗经纪商的原则是基金经理的需要和大宗经纪商的能力相匹配。资产负债表的健康程度、融资的灵活性和运营基础设施的稳健性,是选择正确的大宗经纪商组合的关键决策准则。但是,为了保持灵活性,建立一个便于经纪商间数据汇总和资产转移的结构是必要的。

资产负债表健康:健康的资产负债表增加了大宗经纪商在市场危机时保持良好信誉的可能性,能够一直为对冲基金提供服务。它也让基金对抵押品安全性更有信心,降低减值风险。

融资灵活:有利的融资期限(以市场利率隔夜和长期融资是典型的先决条件)和有能力提供各种保证金方法如法规 T、组合保证金、基于规则的内部保证金和基于压力/情景的内部保证金,依据基金策略的不同,它们都有不同的重要性。在一个多大宗经纪商的环境中,能够更换大宗经纪商交易并放弃该大宗经纪商的有效的抵押品管理,也是很重要的。

地理分布:依据基金策略的不同,通过在不同的地理区域使用一套数据基础设施进行交易,可以降低运营风险。对于在全球活跃的基金来说,大宗经纪商具有在相同基础设施之上跨市场和跨地域的能力,可以降低运营风险。另外,具有广泛的地理分布并拥有在多个市场提供法律要求和市场进入指导的经验的基金,会降低基金的运营风险。

产品范围:具有在稳健的共同市场基础设施上可交易的广泛的产品范围的大宗经纪商,能够减少对冲基金的运营风险敞口。

执行平台:大宗经纪商具有直接的处理能力和市场进出能力,再加上稳健的基础设施和管理信息系统,就能够极大地降低运营风险。尤其是对于那些运用高波动率策略的对冲基金来说更是如此。

选择对冲基金管理人的运营准则 在对冲基金越来越多地使用多大宗经纪商的情况下,集中管理人管理信息流的能力变得越来越重要了。第三方管理人在保护投资者资产方面扮演着极其重要的角色,它独立于经理计算基金的净资产值。

估值是任何投资的最终核心。关键是决定是否投资并计算投资随时间的回报。基金组合不断增加的复杂性和多样性以及向复杂投资不断增加的分配,大大增加了制定用于准确估值的工具和过程的努力。

对冲基金资产估值对于投资者的信任是非常重要的,但它也随着对冲基金策略、基础资产的类型和相应的建立准确公允的净资产值所要求的程序的不同而不同。证券类型的复杂性范围,可以从在美国上市的交易活跃的证券(最容易估值)到非美国上市的私募证券(这意味着外币转换和估值问题),一直到复杂的OTC衍生工具。美国上市证券通常以证券交易的主要交易所的最后成交价(或多头的卖出价、空头的买入价,或买入/卖出价差的中间价)作为估值。它们的估值很容易通过公开来源得到和证实。从这个基线出发,有一系列的证券及其估值方法,它们的客观性逐渐下降,复杂性逐渐上升。估值方法包括交易商报价(直接的或是汇总的)、估值服务、模型以及最后的基金经理的善意估计。

对于那些采用的策略需要运用很难每日估值的资产的基金来说,对第三方管理人的依赖是更急迫的,如表 3.3 所示。

表 3.3　　　　　　　存在潜在估值问题的工具和策略

高收益/不良资产	固定收益套利	新兴市场	可转换债券套利	全球宏观	维权基金
银行债	嵌入期权的债券	银行贷款	信用衍生品	通货膨胀关联债券	控制头寸
可转换债券	债务抵押债券	布雷迪债券	非分级可转换债券	OTC 商品合约	SPACs
低门槛银行贷款	债务抵押贷款	新兴市场上市期货	债券期权	互换和互换期权	
债务人持有贷款	可转换债券	新兴市场上市期权	受限制可转换债券		
不良债券	信用衍生品	新兴市场可转换债券	权利和认股权证		
高收益债券	奇异利率期权	非流动股票	次投资级可转换债券		
提高利率票据	利率远期	当地银行存单			
初级债券	抵押支持证券	当地货币公司债			
信用证	债券期权	不可兑换货币的非交割远期			
夹层债务	互换和互换期权	股票和指数权证			
实物证券支付	二级市场交易先于发行的国库证券	结构化互换			
有担保/无担保债务					
优先级债务分裂定息债券					
步升/降定息证券					
次级债务互换和互换期权					
交易索赔					

在不稳定的市场,估值可能会变成一个特定的问题。以某一模型方法计价估值的资产可能在市场流动性危机时在估值附近都出售不了。另一方面,如果从现金产生的角度来看,在这样的危机时以市价估值可能极大地低估该资产。估值的准确性和恰当性常常会对最终向投资者报告的组合回报和向经理支付的费用产生深远的影响。选择稳定成熟的第三方管理人对于避免利益冲突和确保

基金的诚信运营都是最基本的,特别是在市场危机时。

将中台职能外包给管理人可以使基金经理能够使用一流的系统而不需要自己去开发。但是,为了得到这些好处,选择那些拥有充足的资本资源投资于 IT 系统的第三方管理人就很重要,他们还拥有高素质的员工,能够对组合中的证券进行重定价。[1]

交易应用支持:管理人必须能够通过胜任的经验丰富的员工向多个地理区域提供稳定的、24 小时的交易支持能力。这种能力对于对冲基金是很关键的。由于没有使用交易应用而引起的无法交易,就是一种运营风险,它将基金暴露给潜在的损失。另外,管理人必须展示稳健的危机管理计划和主系统发生故障时部署后备系统的能力。

组合会计:管理人应该展示稳健的系统来跟踪广泛的投资工具和货币,并提供日常会计和法定报告服务。这对于对冲基金及时检测到潜在的欺诈或交易错误是很重要的。另外,管理系统应该有能力处理复杂的或新类型的衍生工具。衍生敞口的复杂性已经被欺诈分子如连姆·尼森(Liam Neeson)和杰罗姆·科维尔(Jerome Kerviel)利用来隐藏损失。

现金和头寸核对:管理与多个参与方的核对和解决资产净值计算前的中断的标准过程,对于降低由结算失败或交易失败引起的损失风险是很重要的。在当地营业时间内提供这些服务的能力(也就是"跟随太阳"处理)使对冲基金能够在多地理区域交易时利用时区优势。

数据错误 对冲基金对于数据的准确性依赖很多,不管是头寸还是证券层级的。这些层级的历史数据对于管理投资风险是很基本的。数据错误引起的运营损失的常见起因有数据来源贫乏、信息不可信、数据不及时和数据不可得。在开发一个强大的管理信息系统(management information system, MIS)时,以下几点都是很重要的:

- 在系统内保持数据的一致和完整。创立一个数据管理员来加强质量标准(特别是识别和命名标准以及形式一致性)。
- 建立一个模型,来使整个基金的数据保持完整,并能随着新策略的加入而扩充。
- 标准化并重复使用准确的数据,关注跨部门和跨应用关键的数据。这样

---

〔1〕 从对冲基金投资者的角度来看,那些能提供编制完整的会计记录的全业务服务的基金管理人是更受欢迎的,而不是那些只审核基金自己的会计记录(被称为"资产净值精简版")并不对组合中的证券进行重定价的基金管理人。

的数据的例子有证券数据(证券代码、证券名称、单位化证券风险因素敏感性如DV01、CS01等)、头寸数据(拥有的数量、多头/空头、账户/基金等等)、组合数据(策略代码、核心头寸和对冲)，等等。

- 从一开始就建立数据管理政策和程序，并应用于所有的部门。

投资证券的交易、存档、结算、会计和报告是一门复杂的学科，需要精确于所有的细节，并受到强大的信托责任伦理的指引。对冲基金经理通常将大部分时间用于产生阿尔法，而不是用于管理公司的运营。尽管拥有了合适的 IT 资源和第三方管理协助，也不能完全移除这个固有的运营风险。

资金流动性风险

跟运营风险一样，资金流动性风险流行于对冲基金业务模型中，但它们从根本上是不一样的。对冲基金运用杠杆，通过借入资金投资于证券来增加投资者的权益，从而放大投资者的回报。借入的资金需要支付固定利率的利息。证券投资上任何大于这个固定利率的回报都累积到基金投资者的权益中。这就是该商业模型的核心部分，基金能够产生超额回报，该回报与市场回报无关。但是，杠杆的使用也是流动性风险——债务到期不能偿还或者以不经济的价格偿还——的主要来源。除了杠杆，组合流动性的潜在变化、投资者赎回在危机时加速和大宗经纪商要求增加保证金要求，都会引起这个风险。

流动性风险是一个资产负债管理问题。对冲基金资产负债表中的流动性、期限以及资产和负债的币种和数量，需要最优化，这样基金在现金的来源和使用上才会有灵活性，而不会对基金业绩产生现金拖累。

如果基金因为欺诈传闻或内幕交易而导致评级下降，它就会失去流动性。大批赎回导致一段时期的业绩下降后，流动性可能会下降。如果基金依赖的资金来源市场受制于流动性损失，如回购市场，那么基金也会暴露于流动性风险。

在 2007~2008 年，贝尔斯登和雷曼兄弟的崩溃伴随着许多其他金融机构信誉不确定的急剧上升，导致银行同业拆借市场失灵，市场流动性急剧下降。随着金融机构自身陷入资金困难以及以前流动的市场的蒸发，市场撤回了交易对手那里的资金，包括对冲基金。当资金不足时，许多基金不得不亏损出售头寸以产生现金来归还保证金贷款和满足其他的现金义务。在这种情况下，资金流动性风险复合着市场风险。

当资金流动性风险复合着其他风险时，资金流动性风险是最隐蔽的。就像《启示录》中的骑士(the Horsemen of the Apocalypse)，它从来不会独自骑行，总

管理对冲基金风险和融资

是复合着信用风险。假定对冲基金在某一给定日期与两家不同的交易对手有相互抵消的现金流(例如,它与一家经纪商有一笔回购交易,而与另一家正好抵消,也就是背对背回购交易)。如果向基金借了证券的交易对手不能归还证券,然后不能支付等额的"买入"金额,对冲基金就不得不募集或抽调其他来源的现金来从市场上购买证券来偿还借给它的机构。如果它不能这么做,就会违约。

在制定风险管理策略时,对冲基金的流动性和杠杆,包括赎回的影响,资产清算的能力,杠杆对组合的影响,融资的可得性,以及极端事件的潜在影响,都应该进行评估。资金流动性风险的每一个潜在来源,在发生来源、对投资组合是单独还是复合着其他风险,以及对基金造成潜在的巨大损失方面,都要进行评估。这使基金经理能够优先考虑风险管理计划。

赎回 资金流动性风险的另一个来源是有效现金负债的大量增加。投资者赎回和保证金增加都要用现金或接近现金的证券来满足。投资者通常希望支付给他们现金,而大宗经纪商可能接受接近现金的证券如国库券和国债(尽管通常会被剃头——折现为市场价值)。非常频繁和大量的现金支付对于对冲基金投资策略来说是极其破坏性的,可能导致它的崩溃。

对冲基金的投资者流动性条款应该匹配于或高于最差情况下基金投资的流动性。例如,基金投资于资本化人口统计主题,应该进行长期投资者锁定(也就是说,最初三年锁定,然后年赎回需要180天的提前通知期)以确保基金能够保持投资头寸直到投资主题有时间孕育和成熟。

其他合适的条款可能包括"封闭"规定来限制投资者在任何给定时间内的赎回金额。许多对冲基金的投资条款允许在极端情况下推迟赎回。另外,区分投资者在组合中对流动和非流动资产的追索权的能力也给基金经理提供了在危机中更大的灵活性。即将资产放入"侧袋"(side-pockets)的能力,并将投资者的求偿时间结构与那些资产的投资主题的期望货币化相匹配。

对冲基金应该考虑由所有基金投资者行为所带来的风险,即使是在相同的基金家族里,它可能对业务的稳定性带来不利的影响。基金中的基金由于资产负债管理不善,在对冲基金经理中已经声名狼藉了,在2008年和2009年,他们投资的很多基金都损失了。许多给他们的投资者只要30天提前通知就能赎回,但投资的对冲基金却有更长的投资者锁定期。当他们短期内面临大量投资者的赎回时,就从对冲基金里抽回他们的投资,因为对冲基金提供了大方的赎回条件。对冲基金的投资赎回期最短,从基金中的基金那里得到了大量的投资,它们马上成了基金中的基金的ATM机。另外,持续的赎回水平的不确定性导致基金中的基金的经理向具有较长锁定条件的对冲基金提前提出更多的赎回要求，以防他们在后续月份行使这些权利。这导致收到赎回通知的对冲基金在下降的市场通过出售资产来预备现金，为了预期满足这些赎回要求而去杠杆化，而在许多情况下，这些赎回要求并没有真正实施。许多高净值投资者和家族投资办公室的行为也是类似的。养老基金和捐赠基金略微显得更有耐心些。

得到的教训是在混乱的市场中，投资者会显示从众行为，会同时从一只基金或一系列基金中要求赎回。这就会要求对冲基金在不合时宜的时间、面临巨大损失清算资产，或者推迟投资者的赎回权利，封闭基金，支付给投资者证券，或者重组基金为清算信托，用多种股份类型来更好地匹配基金资产的流动性。

保证金比率增加，流动性和杠杆　对冲基金通过运用大宗经纪商的衍生品、回购融资和保证金融资获得杠杆。杠杆提供者对于扩大融资是放心的，因为给基金的贷款金额小于用作贷款抵押的证券的清算价值。例如，为了买入1 000万美元的证券头寸，典型的对冲基金只需要准备200万美元的现金，只要大宗经纪商将该证券入账，就可以借给基金800万美元。但是，如果对冲基金不能在大宗经纪商的账户里维持现金保证金，那么大宗经纪商就有权清算这1 000万美元的证券。假如证券的市场价值下降到900万美元，100万美元就要从基金在大宗经纪商的账户中的现金里扣除，对冲基金就要追加100万美元的保证金。如果对冲基金支付保证金违约，那么经纪商立即有权出售抵押并收回本金。

在市场稳定时期，相对于他们的借款，大宗经纪商愿意接受较少的抵押。对冲基金可能购入1 000万美元证券只需要100万美元的保证金，而不是200万美元；反之亦然。如果市场变得更加波动或者不流动，大宗经纪商可能对前面相同的交易收取500万美元的保证金。这就要求基金准备额外的300万美元现金来维持它的1 000万美元的证券头寸。

杠杆放大了对冲基金的投资风险，会在市场低迷时加剧流动性问题。鉴于此，杠杆就成了经理度过市场波动的安全缓冲的反向衡量指标，最初的杠杆越高，对冲基金在波动率不断增加的市场保持力量的时间越短。由于存在着对多个债权人、交易对手和投资者的多方面的义务，杠杆也让对冲基金的现金管理更加复杂，这些参与者的行动也会增加基金的风险。特别的，要是保证金融资渠道受到更广范围市场条件的限制的话，对杠杆的依赖就会产生风险，基金将不能履行它的义务。

在2008～2009年，全球市场的极度低迷，波动率的急剧增加，许多对冲基金策略的业绩欠佳，以及伴随而来的对冲基金投资者的高赎回和高资金成本，降低了大宗经纪商向对冲基金提供信用的胃口。保证金比率上升,极大地增加了对对冲基金现金的需求,迫使许多对冲基金去杠杆化并亏损清算头寸。

那些经历了信用危机并生存下来的对冲基金经理很好地管理了流动性风险,很好地了解了杠杆给投资策略带来的风险。他们之所以能从信用危机中生存下来是因为他们明智而审慎地使用杠杆,保持了高水平的闲置现金以备未预期的追加保证金或赎回之需,或者在必要的时候,选择封闭基金。另外,许多基金在危机前经济成长温和适中时期签有保证金锁定协议,这样就确保他们在危机开始的一段时期仍然有购买力。新的对冲基金经理应该清楚理解对持续获得融资的限制,理解在市场混乱或者现存杠杆提供者存在问题时替代杠杆融资的各种可得选项。

保证金锁定 在大部分基本条款中,保证金锁定或"期限承诺"是大宗经纪商提供给对冲基金其他机构客户的信用安排(锁定的详细讨论见第五章)。保证金锁定包含几个重要的部分,它们能在市场压力时期降低对对冲基金投资策略的破坏程度,帮助基金管理资金流动性风险:

■ **保证金水平**:保证金锁定阻止了大宗经纪商在锁定期内改变保证金方法和抵押品要求。这样就确保了保证金是相对可预测的和稳定的,从而有助于管理资金流动性的过程。

■ **清算交易的义务**:锁定包含了持续清算交易的义务和允许抵押品用其他类似风险的抵押品来替代的义务,这是很重要的。大宗经纪安排是需求方面的安排,大宗经纪商能够正式地决定在任何时间以任何原因停止清算对冲基金的交易。这将是非常具有破坏性的,会导致基金的极大损失。如果清算交易是由保证金锁定完成并且锁定授权基金以一个恒定的保证金比率用其他相同价值的类似风险的抵押品来代替证券抵押品,那么可以预期基金会在通知期内在不破坏流动性或交易的情况下继续交易。足够长的通知期给了基金时间来与其他的交易对手做出替代性的安排。

■ **终止事件**:终止事件在保证金锁定协商中是非常有争议的。终止事件给了大宗经纪商终止锁定的权利,而无需等到通知期到期。这样的事件包括NAV触发器,如果业绩在一个月内下降超过15%或者如果超过15%的投资者基金在一个月内赎回,那么锁定就被终止。尽管这些终止事件不是不合理的,它们也应该是客观做出的并且不应是大宗经纪商单方面的判断。

衡量和管理资金流动性风险 与对冲基金投资组合期限匹配的保证金锁定和赎回条款是资金流动性风险框架四大基石之二(另外两个是保持充足的闲置

现金和明智而审慎地使用杠杆)。某些资产负债管理技术可以应用于评估流动性风险,并确定要保持多少闲置现金和使用杠杆的审慎水平。

预期流动性压力期 流动性风险的简单测试方法是查看未来的每日净现金流。第一步是将合约的基金账户的未来现金流入和流出映射到离散的24小时时段。这样的交易包括所有互换交易的结算和重置日期[1]、固定收益投资的利息支付、期权的到期或滚动日期[2]、已公布的股息支付[3]、证券借入费、某些公司行动、某些投资者赎回,等等。任何一天只要有比较大的负净现金流量,就要立刻关注。第二步是叠加或有现金流到这个现金流阶梯上。任何一天只要或有债务引起了潜在的负净现金流量,也要关注。

表3.4显示了10亿美元对冲基金通过互换和现金来交易债券和股票的现金流量图示例。它也交易OTC和交易所交易衍生品。大宗经纪商对这些证券的保证金要求是交叉的。尽管该模型延续了三个月,表中只用了五个交易日作为例子。模型中每日业绩是随机的但是正偏的。基金的平均保证金比率也是随机的,在最低的30%(基准保证金比率)和最大的35%之间,波动率、方向性、集中度和基金头寸的流动性会影响要求的平均保证金比率。假定基金每日保持20%的受管理资产(AUM)为闲置现金。

在这样的情景下,第五日闲置现金下降到只有650万美元了,因为需要支付几个亏损大的互换头寸的结算并在一周的轻微负业绩之后。这是可以接受的,但在或有现金流之下,如果大宗经纪商将保证金增加到上限,基金就将不得不支付2 360万美元的追加保证金。为了这样做,它不得不将余下的650万美元支付给经纪商,还要清算头寸以产生1 720万美元的保证金扣除。潜在的流动性缺口为1 720万美元。

认识到这样的情景是可能的,基金经理可能会在接下去的一周里去杠杆化以产生一些现金来缩小潜在的流动性缺口。在需要现金前对他的期权进行估值的好处是他能够在较长的时间段里选择处理哪个头寸,从而更好地最大化他的交易收益,而不是冒着在第五天不得不清算更多的风险,那时市场可能更加不利。这是资金流动性风险和组合流动性风险交叉的地方。组合必须有充足的流动性以产生必要的现金来填充流动性缺口。

---

[1] 互换结算日一般是交易日后的第二个工作日,如果那一天同时是纽约和伦敦的工作日的话。如果不是,结算日就会滚动到下一个纽约工作日。

[2] 这里,期权的到期日(maturity date)是已知的(也就是说,期权是欧式期权),而期权的到期日(expiry date)是指期权是交易所交易的。

[3] 股息可以在任何时候宣布,并且通常在宣布后一周到一个月内支付。而支付尽管通常发生在一周的最后一天,但支付可以安排在任何一天。

管理对冲基金风险和融资

表 3.4　　　　　　　　　　　　　　现金流量图

假设					
管理资产(AUM)	1 000 000 000	1 000 000 000	1 000 000 000	1 000 000 000	1 000 000 000
业绩	−0.270%	−0.050%	−0.250%	−0.090%	−0.380%
保证金比率	30%	34%	30%	32%	35%
闲置资金(占 AUM 的百分比)	20%	20%	20%	20%	20%
杠杆(总)	4.17	3.68	4.17	3.91	3.57
投入保证金	240 000 000	271 265 600	239 232 324	254 543 193	278 156 051
(最少 3 个月或 66 个交易日)合约现金流量	1	2	3	4	5
互换结算(初始保证金流入和流出)	(−118 750 000)	(−131 995 588)	(−139 552 189)	79 234 026	(−191 587 076)
互换重置期权结算	(−11 250 000)	64 897 831	44 856 061	(−16 312 888)	(−21 287 453)
回购结算	2 666 666	1 466 619	(−498 400)	4 893 866	2 980 242
股票借入	3 333 332	34 318 853	(−24 587 766)	9 243 971	17 668 585
股息(流入)					0
债务投资利息(流入)					
公司行为	8 333 333				
投资者赎回(30 天通知)					
投资者认购确定的总流入/流出	(−115 666 669)	(−31 312 286)	(−119 782 294)	77 058 975	(−192 225 702)
可得的闲置现金	200 000 000	199 460 000	199 360 270	198 861 869	198 682 894
确定的现金	84 333 331	168 147 714	79 577 976	275 920 845	6 457 192
(盈余/缺口)					
或有现金流量					
投资者赎回					
投资者认购					
现金证券盈亏保证金		(−31 265 600)	32 033 276	(−15 310 869)	(−23 612 858)
确定的和或有的现金	84 333 331	136 882 114	111 611 252	260 609 976	(−17 155 666)
(盈余/缺口)					

　　至少,知道这样的现金不足是可能的并且在第五天选择清算头寸可能是必要的,风险经理应该评估组合流动性以确保有充足的流动性头寸可供处理而不会影响市场。

　　图 3.3 显示了一个对冲基金组合的流动性特征。纵轴为可清算的组合的总市场价值的百分比,横轴为清算期间的天数。保持基金的每日清算特征并与潜在的现金需要相比较,对于管理潜在的现金不足都是很重要的。

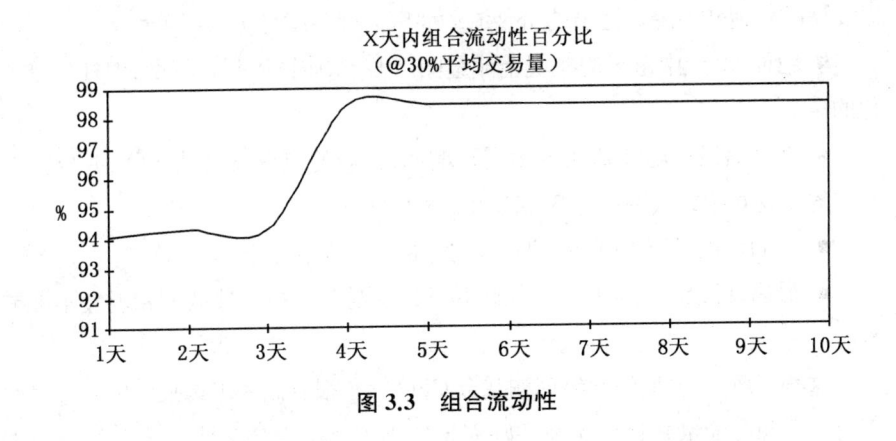

X天内组合流动性百分比
(@30%平均交易量)

图 3.3　组合流动性

假定组合的流动性充足,风险经理和组合经理就应该协商哪一部分头寸在必要时要清算,他们要评估每一个头寸的流动性及其特定的风险因素。

基于情景分析的应变计划　流动性缺口只是流动性风险的静态衡量方法,它不能揭示在各种情况下缺口会如何变化。因此,流动性缺口应该运用情景分析进行前瞻性的评估,该分析应该对流动性风险敏感度进行量化并得出应变计划。对冲基金应该结合那些严重影响基金流动性的事件进行应变资金分析,包括突然不能收回大宗经纪商那里的抵押,增加抵押要求和保证金比率,一大批投资者的突然赎回,资金提供者的崩溃或者和担保借款相关的其他条款的增加。

除了业绩和保证金水平,投资者赎回和认购是影响基金流动性的其他两大变量。当投资者要提前通知赎回和认购时,提交赎回通知有时就被投资者用作一项免费的期权,使他们能够有权利而不是义务在指定的日期赎回或认购。因此,实际的赎回和认购数字在他们应付并且现金打入或打出前是不能确切知道的。

表3.5将分析延长到赎回窗口到期前的那一周,并在分析中包含了赎回和认购。假定1.4亿美元的认购是确定的,并且没有认购会不可能融到资金或者是或有的。跟这个流入相对,有2 000万美元的潜在投资者赎回。假定业绩和经纪商保证金稳定在上限附近,那么在月末认购和赎回资金必须融到,闲置资金就不会有缺口。因此投资策略不需要中断。

这样的分析然后成为流动性压力测试的骨干,在那里合约的和或有的现金流量用压力测试机制相互补充,并且包括了在一段给定的时期里多种市场运动和赎回的场景。

相关的流动性压力情景包括业绩下降、保证金提高、投资者赎回增加和加速

管理对冲基金风险和融资

以及认购延迟和下降。适当的资金流动性压力程序应当包括：

- 绘制 90 天中每天的净现金流量图。[1] 这应该不断重复做,但杠杆是变化的。
- 然后假设市场波动性突然明显增加,相应的市场流动性下降,并且一个重要的交易对手如大宗经纪商要求大量增加保证金。
- 然后假设投资者赎回增加,认购急剧下降或者停止。
- 最后,假设一个交易对手倒闭并且该交易对手持有的抵押和现金不能够收回了。

这给了风险经理、组合经理和基金 CFO 一个很有用的工具来评估各种情景下每日的现金流量并且预先准备好充足的闲置资金储备来使基金保持偿付能力,避免在某一目标杠杆水平之下被强制清算投资头寸。

另外,这样的模型也能用于在给定的固定闲置现金情况下确定谨慎的杠杆水平。它使基金能够洞察,在市场混乱和大宗经纪商要求增加保证金时不同的杠杆水平可能产生的资金风险。

表 3.5　　　　　　　　　现金流量图(包括赎回和认购)

假设					
管理资产(AUM)	984 270 505	983 483 089	984 663 269	983 383 206	986 235 018
业绩	−0.080%	0.120%	−0.130%	0.290%	0.320%
保证金比率	32%	33%	35%	35%	34%
闲置资金(占 AUM 的百分比)	20%	20%	20%	20%	20%
杠杆(总)	3.91	3.79	3.57	3.57	3.68
投入保证金	251 973 249	259 639 535	275 705 715	275 347 298	268 255 925
(最少 3 个月或 66 个交易日)合约现金流量	19	20	21	22	23
互换结算(初始保证金流入和流出)	205 312 676	73 761 232	15 824 945	40 037 745	65 265 553
互换重置	(−32 296 376)	(−55 879 721)	63 299 782	13 697 123	(−50 036 924)
期权结算				(−1 101 390.19)	(−2 830 494.50)
回购结算	(−4 306 182)	4 693 896	4 219 985	5 619 332	(−5 221 244)
股票借入	8 074 094	10 728 907	3 938 654	33 505 272	26 106 222
股息(流入)		111 759 442			

---

[1] 时间范围应该等于或大于从危机开始到经历和包括至少一个投资者赎回窗口。这里使用的三个月假设对于许多历史市场危机和大部分基金赎回窗口是合理的,但对包含所有的危机和基金赎回窗口来说是不够长的。

续表

假设					
债务投资利息(流入)				29 501 496	
公司行为			(−7 033 309)		
投资者赎回(30 天通知)				(−20 000 000)	
投资者认购					0
确定的总流入/流出	176 784 211	145 063 756	80 250 057	121 259 577	173 283 112
可得的闲置现金	196 854 101	196 696 618	196 932 654	196 676 641	197 247 004
确定的现金(盈余/缺口)	373 638 312	341 760 373	277 182 711	317 936 219	370 530 116
或有现金流量					
投资者赎回				(−20 000 000)	
投资者认购					0
现金证券盈亏保证金	(−15 440 836)	(−7 666 286)	(−16 066 180)	358 417	7 091 373
确定的和或有的现金(盈余/缺口)	358 197 476	334 094 087	261 116 531	318 294 636	357 621 489

表 3.6 例示了我们演示的基金的资金流动性压力测试。

表 3.6　　　　　　　　　　资金流动性压力测试

情景：市场崩溃/赎回和保证金增加					
假设					
管理资产(AUM)	1 000 000 000	980 100 000	980 384 080	961 266 398	942 041 070
业绩	−1.990%	0.080%	−2.000%	−2.000%	−4.910%
保证金比率	32%	34%	35%	37%	39%
闲置资金(占 AUM 的百分比)	20%	20%	20%	20%	20%
杠杆(总)	3.91	3.72	3.54	3.37	3.21
投入保证金	256 000 000	263 450 880	275 844 723	234 873 220	293 134 543
(最少 3 个月或 66 个交易日)合约现金流量	1	2	3	4	5
互换结算(初始保证金流入和流出)	(−112 500 000)	(−53 599 219)	(−95 919 787)	(−113 852 616)	(−172 562 940)
互换重置	(−12 890 625)	(−8 750 893)	6 255 638	(−36 977 773)	(−47 227 752)
期权结算					
回购结算	(−3 125 000)	(−10 938 620)	(1)	(−2 335 439)	4 843 871
股票借入	(−16 875 000)	(−1 239 710)	(−4 587 469)	32 436 842	(−2 906 324)
股息(流入)				0	

续表

情景:市场崩溃/赎回和保证金增加					
债务投资利息(流入)					
公司行为	(−19 531 250)				
投资者赎回(30天通知)					
投资者认购					
确定的总流入/流出	(−164 921 875)	(−64 683 683)	(−94 251 619)	(−120 729 187)	(−217 853 145)
可得的闲置现金	200 000 000	196 020 000	196 176 816	196 252 280	188 408 214
确定的现金(盈余/缺口)	35 078 125	131 336 317	101 925 197	71 524 093	(−29 444 931)
或有现金流量					
投资者赎回					
投资者认购					
现金证券盈亏保证金		(−7 450 830)	(−13 393 843)	(−8 028 497)	(−8 261 323)
确定的和或有的现金(盈余/缺口)	35 078 125	123 885 437	88 531 355	63 495 596	(−37 706 254)

在这次迭代中,市场在整周都是下跌的,保证金随着波动率和流动性的恶化而逐步增加。期权结算和重置变负并不断增加,由于偏多头头寸占据主导,正现金流入很少。闲置现金在周开始几天是充足的,但随着基金受管理资产的下降而逐步下降。在第五天,确定的期权结算会超过可得的闲置现金。另外,根据大宗经纪商保证金增加的幅度和速度要求,可能需要额外的3 800万美元。为了满足这个现金需要,基金将在损失的情况下出清头寸。这可能是负业绩恶性循环的开始,驱使恐慌的投资者赎回基金。

表3.7显示了包括第一个赎回窗口的那周。危机持续了整月。基金损失了超过45%的受管理资产,大宗经纪商现在将保证金提高到50%。随着受管理资产的下降,闲置现金已经萎缩到1.09亿美元。投资者已经要求赎回2.3亿美元,但声明如果市场回暖了他们就可能不赎回。一些潜在的投资者说他们会在感觉到底部时分配并认购1 000万美元。

在满足互换结算义务和其他投资相关的流出后,基金只留下4 300万美元可用于支付赎回。即使只有一部分投资者声明他们确定会赎回2 000万美元,基金也只剩下2 300万美元的闲置现金。还有2.1亿美元的赎回,只要有2 300万美元提出赎回要求,基金的闲置现金就会耗尽。如果没有足够流动的证券头寸,基金经理就会被迫封闭基金。

表 3.7   用赎回进行资金流动性压力测试

情景：市场崩溃/赎回和保证金增加

假设					
管理资产(AUM)	613 742 120	594 777 489	583 417 239	566 439 797	543 272 409
业绩	−3.090%	−1.910%	−2.910%	−4.090%	−4.090%
保证金比率	50%	50%	50%	50%	50%
闲置资金(占 AUM 的百分比)	20%	20%	20%	20%	20%
杠杆(总)	2.50	2.50	2.50	2.50	2.50
投入保证金	245 496 848	237 910 995	233 366 895	226 575 919	217 308 964
(最少3个月或66个交易日)合约现金流量	19	20	21	22	23
互换结算(初始保证金流入和流出)	0	(−9 813 829)	(−73 510 572)	(−15 293 875)	(−39 523 068)
互换重置	(−9 206 132)	(−13 382 493)	(−16 627 391)	3 823 469	(−17 113 081)
期权结算				1 416 098.49	(−782 313.27)
回购结算	(−2 209 472)	(−2 408 849)	729 272	56 644	2 444 726
股票借入	11 323 542	1 843 809	3 675 529	(−1 387 778)	(−9 778 903)
股息(流入)		44 608 312			
债务投资利息(流入)				0	
公司行为			(−2 917 086)		
投资者赎回(30天通知)					(−20 000 000)
投资者认购					0
确定的总流入/流出	(−92 061)	20 846 950	(−88 650 249)	(−11 385 441)	(−84 752 639)
可得的闲置现金	122 748 424	118 955 498	116 683 448	113 287 959	108 654 482
确定的现金(盈余/缺口)	122 656 363	139 802 448	28 033 198	101 902 518	23 901 842
或有现金流量					
投资者赎回				(−210 000 000)	
投资者认购				10 000 000	
现金证券盈亏保证金	12 948 091	7 585 853	4 544 100	6 790 977	9 266 955
确定的和或有的现金(盈余/缺口)	135 604 454	147 388 300	32 577 298	108 693 485	(−166 831 203)

    像这样的分析可能考虑不到所有的或有现金流量，如衍生品或抵押支持证券的现金流量，但这些现金流量确实有助于降低现金需求的不确定性程度。如果对冲基金的现金流量具有极大的或有性或者不可预测，流动性风险就可能用运用了蒙特卡洛分析的更复杂形式的情景分析来评估，蒙特卡洛分析将会随机

化或有现金流量的时机和大小。

由于对冲基金之间的资产负债表的差异是如此之大,因此如何进行这些分析的标准几乎没有。资金流动性风险的测量方法都有共同的因素,如上面所示。合适的压力测试方法应该由风险经理运用他对对冲基金与投资者和交易对手间的管理文件的特定条款的经验和知识来规定。

为了管理资金流动性风险,重要的是:

- **分散投资者**:投资者对市场压力期间和比较差的业绩的容忍度是不一样的。投资者分散降低了巨大的撤回对基金的投资策略的破坏或者强迫经理封闭基金的可能性。
- **分散资金提供者**:对冲基金的流动性提供者主要是大宗经纪商。
- **维持充足的闲置现金**:现金储备能保证基金有足够的适应性来满足各种现金需求而不用在下降的市场中匆忙清算基金的证券头寸。充足的现金确保在极端压力情景下基金的偿付能力。

分散投资者基础 对冲基金的投资者一般可分为以下类型:捐赠、养老基金、主权财富基金、高净值个人、基金中的基金和基金自身的本金。尽管每个投资者对流动性的偏好各不相同,但按类区分的投资者的一般流动性偏好如表3.8所示。

表3.8　　　　　　按类区分的投资者的普遍赎回期限偏好

投资者类别	0~90	90~180	180~360	360~720	720~1 080	1 080以上	合计
养老基金	0%	0%	25%	25%	25%	25%	100%
捐赠	0%	0%	0%	25%	25%	50%	100%
主权财富基金	0%	0%	0%	25%	25%	50%	100%
高净值个人	5%	10%	25%	25%	20%	15%	100%
基金中的基金	25%	25%	15%	15%	0%	0%	100%
本金和员工	0%	0%	25%	25%	25%	25%	100%

投资锁定期(天)

从一个基金经理的角度来看,最优的投资者流动性期限随基金策略的不同而变化。法律上要求的投资者赎回通知和赎回的现金支付之间的最小时间应该等于或超过期望的对冲基金资产的清算时间。如果不是这样,那么基金就不得不冒着以低于市场价格清算资产的风险(简言之,为流动性支付),或者在投资者赎回很高的情况下封闭基金。对冲基金资产的流动性特征随策略的不同而变化,不良债务基金要求最长的投资者锁定期,而高波动率统计套利基金和CTA要求最短的投资者锁定期。

除了策略,如果目标仅仅是分散投资者基础,那么对冲基金投资者的特征看起来如表3.9所示。

表3.9　　　　　　理想的投资者组合和最大的单个投资类型

投资者类别	占管理资产的百分比	最大投资者规模占管理资产的百分比
养老基金	20%	10%
捐赠	20%	10%
主权财富基金	20%	10%
高净值个人	25%	5%
基金中的基金	20%	10%
本金和员工	15%	10%

分散大宗经纪商　大宗经纪商可以通过增加保证金比率、通过停止或降低提供的信用总额而不增加保证金,或者仅仅通过提高资金来源的成本来撤回融资。保证金比率的增加可能由以下原因引起:

1.基金的信用状况恶化:在经历了一段时间的负业绩,持有的闲置现金下降,投资者赎回增加,或监管当局对基金的处罚或调查之后,大宗经纪商可能会感受到基金正处于更大的信用风险之中。

2.抵押品质量下降:如果基金提供的抵押品变得集中于某个发行者、某个行业,或者流动性不足的证券或高波动率证券,那么大宗经纪商可能会感到基金的抵押品质量在恶化。另外,抵押品组合作为一个整体可能变得更有方向性并且暴露于系统性风险中。所有以上情况可能出于基金的有意识的交易,或者仅仅是因为组合头寸的相关市场价值随时间而变化引起的。

3.经纪商信用状况恶化:经纪商通过在向基金收取的资金使用费和经纪商的资金成本之间的中介过程,赚取他们的息差。如果经纪商的资金成本上升,并且不能将该成本转嫁到基金,它可能会选择撤回资金,而不是接受降低的甚至是负的息差。

如果一些大宗经纪商提供流动性,而只有一个提高供应流动性的成本,这对基金的影响将会降低。当对冲基金成长并产生稳定的业绩时,它可能希望建立一个持久的、常绿的(即总能获得)流动性信用额度,或者能从大宗经纪商那里获得承诺融资设施。大宗经纪商应该具有一个适当较高的信用评级,以增加资源在需要时就能提供的可能性。

结　论

　　本章我们定义了基本的对冲基金策略，讨论了它们的不同点和相似点，并建立了依据它们的特性进行分类的框架。我们也用一个综合的风险管理模型来详细定义各类对冲基金策略中出现的风险类型，用一系列基本策略来分析、衡量和控制这些风险中的每个风险。

　　下一章我们将讨论在每个对冲基金策略之内风险的相对优先级，它们是风险发生的频率和风险产生损失的能力的函数。然后我们回顾2008年信贷危机时对冲基金不同策略下的收益的统计特性。这两个信息一起可以用来给特定的对冲基金建立一个定制的基于它的主要风险、在信贷危机中的业绩和给定策略与独特的运营环境的风险管理策略。

第4章 对冲基金策略的风险/收益特征分析

在第3章,我们概述了主要的对冲基金策略并描述了它们的执行情况。另外,我们提出了一个综合的风险管理模型,开发了详细的对冲基金风险类型词典,以及管理这些风险的主要策略和技术。本章将深入讨论每个策略的特定风险,按照风险发生的频率和潜在损失的大小来给每个风险类型排优先级。会用实际例子来讨论。

每个策略的业绩用工业标准对冲基金回报指数表示,并经过统计分析来表明每个策略的业绩随时间推移的特征,特别关注了最近于2008年发生的信贷危机。

第3章和第4章的信息合起来可以用于定制对于单个基金的特定风险的对冲基金风险管理策略。

机会主义策略

正如其名所示,这些策略通常从基本面需求机会来获取利润,如宏观层面、市场层面、特定股票层面、因素层面或者甚至是交易所层面的金融市场失效或者错误配置。根据他们对影响市场整体或特定市场部门的基本面的信念,机会主义基金会做多或做空整个市场,使他们的投资大起大落。在这个类目下,我们将讨论全球宏观策略、股票多头/空头策略、新兴市场策略和聚焦特定部门策略。

全球宏观策略

全球宏观投资方法旨在利用预期的宏观经济事件、感知到的宏观经济配置

管理对冲基金风险和融资

错误[1]或趋势,通过对股票、货币、利率和商品市场的价格运动进行杠杆下注来产生丰厚的回报。全球宏观组合能够在全球资本市场持有多头或空头头寸的股票、债券、货币、期货及衍生品。宏观基金会执行那些招致广泛的股票市场、主权和公司固定收益市场期限结构敞口的头寸和货币。期限结构头寸敞口是由美国、英国和日本的收益率曲线敞口和期冀从收益率曲线的平行移动、变陡、变平和/或扭曲中获利的头寸引起。货币敞口主要是欧元、美元和日元。所有头寸的目的都是抓住时机从全球经济趋势和主权宏观经济的变化中获利。

宏观策略的风险 图 4.1 描述了采用全球宏观策略的经理面临的风险的相对大小和频率。在这些基金面临的风险中,系统性风险由于它们的敞口的性质和大小,对回报的潜在的负面影响是最大的。但是,宏观对冲基金因主权风险事件而招致显著下降的频率是相对较低的,这是由于宏观经理的技能通常在于能及时地处理敞口,从上升机会中获利而避免向下的风险。也就是说,宏观基金在20 世纪 90 年代陷入困境,1994 年美国利率上升,1998 年俄罗斯信贷危机爆发,当时经历了两位数的下降。他们一般能够避免 1997 年亚洲危机、2000~2001年的互联网泡沫、2001 年"9 · 11"事件和 2007~2008 年信贷危机的影响。

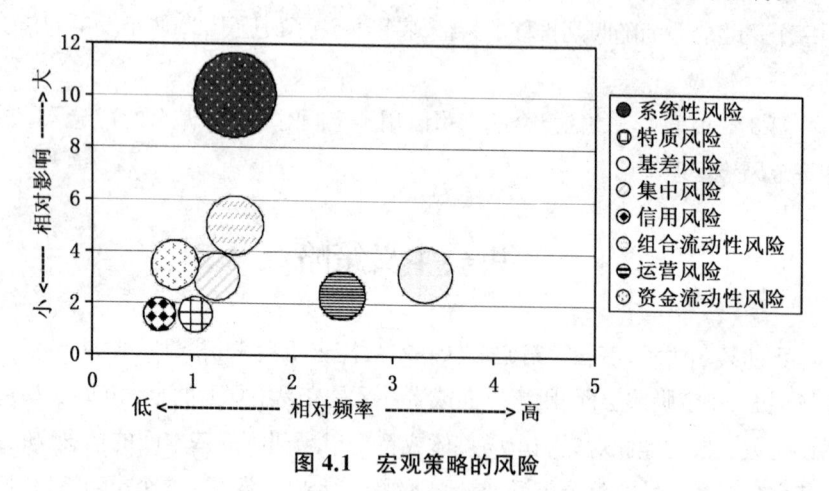

图 4.1 宏观策略的风险

这些基金面临的第二大风险是相对价值机会运用引起的基差风险,相对价值机会是将两种相似的资产在多头和空头上配对以利用感知到的相对价格错

---

[1] 通常,宏观交易者寻找不寻常的价格波动,被称为远离均衡状态。如果认为价格将从钟形曲线下降,那么只有当价格移动偏离均值超过一个标准差时,宏观交易者才认为市场提供了一个机会。当市场参与者对实际的经济基本面状态观点差异很大时,这个通常会发生,这时持久的价格趋势或价差移动才会形成。通过正确地识别何时和何地市场偏离均衡最远,宏观交易者能够通过投资于那个状态获利,然后在不均衡被修正时撤出。

误。例子包括美国抵押机构对美国国库券基差交易,资产互换价差缩减,英国国债对美国通货膨胀挂钩债券,原油期货对天然气期货,欧元对美元或者东欧股票对美国股票。风险是两种资产的价值没有收敛而是发散了,多头资产价值下降而空头资产价值上升,这样交易两边都损失了。基差大幅变化的频率是比较低的,但由于市场结构的变化,特别是市场参与者和投资者为了双边做市而突然改变意愿导致的流动性变化,使得明显不正常的情况也会发生并持续一段时间。

到目前为止,基差风险袭击全球宏观基金的最臭名昭著的例子是1998年9月时长期资产管理公司(Long-Term Capital Management,LTCM)损失了46亿美元(见附录2)。长期资本管理公司一直从不同的主权债券的定价错误中获利。例如,它会卖出美国国库券、买入意大利债券期货。交易背后的理念是因为意大利债券期货是一个流动性不太好的市场,在短期它们的回报比美国债券高,但在长期,价格就会接近。为了利用这个机会,长期资本管理公司运用了显著的杠杆,这很容易从它的经纪商那里得到,因为有高质量的意大利和美国债券支持贷款,历史上它们的相关性也是稳定的。

然而,1998年8月17日当俄罗斯债务违约时,紧张的投资者就逃离到更高质量的证券,出售他们的非美国国库券债务并买入美国国库券。美国国库券的价格开始上升,因为有许多人买入;而非美国债券的价格开始下降,因为有许多人卖出。这导致美国国库券和其他债券的价格差距拉大,与长期资本管理公司的预期相反。

第三大风险是运营风险,这是由于衍生品的大量使用并被宏观投资的全球特性放大引起的。一个真正的全球宏观策略,如果它的基础设施不是完全自动的,具有系统局限性,不是全球可扩展的并且依赖于不准确的、过时的或不完全的数据,那么它就会暴露于运营风险。许多全球宏观经理要么来自于大的对冲基金,要么来自于具有完善的基础设施的机构。

一只全球基金具有多年的年收益超过20%的稳定的业绩记录,在崩溃前两年拥有4倍的管理资产。成长吸引经理扩张进入新的市场和策略。但是,他的新投资不能得到现在的风险管理体系支持。结果收益下降,并且比他的同行的收益和那些承诺给投资者的收益更不稳定。这导致在不到一年内资产下降了90%。

宏观基金面临的最后一个大风险是资金流动性风险,这是由依靠高杠杆来从小的证券定价错误中获取大的结果引起的。特别地,他们广泛利用期货交易所、商品期货交易机构提供的高杠杆和低保证金以及经纪商回购应用于G-10债

管理对冲基金风险和融资

务的非常低的理发(haircuts)费用来杠杆他们的交易。尽管在这些保证金水平上不太发生大的变化,但大变化会在危机时由于提高保证金而使基金被迫清算头寸时导致大损失。

除了这些风险,与被动指数的业绩相比,宏观对冲基金策略的投资利益是明显的。图4.2显示了尤里卡对冲(Eurakahedge)[1]宏观基金指数和标准普尔500指数年度业绩的对比。注意在标准普尔500回报是负的年份,宏观基金指数跑赢标准普尔500的能力。

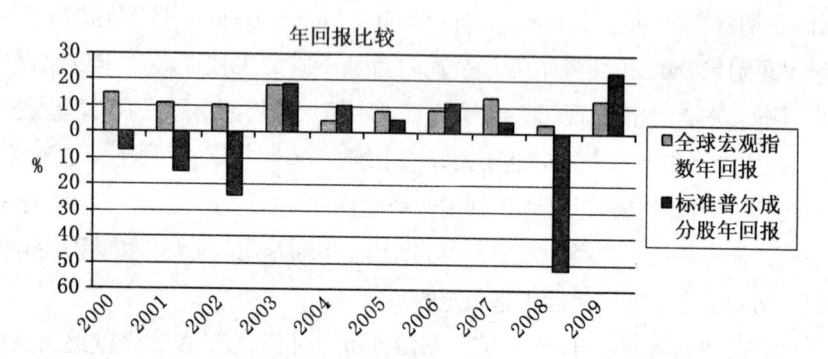

资料来源:尤里卡对冲,希勒(Euraka Hedge, Shiller)。

图4.2　尤里卡对冲全球宏观指数年回报与标准普尔500的对比

宏观策略的业绩　从2000年1月到2010年1月,全球宏观对冲基金取得的业绩为平均年回报10.56%,标准差为4.5%。该10年期的宏观对冲指数的累积回报为105.6%,而标准普尔的回报为-25.2%[2],这显示了宏观基金经理在选择时机上的技能和抓住敞口机会的能力。宏观基金跑赢大盘主要是因为他们避免了网络泡沫、"9·11"和2008年的信贷危机时期的大衰退。另外,同期标准普尔指数产生的回报的不稳定性要超过5倍。同期标准普尔500回报的标准差是22.85%。

这个较低的年不稳定性和避免负的年回报的能力是由较低的月度回报不稳定性形成的(如图4.3所示)。

---
　[1]　尤里卡对冲是世界上最大的独立数据提供商和研究所,致力于各种投资数据的核对、开发和持续利用。尤里卡对冲由金融专业人员于2001年发布并拥有超过23 236只全球各种基金的研究数据库。
　　尤里卡对冲的数据库以收录按对冲基金策略编制的最新回报指数为特色。指数数据可以在网站 http://www.Eurakahedge.com/hedgefundindices.asp 免费下载。尤里卡对冲集团附属于另类投资管理协会(the Alternative Investment Management Association, AIMA),在证券期货委员会(香港)和金融服务局(英国)注册。
　[2]　除息。

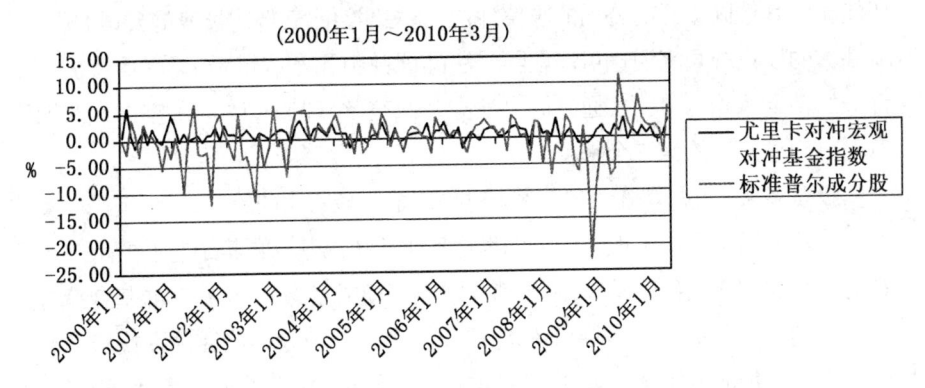

资料来源：Euraka Hedge, Shiller。

图 4.3　尤里卡对冲全球宏观指数月收益与标准普尔 500 的对比

在本书评估的所有对冲基金策略中，全球宏观基金的回报也展示了与标准普尔 500 月回报最低的相关性(0.25)。自从 2000 年以来，宏观基金每年回报的业绩都是正的，而标准普尔在 10 年中有 4 年的业绩是负的。月回报分布是正偏的(0.58)而标准普尔 500 的回报在同一时期是明显负偏的(−1.4)。与同期标准普尔相比，峰度较低(1.2 对 5.6)，表明月回报更为一致。

股票多头/空头策略

多头/空头股票对冲基金通常持有多头和空头股权头寸的组合，而对市场来说整体上维持偏向多头或空头。[1]经理通过杠杆、卖空和对冲市场风险来利用投资机会。通常，经理会持有一系列核心多头股票头寸并与其他证券的卖空或空头期货对冲，或与相关股票指数期权对冲。管理多头/空头基金有很多困难。最大的困难是为了赚钱对冲基金就必须成功预测哪些股票会表现更好。许多投资者严重低估了这项工作的困难。它需要灵活运用所得到的信息，但这是不够的。它还需要比大量的能干的投资者更好地运用所得到的信息，然后才能充满信心地在严格的分析中运用显著的杠杆来获取这些证券的大量头寸。其他的困难包括估计和对冲组合敞口的风险，以及以积极方式管理不成功的头寸所要达到的要求。

做空特定证券的授权使经理接触到阿尔法的来源，而从定义上来说，只做多的经理是不能利用这个的。首先，股票选择技能使经理能够识别并做多那些期

---

[1] 多头/空头股票策略具有可变的贝塔，可能对市场是中性的，多头的或者空头的。一般来说，多头/空头股票经理更偏向于多头而不是空头或中性。

望能够比其他同类好的公司的股票,做空那些期望比其他同类差的公司的股票。从基本的投资视角来说这可能使阿尔法翻倍并中和一些市场风险(尽管加倍了证券的特定风险)。其次,通过借出证券并做空,经理通过收集做空退税获取利息而得到了回报的第二个来源。

股票多头/空头策略是迄今为止对冲基金业最常用的策略,但也是最异类的之一。基金通常聚焦于地区。它们也通常比传统的基金更集中它们的敞口于选定的产业部门或基础股票风格(价值、成长、规模或动力)。这些对冲基金持有的头寸可能是非常动态的,因为他们的授权给予了其极大的灵活性在投资机会出现时来动态地改变组合。因此,他们的市场和部门敞口可能变化巨大,视经理的展望和策略以及当时的市场状况而定。例如,一家典型的美国对冲基金在2000~2001年的技术泡沫时期可能集中于技术股票。但是,在随后的技术泡沫破灭时期,该对冲基金可能转为持有价值型或大型股票。

股票多头/空头策略的风险 图4.4描述了采用股票多头/空头策略的经理面临的风险的相对影响和频率。集中风险和特质风险相互联系并一起具有最大的潜在影响。与多头/空头策略相关的许多风险围绕着经理选择"正确的"股票买入或卖空的能力以从特殊风险中获利并将基金敞口通过杠杆集中于最高信念的头寸。通常,多头头寸要多于空头头寸,导致空头方面会更加集中。这些集中的股票选择多头和空头导致损失的频率依赖于经理的技能。但是,更集中敞口于空头会更有问题,因为空头方面的损失潜力是无限的。

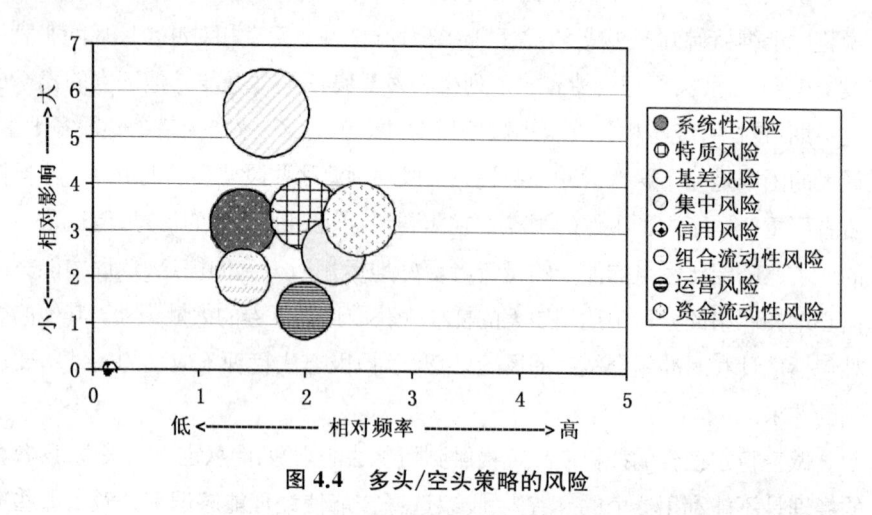

图4.4 多头/空头策略的风险

例如,如果基金认为某一特定美国证券的价格根据它的收入质量来说已经高估了,希望利用价格的下跌,做空允许基金从该预期中获利,基金经理从大宗经纪商那里借入该公司一定数量的股票,然后卖空该股票(比如说每股 100 美元)。如果基金经理的看法是正确的,价格下跌了,他就会在更低的价格(比如说每股 80 美元)再买入股票。经理会用这些股票偿还大宗经纪商,获得其中的差价(每股 20 美元的利润)。但如果股票价格回升使空头头寸朝"错误的"方向移动会怎样呢?基金中的空头头寸与多头头寸相比,背负着不对称的风险,因为空头头寸的利润是有限的,是证券出售价格和零之间的差,而同一空头头寸的损失是无限的。相反,多头头寸的最大潜在损失就是投资本身。

一些主要的集中风险与多头/空头策略的"空头头寸"有关。正在亏钱的空头头寸会成为组合中越来越大的部分,它们的价格会无限制增长。另外,空头头寸会受制于"逼"空和借出者召回借出的证券和提高借出成本的风险。集中的空头头寸要求更加聚焦于积极管理以使它们的风险可以管理。

大众逼空

在 2008 年 10 月上旬,大约有 100 家对冲基金认为大众(Volkswagen)股票在基本面上已经高估,将会下跌。那时,大众的股票以每股 200 欧元左右交易。基金盛传要持有该空头头寸,包括许多多头/空头股票社区的领先公司,如奥德资产管理有限责任公司(Odey Asset Management LLC)、SAC 资本咨询有限责任公司(SAC Capital Advisors LLC)、格伦维尤资本(Glenview Capital)、马歇尔伟世(Marshall Wace)、亚洲老虎基金(Tiger Asia)、佩里资本(Perry Capital)和高端资本(Highside Capital)。对这些经理来说,大众股票没有任何理由继续往上,基金通过做空巨量大众股票来对赌,从现有的持有者那里借入并卖出进入流通,等待他们认为不可避免的价格下跌。据估计大众的总空头头寸超过了大众发行在外股票的 13%。

2008 年 10 月 26 日,保时捷汽车控股(Porsche Automobil Holding SE)——一家欧洲公众公司和德国汽车制造商——宣布,它直接拥有,或者有权以现金结算期权购买 74.1%的大众股票。大众股票价格立即在宣布后上升。由于德国的下萨克森州(State of Lower Saxony)控制了超过 20%的大众股票,在公开市场上只剩下不到 6%的大众股票可供对冲基金弥补空头头寸。戏剧性的"逼空"随之而来,对冲基金相互争夺以弥补他们的空头头寸。大众股票的价格从每股 200 欧元飞升到 2008 年 10 月 28 日逼空最高点的超过每股 1 000 欧元。大众暂时超过了埃克森美孚(ExxonMobil)成为股票市值最大的公司。据报道,一些基金经理满眼是泪,因为他们遭到了大规模的损失——据估计高达 300 亿欧元。

尽管许多经理利用头寸限制来控制集中的股票特定风险,这些限制往往是很高的并且仍然允许高达20%的基金资产投资于同一发行者的证券。另外,在多头和空头方面集中于特定的部门、国家或投资主题,会引起进一步的集中。

该策略第二重要的风险与集中的特质风险相关。组合的流动性对基金经理动态管理风险的能力有直接的影响。一般来说,头寸越集中,它就越大。头寸越大,它就越不流动。经理以最小市场影响进入/退出头寸的能力直接影响盈利能力。如果经理提供给基金投资者慷慨的流动性条款并在短期内收到大量基金资产的赎回,那么该风险就会被放大。经理的基础资产的流动性也会影响摩擦或交易成本并影响净回报。一般来说,组合流动性风险并不频繁发生,但正如上面大众的案例所示,它可能会有重大影响。

第三,基差风险[1]是存在的但通常影响较小。多头和空头头寸的基差关系是不稳定的,影响随着多头/空头股票策略经理使用更少的头寸或组合的杠杆和大宗经纪商提供更少杠杆的趋势而下降。基本的多头/空头股票策略也常常平均运用一到三倍的杠杆,而更小基差风险的策略往往运用更高水平的杠杆。重要的是,更小基差风险的策略会要求更多的杠杆以获取回报。

最后,系统性风险的频率和影响比宏观策略的要低,这是因为许多多头/空头经理遵循了完全或部分对冲市场风险的原则。系统性风险对回报的潜在负面影响随着给定基金敞口的性质和规模的不同而变化。多头/空头股票经理通常不管理市场中性组合,从而具有一定的市场敞口(多头或空头),取决于给定时间组合的净敞口。该敞口的变化也取决于多头股票组合的贝塔相对于空头股票组合的贝塔。多头/空头股票经理常常计算贝塔调整净敞口来帮助判断市场风险水平。

一般来说,美国的股票多头/空头基金具有系统性风险敞口,与罗素3000指数(Russell 3000 Index)的类似。股票动能、规模、易变性、股票是成长股还是价值股,以及股息收益率、净收益率、收益变化、杠杆和流动性,都是这些策略系统性风险的来源。例如,一家欧洲多头/空头股票基金的系统性风险最好用标准MSCI欧洲指数来代表。

股票多头/空头策略的优点和风险可以用尤里卡对冲全球多头/空头对冲基金指数的年回报来表示(如图4.5所示)。

股票多头/空头策略的业绩　从2000年1月到2010年1月,股票多头/空头对冲基金的平均年回报为10.15%,平均年标准差为12.7%。10年期间股票

---

[1] 当期望的资产价格接近而不是偏离时,就被称为"基差风险"。

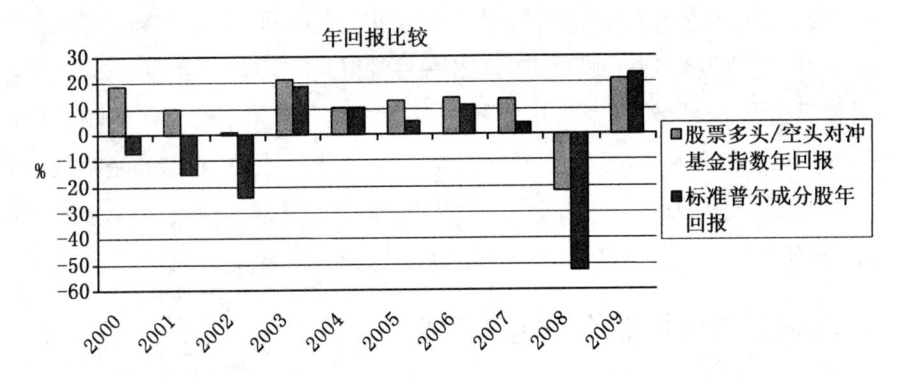

图 4.5 尤里卡对冲股票多头/空头对冲基金指数年收益与标准普尔 500 对比

多头/空头对冲基金指数的累积回报为 101.5%，而标准普尔的回报是 －25.2%。[1] 通过展示他们的经理选择的时机和判断，基金胜出的主要原因是它们在大多数年份里的回报都超过了标准普尔 500 的并且在网络泡沫和随后的"9·11"事件中都避免了较大的跌幅。但是，就与本书讨论的大多数策略一样，它们也没能逃过 2008 年信贷危机时的下跌，尽管它们的损失不到标准普尔 500 的一半。并且，标准普尔 500 在同期产生的回报在不稳定性方面几乎达到了 2 倍。

月度回报的比较如图 4.6 所示，显示在更广泛的股票市场上，股票多头/空头策略的相关性更高。

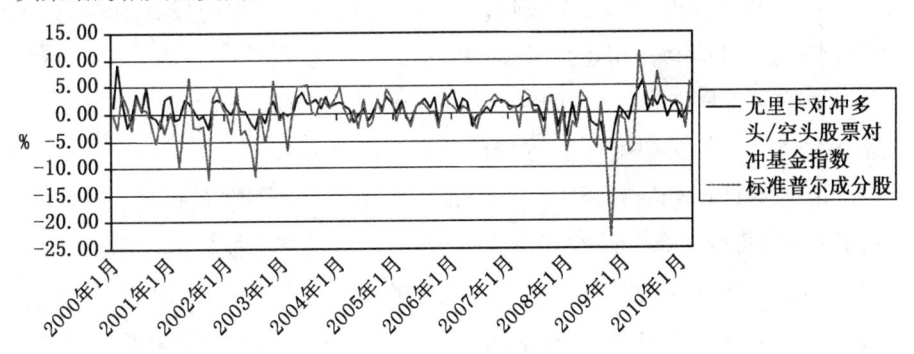

资料来源：Euraka Hedge, Shiller。

图 4.6 尤里卡对冲股票多头/空头对冲基金指数月收益与标准普尔 500 对比（2000 年 1 月～2010 年 1 月）

[1] 除息。

与其他对冲基金策略相比,股票多头/空头基金的回报显示与标准普尔月回报的相关性(0.67)和整个股票市场的相关性都很高。从 2000 年以来,宏观基金(此处仍应为"股票多头/空头基金"——译者注)在 10 年中有 9 年的收益是正的,而标准普尔有 4 年的业绩是负的。但是,宏观基金月回报的分布是略微负偏的(-0.28),而标准普尔的在同期是严重负偏的(-1.4)。同期宏观基金的峰度低于标准普尔的(2.1 比 5.6),表明回报分布中更平稳,离群值很少。

聚焦板块的股票多头/空头策略

聚焦板块的股票多头/空头基金是那些只利用一个板块的机会的基金。通常聚焦的板块有技术、保健/生物技术、金融、媒体、通信和能源/大宗商品。

这些基金的风险与整体股票多头/空头基金的风险相似,除了集中风险。集中风险的潜在影响是比较高的,因为所有的头寸都在特定的产业部门,在特定产业崩溃时会增加潜在损失。

当网络泡沫崩溃时,聚焦于技术的基金受到极大的影响。类似的,在信贷危机时,聚焦于金融板块的基金就处于挣扎之中,尽管他们具有做空的授权,部分也由于美国临时性禁止做空部分经选择的金融产业股票。该禁令由证券交易委员会于 2008 年 9 月 18 日发出,旨在缓解信贷危机中被认为是最脆弱的金融板块股票的下行压力。该禁令原定 10 月 2 日失效,但后来延长了至少三个工作日直到 2008 年 10 月 9 日 7 000 亿美元的政府救助计划出台。

尽管很难准确确定卖空的影响,但一些聚焦于金融板块的基金,包括第二曲线资本(Second Curve Capital),在 2008 年 10 月遭受了大跌。在 2006 年,这家以纽约为基地的基金的业绩很突出,它的三个投资组合中的一个竟然获得了令人瞠目的 68% 的收益,并且受管理资产上升到超过 8 000 亿美元。但到了 2007 年,布朗基金(Brown's fund)的风声开始传出,在次级抵押贷款机构上的一些大的多头头寸急剧下降。到 2007 年 7 月,第二曲线的三个投资组合平均下降了 40%。随着它们在金融股票上的多头头寸的下降和相对失去做空金融股的能力,基金在 2008 年损失了 50%,管理资产也下降至不到 2 000 亿美元。

第二曲线的案例说明,由于聚焦于狭窄的经济板块,聚焦于板块的多头/空头基金面临着极大的板块集中风险。图 4.7 概括了聚焦于板块的多头/空头策略的风险。除了集中风险特别大以外,它们与一般的多头/空头策略的风险是类似的。

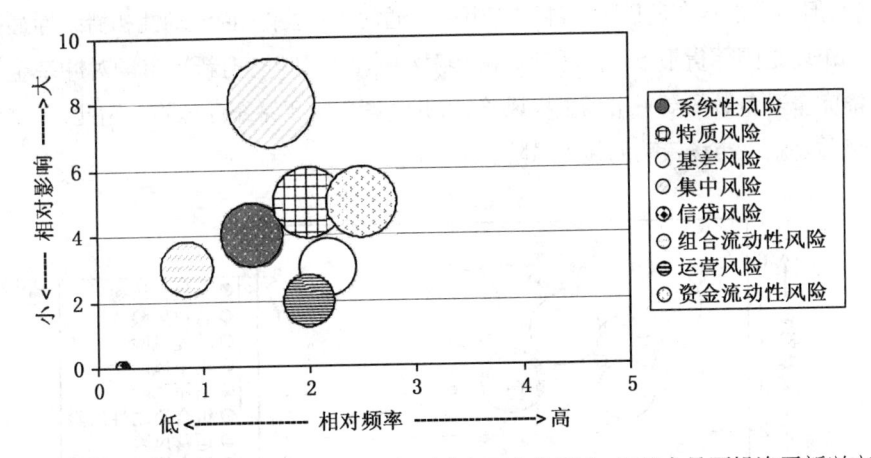

新兴市场基金的信用风险在频率和影响方面变化很大,视基金是否投资于新兴市场固定收益而定。

图 4.7 聚焦于板块的多头/空头策略的风险

新兴市场策略

本类中的基金投资于"发展中"和"前沿"主权政府和公司的股票、债券、外汇和衍生证券。这些证券可能在国内市场或国际市场上市。投资于发展中市场的对冲基金极大地扩展了原来运用于发达市场的投资策略的复杂性,共性是发展中市场有效阿尔法的产生需要有对复杂的监管、市场结构、政治经济和当地的投资者的特定知识。另外,有能力卖空证券、购买和交易衍生品、获取杠杆和在国内外自由转移资金通常是在发展中市场运用传统策略的前提条件。

许多前沿市场不允许卖空,不提供衍生证券。因此,对冲和形成简明的阿尔法生成策略的能力是有限的,前沿基金通常只持有多头头寸或针对新兴市场贝塔偏向于多头。在发展中市场,基金最常采用聚焦于地区的多头/空头股票策略、利率相对价值策略、信贷相对价值策略和宏观策略。

新兴市场策略的风险 新兴市场策略固有的风险如图 4.8 所示。

系统性风险敞口高是因为新兴市场股票指数和新兴市场债券偏向多头的敞口。另外,市场危机时全球资本流动触发的传染效应从历史上看常常会增加相关性并破坏甚至是最有效的对冲策略。新兴市场对冲基金的回报比许多其他策略的要不稳定,这是因为新兴市场自身往往比发达市场更不稳定,而市场的复杂性常常会限制可得到的工具来对冲新兴市场风险。尽管国际银行会签发基于主要发展中国家指数的变异和不稳定互换、主权信贷违约互换或深度价外看跌期货,但还是很难在危机时对冲这些事件。通常,对对冲来说流动性和持续性最好的市场是国际货币市场。尽管通常能对冲掉货币风险,但新兴市场对冲基金不能完全避免做多新兴市场主权风险,因此高度暴露于系统性风险。因此,系统性风险是新兴市场策略的最大风险。

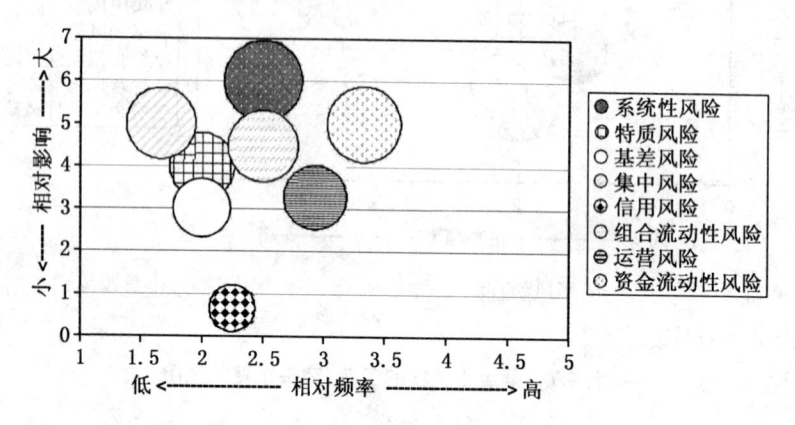

新兴市场基金的信用风险在频率和影响方面变化很大,视基金是否投资于新兴市场固定收益而定。

图 4.8　新兴市场策略的风险[1]

为了降低风险,新兴市场对冲基金试图分散特质风险,但这已经被证明在危机时期并不总是有效。保证有吸引力的股份的充足供应,仍然是发展中国家股票市场成长中的主要挑战。共同的是许多经济部门没有上市公司,因此投资者的选择很有限。在较小的发展中市场经济体,规模足够大到能上市的公司数量还很有限。类似匈牙利和厄瓜多尔这样的国家只有 30~40 家上市公司,巴西有 500 家,中国有 2 000 家,印度有 5 000 家。在主要的发展中市场如巴西、俄罗斯、印度和中国,尽管上市公司的数量很大,但许多公司的浮动比率很低。这使得它们的股票吸引力不大,因为投资者只持有少数股票并很容易被控制股东操纵。许多大公司以前是国有的,政府仍持有大部分股份。其他的则被创业家族控制。

在国内债券市场进行分散化也是一个挑战。不仅是国内公司债券的发行人相对很少,而且公募和私募债券的价格关系很复杂。一个充分发达的政府债券

---

[1] 除了已经陈述的风险外,投资于新兴市场国家的公司固定收益或货币市场的新兴市场基金面临着更高的信用风险。许多新兴市场国家的法律偏向于保护债务人,债权人通常会发现他们在向违约债务人催讨时被起诉了。另外,会计标准在发达市场变动更多,使得信用风险评估变得更加困难。最后,债务人的欺诈可能非常普遍,债权人的追索可能因当地法庭的腐败而受挫。

市场为私人部门债券提供了收益曲线标杆,但公司债券在充满政府债券的市场中可能变得没有吸引力,因为政府债券被广泛认为是低违约风险的。

在发展中和前沿新兴市场,分散化也是很难达到的。外国投资者是流动性的重要来源,但不稳定,资金随经合组织经济状况的变化而流进流出。因此,除非对国内债券和股票的大部分需求来自于国内来源,否则外国投资者不断增加的风险厌恶会损害市场内和市场间的分散化。新兴市场的市场内相关可能比发达市场的要高,导致了无意的集中和相关性的突然变化引起的更高的特质风险。另外,市场间相关不断增加(地区传染)在大多数(如果不是全部的话)新兴市场危机中是很显然的。通常,一个国家的问题形成了冲击的中心,它会像涟漪一样在消减中向外扩展到该国的交易对手那里。为了使新兴市场组合的分散更为有效,就应该跨地区和集团交易。

在新兴市场对冲基金中,组合流动性风险可能很大,因为他们在发展中和前沿市场的投资没有像对许多发达市场那样深入。在新兴市场经理搜寻未被发掘的、缺乏研究的、低估的以及尚未被利用的低效时,他们可能会买入缺乏流动性的证券,成为许多新兴市场有效的流动性提供者从而是多头流动性。但是,资金流进流出新兴市场是周期性的,有时会突然反转,特别是在前沿市场。由于外国资金的临时性,新兴市场对冲基金通常是多头流动性的,承担着较大的组合流动性风险。

另外,新兴市场对冲基金面临着较高的资金流动性风险。大宗经纪商的保证金具有这样的功能:可以在市场特征变化时急速增加保证金。这些特征包括股票流动性、信用价差和主权信用评级。不管对冲基金的保证金规则是否锁定,新兴市场证券自身的保证金比例通常不是固定的。新兴市场资产上的保证金可以像这些规则的函数那样快速增加,因为在危机中,流动性变得单向,负债上的信用价差扩大,新兴市场主权评级下调。大宗经纪商也有权撤回任何国家的所有融资,只要他们感到其从对冲基金客户承诺作为抵押的新兴市场资产那里获得安全的利息的法律能力受到损害。政权的变化或排外情绪可能导致新兴市场资产的对外债权弱化。在这种情况下,大宗经纪商可能会选择彻底撤出这些国家的资产融资。最后,如果证券不能每天透明地估值,大宗经纪商就会撤出该证券上的融资。

另一个重大的风险是运营风险,地理距离使得投资监控更加困难。随后需要对多个新兴市场国内经纪商和托管人的依赖、特定资产股价带来的挑战以及当地监管和监管者的复杂性(有时是变化莫测),都给运营风险带来了复杂性。

新兴市场策略的业绩 尽管 2008 年的信贷危机主要是发达经济体现象,但新兴市场聚焦的对冲基金平均来说在 2008 年也不能交出正的回报。与 MSCI 新兴市场指数相比,新兴市场策略的业绩如图 4.9 所示。

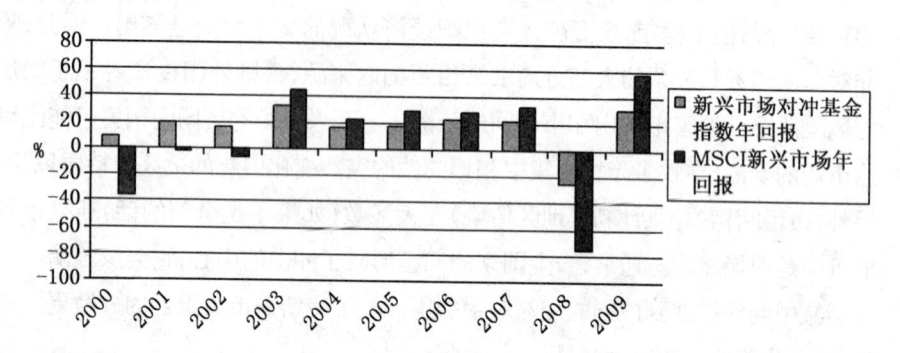

资料来源:Euraka Hedge,Bloomberg。

图 4.9 尤里卡对冲新兴市场指数年收益与 MSCI 新兴市场指数对比

从 2000 年 1 月到 2010 年 1 月,新兴市场对冲基金获得的平均年回报为 16.23%,年标准差为相同大小的 16.31%。新兴市场对冲基金指数在 10 年间的累积回报为 162.25%,而 MSCI 新兴市场指数的回报为 93.3%。[1] 新兴市场基金胜出主要是因为它们能够在新兴市场下跌时保留资本。在网络泡沫、"9·11"和 2009 年信贷危机期间,新兴市场基金的下跌不像 MSCI 新兴市场指数那么大。此外,同期 MSCI 新兴市场指数产生的回报的不稳定性是 2.5 倍。

这些特征在月回报里仍然存在(如图 4.10 所示)。

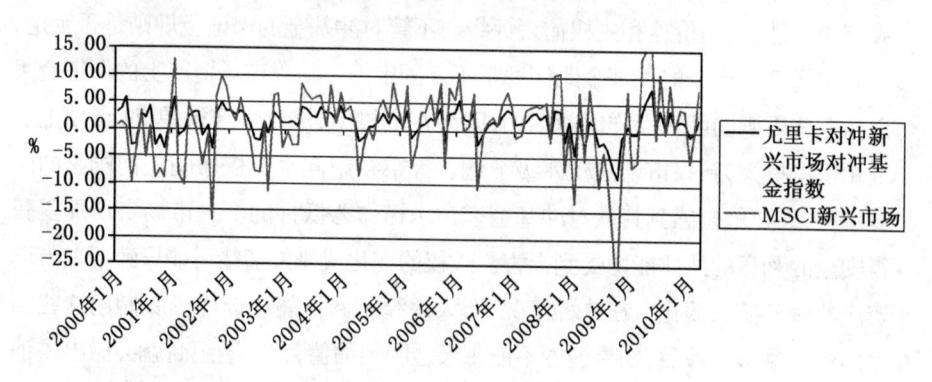

资料来源:Euraka Hedge,Shiller。

图 4.10 尤里卡对冲新兴市场对冲基金指数月回报与 MSCI 新兴市场指数对比(2000 年 1 月~2010 年 1 月)

---

[1] 除息。

与其他策略相比,新兴市场对冲基金的回报显示与它们的标杆 MSCI 新兴市场指数月回报的相关性(0.90)和整个股票市场的相关性都很高。从 2000 年以来,新兴市场基金在 10 年中有 9 年的回报是正的,而 MSCI 新兴市场指数有 4 年的业绩是负的。新兴市场基金月回报的分布是略微负偏的(−0.87),但好于同期 MSCI 新兴市场指数的(−0.99)。另外,峰度较低(1.53 比 2.55),这与观察到的新兴市场经理能在过去十年的市场危机时降低损失是一致的。

事件驱动策略

事件驱动策略是那些基础的投资机会与风险和公司事件相关的策略。涉及事件的公司的证券价格更多地受到与特定事件相关的特殊结果的影响,而不是一般债券或股票市场的价值变化。从事事件驱动策略的人员依赖于基本面分析,从单一公司证券的估值一直延伸到影响重组产业的问题、潜在不良资产的区分、目标和/或并购公司,以及随着事件展开可能会碰到的法律和结构问题。该策略包括风险套利、不良资产和维权策略的分析。

风险套利策略

风险套利基金(也称为"合并套利基金")从管理未完成的合并和收购交易中提取的价差中获利。在股票互换合并中,组合经理通常做多收购目标公司的股票,而同时做空收购公司的股票。在现金投标出价时,组合经理只需做多目标公司的股票来获取溢价。

投资循环开始于公司向新闻机构发布公告或者新闻机构报道了一个传闻,宣称收购公司希望购买目标公司的股票。当天通常有电话会议跟进,阐明收购是(1)友好的还是恶意的;(2)确定的现金协议(董事会同意)还是意向书,或者提议;(3)现金还是股票,或者是两者结合,以及是否受制于调整;(4)投标出价(持续 30 天)还是需要股东投票(持续 4~6 个月);(5)受制于特定条件——尽职调查、财务、反垄断或监管同意。组合经理或者分析人员然后分析拟议中的交易条件,评估拟议中交易根据协议完成的可能性,以及目前市场上存在的收购公司和目标公司间股票的价差。

在确定的现金投标或交换报价建立后立即购入股份,组合经理就能够获得通常存在于目标公司报价和公告后市场价格之间的价差。当然,该价差只有在合并最终发生时才能获得。当风险套利基金做多和做空最终会成为同一个公司的两种股票时,他们承担着交易会"中断"的风险,那时股票就会受制于特质的和系统性的市场风险,以获取交易价差的机会。

价差存在是因为交易仍有可能没有完成——由于监管反对,或者收购者不能得到股东同意收购,或者目标公司股东反对。交易价差通常随着这些交易接近完成而缩小,目标公司股价上升到收购价格。如果交易没有完成而中断了,那么收购公司和目标公司的股价就会回复到它们各自的市场基本面价格。通常,目标公司的股价会下跌而收购公司的股价会上升。因此,交易价差被认为是补偿投资者交易失败的风险溢价。

假定收购的目标公司收到的报价为发行在外的股票每股33美元。进一步假设交易公告前收购公司和目标公司的股价都为每股25美元。投资者对公告的反应就是竞购目标公司的股票至价格为每股30美元。这时,套利者必须判断交易是否有足够的可能性完成从而购入目标公司股票来获取3美元的价差。如果是这样的,那么采用的正确的策略就依赖于收购公司报价的性质。对于现金投标报价来说,组合经理只需要购入目标公司的股票以锁定价格差异。但是,在股票交换时,公告后交换报价的价值会随着收购公司股票价格的变化而变化。因此,为了锁定特定的价差,在买入目标公司股票的同时,必须卖空合适数量的收购公司股票。在本例中,花费30美元购入目标公司股票,在收购公司假设的25美元股价时需要卖空1.2股收购公司股票。

风险套利策略的风险 对冲比是以完成的交易和交换的股票为基础的。如果合并完成了,组合经理能够用目标公司股票的交换价值弥补卖空。该头寸涉及的风险是对冲比只在交易完成的情况下才是有效的。如果合并中断了,它就没有理由存在了。如果交易失败,很可能目标公司股价会回到公告前水平或更低,而收购公司的股价会回升。在这种情况下,组合经理将会在多头头寸和空头头寸上损失超过8美元的溢价。[1]

基差风险(指交易中断事件导致对冲比无效)是风险套利基金面临的最主要的风险。[2] 对冲通常变得完全无效,多头的目标公司股票头寸价值下跌而空头的收购公司股票头寸通常会上升,实际上结合为基金的损失。如果交易中断,合并套利经理的损失可能会大于溢价。

---

[1] 如果交易中断,目标公司股票价格会下降的价格是不确定的。如果公告前25美元的价格早已经融入市场对合并公司的预期,那么后来的下跌可能大于8美元的溢价。但是,如果接管前的尽职调查揭示了目标公司的新的负面信息,中断后的价格范围更可高达20美元。

[2] 这常常被称为事件风险(也就是说,交易中断事件带来了风险)。但是,更准确的说,基金损失的风险是由于交易中断事件带来的对冲比基差的变化。这是一种基差风险。

而且,如图4.11所示,交易中断相当频繁。图显示了2000～2009年间交易规模超过10亿美元的2 005宗完成或终止的收购。[1] 在该期间,平均19%的交易中断,尽管每年之间的变化很大。在网络泡沫期间中断比显著上升,从较低的6%上升到超过22%,然后保持在该高度直到2001年"9·11"期间,在信贷危机时又上升,达到了40%。

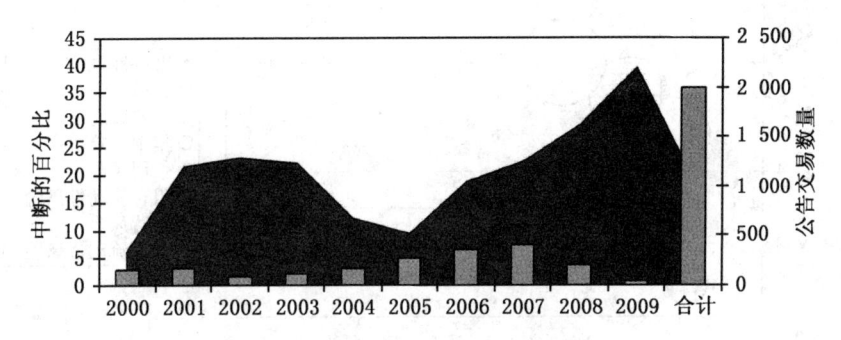

资料来源:Bloomberg。

图4.11 公告的合并和中断的合并分析(2000～2009)

另外,风险套利基金还暴露于每个交易的特质风险。交易可能受到收购者的特定财务动机激发。如果收购者依赖于巨大的第三方融资,收购者财务状况的变化可能会引起交易的重新谈判或者取消。同样,交易也可能是收购者特定战略目标的组成部分。交易可能面临反垄断或其他监管问题。不管在哪种情况下,交易都暴露于收购者的特质风险。另外,在交易中断事件中,基金还暴露于两种股票的特质风险。由于这些原因,特质风险是风险套利基金的第二大风险敞口。

集中风险是第三大风险,但不经常出现(见图4.12)。如果单个交易很可能中断,风险套利组合经理就会尽量分散到许多交易以降低很大损失的风险。在正常的市场中,许多合并和收购交易显得相互间不相关。因此,该策略有时会被错误地分类为市场中性策略。尽管回报通常只是与市场回报低相关,但严重的市场下跌可能会破坏多方同意的交易结果,如果相当数量的交易没有完成,那么该策略就有风险敞口。在股票市场急速下跌时,这种情况更可能发生,使得与目标公司交换的收购公司的股票价值大幅下跌。在这种情况下,任何一方可能会激发重大不利变化条款,取消交易。因此,系统性风险对于风险套利基金来说是

---

[1] 所有的尚未完成的交易、主权接管、分支合并、剥离和所有的没有交易中断风险的其他交易都未包含在总体中。

重大敞口,因为它会增加交易中断的相关性,并对回报有负面影响。另外,市场危机期间公告的合并数量大幅下降,侵蚀了基金获取交易价差并产生回报的机会。因此,合并套利基金经常在这些时期投资于不良证券来增加收益,显得有点偏离风格。

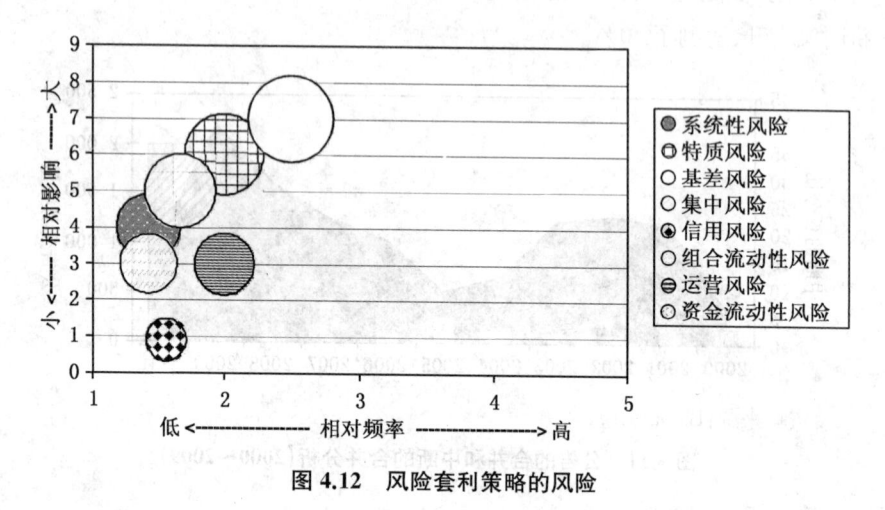

图 4.12　风险套利策略的风险

风险套利策略的业绩　至 2009 年,风险套利基金的回报一直在下降,这是因为该策略被广泛宣传并被大家理解,导致公告的交易迅速成为密集交易,交易价差缩小,回报下降。但是,2009 年的回报异常高。这是金融板块再资本化和合并事件的结果,它为事件驱动基金创造了大量的机会。如图 4.13 所示,在过去 10 年,风险套利基金战胜了标准普尔 500 累积回报,特别是在 2009 年的创纪录回报和大部分年份(除了 2008 年)中保存资本的能力。

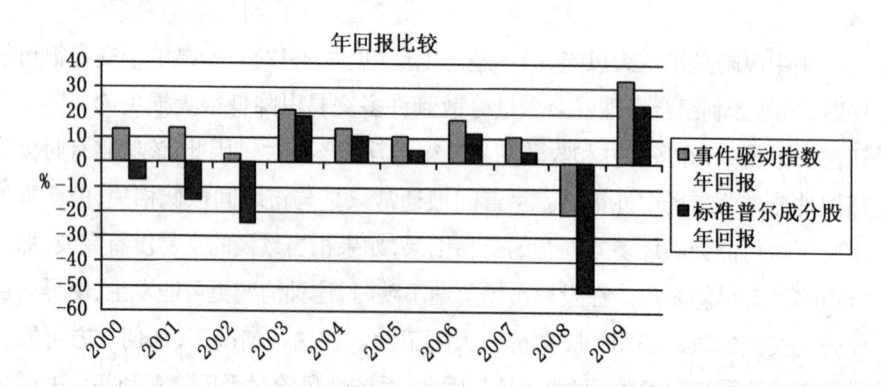

资料来源:Euraka Hedge,Shiller

图 4.13　尤里卡对冲事件驱动指数年回报与标准普尔 500 指数

从 2000 年 1 月到 2010 年 1 月,事件驱动指数获得的平均年回报为 11.47%,年标准差为较高的 13.09%。套利对冲基金指数在该期间的累积回报为 114.7%,战胜了标准普尔 500 指数的累积回报(-25.2%)。

风险套利基金业绩胜出的原因主要是因为它们能带来一致的回报并在 10 年的 9 年中避免了大的下跌。它们在标准普尔 500 的回报是负的 4 年中的 3 年获得了正回报(表明了风险套利经理避免风险的能力),这一事实使它们在该十年中的累积回报大大超过了标准普尔。在网络泡沫和"9·11"之后,风险套利基金带来正回报,而标准 500 却遭受着下跌,但在 2008 年的信贷危机中没有做到这一点(尽管它们的下跌还不到标准普尔 500 的一半)。最后,同期标准普尔 500 指数产生的回报的不稳定性要高 64%,标准差分别为 13.9 和 22.9。

如图 4.14 所示,风险套利基金的回报显示与标准普尔月回报的相关性(0.67)和整个股票市场的相关性都是温和的。从 2000 年以来,这些基金在 10 年的 9 年中获得了正的回报,而标准普尔 500 在这些年中有 4 年的回报是负的。月回报的分布是负偏的(-1.07),但好于同期标准普尔 500 指数的(-1.43)。另外,月回报分布的峰度要明显低于同期标准普尔 500 的(4.6 比 5.6),表明回报的一致性更高,在月回报分布中离群值更少。

总之,风险套利的风险就是以交易中断风险形式出现的基差风险、特质风险、集中风险和系统性风险。交易中断风险和特质风险能通过分散化来减少。但是,风险套利还有系统性风险,它们在下降市场中以更频繁的交易中断和更宽的价差形式出现。

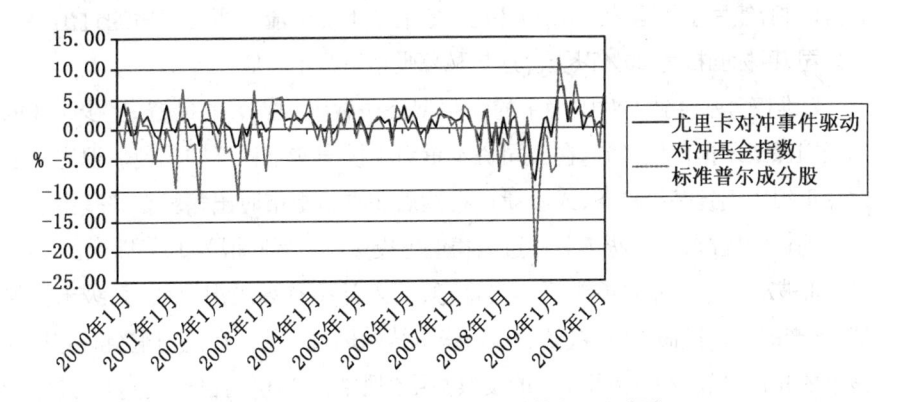

图 4.14 尤里卡对冲事件驱动指数月回报与
标准普尔 500 指数(2000 年 1 月~2010 年 1 月)

不良投资策略

这些基金购入并通常持有那些处于或被认为处于财务或运营困境或破产公司的股票、债券和其他金融工具。这些证券以平价或账面价值的极大折扣交易。典型的不良基金做多次投资级信用和低投资级信用。当公司陷入困境,机构和私人投资者不愿意承担持有公司证券的风险时,这些头寸就会出售。出售者以低价急于将公司证券从他们的组合中剔除,对不良基金经理来说就是个买方市场。基金经理将会买入那些处于困境公司的证券,它们低于内在价值交易,或者作为支撑的公司实体预期财务状况会好转。一些基金甚至会买入某类公司证券的控股股票,以从重组决策中获利,或者从以后精心设计的大额出售中获得控制溢价。因此,大部分不良投资对冲基金是偏向于多头的,许多纯粹就是多头。

但是,一些不良投资是带有空头性质的相对价值投资,而不纯粹是多头。不良基金经理在充分分析了困境公司的潜在价值和各种证券类别持有者的相应追索权后,可能会做出结论,所选的高级证券可能高估,而同一公司发行的更多的次级证券可能低估,或者相反。在这种情况下,基金经理将会购入低估的证券,做空高估的证券,如果证券最终回到市场公平价值,那么就能抽取套利利润。

不良债务基金不是同质的。事实上有三类连续的不良投资风格,它们在基金行使对投资的控制权方面有差异:

1.控制。基金独立,或与其他投资者一起,通过收购公司债务(至少1/3来阻止,至少1/2来控制)来控制困境中的大中型公司。基金在债转股重组中进行运营控制,然后重组运营或购入相关业务来产生现金流。两三年后通过出售退出公司,目标回报为20%以上。这与私募股票策略相类似。

2.维权。基金独立对困境中的大中型公司做出相当大的投资(至少1/3的高级担保或未担保债务)。在公司资本重组中扮演非常积极的角色。退出是通过重组中出售高级债务,或者债转股然后在重新上市时出售股票。基金没有公司的运营控制,在一两年后通过出售退出投资。目标回报为15%以上。

3.被动。基金独立投资于不良证券,买入并持有高级担保债、高级未担保债、破产的可转换债券、次级债、股票、资本结构相对价值。在公司重组时它扮演被动的角色,只能持有大于5%的股票并受到限制。当价格目标达到时,通常为6个月到1年的时间,它就出售头寸。目标回报为12%以上。

被动不良债务基金比维权或控制更为常见。

不良投资者的机会与高收益债券的违约率相关,因此是反周期的。图4.15

列示了历史上的高收益债券违约率和美国的衰退期。[1] 不良策略不是在所有时间所有市场都是可行的。当不良基金经理预期到市场不能提供给他们达到目标回报的机会时,他们中最遵守纪律的会打算清算其组合并将钱还给投资者。这可能会在经济扩张时期,那时违约率低(就如在1993~2000年的情况)。

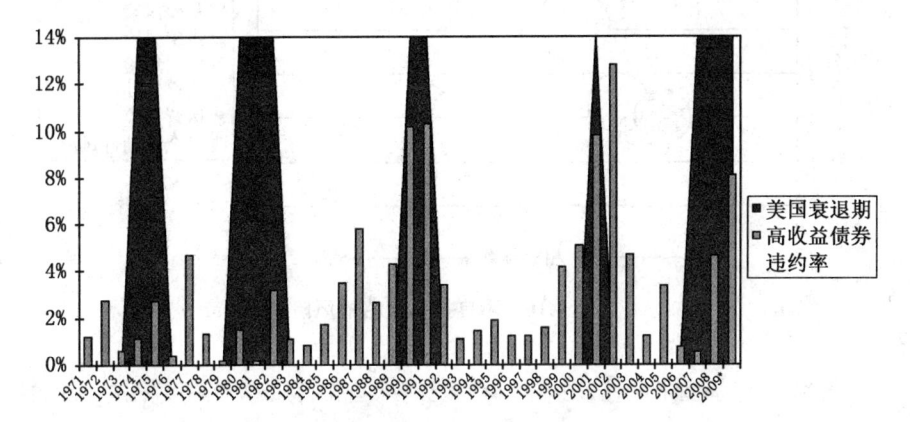

资料来源:爱德华·奥尔特曼(Adward Altman,纽约大学所罗门中心)。

图4.15 高收益债券违约率和美国的衰退期(1971年~2009年第三季度)

对不良投资者来说,经济危机中存在着机会的种子。在20世纪70年代和80年代的衰退前,违约率上升,在20世纪90年代初和21世纪初的两个循环中,违约率达到高峰值约为10%和12%。目前发行在外的高收益债券名义总额为7 510亿美元,以12%违约率计算,当前衰退期(2007~2009年)提供的机会规模约为900亿美元。在前两个循环中,违约率在衰退高峰后4个月(平均)达到高峰,苦苦挣扎的公司不停地解决衰退加剧的问题。

投资机会的数量(以违约率代表)在1991年、2002年以及2009年达到高峰。这些年份也是风险套利对冲基金的机会下降的年份,这是合并和收购活动下降以及交易中断频率增加的结果。在2001~2002年以及2009年,许多风险套利基金离开他们通常的专业领域,涉足投资于不良证券,那里有更多的机会。类似的,多策略基金分配资金到那些依据经济周期和机会集的策略。当然,经济危机带来的机会不能在经济转折前的6个月到3年期间货币化。

不良投资策略的风险 该策略的风险中,信用风险是最大的(见图4.16)。尽管危机产生了中长期机会,不良基金在衰退年份表现很差,因为它们在信贷上

---

[1] 见Edward I. Altman with Brenda J. Karlin, "Special Report on Defaults and Returns in the High-Yield Bond Market: Third-Quarter 2009 Review," New York University Salomon Center, Leonard N. Stern School of Business, November 2009。

基本是多头：当价差扩大，它们的业绩下降。

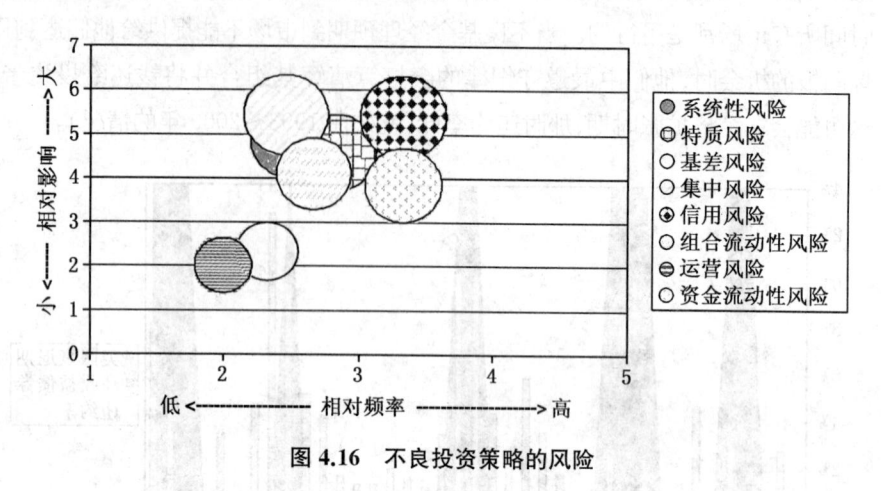

图 4.16　不良投资策略的风险

对于不良基金来说，信用风险与系统性风险和特质风险高度相关。随着经济危机的深化或者特定部门和/或特定公司的基本面的进一步恶化，不良证券的内在价值常常在对冲基金经理购买后恶化。购买的时机和价格非常关键。进场价应该足够低于证券的内在价值，以产生价值缓冲，在基本面进一步恶化时保护本金。退出点的时机和选择对投资回报也很关键。组合经理必须要做出的主要决定之一并且每天要评估的是预期衰退的峰谷模式（不管它们会是短浅的、萧条的前奏，"V"形的还是"W"形的）。影响回报的系统性风险因素是高收益信用价差（B 到 CCC 以至更低）、无风险曲线的形状和水平，以及传统的股票贝塔（通常是小盘股贝塔）的组合。对于投资于美国之外的基金，系统性风险由类似上面描述的资产敞口引起，但特定于非美国地区。

集中风险是另一个不良证券基金经理和投资者面临的大风险。组合通常集中在 15~25 个发行者的手中，他们通常在很少的经过深度分析的交易中持有大量的头寸。另外，因为机会集是短暂的，其他经理对交易的竞争也是很激烈的，因此，不良基金经理会发现组合分散的最优化很难，或者很昂贵。当不良证券进入市场，控制型和维权型投资者必须迅速聚集到足够规模的头寸来影响后续的过程。大交易会消耗一些基金异常高比例的受管理资产，导致集中的组合过度暴露于特定交易的结构。对于被动型投资者来说，问题是相似的，但没有这么严重，因为他们必须与控制型和维权型投资者在有吸引力的交易中竞争头寸。

为了降低回报集中的影响，一些组合经理寻求建立"杠铃"型的组合。在组合的一端是温和杠杆的较大头寸，在核心交易中经理有高度信心获得适当的回报而几乎没有下行风险。在组合的另一端是众多极大不确定性交易中的较小头寸,它们上行可能性很大。

由于做空对冲恶化头寸是不可能的,而进一步增加头寸可能是轻率的,因此基金经理可能会策略性地运用杠杆来降低或增加市场敞口。随着交易信心增加,当投资赚钱时间来临时,组合经理可能会增加杠杆。相反,如果经理的信心下降,他可能会降低杠杆,从而减少交易对基金回报的影响。

管理杠杆对于不良基金经理来说是很关键的,因为他的头寸可能流动性不高。他的头寸的购买者可能相对较少,可能找不到头寸有吸引力估值的购买者。不良证券的市场价格可能要很长时间才能恢复到内在价值。因此,基金通常是长期投资者锁定的(1~3年)以为基金经理提供足够的时间来实现投资主题。

因此组合流动性风险是该策略的重大风险。许多不良证券不是每天都交易的,或者仅仅"预约"交易。经纪商那里的价格可能仅仅是指示性的,仅仅代表小批量,如果它能够得到的话。在正常的市场条件下,典型的不良对冲基金能够在90天内清算大约80%的资产而不对价格产生显著的影响。但是在市场危机时期,这很容易被破坏到仅有50%或者更少的基金头寸能被清算,对价值是否有重大影响也不确定。

由于价格和流动性的恶化通常伴随着市场危机,杠杆为基金经理提供了最后的手段来控制其头寸的市价的临时恶化对整体基金业绩的影响。但是,当头寸流动性下降时,大宗经纪商倾向于降低或撤回杠杆并将资金投向不良基金经理。如果大宗经纪商不能观察到它接受作为贷款抵押的证券的频繁(至少每周)交易的价格,就可能撤回提供的购买该证券的杠杆并要求通过对对冲基金的追加保证金归还贷款。因此,在危机中强制清算以满足不断上升的追加保证金的风险,是不良证券面临的最后的主要风险。大宗经纪商运用其信誉和作为抵押的基金资产,来从其他的金融机构产生低成本担保融资。然后他们运用该廉价融资来发放贷款给对冲基金作为杠杆,这样就获得了息差。该过程被称为"再抵押"。在金融危机中,金融机构开始怀疑相互间的信誉,各自融入相同资金会要求更高的资产或者只接受更高质量的证券来再抵押。如果一只证券不能每天有交易价格,就马上被排除,不管是在好的时机还是不好的时机。

因此,在危机中再抵押不合格或无效率的证券就是那些早已成为不良证券的证券。这样,不良基金经理通常会撤回或降低头寸上的杠杆,并且撤回资金,如果他的保证金没有被锁定,这会迫使他在市场低谷时出售头寸。如果他的投资者要赎回并且没有更长期的投资者锁定,那么问题会变得更加复杂。由于这些原因,不良对冲基金通常会有长期锁定,使用相对低的杠杆,并从其经纪商那里寻求保证金锁定。

不良投资策略的业绩 在过去十年,不良债务对冲基金指数回报为118.62%,而标准普尔500的回报是−25.20%,J.P.摩根全球债券指数的回报是68.57%。如图4.17所示,从2000年1月到2010年1月,不良债务指数的平均年回报为11.86%,具有很高的年标准差16.39%。同时,标准普尔500和J.P.摩根全球债券指数的平均年回报和标准差分别为:$\mu=-2.52\%$,$\sigma=22.86\%$;$\mu=6.86\%$,$\sigma=5.51\%$。

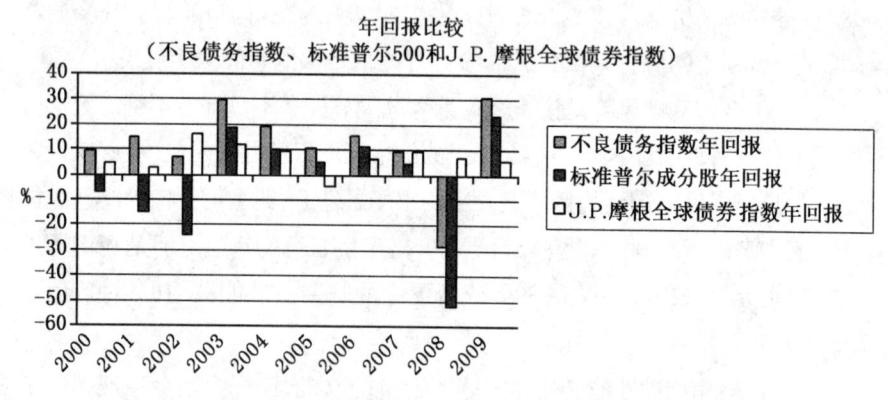

图 4.17 尤里卡对冲不良债务指数,年回报

不良投资基金胜出主要是因为它们能带来一致的回报并在10年的9年中避免了大的下跌。它们在4年中的3年获得了正回报,而标准普尔500的回报是负的,这一事实使它们在该10年中的累积回报大大超过了标准普尔。在网络泡沫和"9·11"之后,不良投资基金带来正回报,而标准普尔500却遭受着下跌,但在2008年的信贷危机中没有做到这一点(尽管它们的下跌稍超过标准普尔500的一半)。最后,同期标准普尔500指数产生的回报的不稳定性要高39%。

在过去十年,不良投资基金的月回报(如图4.18所示)变得越来越不稳定,但仍明显胜过标准普尔500和J.P.摩根全球债券指数的累积回报。在过去十年,不良债务对冲基金指数回报为118.62%,而标准普尔500和J.P.摩根全球债券指数的回报分别是−25.20%和68.57%。

与其他对冲基金策略相比,不良投资基金的月回报显示与标准普尔500月回报的相关性(0.75)和整个股票市场的相关性都是较高的,但与J.P.摩根全球债券指数的相关性(0.08)较低。月回报的分布是负偏的(−0.92),表明轻微地向

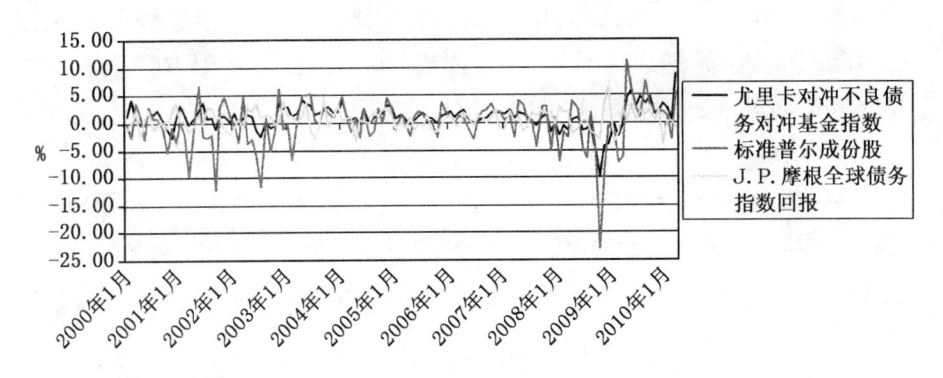

资料来源：Euraka Hedge，Shiller，Bloomberg。

图 4.18 尤里卡对冲不良债务对冲基金指数，月回报

下倾斜。但这远远小于同期标准普尔 500 指数的(−1.43)，与预期的一样，没有债券指数的高(0.08)。另外，月回报分布的峰度要略高于同期标准普尔 500 的(5.7 比 5.6)，表明回报分布中离群值略多，而 J.P.摩根全球债券指数的峰度是稳定的 0.27。

总之，不良投资的主要风险是信用和系统性风险，它们以多头高收益信用风险敞口、空头利率敞口和股票风险敞口的形式出现。特质风险也出现在所有的交易中，常常不能完全分散化，导致组合集中风险。流动性风险，不管是头寸流动性还是资金流动性，都是重大的。头寸流动性是熟练分析的投资者和监管者允许投资于不良证券的投资者数量有限引起的风险。资金流动性风险之所以重大是因为大宗经纪商倾向于在市场危机时撤回对不良证券的杠杆，因为不良证券在市场危机时具有很低流动性的风险，它们再抵押的能力降低了。

维权投资策略

维权对冲基金累积大量上市公司的股票并运用这些股票来鼓动管理层采取基金经理认为能带来股东价值的行动，增加他们在公司中的证券投资的价格。像价值投资者一样，维权基金通常的目标公司是这样的：相对于账面价值，市场价值是低估的；与同类公司相比，资产回报率(return on assets，ROA)高于平均值，现金流量处于平均或稍好的水平，向股东支付较少，较强的收购防御。维权股东要求的行动范围包括从财务性的(通过改变公司政策、财务结构、削减成本等来增加股东价值)到非财务性的(从特定国家收回投资、采用环境友好政策等)。股东权益主义的机制通常包括获取公司 5%～10%的股票(维权几乎从不

管理对冲基金风险和融资

获取控制股份),一旦影响头寸建立了,就通过代理斗争、公关运动、股东决议、诉讼和管理协商来促进变革。[1]尽管维权基金从来没有说明他们在目标公司投资的持有期限,但研究表明,持有期中位数的范围为1年或更长些,并能延长到超过3年。[2]

尽管维权策略从根本上来说是事件驱动的,但纯粹的维权对冲基金是罕见的。即使是追求维权策略的事件驱动和特殊情景基金也是少数。大多数维权策略具有更广泛的对冲基金委托,如仅仅股票多头、股票多头/空头和股票市场中性。

维权基金的回报来自于积累相对少但足够成功发动一场维权战役的股票(低于10%的发行在外股份)带来的相对低的成本。作为对比,完全接管报价就会非常昂贵并且难度也很大。[3]《1934年证券交易法》13(d)条款要求,任何投资者,包括对冲基金,在并购公开交易公司任何种类证券超过5%时,如果投资者具有利益来影响公司管理层,就需要在10日内向美国证监会签发13D计划。该法13(f)条款要求,管理着超过1亿美元的机构投资者必须每季度签发13F表格说明其持有的交易所上市公司的股份数。拥有大量受管理资产的对冲基金维权必须按季度签发13F表格来报告其持股情况。Brav et al.(2008)进行的分析表明,在美国,有2/3的案例维权基金部分或完全实现了其创造股东价值的战略的、运营的和财务的计划。而且,他们观察到这些证券投资产生了异常高的股票回报,其中大部分发生于签发监管披露的前后20天之间。

公司中维权头寸的披露具有正向的晕轮效应。大部分观察到的异常正回报来自于市场对行动宣告的积极反应以及对行动创造价值的预期。13D计划的申请,披露了维权基金对目标公司的投资,导致在20天的宣告窗口期大量7%~8%范围的异常正回报。通常,价格上升和目标公司交易量异常增加开始于13D申请前10天。这可能是由于维权基金通过买入来建立头寸。分析还发现这些宣告时的头寸回报通常不会随时间反转,这是因为2/3的维权"介入"至少是部分成功的。针对出售公司或改变业务策略的行动,如重新调整并剥离非核心资产,与最大的异常正偏效应相关。公告行动一年内,目标公司通常会向股东增加发放现金和股息,改进运营绩效,并更换目标公司资深管理层人员。

维权策略的风险 维权投资的风险是很大的并且难以管理。最重要的是维

---

[1] 丹尼尔·勒布,第三点管理公司的负责人,因向目标公司CEO写尖锐的信件而闻名。

[2] Brav, Alon, Wei Jiang, Frank Partnoy, and Randall S. Thomas 2008,"The Returns to Hedge Fund Activism,"Financial Analysts Journal 64(6)。

[3] 同上。

权投资的集中特性。为了影响管理层并获得宝贵的投票权,维权对冲基金和投资者必须积累大量股票多头仓位。维权对冲基金经常千篇一律地持有单个公司的大量股票的投资组合并可能在其现金持有的股票上使用杠杆和衍生品。鉴于这些头寸的大小,对冲这些风险往往是困难和/或昂贵的。

维权基金的集中性意味着特质风险不能被最优地分散化。如果一个主要的维权投资失败了,就会使该基金的投资者高度暴露于损失。特质风险能够并且确实体现在维权干预措施的 1/3,但这些措施,未能实现他们所规定的目标。著名的维权投资者卡尔·C.伊坎(Carl C. Icahn)因他的非多元化投资组合而经历了重大损失,并被迫放弃选择维权投资。2008 年底,伊坎在雅虎和摩托罗拉上的投资遭受了 36%的损失。他将损失描述为仅仅是"暂时的价值下降",并宣称摩托罗拉(在 2008 年第四季度价值损失 38%)和雅虎(同期下降 29%)的"头寸将会在 2009 年获得成功"。尽管如此,为了不必变卖资产以偿还想要在疲软的市场中要回他们的钱的投资者,伊坎不得不投资 5 亿美元现金在他自己的对冲基金——伊坎资本。

在特质风险和维权投资的背景下,在维权投资者和目标公司的管理层和/或其董事会之间总是存在着破坏性冲突的风险。这可能分散高级管理人员运营目标公司的日常业务的精力,并可能导致短视的、破坏价值的决策和失去宝贵的管理和董事层专业人员。尽管维权投资确实通常会增加高级管理人员和董事会成员的产出,但尚不清楚新任命者是否更优或者关键的合格人员服务于董事会并运营公司是否会带来损失。除了与管理层的激烈的斗争,维权对冲基金在更广泛的市场上被证明是错误的,导致了重大损失。

在 2008 年,克里斯托弗·霍恩(Christopher Hohn)的基金——儿童投资基金(the Children's Investment Fund, TCI),在与铁路巨头 CSX 公司艰苦的代理战中,赢得了霍恩和三个盟友在 CSX 公司的董事会席位,回击了 CSX 公司指控 TCI 证券违法行为的诉讼。然而胜利是短暂的,随着 CSX 公司股价的暴跌,TCI 的主要基金在 2008 年损失了 43%。TCI 不能出售股票,因为 TCI 在股票上居于"控制"地位以及霍恩的董事会席位,使它受制于"运球规则"。[1] 霍恩选择了不寻求连任 CSX 公司董事会,让他更容易在美国法规之下出售 TCI 的股份。

威廉·A.阿克曼(William A. Ackman)经营着潘兴广场资本管理公司(Per-

---

〔1〕根据 SEC 规则 144,限制性股票、关联公司拥有的股票和控制头寸会受到清算规定的限制,这被称为"运球"规则,它会延长要求的清算期间。这是为了防止卖家购买未注册的证券以立即转售。根据这些清算规定,为了得到豁免资格,在任何三个月期间出售的证券总量不能超过公司已发行在外股票总数的 1%以上或出售前四周平均每周报告交易量。

shing Square Capital Management),却在知名的基金灾难中挣扎,该基金(潘兴广场四号)是他在 2006 年成立的,投资于目标公司折扣零售商。目标公司拥有的不仅仅是大部分商店资产的租赁。在其他价值创造活动中,阿克曼认为,如果目标公司出售并回租一些资产,大量的股东价值就可以创造并赎回。阿克曼发动了一场代理战,用他自己的候选人来取代目标公司董事会的五个董事,希望这样的替代能够说服公司回购股票并将一些房地产转换为现金。从成立到 2008 年,该基金遭受了超过 90% 的下降。

此外,集中和较低的投资组合的流动性导致维权基金无法对冲和/或及时清算其庞大的头寸,让其暴露于系统性风险。在 Brav 等人的论文中,他们计算了维权基金的回报的平均风险因素载荷。市场因素(贝塔)是最相关的为 0.33,其次是目标公司规模因素为 0.27,再其次是价值因素为 0.17,以及动量因素为 0.04。这些因素载荷表明样本中的大部分维权对冲基金受到的系统性风险类似于小盘股贝塔和价值股贝塔。

维权策略面临的风险的相对影响和频率如图 4.19 所示。

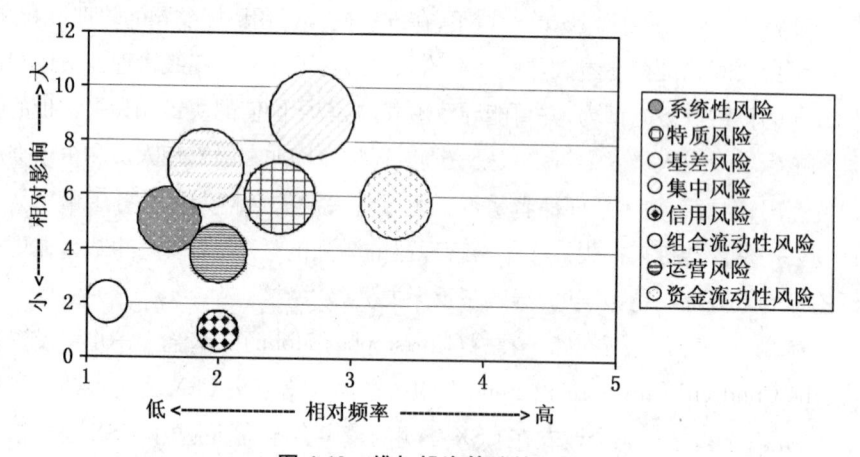

图 4.19 维权投资策略的风险

关于投资组合的流动性,对于证券的每日交易量来说,不仅头寸的规模(通常少于 5% 的流通股)是有问题的,而且存在着监管的障碍,通常会排除维权基金头寸的快速清算。这些头寸的出售是受限制的,他们将基金作成目标公司的关联方,这样就受制于美国证监会规则 144 中关联公司的限制。规则 144 将发行人的关联方定义为"一个人,直接或间接通过一个或多个中介机构控制该发行人或受到该发行人控制或共同控制"。控制被定义为"直接或间接拥有权力来指挥公司法人或引导公司法人的管理层和政策制定方向"。能够指挥管理层就是维权对冲基金购买股份的首要原因。即使基金施加其影响力是无效的,它可能仍然难以清算,因为"它拥有控制力,而不是行使控制力,这决定了关联状态"。

在某种程度上,美国的基金交易在获得限制性股票形式的股份时,由于美国证券交易委员会规则 144,它将面临资产流动性风险。为了防止卖方购买未注册的证券以在公共市场转售,规则 144 要求所有未注册证券必须持有至少一年,从发行人或关联方那里购入证券算起,在任何零售销售之前。作为关联方(通常是获得董事会席位)的基金,这段时间延长为两年。在最初的持有期之后,未注册的证券只有在遵守某些"运球规则",或数量限制,规则的规定的情况下,才可以出售。

规定极大地限制了基金经理清算头寸的能力。根据这些规定,为了获得豁免,证券在任何三个月出售总额不能超过公司已发行股票总数的 1% 或出售前四周平均每周报告交易量。此外,发行人必须提交 SEC 要求的所有的报告(财务及其他),限制性股票的卖卖还须遵守规则的销售方式和通知要求。

如果一只股票价值下降,持有该股票的维权对冲基金被认为是关联方但希望在要求的持有期结束之前清算头寸,它只有有限的和缺乏吸引力的选择来这样做,包括:

- 将头寸全盘出售给机构投资者——在大多数情况下,以显著的直销价或大折扣出售。
- 对冲交易,即机构首先在股票上设立一个"上下限期权"来去除限制性股票头寸的大部分经济风险,然后主动借出对冲头寸。买入上下限期权意味着购买看跌期权和在相同的证券上设立看涨期权。该交易对投资者的成本类似于直销的折扣。

上面描述的对冲和销售交易主要适用于高流动性股票,因为其具有公开交易的期权和/或卖空是可能的。这样的交易的主要候选是市值超过 5 亿美元的公司和那些股票交易相对活跃的公司,也就是在每天 100 000~200 000 股的范围内。

因此,组合流动性是这一策略的重要和实质的风险。此外,潜在的违反或不遵守规则 144 成为法律/监管风险,它增加了基金的运营风险敞口。

最后,资金流动性是这一策略的实质性风险。虽然大多数维权基金整体使用相对较低的杠杆,但特定头寸或基金工具可以有 2~3 倍的杠杆。这个杠杆在市场危机或基金的业绩恶化时撤回是可能的,因为如果基金违约,大宗经纪商提供的杠杆风险继承了基金受规则 144 限制或附属于规则 144 的状态。随着客户基金违约的风险的增加,由于业绩不佳或市场危机,大宗经纪商将寻求收回融资或要求提供没有限制的抵押。为了管理这种风险,大多数维权基金会与其大宗经纪商协商保证金锁定协议,排除经纪商撤回融资或急剧增加保证金要求。此外,为了更好地匹配资产与负债的期限,大多数维权对冲基金需要长期投资者锁定,通常至少两年或更长时间。这是符合 Brav 等人的发现的,较长锁定和赎回通知期的对冲基金更有可能参与股东的行动。[1]

维权对冲基金投资者应该明白,每季度和每年,他们的回报可能受到股票市场的冲击,以及组合经理进行的每次维权干预带来的特质风险和组合流动性的冲击。目前缺乏一个维权对冲基金的中央数据库,因而不可能进行基金回报的统计分析。可用的数据库包括非维权基金而不包括一些较大的维权基金。然而,投资者也应该认识到,如果更多的对冲基金经理决定他们想成为维权投资者,那么,这将在事实上减少这一领域的机会。如果维权投资成为一个普遍的活动,那么低估和可革新的公司将更难找到,因为实际和潜在价值之间的差距将会缩小。

维权策略的业绩　维权对冲基金的业绩非常不同。到目前为止没有标准指数来代表这一策略的业绩。

最近的维权回报分析是由 Brav et al. 在 2008 年做出的。[2] 他们使用大量手工收集的数据集,覆盖了 236 只选中的美国维权基金自己报告的回报,并构造了一个涵盖从 1995 年 1 月至 2007 年 6 月的等权回报指数。这个指数应该谨慎解读,因为只有存续的对冲基金会提供数据,并且那些正业绩的维权基金比那些负业绩的更有可能自己报告。

虽然指数没有涵盖信贷危机期间,但它表明,维权基金能够避免网络泡沫崩溃期间和 2001 年 9 月 11 日之后的大跌势。与标准普尔 500 指数的回报相比,在 2000 年中期前他们的活动指数密切追踪标准普尔 500 指数,然后超过标准普尔的回报直到 2007 年。此外,他们发现,从 2003～2007 年他们的活动指数的业绩超过了面向股票的对冲基金的平均水平。[3]

---

〔1〕 Christopher P. Clifford 2008, "Value Creation or Destruction? Hedge Funds as Shareholder Activists," *Journal of Corporate Finance* 14(4):323～336。
〔2〕 Brav et al. 同前。
〔3〕 作者使用 HedgeFund.Net 等权指数来代表所有股票对冲基金的回报。

相对价值策略

相对价值策略寻求从相关证券的错误定价中获利。这些定价错误可以基于理论套利免费公式、历史关系的统计分析或者基本面分析来确定。当一组特定的证券回到或移动到历史或理论上正确的相对价值关系时,这些策略就可用于获利。相对价值策略寻求对标的股票或债券市场很少或没有风险敞口。它们往往是市场中性或者贝塔中性的。下面我们分析多种这样的策略。

可转换套利策略

这些基金管理的头寸处于可转换工具及其发行人的标的股票,这样创建的组合往往是股票市场中性的。可转换工具通常是可转换债券、认股票证,或者是可转换优先股,它们通常可以转换成发行人的普通股。普通可转换套利策略包括做多可转换债券和卖空发行人的股票。该策略也可能反过来做(做多标的证券和做空债券),但这是不太常见的。后者也常常相当昂贵,即使使用它的机会真的出现了,因为它的持有成本可能是负的。

这种策略的一个目标是消除嵌入在该债券的期权固有的股票灵敏度。一些可转换套利基金也交易利率和信用违约互换以试图对冲可转换债券的所有市场风险。这些互换是用来减轻这部分债券固有的利率和信用风险,它不能通过组合卖空股票来对冲掉。

当经理买入被低估的可转换成股票的证券,然后以低于购买价格和公允价值之间差异的成本对冲掉市场风险时,该策略就能盈利。公允价值是基于可转换债券的期权性质,主要是基于经理对标的股票未来的波动率的假设。大多数经理认为可转换证券被低估的原因是市场低估了未来的波动。因为可转换证券内嵌的期权性质,可转换套利基金因此经常是维加(vega)多头的(做多波动)。慢慢增加市场波动的环境通常对可转换套利基金是有利的。然而,对业绩的风险在于波动率低于预期。

这一战略还是伽马(gamma)多头的(虽然不那么明显)。可转换的德尔塔(delta)将随标的价格的上升而上升。伽马和维加很难对冲风险,这是因为可转换嵌入的期权的履约价和到期时间常常是不确定的,使量化和维护对冲的工作不精确且很可能是昂贵的。

虽然生产阿尔法似乎有些公式化的,但基金经理的经验和技巧确实在确定对冲头寸的大小时发挥着作用。例如,标的股票的空头头寸(德尔塔对冲)可以调整高于或低于对冲可转换,取决于经理对公司和市场的看法。实际上,经理做多或做空特质、波动率和贝塔敞口来放大收益。随着经理对市场的看法的变化,这些对冲可以重新调整。这样的机会经常是由发行人标的股票价格的大波动引起的。

贡献阿尔法的机会也会因债券对信用违约互换的偏差而出现。信用违约互换允许债券的持有者购买违约保护,这通过签订一项协议来互换权利金和发行人违约时补偿权利人在标的债券上损失的或有支付来实现。权利金接受者(保护的卖方)在违约事件中的支付是债券的面值减去违约后债券的市场价格(即回收率)。信用违约互换的优点是,它通常比标的债券流动性更强。因为债券市场和信用违约互换市场不同的流动性特点,隐含在信用违约互换价格中的信用价差随标的债券信用价差的不同而不同。这就是债券和信用违约互换对比基准。因此,购买信用保护来中和可转换债券的信用风险有时可能比债券的信用风险更低。可转换套利组合经理可以使用这些市场机会来对冲他的债券头寸的信用风险,但相反地,当信用违约互换价格很高时可能会出售保护,让基金暴露于信用风险。此外,还有基差风险,因为这一策略可以对经理摇摆从而导致损失。

最后,由于债券和信用违约互换对比基准,信用违约互换并非总是针对可转换债券的信用价差扩大的完美的对冲。信用价差扩大和价格下降可以超过任何信用违约互换保护的价值可能上升的幅度。这可能是由于信用违约互换相比于可转换债券市场有更大的流动性和/或可转换债券可能不会交割为信用违约互换这一事实。如果可转换债券真的违约了,那么信用违约互换保护将减轻损失,但留给组合经理的仍有可能是违约债券,它可能会进一步下跌且无法与股票对冲,因为组合的期权价值为零或接近于零。

由于这些市场机会,可转换套利头寸上的对冲通常是动态管理的。动态管理给基金经理提供了额外的机会来获取利润。由于对冲成本可以变化,因此动态对冲可以给月度回报特征添加额外的可变性。

需要相当高的技能来管理复杂的可转换证券的特质风险。深入的分析和洞察力在货币化内嵌于更复杂的可转换证券中的期权特性时是需要的,例如,看涨的、看跌的、强制转换、或有转换以及基于未来股息支付的转换率。

可转换套利策略的风险　　上面的维加、伽马和基准风险,尽管很明显且也许频繁,但对熟练的经理来说通常是阿尔法产生的来源,而不是重大损失的来源。组合的流动性风险,以及系统性风险、信用风险和资金流动性风险是最重要的风险(见图 4.20)。

可转换证券本身的头寸流动性也可以迅速恶化,特别是如果一个德尔塔对冲很难找到或很昂贵。可转换套利基金暴露于股票的逼空且对于受限的、未分级的、次投资级的可转换债券来说是低间歇流动性的。估值高于票面的某种可转换债券的头寸可能被许多试图持有它和对冲它的对冲基金广泛持有。该头寸就变成了"热门交易",在这种情况下,股票会变得难以借到,借贷的成本可能会升高到高于预期的套利利润。在这种情况下,可转换证券可能产生很大的被低估的机会,但很难找到足够数量和较低成本的股票做空,再加上做空证券可能被收回(逼空)使得头寸不能对冲的风险,使得该价值的捕捉风险非常高。此外,由于债券的流通量很少以及潜在买家意识到对冲的困难或费用,在其理论值附近出售将是困难的,基金经理将不得不接受较低的价格以退出头寸。

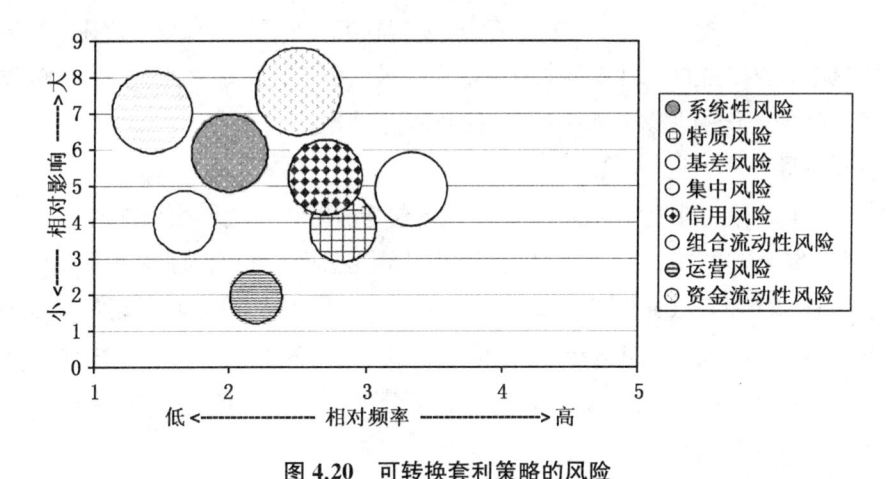

图 4.20 可转换套利策略的风险

由于这些基金做空信贷息差,特别是暴露于高收益债券和高收益信用价差(在某种程度上,信用风险没有对冲),系统性和信用风险就出现了。通过做空信用价差,可转换套利基金高度暴露于经济危机。在经济危机如最近的信贷危机中,信用价差急剧扩大,做空信用价差的投资者都亏损了。此外,随着期权价值的下降,可转换债券流动性也往往下降,投资者不希望在市场的底部买入和做出重大投资。德尔塔和信用违约互换对冲,如果能找到它们,那么都是非常昂贵的,在信用违约互换情况下,更是越来越没有效果[1],这是由于债券和信用违约互换基差扩大了。因为他们做空信用价差,可转换套利和其他相对价值基金实

---

[1] 除了对冲债券违约。

际上是经济灾难保险的卖家。

资金流动性风险虽然并不常见,但也是可转换套利基金一个重要的风险。因为可转换套利是一个众所周知并广为理解的策略,因此可转换证券的错误定价会被迅速识别并被利用。因此,无杠杆回报通常仅2%~3%。然而,由于可转换组合对冲的本质,大宗经纪商愿意提供大量杠杆给对冲基金。渴望获得绩效费的可转换套利基金经理也要求大量杠杆以为自己和投资者产生更高的年回报。由于这种动态,可转换套利基金倾向于使用大量杠杆(通常为3~10倍的总杠杆)。此外,由于固有的低无杠杆回报,组合经理倾向于部署大多数投资基金并保持相对较低的现金储备,减少现金拖累其业绩。因此,增加大宗经纪商保证金水平,虽然罕见且往往与市场冲击同时,可能会导致清算可转换头寸的需要,有时会有重大损失。

最近的信贷危机极大地揭示了可转换套利策略的风险是如何结合在一起给投资者造成损失的。2008年9月雷曼兄弟破产引发的市场事件和混乱导致该领域经理的严重损失,2008年9月的指数回报为-4.58%,2008年10月为-6.37%。

引起这段时期损失的系统和信用因素包括信用价差扩大、股票市场波动、房利美和房地美国有化,以及直接和间接源于雷曼发行的股票损失。根据巴克莱资本研究的报告(Barclay's Capital Research),次投资级可转换收益率从2008年1月的5%上升至2008年10月的超过22%。大多数资产类别和对冲基金策略在此期间挣扎,因为系统范围的去杠杆化导致其对股市的相关性增加和传统套利关系的恶化。

不利于可转换套利在此期间的资金流动性和组合流动性因素包括广泛的对冲基金赎回、全球卖空禁令、广泛的去杠杆化、更高的资金成本和借贷成本。2008年9月,美国证券交易委员会在雷曼兄弟倒闭后暂停了金融类股票的卖空,投机开始盛行,投资者故意压低大型银行的价格以从其倒闭中获利。由于其下跌保护严重受阻,可转换套利经理很容易受到全球市场暴跌的影响。随着未对冲的可转换债券抵押比例的增加,许多大宗经纪商在雷曼破产后变得更加厌恶风险,在可转换估值下降的同时要求增加保证金。大多数可转换套利基金寻求3~10倍于其基金受管理资产的杠杆。可转换证券出价/询价差的扩大使得其作为抵押品的价值下降很快。在雷曼破产之前,保证金要求一般是10%左右。截至2008年12月,保证金要求增加到30%。资金流动性问题出现了,因为基金必须清算持有的资产以满足追加保证金的需求。单向流动性造成出价/询价差进一步扩大,按市值计价的损失成为实现的损失,因为资金被迫亏本退出头寸,即使理论价值要高很多。

系统和资金因素的这种自增强的循环导致了资产类别价值的严重恶化。从9月到11月期间价格急剧下跌,而高成交量大多是由单向的抛售组成的。还与银行本身的去杠杆化复合,他们出售其所有的头寸,包括可转换证券。

许多可转换套利经理因此被迫继续出售,在许多情况下是降价出售,以筹集资金来满足大宗经纪商增加保证金的要求。因为低级别可转换市场事实上消失了,经理别无选择,只能出售高质量的资产,以及他们最具流动性的资产,以获取现金。因此,留在组合中的证券还是经理不容易出售的资产。

在市场崩溃时,新发行的可转换证券降到了低点。2008年新可转换债券的发行仅为2007年的10%。与此同时,可转换债券发行人的赎回依然强劲,随着更多的可转换债券退出流通,可转换套利基金的投资机会也减少了。

可转换套利策略的业绩 从2000年1月至2010年1月,套利基金指数公布的平均年回报率为6.23%,年标准差为14.7%(见图4.21)。格林尼治国际另类投资(Greenwich Alternative Investment International,GAII)[1]在10年期间的可转换套利对冲基金指数的累计回报为62.3%,业绩明显优于标准普尔500指数的累计回报(-25.2%)。

可转换套利基金胜出主要是因为它们提供持续回报的能力并在10年的8年中避免了大的下跌。它们在标准普尔500的回报是负的4年中的2年获得了正回报,其他两年的亏损也更低,这一事实使它们在该十年中的累积回报大大超过了标准普尔。在网络泡沫和"9·11"之后,通过做多波动率,它们提供了正回报,而标准普尔500却遭受着下跌,但在2008年的信贷危机中没有做到这一点,那时流动性和信用价差的扩大超过了高波动率的收益。在信贷危机期间其下跌是标准普尔500指数的61%。

如图4.22所示,可转换套利基金的月回报在十年间的后半段更加不稳定。相比其他的对冲基金策略,它们表现出与标准普尔500指数月回报的相关性(0.63)和整体股票市场的相关性都是温和的,但这对"套利"策略来说是令人惊讶的。与过去几十年相比,与股票的相关性一直在增加,而标准普尔500指数的相关性1990~2000年期间只有0.31,1995~2000年期间为0.35。

---

[1] 格林尼治另类投资是一家领先的另类投资公司,向全球机构投资者提供对冲基金指数、行业研究和指数挂钩的产品和服务。格林尼治另类投资成立于1992年,是第一个对对冲基金进行大规模研究的机构。

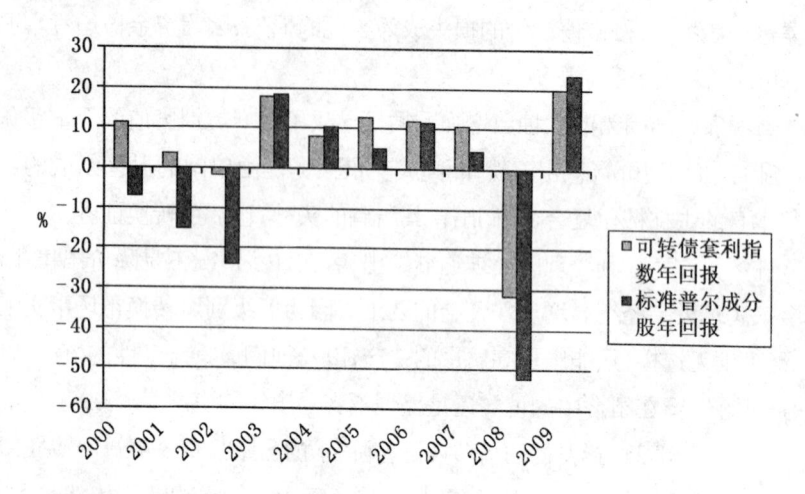

资料来源：格林尼治另类投资有限责任公司，希勒(Greenwich Alternative Investments LLC, Shiller)。

图 4.21　格林尼治另类投资国际指数年回报率与标准普尔 500 指数

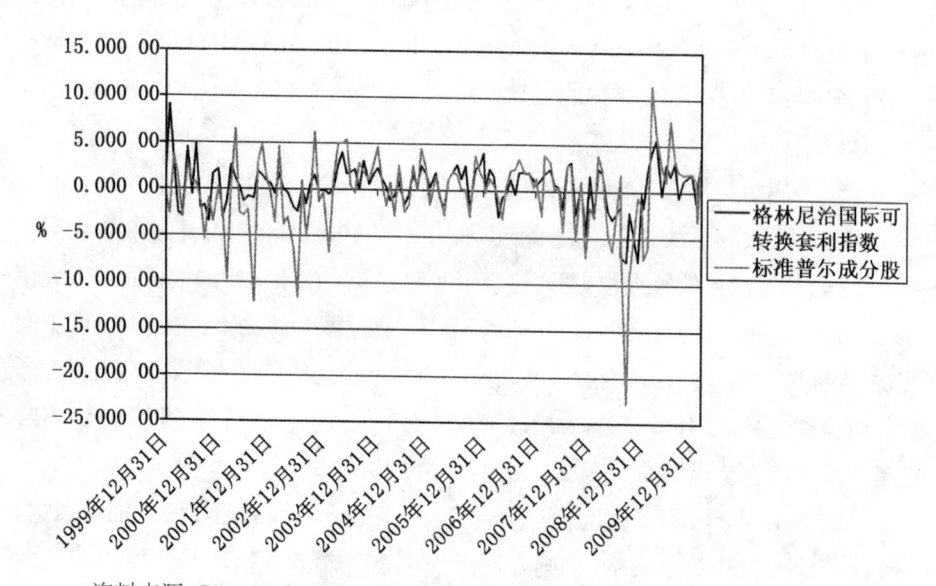

资料来源：Greenwich Alternative Investments LLC, Shiller。

图 4.22　格林尼治国际可转换套利对冲基金指数月回报与
标准普尔 500 指数(2000 年 1 月～2010 年 3 月)

月回报波动率(2.55%)小于标准普尔 500 指数的(4.35%)。对比月回报的标准差,2008年9月和10月的大下跌(分别为－6.9%和－7.5%)不是黑天鹅[1]事件。两个回报在给定的历史波动率情况下都是可以预期到的,与之前负回报的时期相比没有显著变得更大(事实上,它们不到三个标准差的移动)。

与其他对冲基金策略相比,月回报分布明显负偏(－1.86),表明偏度有比较大的下降。该偏度大于同期标准普尔500指数的(－1.43),表明月损失的可能性更大。更窄的回报分布可以抵消这种更大的负偏。月回报分布显示峰度比同期标准普尔500指数的更小(2.3和5.6),表明回报分布中异常值很少。

总之,可转换套利基金的主要风险是组合流动性风险、系统性风险、信用风险和资金流动性风险。组合流动性成为风险是因为需要可转换证券对冲时的影响和可转换投资者基础的集中。系统性风险和信用风险出现是因为信用价差的空头敞口。资金流动性风险是重大的,尤其是对次投资级、未评级、限制或或有的可转换债券,这是由于大量杠杆的使用,大宗经纪商对流动性较差或不可对冲证券风险的规避,以及其在市场危机时再抵押能力的下降。特质风险也出现在更复杂的可转换证券,以及债券和信用违约互换不同的流动性特征引起的基差风险。

股权市场中性策略

股权市场中性基金最基本的形式,是在所有时间持有相等的德尔塔调整美元余额的多头和空头头寸。这种方法旨在消除净市场敞口,因此产生的回报不受整体市场方向的影响。股权市场中性也称为"配对交易"和"股权相对价值交易"。

更复杂的策略通过构造组合来最小化整体的净市场敞口,其中中性是通过平衡组合的子行业贝塔敞口和抵消货币敞口来增强的。对冲技术涉及抵消各行业敞口、市值、投资风格(如增长或价值股)和基本面风险因素敞口。当证券偏离其历史相对价格关系时,就体现了市场的低效率,利用该市场低效率,就可以完成对冲。这种回归平均投资策略背后的基本假设是,暂时的异常会发生并会随着时间的推移在市场处理信息过程中改正自己。通过检测早期的"错误定价"机会,组合经理可以在异常的纠正过程中获得多头/空头价差。

每个"错误定价"的机会不是肯定会盈利的,有些会误报,而另一些不是暂时

---

[1] 见Taleb, Nassim Nicholas 2007. The Black Swan: The Impact of the Highly Improbable, Random House. 根据塔勒布(Taleb)的标准,一个黑天鹅事件具有以下特点:(1)(对于观察者来说)意外事件;(2)有重大的影响;(3)在事后合理化,好像本来就有可能(例如相关数据能够得到但不能说明什么)。

的,而是基本面驱动的,实际上是价格关系的永久变化。在其他情况下,交易成本将超过实际的利润。然而,通过严谨的投资策略,随着时间的推移,机会有利于市场中性组合经理。就像赌场里的庄家,并不是所有的市场中性交易都是盈利的,但赢家往往有更多的盈利交易且盈利超过不盈利的,这样的回报分布往往导致稳定的正月度回报。

市场中性策略可以沿着一个连续体来定义,一端是纯粹的基本面策略,另一端是量化策略。

统计套利策略

统计市场中性是配对交易的更复杂的形式,涉及更广泛证券的分析和交易。因为"统计套利基金"经理交易一长串的证券清单,因此他们能够减轻定向市场风险和行业风险,分散特质风险。一般来说,他们不太可能像基本面经理那样采取定向偏差。

统计套利基金使用量化算法来分析不同的证券如股票、大宗商品、期货和期权的大数据集之间的历史价格关系,以及分析基本的企业和会计数据。传统的方法包括假定相对定价的关系,然后利用统计分析回测和验证关系。如果关系显示是持久和稳定的,就开发交易规则来利用该关系。

假设与金融学者的研究密切相关。在许多情况下,基金经理自己原来就是金融研究人员、计算机科学家和金融工程师。如果发现假设是历史稳健的,那么组合经理就监控市场价格来检测价格关系偏离其历史常态的时期。然后建立头寸来利用这些统计异常(即偏离历史关系),预期证券关系将恢复到其历史均值。将运用经历史验证的明确的规则来执行策略。规则只有在特殊情况下才能被组合经理的主观判断驳回。一般情况下,基金经理将会在历史相对价值之下做多证券交易,在历史相对价值之上做空证券交易。均值回归、残差逆转、盈利超预期和相对强弱都是常用的基于逆转和动量信号应用的统计策略。

统计套利基金使用显著的杠杆来增加利润。总杠杆的范围可以是 5~20 倍的管理资产。因为杠杆会放大损失,并会在基金的价值低于其保证金维持要求时强制关闭头寸,因此资金流动性风险对这些策略来说是一个重要的额外风险。

统计套利策略的风险 因为统计套利基金经理共享一个共同的学术谱系,往往会将经济学、金融、统计、数学、计算机科学和工程学的相同的学术见解整合到他们的交易策略中,因此从错误定价中获利的机会迅速成为拥挤的交易,利润稍纵即逝且不断下降。因素模型和统计套利不再是黑箱。[1] 它们日益成为拥挤的和透明的玻璃盒子。

统计套利基金估计代表了美国股权市场50％的日交易量。[2] 此外,流入这些基金的投资一直在增加,乃至它们成长为行业中一些最大的对冲基金。[3] 因此,统计套利基金交易日益成为拥挤的交易,破坏了它们的有效性并增加了自己造成黑天鹅事件的风险。用来增加利润的相对较高的杠杆放大了拥挤效应。由于交易的执行是规则驱动的,错误的买入或卖出信号可以触发意想不到的复合订单的雪崩,它会暂时破坏基金精心构建的基本面中性,导致基金广泛持有的头寸的剧烈的价格波动。

许多统计套利基金具有相似的风险因素驱动股票排序系统,因此一次平仓就意味着空头会上升而多头会下降。收敛性交易只有在它们应该收敛的原因存在时才起作用。当市场经历政权更迭时,"基本面"就会从低波动率转向高波动率。历史关系不适用于当前。

由于统计套利策略使用高杠杆,因此小损失可能迫使大减仓。例如,假设一只10亿美元资产净值的基金持有60亿美元股票多头头寸抵消60亿美元股票空头头寸。如果多头头寸下降了0.1％而空头头寸上升相同的数量,该基金将损失1 200万美元或1.2％的资产。

为了保持原来的杠杆比率,该基金必须出售7 200万美元的多头头寸和购买用来支付7 200万美元的空头头寸。所以花费只做多10亿美元股票经理100万美元且不产生交易的一个行动,却要花费统计套利股票经理1 200万美元并产生了1.44亿美元的交易。这些交易加上其他量化股票基金进行的交易,可能会移动股票超过0.1％,并生成新的更大的交易浪,产生更大的自增强的出售浪。

2007年8月的事件 2007年8月的市场事件清晰地显示,统计套利基金的拥挤交易是如何在之前的流动性和市场中性组合中压倒市场基本面,破坏模型驱动交易策略并产生特别大的基差风险和组合流动性风险的。2007年8月之前,统计套利的成功让许多多策略基金开发模仿的策略并将它们纳入整体基金。到2007年中期,据估计,统计套利策略管理着杠杆股票组合约3 000亿~4 000

---

[1] 在科学和工程领域,黑箱是一种设备、系统或对象,它可以被看做具有独立的输入、输出和转换特征而无须任何内部工作的知识,也就是说,它的实现是"不透明的"(黑的)。几乎任何事物都可能被称为黑箱:晶体管、算法,或人类的心灵。黑箱的反面是一个系统,其内部组件或逻辑可用于检查,有时被称为白箱、玻璃箱或清晰箱。

[2] Matthew Rothman, Global Head of Quantitative Equity Strategies, Barclay's Capital。

[3] "市场中性基金购买一些股票,卖空其他股票以战胜市场,它们控制着近2 500亿美元的受管理资产",见"Computerised crash", The Sunday Times, August 19, 2007。

亿美元股票多头和空头头寸。

2007年6月,次贷危机发生使许多银行和一些对冲基金因信用敞口而遭受重大损失。7月,一些开始减少风险和降低杠杆率,通过出售流动性工具如其股票头寸来筹集资金,这损害了普通股票选择策略的回报。同时,一些对冲基金正在经历赎回。例如,一些基金中的基金(投资于其他对冲基金的对冲基金)碰到损失触发从而被迫从其投资的对冲基金那里赎回。

多策略基金对次贷相关固定收益资产也有大量敞口。随着危机的蔓延,次贷证券失去了大量价值,大宗经纪商不仅对次贷失去了信心,而且对其他信贷衍生品失去了信心并增加了他们的保证金要求,同时某些形式的信用相关证券不能作为抵押品。多策略基金不得不筹集资金以满足追加保证金的需求,在某些情况下,赎回。因此,他们开始出售更多的流动证券,如统计套利股票组合持有的易于交易的证券,包括微软、IBM、通用电气之类。起初,影响在很大程度上是看不到的,因为交易分布在成千上万的股票,一些股票价格上升,另一些股票价格下降。

但随着无特征的市场数据的积累,统计套利交易规则开始失去效力,并成为运营风险的一种形式。对于扫描市场数据的基金的计算机模型来说,这种市场机制的变化无法计算。当专职的统计套利组合经理意识到他们的统计模型在这个市场环境下不能运行时,他们开始迅速去杠杆化以防止更大的损失,但这样做增加了衰退可能性。因此,当多策略基金出售他们的流动现金股票头寸以满足追加保证金时,它产生了传染效应,导致其他基金出售或面临巨额亏损。基金被卷入一个涟漪,即次贷危机,它开始于与他们几乎没什么关系的市场的一个角落里。

8月9日标准普尔500指数收盘下跌超过380点。即使大型统计套利基金如AQR旗舰基金第二天开业,它在8月还是下降了13%。文艺复兴技术奖章(Renaissance Technologies Medallion)基金很少有下跌的月份,在8月初下跌了8.7%。到8月中旬,高盛旗舰全球阿尔法(Global Alpha)基金,在当年下降了26%。

虽然实际的短期回报不公开,Lasse Heje Pedersen[1]模拟了8月期间的分时回报和基于价值和动力信号的行业中性多头/空头组合。他的分析表明,到2007年8月6日星期一,大量统计套利策略的去杠杆化已经开始。从周一到

---

[1] Lasse Heje Pedersen, "When Everyone Runs for the Exit," International Journal of Central Banking, December 2009, New York University, CEPR, and NBER.

8月9日周四,随着统计套利和多策略基金平仓,他的模型组合产生了很大的损失,然后随着平仓结束,在8月10日周五和8月13日周一大部分损失得到弥补。该策略在四天中损失了大约25%,大约四个标准差的偏移,基于为期四天的波动则超过30个标准差的偏移。

高的波动标准差偏移并不意味着这是一个异常的市场事件。这意味着基本面驱动的波动不可能解释该事件,其原因更有可能是流动性驱动的,随后策略带来的损失弥补表明它不是基于股票的基本面。长期股票价格波动在大部分时间主要是由经济基本面消息驱动的,但在流动性危机期间,价格压力会产生重大影响。因此,在2007年8月的这一周的股票回报分布可以更好地理解为两个分布的混合:由基本面驱动的冲击与由流动性影响(即广泛的去杠杆化)驱动的冲击。因此,组合流动性风险对股票多头/空头策略来说是一个重要的风险,对统计驱动股票多头/空头策略来说更是如此。它是单向的流动性影响,全球市场的抛售从次贷传递到高级别的美国股票,造成了重大损失。

流动性黑洞

目前还不清楚有多少市场交易量和流动性是由计算机驱动风险中性短期交易策略产生的,但这些策略很可能伴随着"闪电式崩盘"(flash crash)(2010年5月6日,金融市场经历了短暂但大幅的价格下跌,在几分钟内下跌超过5%。不料在很短的时间内就恢复了)。众多高速的短期策略从业者,特别是做市策略的从业者,强调了"流动性黑洞"的风险。当特定证券没有报价(没有人做市)或报价明显低于最后的执行价格时,流动性黑洞就发生了。

这些交易策略搜索那些表明技术模式形成或结束信号的交换数据。做市就是这样一个计算机驱动的交易策略。这些策略是算法驱动的,并通过高速超短期交易策略实现,不断在市场上以微秒级交换数据观察到的价格买卖非常少量的股票。风险中性的短期交易策略如做市将做出是否买卖股票或向市场闪报价或闪询价(flash a bid or ask)的决定,这取决于市场动量信号的方向和强度数据。如果价格略有下降,做市策略将把这作为卖出动能的一个信号,并在上一笔卖出价格附近输入小量卖出指令,在上一笔卖出价格以下输入小量买入指令。当信号变强时,卖出或买入量就会增大,如果信号变弱了,量就会下降。

管理对冲基金风险和融资

多个相似的短期的、损失限制未知的交易程序在市场上相互作用。例如，当长期投资者决定清算一个大头寸时，他输入一个大量卖出指令压低了价格。这产生强烈向下倾斜的剩余需求曲线，或者说给短期程序交易者产生了卖出动量。大量卖出指令和价格下降给短期做市商带来了损失，可能击穿他们的损失限制，导致他们清算剩余的股票头寸。任何短期交易者抛售风险资产会刺激其他短期交易者出售，卖出变得相互强化的。随着价格继续下跌，持有任何股票库存的短期程序交易者都有强烈的动机以任何价格卖出股票，因为他不知道其他参与者的损失限制。通过这种方式，风险中性短期交易策略放大了市场趋势，流动性黑洞形成了。

只有当所有的短期交易者出售了其持有的风险资产后，价格才会止跌。然而，只有当价格下降到足够深，能够刺激厌恶风险的长期价值导向型投资者进入市场购买，流动性黑洞才会完全扑灭。这将动量从卖到买给逆转了。之后很快，一旦短线交易者的损失限制向下调整到新价格，就会立即有逆转的交易，直到价格恢复到其基本的长期均衡。这些逆转产生的价格模式通常是V型的。

统计套利基金的演化 鉴于统计套利基金处理的是短暂的机会和疯狂的竞争，他们会寻求通过快速、高效、低成本的执行能力降低流动性风险和秘密行动来获得对同行的优势。短期统计套利是一门正在成长的学科，基金运用高频交易基础设施、隐藏的流动性池、交易所计算机自动电子指令的同步和经纪商与交易所的交易途径来迅速、不透明和低成本地执行其交易。

在降低组合流动性风险时，这种自动交易策略呈现出很大的运营风险。2010年5月6日的"闪电式崩盘"是高速自动执行和计算机驱动交易决策有严重的意想不到的后果的另一个例子。5月6日开盘后，关于欧洲债务危机的不安的政治和经济新闻导致了金融市场日益增长的不确定性。增加的不确定性在当天被各种市场数据证实：高波动率，投资者逃向高质量资产，购买预防希腊政府违约的保费增加。这导致了证券和期货市场早盘交易中巨大但并非出人意料的下跌。

然而，下午14:30后不久，金融市场总体呈下降的趋势突然加速。在几分钟内，整个美国股票和期货市场有一个超过5%的下降（见图4.23）。大多数个股下跌量通常是与大盘下跌一致。大约86%的美国上市证券达到了当日的低点，比下午14:40价格低10%，但大约下午14:45时，超过200只个股（大约占所有美国上市证券的10%）比下午14:00水平下跌了50%甚至更多。下午14:45和

14:47之间,道—琼斯工业指数、标准普尔500指数和纳斯达克(NASDAQ)100指数都跌到了当日低点。同一期间,所有30只道—琼斯工业指数成分股跌到当日最低值,从开盘水平下跌4%～36%。这种快速下跌紧跟着同样的迅速复苏。美国证券交易委员会和商品期货交易委员会(Commodity Futures Trading Commission,CFTC)得出的结论是,这个市场的极度波动表明发生了整个市场流动性供应的暂时故障。[1]

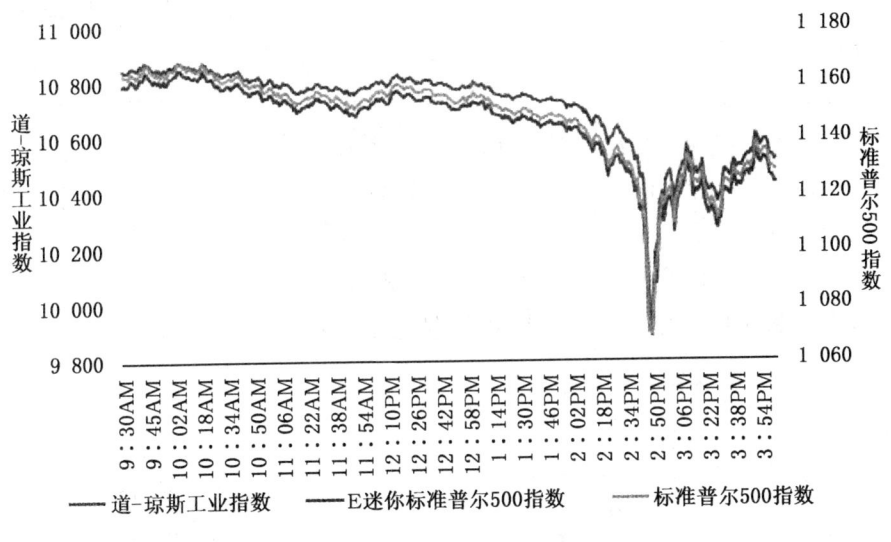

图4.23 2010年5月6日的"闪电式崩盘"

资料来源:Bloomberg。

原因调查在继续,调查的主要方面围绕在E迷你(E-mini)标准普尔500指数期货合约的套利活动,约250家执行的公司在下午14:00～15:00期间处理了成千上万账户的交易。这些账户中,商品期货交易委员会的工作人员更仔细地检查了前十大多头和前十大空头。这些交易者中绝大多数在市场两侧都进行交易,这意味着他们在此期间既买又卖。这些账户之一使用了E迷你标准普尔500合约来对冲,并只有卖出指令。该交易者在下午14:32进入市场并在下午14:51完成交易。该交易者有一个空头期货头寸,占在此期间平均交易量的9%。

美国证券交易委员会和商品期货交易委员会初步得出结论,基于CME指

---

[1] "Preliminary Findings Regarding the Market Events of May 6, 2010." Report of the Staffs of the CFTC and SEC to the Joint Advisory Committee on Emerging Regulatory Issues, May 18, 2010.

管理对冲基金风险和融资

令的数据，5月6日E迷你标准普尔500指数期货交易量非常高，从下午14:30到14:45卖出指令远多于买入指令。数据还表明，下午约14:45报价/询价价差显著扩大，某些活跃的交易者部分退出了市场。在这个脆弱的时期相当大的卖压可能是导致E迷你标准普尔500指数和其他同类产品如SPY（一种追踪标准普尔500指数的ETF）的价格下降。问题是为什么流动性会突然撤回。

高速统计套利基金交易算法不可能编好程序来评估所有可能的市场条件并正确地解释和应对所有价格和流动性异常。此外，当考虑了竞争对手的行动后，交易策略的结果的可能排列呈指数增加。定价自身表现异常是极其微妙的，尽管有严格的回测，但还是被交易算法误解。结果，交易的执行级与流动性完全不成比例，引起瀑布式自动同向交易，导致市场价格的猛烈波动。当运营风险即使在更长期的策略中出现时，它在高速直接市场准入版本的股票市场中性策略中进一步加强，计算机被用来分辨和执行毫秒级的交易。

图4.24总结了统计套利策略的风险的相对重要性和频率。基差风险、运营风险和流动性风险是该策略中最可能引起重大损失的。

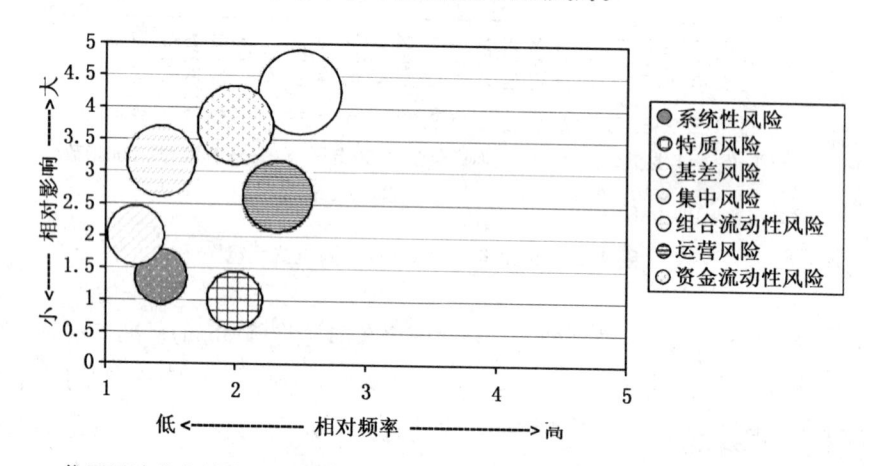

信用风险非本策略的风险因素，故未显示。

图4.24　市场中性的统计套利策略的风险

基本面套利策略

相比之下，基本面套利策略通常依靠对有限股票总体进行深入的公司分析。统计套利在很大程度上是模型驱动的，而基本面套利与组合经理的判断有重叠，本质上是选择高估和低估的股票并构建一个达到市场中性的组合。基本面的风格倾向于更关注限制机会的范围和减少潜在回报。基本面股票市场中性或成对

第4章//对冲基金策略的风险/收益特征分析

交易涉及两个或两个以上的基本面关联或相关证券,比如花旗优先股与普通股。只要两个证券的正常价格关系有暂时的偏离,组合经理就会构建一个头寸,它将从两种证券的价格向它们的基本面价格的关系的最终融合中获利。组合经理会买入相对低估的证券并预期价格将上涨,卖出相对高估的证券并预期价格将下降。一旦股价回到一致,交易就会被逆转。

基本面策略也可以扩展到相关公司或同一行业公司的证券,如亨特(Hunt's)和亨氏(Heinz),或可口可乐(Coke)与百事可乐(Pepsi)股票。基本面市场中性策略的交易决策是由财务分析和判断驱动的,而统计套利策略的交易决策更多的是定量和规则驱动的。基本面市场中性分析师进行基本的财务分析跟踪市净率(price-to-book value ratio,PBR)、市盈率(price-to-earnings ratio,PER)、股本回报率(return on equity,ROE)、资产回报率(return on assets,ROA)、销售增长率、利润增长率、销售利润率、销售现金流比率来确定哪些证券做空和哪些做多。

常见的基于价值的基本面策略使用来自股息贴现模型的变化的信号。例如,"价值"策略寻求购买廉价证券(并做空高估的证券),而且,由于此类证券经常保持廉价几个月,因此这是一个低频(即低收入)策略。"动量"策略买入最近表现相对较好的证券,而做空表现不佳的证券,这是基于这样的想法,即近期这样的表现会持续的可能性要大于逆转的可能性。

基本面股票市场中性策略的杠杆往往小于统计套利的杠杆(即5~10倍受管理资产)。因此,尽管资金流动性风险仍然存在,但其影响不太严重(见图4.25)。

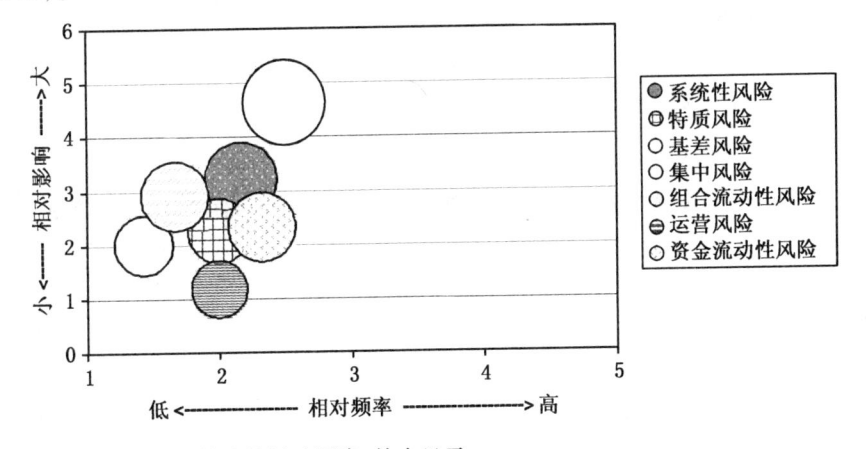

信用风险非本策略的风险因素,故未显示。

图4.25 股市的风险中性基本套利策略

管理对冲基金风险和融资

该策略的系统性风险,来源于这些基金倾向于投资贝塔调整基础上表现好(表现差)的股票,随后倾向于投资同样基础上表现差(表现好)的股票。组合的贝塔中性不是静态的,由于部分投资者厌恶风险(即逃向高质量证券)、市场技术(也就是说,能够做空经理融入的股票的供应是有限的和不断变化的)和监管变化(如禁止卖空和税收政策),个股贝塔可以持续偏离历史正常值。特质风险和基差风险也因贝塔控制回报对各种风险因素的不稳定而存在,这些风险因素如盈利势头、波动率、流动性、价值型和增长型股票、净收益率、收益方差、股息发放时机和股息收益率。

市场中性策略的业绩 从 2000 年 1 月至 2010 年 1 月,格林尼治另类投资国际股权市场中性对冲基金指数(见图 4.26)发布的平均年回报为 6.04%,年标准偏差为 4.78%。10 年间相对价值对冲基金指数的累计回报为 60.4%,明显优于标准普尔 500 指数的累计回报(-25.2%)。

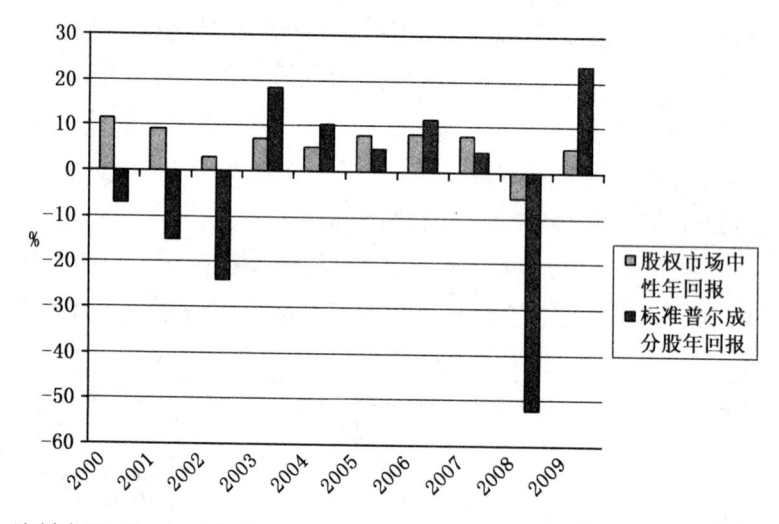

资料来源:Greenwich Alternative Investments LLC, Shiller。

图 4.26 格林尼治股权市场中性对冲基金指数年回报与标准普尔 500 指数

市场中性基金表现优异,主要是因为它们在 10 年中有 9 年提供了持续回报的能力,并避免了明显的下降(见图 4.27)。标准普尔 500 指数回报为负的 4 年中,它们有 3 年提供了正回报,这在很大程度上造成了在这 10 年中它们的表现优于标准普尔。当标准普尔 500 指数经历了在网络泡沫崩溃期间和 2001 年 9 月 11 日后的下降时,这些基金还能提供正回报,但 2008 年的信贷危机期间未能这样做,那时流动性影响压倒了基本价格关系,增加了意欲相互抵消的头寸间的基差,产生了残差贝塔敞口。它们在信贷危机期间的下降只有标准普尔 500 指数的 11%。

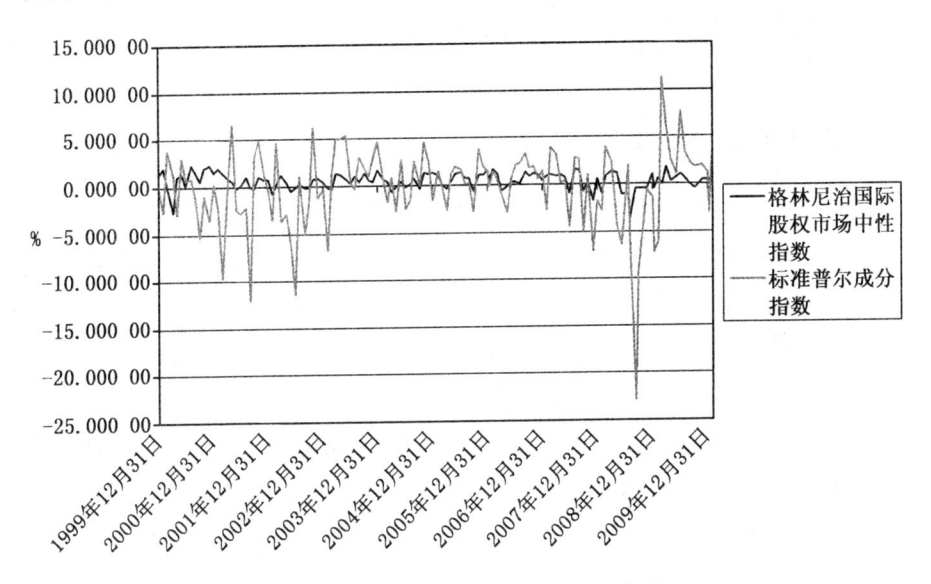

图 4.27 格林尼治股权市场中性对冲基金指数月回报与
标准普尔 500 指数(2000 年 1 月～2010 年 3 月)

资料来源:Greenwich Alternative Investments LLC, Shiller。

与其他对冲基金策略相比,从 2000 年到 2010 年,月回报表现出与标准普尔 500 指数的月回报相关性(0.34)以及与整体股市的相关性都相对较低。虽然与其他对冲基金策略相比比较低,但对市场中性策略来说仍是高得惊人。此外,在该期间的后半段与整个股票市场的相关性显著增加。从 2000 年到 2005 年,与标准普尔 500 指数的相关性是较低的 0.15,除了市场危机的三个时期。从 1995 到 2000 年期间,相关性增加到 0.47。相比之下,在 1995 到 2000 年期间标准普尔 500 指数的相关性为 0.42。

月回报波动率远低于标准普尔 500 指数,分别为 0.97% 和 4.35%。这意味着 2008 年 10 月最大的月下跌(−3.72%)是 3.8 西格玛事件。月回报分布与其他策略分布相比略负偏(−0.53),显示轻微的下降倾斜。然而,这是大大低于标准普尔 500 指数的偏度的(−1.43)。此外,月回报分布比标准普尔 500 指数同期表现出更小的峰度 (4.1 和 5.6),表明回报分布的异常值较少出现。

市场中性方法是最具吸引力的策略之一,因为通常它提供稳定的回报。然而,这样的策略的重大风险是基差风险和组合流动性。基差风险与流动性风险在市场动荡时期交织在一起。历史价格关系遭到了破坏,之前该基金的流动性最强的头寸可能由于其他市场参与者的去杠杆化而受到暂时的单向流动性压力。运营风险对统计套利策略来说更加明显,而系统性风险对基本面策略来说更加明显。

固定收益套利策略

这些基金寻求利用广泛的固定收益工具间的价格异常,通过使用高杠杆来提高回报。固定收益套利基金在数学相关、基本面相关或历史相关的固定收益证券上建立抵补头寸。子策略包括:

- 资产支持和抵押贷款支持证券相对于互换期权和其他衍生品;
- 资产互换价差相对于现金或信用违约互换;
- 远期收益率曲线套利,它从主权债务收益率曲线移动和扭曲中获利;
- 美元计价的债券相对于同一发行人的非美国债券;
- 实物债券相对于债券期货套利;
- 新债券相对于旧债券套利;
- 从复杂的可提前偿还的债券或互换中剥离和对冲的期权组件;
- 市场间价差套利,比如做多美国国债期货相对于欧洲美元期货(即 TED 价差)。

固定收益证券价值是由收益率曲线、波动率曲线、预期现金流、信用价差和定制期权特征驱动的。给定固定收益证券的复杂性,策略的阿尔法是来自组合经理的能力:更准确地为复杂证券的价值建模,分辨错误定价,然后从众多小市场定价错误中的正持有中获利,而不受广阔的市场波动影响。

例如,固定收益套利对冲基金可以运用杠杆购买高质量公司债券或抵押贷款支持债券。通过这样做,他们从用杠杆购买的债券中获得了增量回报,假定杠杆的成本小于这些债券的利息。为了对冲做多债券引起的利率和信用风险敞口,组合经理还将卖空债券或购买信用违约互换以对下跌进行保护。在一个有效市场,完成对冲这些风险的成本最多花费债券的预期回报。因此,该基金将寻求通过做空债券来仅仅对冲尾部风险或购买比组合中多头资产信用质量低的信用违约互换,并假设它们在利率上升或信用市场恶化时会比高质量债券的价值下降速度快。这种方式,组合经理能做空债券比能做多的少,从而产生正的净回报率,或"正持有"。如果构建正确,这种交易就创造了一个稳定的回报率,它在大多数市场条件下具有相对较低的波动率,但不是真正的套利,因为它并不是无风险的"。

由于得到的持有价差往往较小(2~15个基点),因此经理会寻求尽可能多的杠杆头寸。杠杆变动取决于组合的成分,但往往是受管理资产的15~20倍。大宗经纪商更愿意为简单、稳定、低风险的头寸(如套利交易)提供更高的杠杆,而不是具有定向收益率曲线或信用价差敞口的高风险交易。然而,套利交易和整个策略更容易成为厚尾的回报分布,具有比正态分布预测更大的巨额亏损的可能性。

巨额亏损的风险来自如下事实:根据历史分析,套利交易看起来是低风险的,并且在外推时也如计划那样运行,但它们在市场危机时流动性偏好和市场结构的变化后会失效且确实失效了。一般来说,套利策略的识别和风险度量是基于所研究的固定收益证券的历史运动和行为的。然而,有效的风险管理必须包括组合前所未有或意想不到的市场行为的影响的情景分析,潜在的损失是如何减少的,和预期的组合的流动性相比杠杆的数量。如果市场的移动超过并超出历史正常值之外,高杠杆的投资往往招致重大损失,杠杆会被撤回,头寸被清算,在很短的时间内产生重大损失。

两只著名的贝尔斯登对冲基金——贝尔斯登优质结构性信用基金(the Bear Stearns High Grade Structured Credit Fund)和贝尔斯登优质结构性信用增强杠杆基金(the Bear Stearns High Grade Structured Credit Enhanced Leveraged Fund)——的崩溃,说明了固定收益套利的风险。

贝尔斯登结构性信用基金和增强杠杆基金崩溃中的关键事件

2003年10月:拉尔夫·乔菲(Ralph Cioffi)调到贝尔斯登资产管理公司(Bear Stearns Asset Management, BSAM),建立优质结构性信用基金。告诉投资者,该基金将投资于低风险、高质量的债务证券,比如评级机构评为AAA级或AA级的抵押债权凭证。该基金从投资者那里募集到约15亿美元。在40个月中,该基金从来没有亏损过一个月,累计取得了50%的回报。

2006年8月:贝尔斯登优质结构性信用增强杠杆基金开放募集,它比优质基金使用更多的杠杆。

2007年初:次级借款人的信誉恶化的影响开始变得明显,次级贷款人和房屋建筑商遭受违约,住房市场严重疲软的证据在累积。

2007年3月:两只基金在一个月内分别损失3.71%和5.41%,导致投资者开始赎回他们的资金,大宗经纪商开始提高保证金要求。

2007年6月:在损失中,巴克莱银行要求退钱。大宗经纪商之一的美林没

管理对冲基金风险和融资

收并出售了对冲基金作为抵押品的8亿美元的债券。结构性信用基金从贝尔斯登接受了16亿美元的紧急援助,它清算其头寸,帮助它满足追加保证金和赎回的要求。

2007年7月17日:在一封致投资者的信中,BSAM报告称,其结构性信用基金已经损失超过90%,而增强杠杆基金损失了几乎所有的投资者的资本。之前,较大的结构性信用基金有10亿美元左右的投资者资本,而增强杠杆基金有近6亿美元的投资者资本。

2007年7月31日:这两只基金申请15章破产(Chapter 15 bankruptcy)。贝尔斯登有效地结束了基金并对其进行了清算。一些股东起诉贝尔斯登在高风险资产的持有程度上误导了投资者。

贝尔斯登基金使用的核心固定收益套利策略其实很简单,归类为基于信用的套利交易,在那时这种固定收益套利基金是很常见的。套利交易实现如下:

1.买入抵押债务证券(CDO),它支付的利率超过借贷的成本。在贝尔斯登案例中,使用的是AAA评级的次级抵押贷款支持的CDO。当时,高级CDO部分(AAA)支付LIBOR + 80个基点,而国债(AAA)支付LIBOR + 15个基点。CDO是标的证券进行杠杆化后的证券。

2.鉴于贝尔斯登基金购买高信用评级的高级CDO部分,他们能够获得进一步的融资来购买这些AAA等级证券,经常只要5%的保证金。该基金专注于杠杆,通过从低成本、短期回购市场借入资金购买高收益、长期CDO来产生回报。然后他们使用这个杠杆能力买入更多CDO和提高回报。因为CDO部分支付利率超过借款的成本,因此每一个杠杆的增量单元都增加了总预期回报。

3.CDO部分的一些利息用于对冲信用风险,通过购买信用违约互换作为对整个信用市场运动的保险。该信用违约互换保护减轻了CDO组合的尾部风险。

4.当用来购买AAA级次级债务的杠杆的成本,以及支付CDS保护的权利金,净结算后,剩下的资金即为正的回报率,即"正持有"。

CDO部分的多头头寸的流动性大幅低于CDS保护。在实例中当信用市场(或标的债券的价格)保持相对稳定时,甚至当它们的行为符合基于历史的预期时,这种策略就会生成一致的正的回报,很少有偏差。基金具有高收益:优质基金的累积回报为46.8%(在2006年只有11%),增强基金在2006年不到6个月时间内的累积回报为6.3%。然而,优质基金净资产的70%和增强基金的63%没有用市场报价,而是使用贝尔斯登自己的模型来估值的。

贝尔斯登基金经理的第一个错误是无法预测在极端情况下次级债券市场的

行为将会是怎样的。实际上,基金没有从基差风险敞口中充分保护自己,对冲策略的有效性侵蚀和暴露它们于系统性风险中。

此外,它们未能有足够的闲置资金用于维持头寸和确保它们的资金流动性。它们被迫在下降市场中拆散它们的头寸,因为市场撤回了资金。尽管保持现金将会因为更少的杠杆而导致更低的回报,但它将会阻止整体的崩溃和保护投资者免受在一个下降市场中清算导致的数百万的损失。

情景分析是欠缺的,以至于基金经理原本应该意识到,基于宏观经济数据和研究,次级抵押贷款市场被高估了,修正不仅合理,而且越来越有可能。近年来全球流动性增长巨大,不仅导致低利率和信用价差,还导致部分贷款人向低信用等级借款人贷款时承担前所未有的风险。自2005年以来,美国经济在房地产市场达到顶峰后已经开始放缓,次级借款人尤其容易受到经济减速的影响。因此,制定经济调整计划并分析次贷资产可能会急剧下降情景下的敞口是合理的。然后他们可以适当地调整其风险模型和组合构建来对冲此类可能性越来越大的事件或重新配置该基金的头寸以从中获利。

固定收益套利策略的风险 尽管固定收益套利基金试图对冲系统性风险,但它们仍保留了对主权收益率曲线和公司信用价差的残差定向敞口。[1] 图4.28总结了大多数固定收益套利策略所面临的风险的相对重要性和频率。基差风险总是存在于对冲策略,但是它们的潜在影响在市场危机时期随着传统对冲关系出现不稳定而显著增加。对冲关系的恶化产生了其他的期限结构敞口,包括对美国机构曲线、互换利差、信用评级和面向特定部门的曲线的敞口。例如:

- 通过买入廉价的固定收益证券和卖空贵的不同久期的证券,固定收益套利基金对冲了利率水平的变化。然而,错误定价的机会经常存在,部分原因是多头和空头头寸的久期是不一样的。因此,基金仍然保留了对不同期限的收益率曲线斜率变化的敞口。

- 只要基金买入信用风险证券并通过卖空信用来对冲,那么可用于做空的证券往往限于信用等级高和违约风险低的证券。因此,基金往往暴露于低级别和高级别固定收益证券相对信用价差的变化。

- 大多数固定收益套利策略的盈利能力依赖于较低的融资成本。因此,固定收益套利基金暴露于美联储基金和LIBOR的变化以及它们的大宗经纪商所要求的这些利率的利差。这些利率本身是由银行间流动性和央行政策的函数决

---

[1] Fung and Hsieh(2002 b)研究了该类基金,发现高收益信用价差解释了很大一部分的组内系统性回报。

定的,它们对市场的系统性风险做出反应。

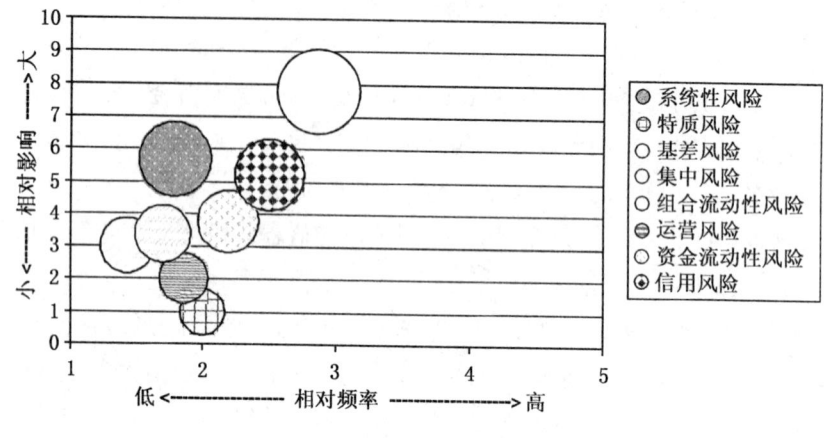

图 4.28　固定收益套利策略的风险

在某种程度上,固定收益套利基金向市场出售危机保险。正持仓在大多数年份给它们挣得了保险费,但让它们暴露于危机的发生。在经济危机中,流动性恶化,特别是对于低质量的证券,它们也是下降最快的。当信用利差扩大时,做空利差的投资者就赔钱了。固定收益套利头寸往往是通过做多非流动证券和做空流动性证券来构建的。只要基差关系保持稳定,基金就能够从正持仓中获利。然而,在一个流动性恶化和信用价差扩大的危机中,多头头寸会失去价值但可能无法被清算,而高级别的空头头寸可能不会产生抵消利润,因为投资者可能会涌向优质证券,支持高级别证券。在危机中,投资者的流动性偏好扭曲了历史基差关系,使得固定收益套利基金做空流动性或暴露于组合流动性风险。

对于投资于美国以外的基金,类似于上面讨论但又具有投资地区特点的信用价差因素,也属于系统性风险。

固定收益套利策略的业绩　从 2000 年 1 月至 2010 年 1 月,固定收益对冲基金指数公布的平均年回报率为 8.36%,年标准差为 9.68%。指数在 10 年期间的累计回报为 83.58%,表现优于摩根大通的全球综合债券指数累计回报(68.57%),如图 4.29 所示。

固定收益套利基金表现优异,主要是因为它们在 10 年中有 6 年的表现优于摩根大通全球债券指数。2005 年它们提供正回报,而那一年指数提供了负回报,但这一事实被 2008 年的巨额损失和相比指数更差的表现抵消了。2005 年指数的负回报是由日本的负固定收益回报引起的,那时日本银行(Bank of Japan,BOJ)宣布结束量化宽松的政策,从而增加利率预期,而在欧洲,欧洲央行

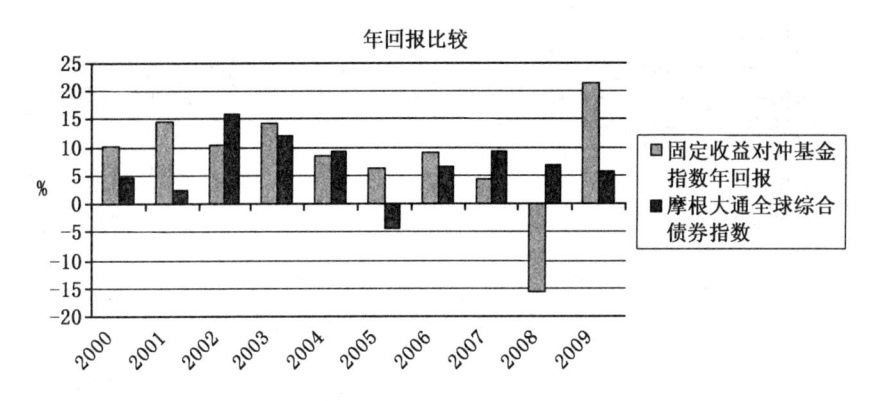

第4章//对冲基金策略的风险/收益特征分析

年回报比较

资料来源：Eureka Hedge，Bloomberg。

图4.29 尤里卡对冲固定收益对冲基金指数年回报率与摩根大通全球债券指数

(European Central Bank, ECB)增加了回购利率来应对能源价格高企的通货膨胀威胁。

2008年的负固定收益套利回报是结构性信用、ABS、MBS和公司债券负回报的结果。信贷危机导致银行间拆借市场的崩溃，极大地减少了流动性，除了最高质量的固定收益担保，其他都无法再抵押。[1]固定收益的业绩问题伴随着强烈的去杠杆化压力，这是由从大宗经纪商那里融资成本增加和融资质量下降引起的。经理经历了市场可贷资本的减少，导致融资成本在不断增加。

总的来说，数据没有提供固定收益套利经理共同拥有避免损失技能的证据，尽管他们有做空的能力。2005年当欧洲央行和日本央行收紧货币政策时，基金能在指数是负回报的情况下获得正回报，但在2008年的信贷危机期间未能这样做，当时流动性影响压倒了基本价格关系，增加了互相抵消的头寸之间的基差。

月回报(如图4.30所示)表现出与摩根大通全球综合债券指数月回报相对较低的相关性(0.26)，但与标准普尔500指数的相关性高得惊人(0.67)。

月回报波动远小于摩根大通全球综合债券指数的月回报波动，分别为1.26%和1.82%。这意味着2008年10月最大下跌(−7.69%)是一个六西格玛事件。月回报分布在本书评估的策略中是最负偏的(−2.81)，表明下行风险很大。此外，这种负偏远差于同期摩根大通全球综合债券指数的偏度(0.06)。月回报分布的峰度要明显大于同期摩根大通全球综合债券指数(分别17.7和

---

[1] 伦敦银行同业拆放利率(LIBOR)和隔夜指数互换(overnight index swap, OIS)率的差别，称为LIBOR-OIS价差，在该年扩大到新高，标志着贷款意愿下降。回顾2008年，在大部分时间平均价差不到1%，但它们在8月中旬开始急剧增加，在10月10日达到顶峰，约为3.6%。

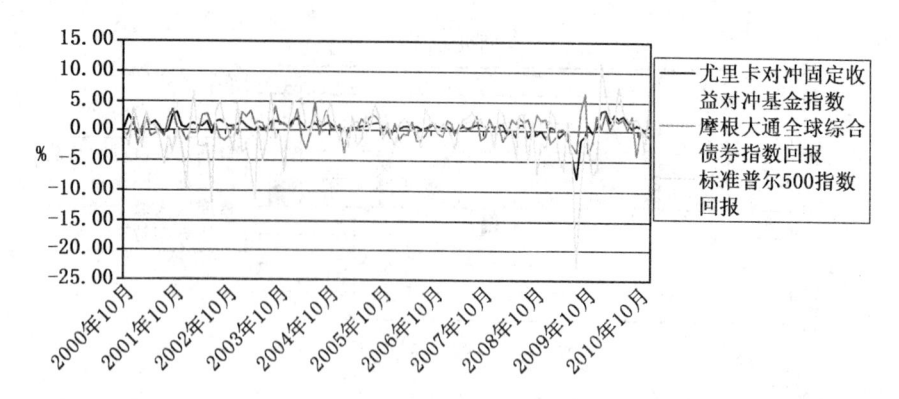

资料来源：Eureka Hedge, Shiller。

图 4.30　尤里卡对冲固定收益对冲基金指数月回报与摩根大通全球债券指数月回报（2000 年 1 月～2010 年 3 月）

0.27），表明回报分布中有非常大量的异常值存在。

总之，固定收益相对价值策略主要暴露于基差风险，它在市场压力时期侵蚀了对冲的有效性并导致系统性风险和信用风险敞口。此外，组合流动性风险和资金流动性风险是这一策略的重要风险，因为对核心资产及其对冲有不同的投资者流动性偏好，以及对经纪商相对较高杠杆的依赖以获得有竞争力的回报。尽管这是一个固定收益策略，但回报高度相关于标准普尔 500 指数的回报（0.67）。该策略在本书评估的所有策略中具有最大的负偏和最大的峰度。

资本结构套利策略

资本结构套利是利用同一公司资本结构中不同证券类别间的相对错误定价的交易策略。通常情况下，错误定价的机会出现在股票连接证券和债务连接证券之间。这些暂时的错误定价出现是因为债券和股票市场有不同的参与者和市场结构，具有不同的价格发现过程和速度。例如，如果一个公司令市场意外地报告了令人失望的收益，公司的股票可能会立即下降 10%，但同样的信息可能要几天后才会反映在公司的债券价格中，且可能对债券价格的影响只是下降 2%。在这种情况下，可以从这样的错误定价和发散的跨市场动态中有系统地获利。

这些策略通常通过发行人的债券、信用违约互换、资产互换以及股票和股票期权证券的抵消头寸来实现，并需要管理这些头寸。中心思想是做多与公司的资本结构的一部分连接的被低估的证券，同时通过做空与资本结构的另一部分连接的被高估的证券来对冲。这是一种只利用了一家公司的证券的相对价值交易。它与可转换套利策略非常相似,在那里组合经理做多可转换债券,但做空公司的股票。

更复杂的资本结构套利策略涉及在信用价差隐含的违约概率情况下交易股票期权市场的隐含波动率,有效套利信用违约互换市场和股票期权市场预测的违约概率。随着公司的股票价值下跌,其财务杠杆增加,导致其更接近违约。因此公司的债务风险越来越高,债务和信用违约互换的信用价差增加。此外,更大的财务杠杆导致股东回报变得更加不确定,股票风险越来越高及其波动率增加。相反,随着公司的股票价值增加,其财务杠杆降低,其债务和信用违约互换的信用价差将收紧。此外,较低的财务杠杆使得股东回报不确定程度降低,股票波动率会下降。股票波动率是股票价格的递减函数。因此,股票市场可以提供公司信用质量某些未来的变化(违约增加或减少的概率)的信号和/或公司财务杠杆水平的信号。此外,债务的违约概率与信用违约互换的利率正相关,合乎逻辑的结果是,违约率中的信息应该反映在股票波动率偏度中。

波动率偏度、信用违约互换利率(代表违约概率)和信用价差之间的相互关系产生了资本结构套利机会。是否存在套利机会取决于这样的比率,在该比率上这两个金融市场的不同领域将新信息融入到债务和股票的价格中。经验证据表明,债务和股票市场是协整的[1]而不是直接相关的。[2]

资本结构套利的理论基础主要是基于罗伯特·默顿提出的未定权益分析(contingent claim analysis,CCA)。[3] CCA认为,公司的信用价差及其导致的违约概率和其资产价值波动或其可观察到的股票价格和相应的波动之间存在直接联系。默顿的开创性工作之后,各种扩展和发展又被提出,尤其是KMV模型和基于网络的工具CreditGrades。迄今为止所有的CCA建模使用了一个封闭的结构模型,它依赖于选择封闭的假设来得出与公式相连的信用价差、违约的概率和股票波动率。

---

[1] 协整变量是与动态长期均衡短期分离相关的变量。
[2] Currie and Morris(2002)援引交易员称,CDS价差和股权价格之间的平均相关大约只有5%~15%。
[3] Merton, R. 1974, "On the Pricing of Corporate Debt: The Risk Structure of Interest Rates,"Journal of Finance 29: 449~470.

默顿模型

默顿模型指的是罗伯特·C.默顿于1974年提出的用来评估公司的信用风险的一个模型,它的特征是将公司的股权看作是其资产的看涨期权。模型假设公司有一定数量的零息债,它将在未来的时间T到期。如果公司资产的价值低于时间T时承诺偿还的债务,那么公司就违约了。公司的股权就被分析为到期日为T的公司资产的欧式看涨期权,执行价格等于公司未偿债务的面值。然后使用买卖期权平价来给股票看跌期权的价值定价,这是对公司信用风险的类似表示。在给定股票现货价格、股票波动率(转化为资产波动)、每股负债、违约壁垒和违约壁垒波动率的条件下,模型可以被用来估计公司违约的风险中性概率或债务上的信用价差。这些输入用于具体说明资产价值的扩散过程。当资产价值低于违约壁垒时,实体就被视为已经违约。默顿模型运用随机扩散过程来模拟资产价值的变化,违约壁垒波动的根本目的是提供一个能够捕捉短期违约概率的跃迁过程。默顿模型对非金融公司特别是生产实体来说已被实证证明是准确的。

在寻找相对价值的机会时,组合经理使用结构性违约模型,根据股票市场中的信息来评估违约概率。然后他们使用这些模型来衡量被评估公司的信用违约互换利差或债券信用价差报价的贵贱与否。使用股票市场价值及相关的波动率测量和债务人的负债结构,组合经理会比较模型中的隐含价差和市场价差。当市场价差远比理论值更大(或更小)时,就可能存在套利机会。[1]

当组合经理评估是否要实施一个资本结构套利交易时,他们应该对商业周期的下一阶段有一个基本的经济观点,特别是目标公司的杠杆周期阶段(未来财务杠杆是否会增加或减少),以及对公司的资本结构和业务策略有深入的了解,以使他们能够预期可能会扰乱套利的财务问题。他们应该分析已经交易的股票期权的隐含波动率来确定股票市场隐含的违约概率,并跟踪公司的信用价差。如果证实有显著的差异,那么他们应该做空高估的证券,做多低估的证券,并等待它们收敛。头寸的大小是模型驱动的并基于与股票价格相关的信用违约互换价值的预期变化。组合经理然后卖出(买入)信用违约互换并卖出(买入)股票。

---

〔1〕 最近的学术研究分析了企业债券和CDS定价的股票期权信息内容。发现前瞻性期权隐含波动率在解释信用价差方面优于历史波动率,在信用评级较低的公司中收益尤为明显。见Cremers, Driessen, Maenhout & Weinbaum (2006) 和 Cao, Yu and Zhong (2006)。

如果信用违约互换市场和模型中股票隐含的价差随后收敛了,那么他就获利了。

资本结构套利策略的风险 资本结构套利远非教科书中的套利定义。目前尚不清楚作为该相对价值策略一部分实施的收敛交易是否比两个市场中的任何一个中的完全裸露头寸的风险要小。风险是多方面的,主要是基差风险和集中风险,可能导致重大的系统性和资金流动性风险(见图4.31)。最后,模型风险作为运营风险的一种形式也是很重要的。

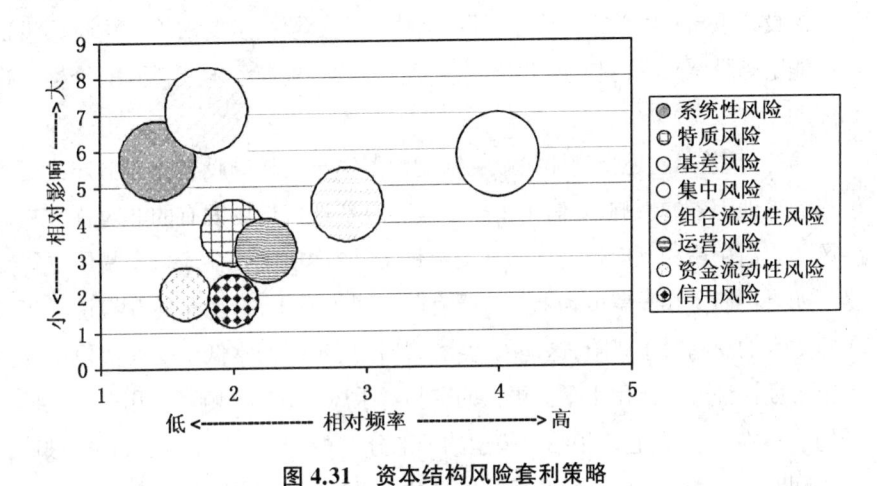

图4.31 资本结构风险套利策略

基差风险 在信用违约互换价差和股票价格之间的弱统计关系中,基差风险是很明显的。柯里和莫里斯(Currie and Morris, 2002)和瑞银(UBS)分析表明,在任何单一的资本结构套利交易中信用违约互换价差和股票价格之间的平均历史相关性只有订单的5%~15%。[1] 两个变量之间缺乏密切相关性表明,在很长一段时期内,债务和股票市场可以对同一个债务人持有不同的看法。如果策略不收敛且股权对冲运行很差,那么策略在一般市场调整或崩溃期间按市价计价,可能会经历巨额损失,触发追加保证金并迫使早日清算头寸。

导致价格关系脆弱和不稳定的原因,是债务和股票市场的价格发现过程的性质,以及关系并非完全反映在结构模型中这一事实。在(信息充分的)交易者交易最频繁的市场,最好的价格发现才会发生。虽然不知道哪一个市场对特定的名字来说有更多的流动性,无论是股票市场还是债务和信用违约互换市场,但股票市场总体上倾向于比信用违约市场流动性更强。一般来说,股票对新信息的反应速度往往比固定收益工具要快。首先,众所周知,期权合约的规模低于信

---

[1] Currie, A., and J. Morris 2002, "And Now for Capital Structure Arbitrage," Euromoney (December):38–43.

用违约互换的合约规模,这可能导致期权市场有更多的交易活动。

其次,市场参与者在两个市场有不同的目标,从而带来了不同的行为。机构投资者和固定收益基金往往受到监管的限制,或投资者要求仅投资于投资级名单上的名字。如果一家公司的债务等级低于投资级别,那么这些参与者就不得不清仓,暂时扩大了报价/询价价差并减小了信用价差,这超过了结构模型可以合理预测的范围。同样,在股票市场,如果一家公司的股票价值下跌到某一个点使得该股票重新归类为小盘股了,那么有中大盘股票投资要求的机构股票投资者可能出售股票来保持与他们的要求一致,导致结构模型未预料到的价格变化和波动。

第三,基差风险还受到那些影响结构模型中未反映的股票和债务连接工具价格的其他因素的影响,如信用违约互换和股票期权市场固有的非对称交易对手风险。信用违约互换是一种场外交易证券,而期权主要在大型交易所进行交易。如果在债务和股票市场上保持所有其他风险相等,信用违约互换证券可以承担更大的交易对手风险,这是因为卖方的信用水平通常低于交换清算所支持的上市期权证券的信用水平。更大的交易对手风险确实影响了信用违约互换市场的价格确定过程,它不是结构模型的一部分。[1]当大经纪商或大银行被认为出了问题时,就像2007~2008年的信贷危机期间所见到的,这时在信用违约互换市场上交易对手风险对基差风险的影响可能是巨大的。

最后,影响某一类证券而不影响另一类证券的公司特有的事件确实经常发生。企业股利政策的变化等行为对股票价值产生的影响要远大于对债务的。在某种程度上就如一家公司发行外币债务和本币股票,那么外币波动就会对外币计价的债务的价值产生更大的影响。

个体的头寸可能非常危险,大多数损失在套利者做空信用违约互换时发生,但后来发现由于基差风险市场价差迅速增加,股票对冲无效。开放的问题是这种策略可以广泛使用呢,还是只能用于特定公司的特定时间。

集中风险 在基差风险不稳定的情况下,结构套利基金分散其头寸是重要的。以前对单个债券的研究(特别是Collin-Dufresne et al, 2001)建议用发行公司股票的方式来对冲公司债不太可能是有效的。然而,在给定时间和研究的成本,以及寻找和执行结构套利头寸的交易成本的情况下,要实现最优的多元化是很难的。也就是说,多元化更重要的原因是单个公司的资本结构意外变化的特

---

[1] 基差风险的这种来源在未来可能减少,如果监管要求信用违约互换的交易或清算在交易所如芝加哥商品交易所(CME)和洲际交易所(ICE)进行。

质风险。基差风险和特质风险损害了在单个交易水平上对冲债务与股票的有效性。

曼德勒度假集团[1] 基于单个的债务人而没有多元化的资本结构套利,风险是非常大的。Bajlum and Larsen (2007)以曼德勒度假集团(Mandalay Resort Group)为例提出了资本结构套利的特质风险,但还有许多其他案例。[2] 曼德勒度假集团是一家总部位于内华达州拉斯维加斯的旅馆赌场运营商。其主要财产包括曼德勒湾(Mandalay Bay)、卢克索(Luxor)、亚瑟王的神剑(Excalibur)和马戏团中的马戏团(Circus Circus),以及一半的蒙特卡洛赌场。以市值衡量,这是世界上最大的赌场运营商之一。它的股票在纽约证券交易所交易,股票代码为"MBG",其债务(标准普尔评级为BB)和信用违约互换在场外市场被广泛交易。在2003年和2004年初,基于历史波动率的信用价差持续且很大地偏离信用违约互换价格输入的信用利差,产生了一个资本结构套利机会。组合经理通过信用违约互换卖出债券上的保护并卖出股票对冲,期待这两个市场隐含的信用价差趋同。

然而,2004年6月4日,曼德勒度假集团最大的竞争对手之一,美高梅(MGM Mirage),宣布以每股68美元竞标收购曼德勒,并承担其现有的债务。尽管是在6月4日收盘后宣布的,但曼德勒度假集团股票在那一天的交易量是正常时的4倍,股价从每股54美元上涨到收盘价每股60.27美元。穆迪将曼德勒的债务评级列入可能下调,因为美高梅利用债务为收购提供资金存在着高度的不确定性。然而,由于预期到收购带来的协同效应和对交易完成的高度信心,股票价格在短期内稳步从54美元上涨到69美元。2004年6月15日,两家公司的董事会批准了修改后的每股71美元的报价。协议要求美高梅支付48亿美元并承担25亿美元的债务。交易于2005年4月26日完成,为79亿美元。在2004年5月和6月期间,曼德勒股票的历史和隐含波动率大幅下降,而信用价差从188个基点扩大至227个基点。

对这个交易中的组合经理来说,2004年5月和6月是尤为痛苦的,因为股票波动率隐含的信用价差和信用违约互换市场的信用价差的差是相反的并且一直保持到交易完成。股票和信用的这种相反反应给那些做空两个市场的组合经理痛苦的接二连三的打击。他们失去了在曼德勒公司的卖出信用违约互换保护

---

[1] Bajlum, C. and P. Tind Larsen, "Capital structure arbitrage: Model choice and volatility calibration," Centre for Analytical Finance Working Paper Series No. 230, September 2007.

[2] 这些事件类似于资本结构套利对冲基金在2005年5月所经历的,当时通用汽车(General Motors)评级下调而股票价格飙升。

头寸和空头股权头寸。当交易完成，曼德勒股票和债务不复存在，不得不出售或转换成美高梅证券，这时这些损失必定成为现实。

在组合层面，在公司和行业间多元化头寸是很重要的，它能将基差风险和特质风险的影响降到最低。各种学术研究表明，多元化能有效降低回报可变性，特别是对那些集中于次投资级名单的组合。对于包含 BB 评级债券头寸的资本结构套利组合来说，Schaefer and Strebulaev (2006)发现，当债券和股权多元化并在组合水平评估时，债券和股票之间的对冲关系的强度超过了 2 倍，从 33% 提高到 73%。

系统性风险 尽管资本结构套利在单个交易水平上是风险非常大的，但特质风险还是可以分散的。然而，基差风险可能导致对冲无效并带来系统性风险敞口。在市场危机中这样的敞口可能导致损失。

资本结构套利策略对系统性风险因素的敞口为一些学术研究所证实。Schaefer and Strebulaev (2006)、Elton et al. (2001)、Collin-Dufresne et al. (2001)证实，资本结构套利的回报显著相关于小盘股的回报和价值股的回报。特别的，Schaefer Strebulaev 表明，小盘股的 Fama-French 因素(小减大，SMB)和价值股的 Fama-French 因素[高(book/price)减低(book/price)，HML]都与资本结构套利的回报相关。[1] 他们发现，这种关系在长时间段和子时间段都能保持。从直觉上说，那些衡量整体市场中小盘股和"价值"股的历史超额回报的因素，将会与小盘股和价值股的固定收益连接和股权连接证券的回报独立相关。在某种程度上，资本结构套利基金倾向投资于那些分析师很少关注的定价低效的公司的证券(即小盘股)和那些接近违约壁垒、债务/股票相关性强的公司的证券(即价值股)，因为债务/股票对冲的部分无效，这些结果是成立的。

Duarte et al. (2005)指出，这种市场因素敞口也使资本结构套利的回报对重大金融事件如突然避险或突然清算很敏感。在这样的场景下，不仅债务和股票之间的基差在不断变化，而且小盘股和价值股公司的证券将因大家偏爱高质量和低风险的证券而卖光。系统性风险是资本结构套利基金的重要风险。

资金流动性 由于基差的不稳定性和系统性风险敞口，资本结构套利头寸在市场动荡时期会遭受到融资减少或撤出。前面已经说过，撤出资金的影响较低，因为大宗经纪商鉴于基差的不稳定而不会向资本结构套利基金提供显著的杠杆。

---

[1] Schaefer, Stephen M. and Ilya A. Strebulaev, "Risk in Capital Structure Arbitrage." Graduate School of Business, Stanford University; First version: May 2006.

保持低杠杆率和显著水平的现金储备是必要的。资本结构套利组合的经理应该认识到,市场价差的波动远高于模型的预测,因此,收敛的头寸会很快带来损失,保证金会增加。组合经理必须能够保持流动的时间超过市场处于"非理性"的时间。为了让收敛利差盈利,组合经理必须有大量的现金储备。

余(Yu,2006)表明,较长的持有期产生更多的集中交易、更少的负回报交易和更好的平均回报,但组合经理必须能够保持他的头寸经历一段按市值计价有重大损失的时期。如果组合经理运用固定收益套利常见的杠杆水平（5～20倍）,那么套利者就会经受资本的完全下降并被迫亏本平仓。即使2倍的杠杆(即50%的平均保证金),组合经理可能以惊人的频率遭受重大损失。[1] 该研究结果最终与CDS利差和股票价格变化之间的相关性有关,并与策略已经受到的财经媒体的正面报道形成了鲜明对比。[2] 由于这一策略的资金流动性风险很高,因此关键是利用较低的杠杆水平来降低基差波动率的影响,以增加能够保持继续交易来收窄的可能性,并接受较低水平的回报结果。

模型风险 最后,运营风险的一种形式——模型风险,是资本结构套利的重大风险。由于这是一个模型驱动的交易策略,最初建立的头寸可能是基于对模型的过度信赖、错误设定的模型或错误的输入,因此存在着重大的风险。

正如前面所讨论的,采用的结构模型假设,市场输入,尤其是股票期权隐含波动率,包含了所有的公开信息。这些市场输入的正确解释需要在结构框架内分析它们之前对其进行正确的设定和测量。最后,经理们应该认识到,他们的模型可能因虚假信息和外生事件而失败。显然,有许多这样的实例,公司信用的关键信息不是公开的或公开信息是虚假的。当这些信息成为公开时,信用价差和股票波动率从之前的低信用价差跃升至违约水平。从安然(Enron)到世通(WorldCom)那样的违约造成的损失并不能提前从证券价格的行为中预测出来。同样,外生事件如墨西哥湾的漏油事故不能在结构上从市场输入中预测出来,并且在交易实施后会显著改变一个公司的信誉。

业绩 资本结构套利的业绩信息还不能得到。目前还没有指数专门代表这些策略的风险和业绩。

总之,资本结构套利策略的风险是明显的,主要是基差风险和集中风险,并可能导致显著的系统性风险和资金流动性风险。模型风险是运营风险的一种形

---

[1] Fan Yu, "How Profitable Is Capital Structure Arbitrage?" Financial Analysts Journal 62(5) 2006, CFA Institute.
[2] Currie and Morris,同前。

式,也是重要的。在理论层面,策略应该提供有吸引力的夏普比率和正偏的正平均回报。但是,没有代表数据可用来评估策略的实际业绩。

高速算法交易策略

高速交易策略通过在流动性市场迅速执行高度成本效率的策略来产生阿尔法。使用的策略不是新的,但却极其高速和高度自动化。主要的策略往往专注于股权、期货、交易所交易的期权。包括电子做市、统计套利、指数套利、指数与交易所交易基金(ETF)套利、ADR与本地股、价差交易、全球宏观、动量策略、趋势跟踪策略和事件驱动策略。实现这些策略有不同的周转频率,从快如毫秒级到慢如一个月。统一的主题是所有的策略在它们的交易和风险管理决策中都密集使用算法,以及密集使用尖端的信息技术以尽可能低的成本来实现它们的交易。高速交易策略不是对冲基金的专门领域。投资银行、自营交易商和商品交易顾问(commodities trading advisors, CTA)也实施这些策略。

对冲基金行业生产一个产品——阿尔法,它有一个有趣的进化过程。行业开创者是阿尔弗雷德·温斯洛·琼斯(Alfred Winslow Jones)。然后它变成了一个由少数创新、精英基金经理和投资银行实践的产业,并将卖空能力改进为分离的独特的阿尔法产生投资流程(也就是可转换套利或固定收益相对价值)。行业催生了很多模仿者,最终冠军出现,它将策略结合到一面旗帜下(多策略基金)并通过集中资产获得运营规模经济。现在,它正在成为一个成熟的行业,阿尔法生产线是完全自动的、系统化的、高效的和加速的。高速交易/算法组合专注于建立计算机化的决策和执行"引擎",它能迅速吸收数据,识别错误定价、趋势或投资机会,然后迅速执行以利用最复杂的市场效率低下获利。通常情况下,组合经理直接连接到交易所,绕过卖方经纪商,利用最先进的设备,并不断优化执行软件以获得对其他市场的速度和创新优势。

数据的性质也使这些策略盛行。从每日的数据、每分的数据到每微秒的解析的毫微秒数据,交易所提供了更细粒度的数据。可以获取大量、快速、干净、细粒状、信息丰富的市场数据使这些日间、小时间、分钟间和秒间的错误定价被识别,套利策略在毫微秒时间尺度上实现。

公司实行高速算法策略有几个独特的核心能力,使他们能够以更快的速度、更低的成本实现这些,包括:

1.操作和分析大量数据的能力。公司保留原始历史数据集并可从交易所直接访问实时毫微秒数据。

2.通过集成不同的数据集,以及在一个综合定量研究平台上的回测理论,快速识别机会的能力。

3.使用尖端的执行和指令管理系统,减少执行成本的能力。

4.在指令输入和执行之间极其微小的延迟时间内执行交易的能力。这是通过延迟时间最小化基础设施和交易所服务器主机代管来实现的。

例如,这些能力使股票市场中性和事件套利的变异能够实现。前一个的变异包括将股票和期货分解成基本面风险因素并寻找定价错误因素来创建一个套利。例如,交易包括代表能源的一篮子能源股和反映石油和利率期货的利率因素之间的套利。更复杂的组合可能包括全球农业、能源和矿业股权组合对冲农业、能源、金属和外汇和利率期货组合。事件套利策略涉及从早期事件检测和建仓中获利。高速事件套利策略从机器可读的电子新闻专线推送的历史上首先引起期货市场波动然后在更广的股票和固定收益市场引起波动的经济数据发布中解析单词。政府定期发布经济数据。已经对这些发布的数据的历史市场反应进行了研究,并提炼出了基于二元结果或模式化情绪变化的算法交易规则。解析这些数据能使交易系统在几分之一秒便可知道,例如,如何在美国财政部一发布新数据就尽快交易。

考虑到这些策略的保密性及其在对冲基金业内相对较低水平的宣传,它们的风险并不完全为人所知,但运营风险、基差风险和资金流动性风险可能是最重要的。图4.32显示了高速算法交易策略所面临的风险的相对重要性和频率。

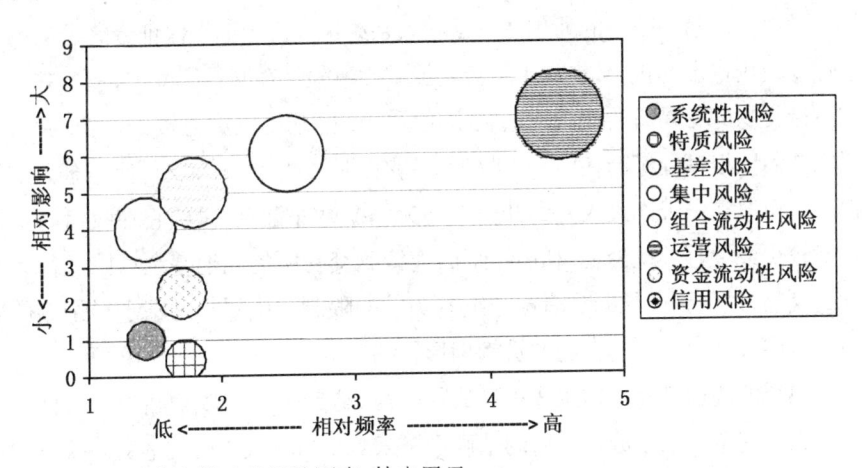

信用风险非本策略的风险因素,故未显示。

图4.32 高速策略的风险

由于持续进入市场高度依赖于准确的计算密集型算法和高效稳健的基础设

管理对冲基金风险和融资

施,运营风险是很显著的。电脑基于交易算法做出交易决策。虽然这些算法经过了如何在从良性市场(标准操作程序)到崩溃市场(兑换为现金并结束交易)的每个可感知市场上如何交易的指令的回测和精炼,但并不是每一个场景的每种排列都可以构思和计划。未来仍是不可预知的,人类存在着认知的限制。算法可以以意想不到的方式对意料之外的市场信号做出反应。当多台计算机间相互交易时,这会带来一系列的复合影响。2009 年的闪电式崩盘和 2007 年 8 月的定量崩溃,与量化基金崩盘一起,都是程序化交易策略出错的例子。

对持续进入市场的依赖是一种运营风险,因为这些策略必须不断调整头寸,因而会经常进入或离开交易。市场不连续,如当证券交易受到限制、关闭,然后重新取消限制,可能导致重大损失。同样,高波动率期间的连接损失是一个重大的运营风险。正在进行套利时与 Kospi[1] 的连接损失可能会让该基金暴露于风险之下。[2] 如果进入市场的损失全部是由于公司的基础设施导致的,而不是由于某一交易所故障且限于该交易所,那么这可能是灾难性的。

基差风险也可能是显著的,因为高速策略利用的关系可能只存在于特定的市场情况(具体阶段),且只有一个短暂的时期。在某种程度上,这些资金交易风险因素,而不是实际的证券,这引发了这些风险因素上的基差风险。嵌入于利率期货的利率风险因素的值可能是纯净和稳定的,但嵌入于银行股或金融 ETF 的利率风险因素会被污染且不稳定。任何跨市场相对价值或收敛交易必须保守地保持适当大小并用杠杆来最小化不断扩大的、间歇性的或易变的风险因素基差。

从每个交易中获得的阿尔法总量和大宗经纪商每天追加保证金的事实产生了过度使用资金的机会,也产生了资金流动性风险。在某种程度上,基金并不是它进行交易的交易所的成员[3],它租用经纪商的基础设施直接访问交易所,它只需要每天根据经纪商在前一天收盘时持有的头寸向经纪商支付保证金。这使得基金可以在一天内进入并离开交易而无需缴纳保证金,只要它在收盘时头寸相对较少或没有。理论上,利用经纪商连接到交易所的高速基金可以进行大头寸的交易,只受到交易所对清算经纪商头寸的限制。该限制是基于经纪商的股份。这些头寸使得高速基金的份额相形见绌。

单个的高速交易通常生成少量的阿尔法,这产生了对放大回报的杠杆的需要。正如基金建立了成本最低的基础设施来减少执行成本使每笔交易获得的少

---

[1] Kospi 200 指数期货是世界上最广泛交易的期货合约。
[2] 试图扰乱韩国经济的朝鲜破坏者可能会破坏这种电子交换。
[3] 芝加哥商品交易所的成员中,就有 19 个是高速自营公司或对冲基金。它们包括 Citadel 和 GETCO。

量的阿尔法是盈利的,他们想要尽可能高的杠杆来最大化利润。这一动机和滥用杠杆机会的结合给这些基金带来了巨大的风险。经纪商检测到他们给予直接访问交易所的基金滥用杠杆或风险承担过大时,他们的反应是切断与交易所的连接。

业绩 高速策略的业绩信息还不能得到,因为目前没有只代表这些策略的风险和业绩的指数。

总之,日益自动化的投资管理过程工具正被高速算法交易基金使用,以创建一个可用于各资产类别和市场的阿尔法生产线。这些策略的基差风险、运营风险和资金流动性风险都是重要的。随着时间的推移,这些风险将得到更好的控制。如果对冲基金继续生产阿尔法,它们就必须为现有的或未被发现的策略的阿尔法发现加入低成本/高速度的军备竞赛或建立专有知识。

商品交易顾问/管理期货

商品交易顾问(Commodity Trading Advisor, CTA)是在美国商品期货交易委员会(Commodity Futures Trading Commission)注册的个人或公司,他们通过向人们提供在期权、期货和管理期货账户的实际交易的建议来收取报酬。这类基金竭力在全球商品期货和外汇市场获得利润。这些基金的回报通常与传统的股票和债券市场的回报不相关。CTA经常利用基于技术分析的公式化的交易策略。主要的CTA策略是短期系统的(或动能)、长期系统的(或趋势跟随)和可自由支配的多头/空头。

系统的CTA从统计套利股票策略中借用了许多交易和风险管理技术。这种类型的CTA的价值驱动力是组合构建和风险管理。单个的交易不如组合作为一个整体的行为那样重要。广泛地说,组合构建是基于风险因素的,这些风险因素包括组合风险、市场风险、市场方向、趋势强度、流动性以及各种取决于策略和模型的专有因素。风险是分配给每个部门和每个市场的,并且根据策略时间范围在盘中、每日或每周进行动态调整,对市场头寸进行调整以适应趋势强度、风险和流动性。

系统的CTA针对的时间框架变动很广——从几分钟到几小时到几个月到一年或更多。一些CTA专攻一个时间框架而其他跨多个时间框架运行模型。

短期经理使用对标的资产价格和波动性的短期变化更加敏感的模型,因此进入和退出头寸比他们的对市场不太敏感的长期同行更快。短期系统的组合经理尝试根据市场动量或被认为存在于当天到一周这样短时间内的价格模式来进行交易。长期系统的组合经理寻求根据市场趋势或被认为存在于几个月的价格形态来进行交易。

趋势和势头是价格的自相关现象，即过去的价格影响未来的价格。这可以解释为群体行为和市场价格消化信息的时间延迟的影响，以及不同市场参与者都以不同的时间范围操作的影响。这导致按许多不同的时间范围和频率在细分市场形成势头，在整个市场形成趋势。

系统势头和趋势策略运用技术指标如移动平均、布林线和突破来确定交易机会。专攻这一策略的CTA可以从市场上涨（做多）和市场下跌（做空）中获利，并反映市场正在经历的趋势逆转。

系统交易员使用专有数据过滤器，如卡尔曼过滤器，来捕捉市场行为并基于观察到的不同时间范围的市场数据预测未来的行为。短期、高频数据适于用来确定短期势头，而长期的数据适于用来识别长期趋势。关键是要将短期或长期趋势从市场数据噪音中过滤、隔离并放大。过滤器然后分离主频率来确定趋势的强度和方向。每个模型过滤市场价格以确定给定交易频率的强度和方向。过滤器检测趋势的开始和结束信号。根据信号的强度和市场波动，头寸规模就会被确定，会做出进入或退出的决定并建立头寸。遵循长期趋势的模型将会随短期波动的增加而减少头寸，以平滑损益表和减少亏损。在低波动率的环境中，头寸将会增加。长期趋势使得进入和退出变得更为平缓的特征称为"金字塔"，因为最大敞口发生在扩大/缩小过程的拐点。

虽然高长期波动可以使这些策略获利，但这些策略在无趋势、低波动环境中往往招致亏损，因为价格漂移行为会导致弱进入信号，触发大量多头和空头头寸的建立(低波动率的结果)，随后价格向上或向下漂移并引起止损。当价格围绕止损水平振荡时，快速、期内的价格逆转（"假突破"）会导致交易跟随止损限额而重复启动。这会导致损益表因频繁、小额的交易损失和交易成本而出血，而不能从任何明显的趋势中获利。

可自由支配的多头/空头CTA策略寻求从基本和均值回归策略以及势头和趋势跟踪策略获利。基本交易策略可能通过出售期货合约期权来投机于波动率。期权销售是侧重于发行期权（并收取期权费）的策略，它可能到期一文不值，类似于保险公司出售财产保险。采用该策略的有未抵补期权发行者和价差期权发行者。想法是CTA大部分时间将受益于它从买方收到的期权费而不得不支付索赔或触及执行的可能性很低。相关的风险是其回报特征具有厚尾。期权可能不会价外到期，合约将会在价内，导致期权出售者大量的支出和费用。可自由支配的多头/空头CTA也可能寻求从相对价值套利策略获利,其中有许多子策略。最真实的套利例子是同时在一个交易所购入黄金和在另一个交易所以更高的价格出售。这一策略看上去从差价中获利,但不是一个真正的套利,因为它仍然保留了基于地理位置的风险,价差可能由于运输成本而合理存在。其他相对价值策略可能会做多和做空不同期限在同一标的资产的期货(基于日历的交易)。可自由支配的多头/空头CTA也可能类似于宏观对冲基金基于基本面因素建仓,但基本面是更微观的如作物报告和天气模式。

不同的杠杆因素 不像其他的对冲基金策略,CTA从进行期货和期权交易的交易所要求的保证金中获取杠杆。保证金由不同的竞争动态决定。期货清算商(futures clearing merchant,FCM)组成了交易所的会员,他们为CTA清算期货和期权,并必须为所有清算的合约向交易所缴纳保证金,同时向他们的客户收取保证金。期货清算商代表其客户负责缴纳他们清算的交易的保证金。所需的保证金是由交易所确定。只要期货清算商向交易所缴纳了最低要求的保证金,就可以自由要求他们选择的客户缴纳多少保证金。尽管期货清算商可以收取高于交易所最低要求的保证金,但他们通常不这么做,因为期货清算商之间的竞争压力很大,而客户的转换成本是相对较低的。

相同的银行和经纪业务是对冲基金的主要大宗经纪商,他们也是CTA的主要FCM。然而,在一般情况下,大宗经纪业务和期货清算活动在经纪业是独立的业务实体。FCM的收入大部分来源于交易的执行和清算费用,而不是来源于证券保证金的融资利息。期货清算的商业模式不同于大宗经纪业务。保证金融资的利息收入不是FCM业务的主要收入来源,因为交易所清算后的期货和期权不能再抵押从而生成低成本资金。

CTA和管理期货策略是本书论述的策略中唯一能在2008年带来正回报的策略。很可能因为CTA的融资在信贷危机中没有极大地下降,没有产生清算价格的下行螺旋,因此只有CTA能这样做。而期货合约的波动性确实导致交易所增加众多合约的最低保证金要求,其影响是精确的、瞄准目标的。期货市场没有受到银行间再抵押市场批发业务崩溃的影响,银行只借给其他银行流动性最强和最稳定的抵押品。不像大宗经纪商,FCM没有因资金成本增加而遭受大幅利润侵蚀。因此,他们并没有增加保证金来减少扩展到CTA的融资(如大宗经纪商对对冲基金所做的),也没有强制清算和去杠杆化的恶性循环。CTA因此能够在2008年提供正业绩,这在很大程度上是由于这样的事实,因为期货市场独特的杠杆决定因素使得资金流动性保持稳定。[1]

管理期货策略和 CTA 的风险 CTA/管理期货的主要风险(如图 4.33)是系统性风险、基差风险、运营风险和资金流动性风险。

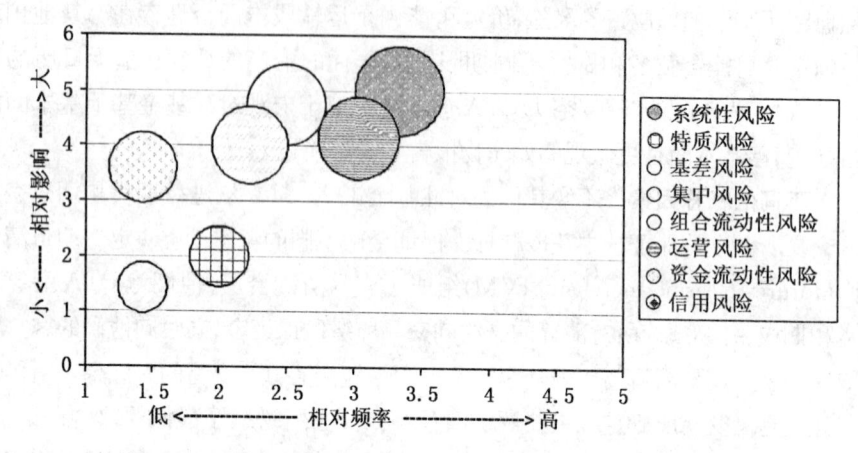

信用风险非本策略的风险因素,故未显示。

图 4.33 CTA 和期货管理策略的风险

系统性风险 尽管 CTA 通常跟股权市场不相关,但系统性风险仍以某些大宗商品指数和货币敞口的形式存在,主要是欧元、英镑和日元。以美联储的政策变化和影响流动性的严重市场混乱为特征的系统性事件会在给定的时间范围内压倒动能和趋势跟踪策略,导致损失。货币政策的变化,不管是否预期到,会影响各种市场的交易和期货合约的期限结构。在异常低的流动性影响一些市场并影响更广泛的市场的相关性时,大多数交易策略就不能够交易。这些就被认为是在长时间范围内为管理者提供最少的机会和最大风险的市场。CTA 经理也没有抓住经济复苏的良好记录,因为许多最低月度回报是那些复苏紧跟着主要市场活动的回报。然而,管理期货策略往往在正或负趋势确定的市场冲击的年份里表现良好。1997 年亚洲金融危机、1998 年俄罗斯危机(和 LTCM 倒闭)、科技股崩盘后的 2003 年股权熊市和 2007～2008 年的信贷危机都是管理期货表现良好而许多其他策略失败的例子。

基差风险 基差风险存在于可自由支配的 CTA 经理实施的相对价值和均值回归交易中。区位基差风险是来自于与没有相同或相似的交货地点的资产或现金流对冲的对冲合约。例如,如果一个 CTA 用纽约商品交易所(NYMEX)天

---

[1] 当然,主要交易所缺乏信心或害怕失败将为期货资金市场制造类似的不稳定,就像在信贷危机期间的现金市场。

然气期货来对冲洲际交易所(ICE)的天然气期货,那么它们仍然暴露在 Henry Hub[纽约商品交易所天然气期货在路易斯安那州伊拉斯(Erath)的交货地点]和欧洲电网交货地点[比利时泽布吕赫(Zeebruge)中心]之间的基差风险。如果纽约商品交易所和洲际交易所的供给和需求之间的差异状况在交易期间发生了变化,两个合约间的价格关系就会改变,潜在地暴露了 CTA 经理。扩展这个例子,纽约商品交易所 4 月天然气期货合约结算价为 3.842 美元/百万英国热量单位(MMbtu),而 4 月份欧洲天然气中心交割的天然气平均价为 3.561 0 美元/百万英国热量单位。在这种情况下,CTA 的基差暴露为 0.281 0 美元/百万英国热量单位。

产品或质量基差风险是与生产、销售或消费不同产品或不同质量产品的工具对冲带来的风险。例如,喷气式飞机燃油通常与取暖油期货对冲,因为它比喷气燃油衍生品市场的流动性更好。尽管喷气燃油和取暖油相似(都是馏分油)并高度相关,但它们是不相同的,两者之间的基差关系并不总是一致的。

日历基差风险,也称为日历价差风险,是由与对方期货合约到期日不同的工具对冲带来的风险。作为一个例子,CTA 可能寻求用三个月的 CME 欧洲美元期货来平衡其一个月 CME 欧洲美元期货敞口。这里,CTA 暴露在日历基差风险之下,三个月的 CME 欧洲美元期货要直到一个月 CME 欧洲美元合同到期两个月后才到期。从表面上看,似乎 CTA 是被迫接受基差风险作为其策略的一部分。然而,有其他工具允许 CTA 减轻其日历风险敞口:场外交易互换和期权,但这些通常流动性较差,而不用于短期系统的策略。

资金流动性 虽然整个期货市场资金流动性在 2008 年有弹性,但它在单个的 CTA 水平上仍然是一个重大风险。CTA 通常是高度利用杠杆的,因为期货交易员只需要存入保证金,而不是全部的期货合约的价格。因为相对较低的外汇期货保证金和 FCM 之间对客户的竞争,CTA 或期货交易员可以使用大量的杠杆而无需求助于借贷,只要他们的 FCM 同意。在 CTA 世界,杠杆用保证金权益(margin-to-equity)比率衡量,它显示相对于投资的基金,使用了多少保证金。通常 CTA 的比率从 10% 至 20%。

这么高的杠杆是有可能的,因为最低保证金要求是由营利性交易所决定的,其收入是成交量的一个函数。成交量通常流向保证金要求最低的交易所。交易所承担其成员 FCM 的信用风险。FCM 通常也是主要的大宗经纪商并向 CTA 提供交易所合同的通道,他们承担客户的信用风险。

如果客户的杠杆过度或信誉恶化,FCM 收取高于交易所最低保证金的保证金是审慎的。即使CTA在保证金付款上向FCM违约,FCM也必须向交易所提交保证金并清算客户的头寸,损失可能大于保证金。此外,当市场波动率和/或流动性变化时,交易所与FCM还能改变所需的保证金。因此,CTA可能被迫亏本平仓,以满足追加保证金。

资金流动性风险和过度利用杠杆是造成Motherock和不凋花(见附录2)倒闭的部分原因。这些基金在天然气期货上非常活跃,产生损失,随后当其FCM因它们的亏损和经营恶化而增加保证金时,被迫完全去杠杆化。他们被迫亏本出售额外的头寸来满足追加保证金,最终关闭了他们的基金。

运营风险 CTA从统计套利基金导出大部分的模型驱动策略和交易技术,就如统计套利基金,运营风险在系统的CTA策略中是显著的。运营风险以模型风险的形式存在,这是交易决策依赖于模型的缘故。就如统计套利和高速策略,存在模型错误设定、数据的误解的风险,以及在短期系统的策略的情况下,连接丢失或交易中断的风险。

管理期货策略的业绩 从2000年1月至2010年1月,格林尼治另类投资国际期货指数公布的平均年回报率为9.78%,年标准差为6.82%(见图4.34)。相对价值对冲基金指数的累积回报在10年期间为97.82%,明显优于标准普尔500指数(−25.2%)。

管理期货/CTA表现优异主要是因为它们提供持续回报的能力,在10年中有9年避免了显著的下降。在标准普尔500指数的回报为负的4年中,它们提供正回报,这表明它们与股票低相关,这使得它们在这10年的累积业绩大大优于标准普尔。当标准普尔500指数在网络泡沫崩溃时,在"9·11"之后,最重要的是在2008年的信贷危机时,遭受业绩下降,而它们提供了正回报。这是本书评估的策略中唯一在2008年提供了正业绩的策略,当时系统性和流动性影响超过了其他所有策略的基本价格关系。管理期货/CTA在信贷危机期间实现了20.5%的年回报,而标准普尔500为−52.2%。

与其他对冲基金策略相比,管理期货/CTA是本书评估的策略中唯一回报与标准普尔500指数月回报负相关的(−0.196),和2000~2010年整个时期整体股市负相关(见图4.35)。尽管负相关持续整个期间,但在10年中的后半程弱化了。2000~2005年,与标准普尔500指数相关性为−0.34,尽管经历了三年的市场危机。2005~2010年,负相关削弱到−0.029。

管理期货/CTA的月回报的波动率远小于标准普尔500指数,分别为2.92%和4.35%。与所有其他的对冲基金策略在2008年10月和11月产生负

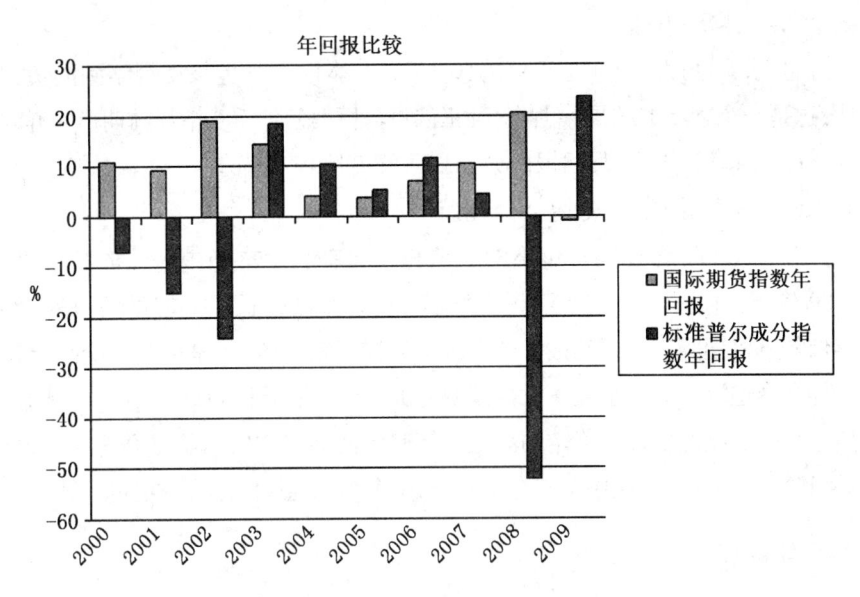

资料来源：Greenwich Alternative Investments LLC, Shiller。

图 4.34　格林尼治国际期货指数年回报与标准普尔 500 指数

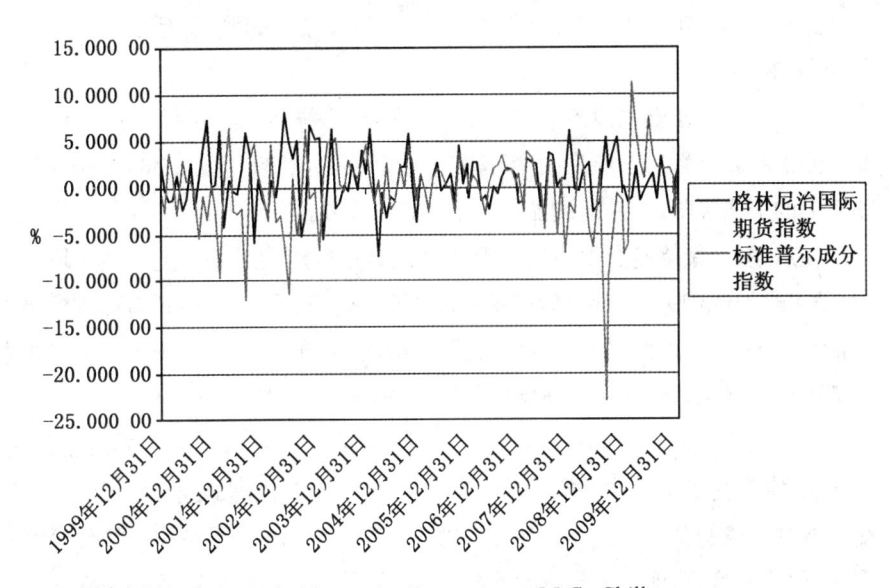

资料来源：Greenwich Alternative Investments LLC, Shiller。

图 4.35　格林尼治国际期货指数月回报与标准普尔 500 指数(2000 年 1 月～2010 年 3 月)

回报不同,管理期货/ CTA 分别产生 5.44％和 5.44％的正回报。该策略的最大月度下降是明显的(2004 年 4 月 30 日的－7.4％),但并不出乎意料,因为它只是一个 2.4 西格玛事件。

总之,月回报的分布是正偏的(0.147),与本书中其他策略观察到的负偏相比,这是一个独特的结果。[1] 这种正偏也与标准普尔 500 指数同期形成鲜明的对比(-1.43)。此外,月回报的分布显示峰度比标准普尔 500 指数同期小(0.6 和 5.6),表明回报分布很少出现异常值。

总之,CTA/管理期货策略的业绩和风险有别于本书中评估的其他策略。CTA/管理期货是唯一显示与标准普尔 500 指数回报负相关的策略,并在 2008 年信贷危机期间产生正回报。这个策略的杠杆是高的,但是可通过交易所及期货佣金商追溯。与大宗经纪业务模型提供的现金证券和 OTC 衍生品相比,交易所交易衍生品的杠杆是稳定的。这些策略所面临的主要风险是系统性风险、基差风险与运营风险,在单个基金水平上,资金流动性风险是最重要的风险。

多策略

根据定义,多策略基金运用前面提到的各种各样的策略。多策略对冲基金的投资目标是持续提供正回报而不管股票、利率或货币市场的运动方向。多策略基金采用的子策略可能包括,但不限于,可转换债券套利、股票多头/空头、统计套利和合并套利。

多策略对冲基金的风险 在多策略水平上,多样化的好处有助于平滑变异,减少回报的波动性。一般来说,多策略基金面临的风险(见图 4.36)包括其子策略面临的那些风险,此外还增加了一个显著的风险。

在短期,多策略基金很少是表现最好或最差类别的对冲基金。在市场反弹时,子策略的低相关性将稀释多策略基金的回报。然而,长期投资者珍视多策略回报对市场的一致性和低相关性,如果多策略经理能在整个市场周期一直重配业绩优异策略和轻配业绩不佳策略,就能获得超常回报。

一个例子可能是,如果可转换债券套利在 12 个月期间的表现异常差,而股票多头/空头提供出色的回报。专职的股票多头/空头经理的业绩将优于同时运用这两种策略的多策略经理。然而,如果多策略经理配置更多的风险预算给股票多头/空头策略,他应该比股票多头/空头回报和可转换套利回报的平均做得更好。在较长时期,当股票多头/空头提供平庸的回报和可转换债券套利表现很好,那么相反的发生了;多策略经理应该比股票多头/空头基金和可转换债券基

---

[1] 本书中分析的其他策略的负偏受到了信贷危机期间经历的对冲基金大的负回报的显著影响。

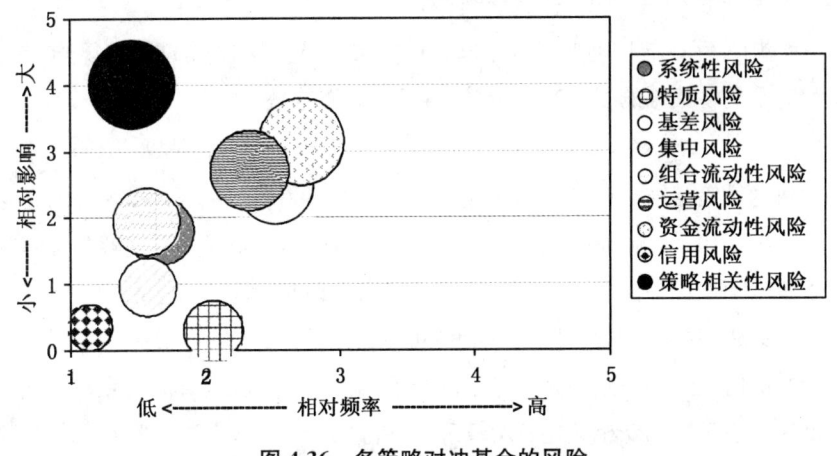

第4章//对冲基金策略的风险/收益特征分析

图 4.36 多策略对冲基金的风险

金做得更好,因为他们能动态地分配资本来战胜其他策略。从长期来看,能提供低波动率和高风险调整后回报的多策略基金的一致性和业绩,不管是绝对还是相对而言,都是投资者的价值所在。[1]

然而,增加的风险是子策略回报相关的风险。如果多策略伞下使用的策略相关了,或暴露于共同的风险因素集,那么多策略基金的主要好处(也就是一致的正回报,无论市场如何运动)就会蒸发。对于多策略经理来说,确保子策略的低相关性并分散影响子策略回报的广泛的系统性因素的影响对于管理多策略基金的风险和向投资者提供价值主张是至关重要的。检测子策略回报的相关性和策略间"隐藏的风险因素"敞口是必要的,以确定哪些策略包括在多策略基金内及其相对风险权重。此外,了解基金对危机级水平系统风险因素的潜在敞口是至关重要的,因为子策略可能在正常的市场条件下不相关但在危机时显著相关。

策略间相关 相关是两个或两个以上策略的回报一起移动的趋势。

相关系数度量两种策略的回报一起移动的趋势。可用下式表示:

$$Corr(R_A, R_B) \text{ 或 } \rho_{A,B}$$

其中,R_A 表示策略 A 的回报,R_B 表示策略 B 的回报。

相关的基本性质如下:

- $-1.0 \leqslant \rho \leqslant +1.0$;
- 完全正相关:$+1.0$,完全不能抵消风险;

---

[1] 在这方面,多策略经理复制了基金中的基金经理的角色,尽管多策略投资者保持了一个基金组运营风险的集中敞口。

- 完全负相关：-1.0,完全抵消风险；
- 相关性在-1.0 到+1.0 之间,抵消一些风险但不是全部抵消风险。

对于两种策略的多策略基金,投资组合的方差是：

$$\sigma_P^2 = X_A^2 \sigma_A^2 + X_B^2 \sigma_B^2 + 2X_A X_B \sigma_A \sigma_B Corr(R_A, R_B)$$

将两种策略结合进多策略基金,变动投资于每种策略(X_A 和 X_B)的百分比从 0% 直到 100%,就能得到一系列的预期回报和标准差。从而理解多策略基金中子策略回报相关性对该多策略基金回报水平和变异性的直接影响。

多策略基金应持续监控其子策略回报的相关性,这是为了:(1)实现其对投资者的价值主张——回报并不与市场过于相关;(2)实现其价值主张——回报稳定是由于子策略的低相关性;(3)管理其下行风险。回报变异性及其下行风险随着子策略回报相关性增加而大幅增加。识别子策略回报的相关性,理解相关性转变的原因并建议对冲策略或改变资本配置来进行纠正,这是基金风险经理的工作。

损益表的因素分析和主成分分析 子策略回报相关性分析应该包含另类投资策略的特殊统计特性:回报系列的非正态性,连续回报观察值的序列相关性,以及锁相(phase-locking)行为。[1] 此外,分析应该允许广泛的交易策略应用于对冲基金:交易流动性较差的证券,衍生品交易、证券卖空,以及不同的财务杠杆的使用。[2]

因此,许多风险管理专业人士认识到,均值-方差分析用于评估多策略对冲基金潜在回报分布相关性的变化的影响是不够的。风险经理应该考虑潜在的极端结果,它们比仅仅基于均值和方差的模型预测的频率和幅度要更高。需要理解回报分布的高阶矩(偏度和峰度)。对冲基金风险经理应该寻找回报分布中峰度的来源。一种可能性是,回报是独立的且具有相同的厚尾分布。另一种可能性是,尽管条件分布不是厚尾,但对条件高阶矩的依赖引致无条件分布的厚尾,如在 GARCH 模型中。还有另一个可能性是,回报可能不是直接相关但是协整

---

[1] 从 2007 年 7 月到 2008 年 3 月,次贷危机影响另类投资主要是通过对冲基金回报"隐藏的相关性",它导致了对冲基金业绩的大幅降低。这发生时,尽管 2007 年 6 月前历史回报没有表明什么,但其应该揭示出这样一个潜在的高风险。

[2] 例如,分析应该将运用相同权重的风险-回报测量与不同权重会有增量影响的方法分离开。

的。[1]

子策略回报可以表示为一系列驱动这些回报的因素。对相关因素提出假设并检验,要求对每个策略及其风险和可能存在的关系有一个良好的理解。有各种类型的因素——基本面的,技术的,宏观经济的以及另类的。在子策略回报中寻找的因素应该反映良好的经济/金融理论并与回报具有持久的关系。回报的迭代数据挖掘似乎可以产生与子策略回报高度相关的因素,但这些因素和回报之间的关系是肤浅的。不能确定因果关系。至少寻求回报与市场无关的多策略基金应该寻找在某种程度上影响大多数证券的经济因素,如 GDP 增长、收益率曲线斜率、失业和通货膨胀。此外,应该考虑另类因素如分析师建议、公司股票回购等行为、内部人购买。最后,应考虑技术因素如市场流动性、波动率、信用价差变动和资金流动(例如,投资流入和流出国防工业部门)。

因素分析　一旦寻找的因素已经指定,回报的因素分析就可以应用于识别哪些指定的因素是子策略回报的基础驱动因素,并分解策略业绩为因素回报的风险敞口。[2] 因素分析是一种统计方法,用于描述以少量潜在的称为"因素"的非观察变量形式的观察变量(如子策略回报)间的变化。换句话说,例如,两个或三个观察变量在一起代表另一个非观察变量是可能的,因素分析搜索这些可能的组合或"隐藏的相关性"。观察变量建模为潜在因素的线性组合,加上"错误"项。主成分分析是因素分析最常见的形式。主成分分析寻找变量的线性组合,这样最大方差就从变量中提取出来了。然后它会删除这个方差并迭代寻找解释剩下方差最大比例的第二个线性组合,一直这样进行下去。

从因素分析和主成分分析得到的因素的共性信息影响子策略回报,这些回报之间的相互依赖关系可以用来改变投资组合的构建并管理下行风险。具体来说,各种受管理资产配置和各种子策略采用的不同程度的杠杆可以评估共同因素的暴露程度及其可能产生的下行回报相关性。实际上,回报驱动因素或回报因素的分布可以用来开发多因素回报模型来理解不同子策略配置下基金回报的潜在分布。

流动性风险　多策略基金的组合流动性风险和资金流动性风险不一定高,

---

[1] 协整是时间序列变量的计量经济属性。如果两个或两个以上序列各自集成(在时间序列意义上),但一些线性组合具有较低阶的集成,那么该序列就被称为协整。一个常见的例子是一个股票市场指数和相关的期货合约价格都随时间而动,每个都大致遵循随机漫步。测试期货价格和现货价格之间在统计上有显著联系的假设,现在可以通过测试这两个序列的协整组合存在来进行。(如果这样的组合具有低阶集成,这可能意味着原始序列间的均衡关系,这就被称为协整。)

[2] 或者,它们是可以量化的事后因素,但不能直观地定义。

但它们的管理是更复杂的。

组合流动性风险是更复杂的,因为相同的证券可能跨策略持有,并且/或者相同发行人的多个证券可能跨策略持有。例如,假设金属和矿业部门有非常强劲的需求基本面。因为加速的需求,矿业巨头力拓(Rio Tinto)发行债务融资试图收购另一个矿业巨头必和必拓(BHP)。力拓打算通过合并获得更大的成本效益、市场定价能力和规模经济,从而创造股东价值。力拓普通股已在伦敦、纽约和澳大利亚上市。由于存在扩张的机会,必和必拓发行了可转换债券,如果股权价格上涨超过25%,就转换为股票。在这种情况下,多策略基金很可能在其股票多头/空头子策略、事件套利子策略甚至资本结构套利子策略上对力拓股份有风险敞口。跟踪和了解基金各子策略在力拓股份的头寸的总体规模及其清算总头寸的时间,是必要的但不是非常复杂。各子策略在力拓股份上的头寸需要加总并与各上市交易所力拓股份的日均成交量相比。需要做出保守的假设:危机时的成交量和基金在任一给定日的日交易量的比例不会移动市场,以评估基金的整体风险。

评估力拓证券的整体敞口时,流动性问题变得更加复杂。资本结构套利子策略可能做空力拓债务而做多股票,因为力拓筹集的资本和合并的前景可能会在债务和股票市场间产生定价错误。可转债套利基金可能做多必和必拓可转换债券,它越来越与力拓股权相关,因为市场预计合并将会发生。最后,考虑到对黄金的强劲的基本面,宏观子策略可能做多黄金和必和必拓股份,因为必和必拓并未完全对冲其已探明黄金储量。黄金涨势将增加必和必拓的股票价格,给宏观经理一个廉价的方式获得黄金敞口。多策略基金很可能有超过10%的受管理资产暴露于力拓或必和必拓,这两家公司的证券正越来越相互关联。该敞口可能不容易在一天内清算,其对基金业绩的风险必须评估。如果力拓与必和必拓合并成功,复杂性会更进一步。

多策略基金流动性风险管理复杂性的第三个来源对组合的流动性和资金流动性均有影响。在过去的几个全球市场危机中,冲击发生在特定的地理市场和资产类别,但它们会产生传染并影响流动性,波及远离震中的其他地理市场和资产类别。例如,次贷危机最初发生在抵押支持证券市场,其流动性缺乏。积极参与这类资产的投资者随着价格的下跌被迫降低杠杆率,但因为他们认为这只是市场的修正,因而他们清算可转换债券来产生所需的现金满足追加保证金而不是出售。这导致可转换债券市场的单向流动性,驱使价格下降。这就迫使可转债套利基金亏本出售他们的流动性头寸。类似的相互作用也可在亚洲金融危机和俄罗斯债务违约时的货币市场、债务市场和股权市场见到。这些事件使多策略基金的组合流动性和资金流动性管理远比单策略基金复杂。将跨市场和跨资产类别杠杆和流动性因素放入多策略基金的压力测试是必要的,以确保基金在流动性最差时的杠杆并不过度,并总是有能力退出亏损头寸来产生现金满足危机情况下追加保证金的要求。

多策略对冲基金的业绩 多策略基金因对冲基金行业的成熟和整合而出现,是一个比较近的现象。因此,只能得到较短时间段的代表性业绩数据。从2004年1月至2010年1月,格林尼治另类投资国际多策略对冲基金指数(见图4.37)发布的平均年回报为6.18%,年标准差为12.29%。六年期间的相对价值对冲基金指数的累计回报为37.1%,明显优于同期标准普尔500指数的累计回报(2.7%)。

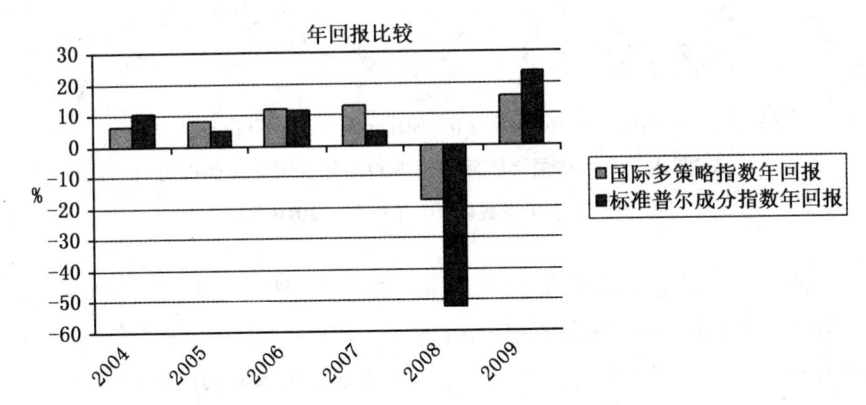

资料来源:Greenwich Alternative Investments LLC, Shiller。

图4.37 格林尼治国际多策略对冲基金指数年回报与标准普尔500指数

多策略基金表现好主要是因为它们在2008年遭受的损失更小。在6年中有4年它们优于标准普尔500指数,在2008年遭受的损失只有18.0%,而标准普尔500指数下降了52.2%。相比之下,在信贷危机期间多策略基金的下降只有标准普尔500指数的34%。

与其他对冲基金策略相比,2004～2010年间股票市场中性基金的月回报表现出与标准普尔500指数(0.63)和整体股票市场相对较高的相关性。这是高得惊人的,因为它与单策略对冲基金相比并没有反映出显著改善或更高的市场中性,尽管多策略基金更加多元化。

如图4.38所示,多策略基金的月回报比标准普尔500指数的波动较小,分别为1.76%和4.35%。根据这个标准差,2008年9月的最大月度下降

(-6.16%)是 3.5 西格玛事件。与其他对冲基金策略相比,月回报的分布是负偏的(-1.25),表明有下行风险。然而,这种负偏低于同期标准普尔 500 指数的(-1.43),表明优越的资本保值能力。此外,月回报分布的峰度比同期标准普尔 500 指数的小(2.9 和 5.6),表明回报分布的异常值相当少。

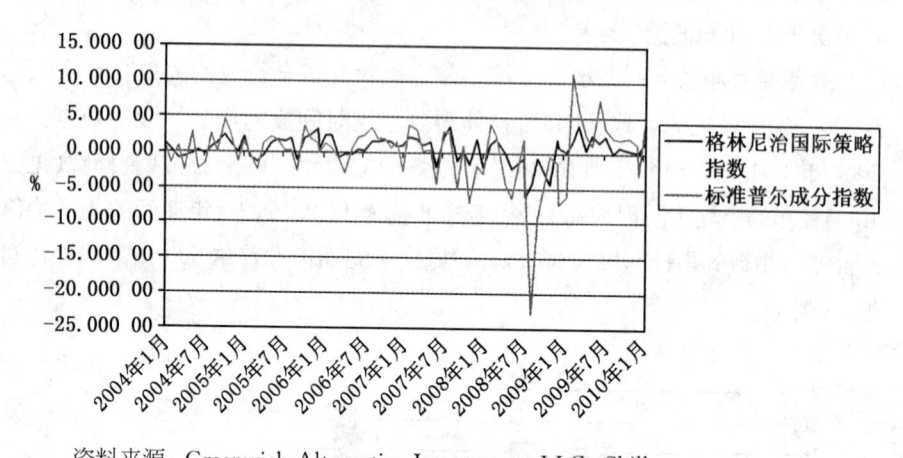

资料来源:Greenwich Alternative Investments LLC, Shiller。

图 4.38　格林尼治国际多策略对冲基金指数月回报与标准普尔 500 指数(2004 年 1 月~2010 年 3 月)

总之,多策略基金是其他对冲基金策略的混合,风险取决于配置的每个成分的策略。这些策略特定风险的相对影响在多策略环境下会下降,而它们的出现频率不会下降。此外,多策略基金暴露于对冲基金策略回报间的相关性风险和因管理多策略的复杂性而有点稍高的运营风险。与单策略基金相比,组合流动性风险在某种程度上下降了,因为多策略基金投资于较为多样化的资产类别,而不太可能同时产生流动性问题。业绩数据仅限于六年,2008 年的事件的相对权重很大。也就是说,回报的波动、偏度和峰度似乎并没有因策略多元化而有任何有意义的减少,平均回报并不明显高于专用的策略。

第5章 管理资金风险

全球金融系统会定期经历大规模动荡的时期,这时资金稳定性和流动性对基金的生存是至关重要的。始于2007年夏天的事件就是一个例子。次级抵押贷款的违约率增加触发了次级抵押贷款支持证券的损失不断升级,然后导致了各金融机构的巨大损失。对金融机构整体信誉的不信任导致银行间市场可获得资金在期限和数量上大幅萎缩。当全球市场和市场流动性进一步下降时,经纪商随后面临资金压力。特别是大宗经纪商如摩根士丹利、高盛、雷曼兄弟和贝尔斯登遭受着到期时间不匹配的融资结构。它们都挣扎过,但贝尔斯登和雷曼未能延续其短期债务。在这种情况下,银行间市场的信心下降,银行继续延长信贷给对冲基金的意愿和能力下降。此外,全球资产价格下跌对对冲基金造成了严重的损失,导致投资者急于赎回投资和把钱转成现金。根据Albourne Partners数据库,在危机的高峰期大约25%的对冲基金资产是封闭的、锁定的或是停牌了。最终的结果是许多基金戏剧性的资金危机,很多资产在毫无准备的情况下以跳楼价被强制清算。

如第1章所述,对冲基金的投资风险可以通过基金的利益相关者的行为加剧。具有讽刺意味的是,由于对冲基金使用杠杆,如果一个投资者挤兑基金,就会像一个老式的银行挤兑一样,会带来恐惧促使投资者赎回他们的份额(最终,基金崩溃,他们不能赎回份额)。对付基金的这种风险,要求基金经理运用不同的权利来控制赎回的速度和性质。这些权利包括封闭基金、暂停赎回、以证券形式赎回,或者创建一个清算信托等的能力。更复杂的情况是大宗经纪商有权增加现有头寸的保证金,拒绝基金的进一步交易,并停止提供融资。

投资者和大宗经纪商的行为对基金的业绩有直接影响。

安和博伦(Ang and Bollen)[1]发现,异常大的投资者赎回引起的资金流动

---

[1] Ang, Andrew and Nicolas P. B. Bollen, "Locked Up by a Lockup: Valuing Liquidity as a Real Option." NBER Papers in Asset Pricing, April 2010。

性风险与后续的基金业绩负相关,但与具有较长的投资者锁定期的基金相比效果没那么明显。大量资本赎回的要求与后续连续几个月的基金回报负相关。虽然相关不是因果关系,但他们确实发现赎回限制如更长的锁定期、赎回通知和支付期限与更高的回报相关。

他们进一步发现,对冲基金的大宗经纪商的财务困境也与后续月份的业绩下降显著相关。此外,对冲基金依靠多个大宗经纪商或银行比依靠单一大宗经纪商能获得更好的业绩。这一发现表明,源于大宗经纪商或银行的潜在的资金流动性风险可以通过资金来源的多样化来减少。

降低资金风险

对冲基金资金风险分析需要对给予投资者赎回权利和大宗经纪商改变保证金融资权利的文件进行评估。对基金的资金流动性风险的这方面的管理需要对这些文件进行协商,需要对在市场危机时激活这些权利可能对基金业绩的影响做好深入的考虑。

表5.1总结了基金章程性文件(constitutional documents)授予投资者和基金的各种权利,以及大宗经纪业务文件授予大宗经纪商和基金的各种权利。一些权利给基金防守性选择来帮助它管理在市场危机时的投资和资金风险。另外一些权利给投资者现金赎回基金份额的权利,迫使基金清算其投资。大宗经纪业务文件给大宗经纪商增加保证金的权利,这也能迫使基金清算其投资。理解这些权利并规划风险管理策略来处理投资组合突然贬值和流动性缺乏时的赎回请求,对基金抵御市场危机来说是至关重要的。

表 5.1　　　　　　　　　　利益相关者的权利和风险

利益相关者	权　利	激　励	风　险
投资者:具有对基金业绩的剩余追索权和对违约事件的次级追索权。	获得基金的净回报的权利。 对冲基金份额的赎回的权利。	好处:无限的。基金管理费和绩效费后的超额业绩。 缺点:本金全部损失。	● 可以强制清算资产,支付流动性溢价和承担按市值计价损失。
大宗经纪商:托管人和杠杆提供者。对提供的融资收取利息。在基金发生保证金支付或证券合约的债权违约事件时,具有债权人的追索权。	增加保证金的权利。 收回融资的权利。 拒绝交易的权利。 清算抵押的权利。 资金借给基金收取利息的权利。	好处:有限的。提供大宗经纪托管服务收取的费用和保证金与证券借贷的利息收入。 缺点:对冲基金违约时本金的部分损失和对冲基金抵押清算时补偿不足。	● 通过增加保证金,可以强制清算资产,支付流动性溢价和承担按市值计价损失。 ● 通过拒绝交易,可以限制或停止对冲或冒险。 ● 如果保证金没有支付和清算,可以没收担保。

续表

利益相关者	权 利	激 励	风 险
对冲基金管理层及员工:具有对基金业绩的剩余追索权和对违约事件的次级追索权。相较其他利益相关者具有信息优势,对基金有财务和人力资本投入。	赎回的权利。离开的权利。封闭基金的权利。管理费和业绩提成。	好处:无限的。基金的超额业绩以及管理和业绩提成。缺点:净值全部损失、声誉损失,管理公司股权的损失,失去工作。	● 可以强制清算资产,支付流动性溢价和承担按市值计价损失。 ● 可以激发封闭期阻止投资者收到赎回。 ● 可以离职导致基金的声誉和运营风险。

与投资者和大宗经纪商协商这些条款,基金的总体目标是嵌入管理其资金流动性的选择,并减少在短期内支付大量现金的非预期要求。这些要求可能会迫使基金在市场危机期间清算证券头寸造成损失。

基金赎回权控制

为了更好地管理资金流动性风险,基金通常希望能够拒绝、延迟、转换或减少投资者赎回现金的能力。相对于投资者,基金可在市场危机前协商并在危机期间激活的各种权利主要是它能够:

- 执行并依赖于投资者的锁定期。
- 改变规定赎回通知期、赎回日期和频率。
- 暂停其资产净值(NAV)测定和暂停认购和赎回。
- 延迟赎回款项的付款日期。
- 对赎回进行"封闭"。
- 为非流动性投资创建侧袋存放或特殊目的工具(special purpose vehicles)。
- 对任何赎回都保留一定的百分比以作为或有或潜在负债的储备。
- 用实物支付赎回(即以投资证券的形式,而不是现金)。
- 通过重组创建一个清算信托实体和一个继续运营的部门,继续执行基金的策略。
- 自愿清算,而不是强制,这样可以更好地控制清算的时机。

这些风险管理策略的适用性取决于当时的市场条件。更重要的是,这些选项的选择使用取决于基金组织章程中授予基金经理这些权利的条款。

此外,授予投资者的某些权利可能限制基金度过危机的能力并伤害员工和其他投资者的利益。这类权利中主要的是那些给某些投资者优先赎回和清算的条款。

大宗经纪商在保证金上的权利

大宗经纪商通常在他们的大宗经纪业务协议中保留这些权利:停止接受新的交易,增加融资利率,在任何时候自行追加保证金。在订立一份大宗经纪业务协议之后,或者是同时,基金可以向大宗经纪商协商这些权利,以给予管理危机风险方面更多的灵活性,减少大宗经纪商否认交易和增加保证金的能力。在市场危机之前对冲基金可以协商的主要权利主要是限制大宗经纪商的以下能力:

- 否认未来的交易。
- 对场外互换交易要求追加保证金。
- 对现金和衍生品头寸要求追加保证金。
- 对借入资金提高利率。

协商文件的这些方面的重要性取决于基金策略对杠杆、杠杆利用的程度、预期波动率和基金头寸在危机时的流动性,以及基金的大宗经纪关系的多样性。

章程性文件

投资者通常在有限合伙协议、认购协议、发行文件和可能的回签函等条款下,通过认购份额形成有限合伙关系。然后基金将从认购者中募集的资本投资于发行文件中描述的投资和市场。投资者作为基金股东的权利和义务,赎回条款和估值方法,通常在发行文件和公司条款中规定。投资者认购的份额在首发时以固定价格发行。此后,该基金可能会以一个固定价格发行新类型的份额进一步募集资本,或者以与初始类型份额投资组合的资产净值相关的价格增加同类型份额。

有限合伙协议

有限合伙协议(the limited partnership agreement, LPA)是统领性的法律文件,规定了投资者的权利以及基金经理和董事的权利。当投资者成为基金的"合伙人"时,投资者就是在执行有限合伙协议。

一些有限合伙协议讨论的问题很少关注风险管理问题。然而,另一些则更关注基金的风险经理和财务总监,因为他们在市场危机时期可能带来很大的资金影响。

有限合伙协议包含的常见条款有:

- 基金管理公司董事的权利和义务（关于封闭、停业、实物支付和侧袋存放）。
- 投资者的权利和义务(封闭期[1]和赎回通知期限)。
- 条款的定义。
- 开业信息(业务办公室、注册代理人、基金持续时间长度等)。
- 资本结构(最初和未来的趋势)。
- 利润和亏损的分配方式(包括各种税收分配条款)。
- 发行和收回的方式。
- 会计、账册和记录信息。
- 转让的权利。
- 合伙的解散,清算。
- 最终的发行方式。
- 委托书的授予。
- 杂项规定(标题、修订、适用的法律和管辖权)。

认购文件

认购文件(the subscription documents)为经理提供投资者的背景信息,并且各个基金间差异很大。它们包括潜在投资者在发行时的投资是合格的保证。一些公司有单独的个人投资者和机构投资者的认购文件。

认购文件通常包括以下信息：

- 特定的法律免责声明。
- 如何完成认购文档的说明。
- 认购协议(包括某些确认、声明与保证)。
- 关于投资者作为一名普遍认可的投资者、合格的客户或合格的购买者的合适性和状态问题(可能是嵌入在认购协议中)。
- 有限合伙协议签名页。

发行文件

发行文件(the offering document)通常是一份私募备忘录(private placement memorandum,PPM),包括基金结构和业务方面广泛的信息,将使未来的有限合

---

[1] 锁定条款规定,在初始的一段时期,投资者不能从基金中收回资金。这被称为"实际锁定期"。

伙人决定是否投资。它包括投资者可以协商的条件。在公开资本投资发行中，美国证券交易委员会会监管文件，但是作为一份私募备忘录并没有监管，各个基金提供给潜在有限合伙人的材料和细节可能会不同。私募备忘录主要用于向投资者营销基金，它描述了基金的策略、投资过程、运行记录、员工背景、监管和法律设置，以及主要的服务提供者。

虽然每个基金的私募备忘录是不同的，但它们有许多共同的特征，包括详细的投资计划和所涉及的风险因素，管理公司、管理者及管理和绩效费的描述，大宗经纪业务的安排细节和服务提供者，有限合伙协议的细节，《1974年雇员退休收入保障法案》信息披露[1]和其他关于基金处理隐私和信息披露事项的通知。

赎回权利和流动性通常不在私募备忘录中授予，这些通常在有限合伙协议或者回签函中规定。

回签函

回签函(the side letter)是对冲基金经理最重要的项目之一。回签函是由基金的律师起草、由投资者在认购文件签名处签署的信函。

有限合伙协议定义了对冲基金将如何运行，而回签函只是给予某些重要投资者优惠条款的协议。该信函使这些投资者比其他投资者获得更有利的权利和特权，通常用来换取基金的大额或种子投资。[2]

种子投资者和战略投资者 回签函可以成为募集资产的一个重要工具。通常，该信函将用于吸引基金的早期投资者(称为"种子投资者")。它也可以用来吸引投资者将大量资产投入基金(即战略投资者)。回签函也可以用来吸引当前基金投资者投入更多的资产。

一些回签函讨论的问题很少关注提高风险管理问题，如进行额外投资的能力，获得更多的优惠待遇，或者限制管理费用并获得其他奖励。然而，另一些则更关注基金的风险经理和财务总监，因为他们在市场危机时期可能带来很大的资金影响。他们可能授予某些投资者权利从而损害基金的员工和其他投资者的

---

[1]《1974年雇员退休收入保障法案》(the Employee Retirement Income Security Act of 1974, ERISA)是美国联邦法律，它设定了私营行业养老金计划的最低标准。ERISA要求养老金计划定期向参与者提供有关该计划的信息及其特性和资金来源。它为参与、权利保留、利益积累和资金来源设定了最低标准，要求计划受托人的责任，并给予参与者为利益和受托人违反责任起诉的权利。由于计划的受托人是有责任的，必须向受益者定期披露，他们要求他们所投资的对冲基金满足ERISA标准并向受托人披露必要的ERISA规定的信息。对冲基金为了吸引美国养老金计划作为投资者，他们必须达到ERISA标准。

[2] 作为对投资和回签函安排的替代，一名投资者只能进入基金经理的一个单独管理的账户(separately managed account, SMA)。

利益。其中最主要的问题是回签函给了某些投资者赎回优先权和流动性条款。

由于以下的一些原因需要使用回签函：

- 锁定和流动性：对冲基金经理可能会为特定的投资者减少或放弃投资锁定或允许更大的流动性(也就是说，种子或战略投资者以较短的等待期收回资金)。经理也可为特定的投资者提前赎回而减少罚款或同意修改封闭和其他限制赎回的能力。最后，经理可能允许限制基金向特定的投资者进行实物发行。
- 减少费用：对某些重要的投资者，对冲基金经理将减少或免除管理费或绩效费。
- 信息：经理可能同意向投资者提供更多信息的权利，如获取基金投资策略或关键投资信息的优先权或改进获取渠道，以及请求了解在任何给定的时间基金的确切头寸。这些信息还可能包括提前通知影响投资经理的关键变化(例如，关键人员的变化)。
- 事件的管辖权：在法律纠纷/选择的仲裁事件中，对于某些投资者经理可能同意接受特定的法律管辖(特别是养老基金)。
- 最惠国条款：这通常是给大额或非常早期的投资者保留的，给予他们任何投资者最好的交易。

有许多不同的方法可以让任何上述概念体现在回签函中，通常赋予的权利取决于经理和投资者的偏好和讨价还价的能力。

资金流动性风险管理策略：管理投资者赎回

基金经理应该有一些方法来确保足够的资本留在对冲基金并在关键时期确保其资金流动性。基金经理能够控制赎回的数量、比率和形式的程度，取决于基金投资组合的流动性和波动率、其大宗经纪商所提供的杠杆的数量和稳定性，以及基金持有的现金水平。下面按对投资者有效性和潜在的负面影响顺序，讨论管理投资者赎回可用的选项。

基金强化投资者锁定期的能力

投资者可以在任何时候要求赎回份额。如果基金有足够的流动资产，基金经理可以选择立即履行请求，但这不是必需的义务。基金经理没有义务立即付款，因为通常有锁定和赎回通知期用来帮助管理基金的流动性风险。投资者锁定条款限定了投资者在赎回他的份额之前必须投资于该基金的最少时间，限定

管理对冲基金风险和融资

了投资者在行使这一权利之前必须告知提取的金额。这些条款给基金经理延迟付款的权利,直到他在法律上有责任这么做。

当基金经理启动基金并寻求种子投资者时,锁定的长度是基金经理需要做出的一个真正的业务和风险决策。考虑因素有:(1)投资理念的酝酿期;(2)市场危机时基础资产的流动性;(3)潜在的投资者对过于漫长的锁定期可能会如何反应。

自2008年以来,在锁定协商中投资者的权力逐渐扩大的趋势明显。虽然新投资者的初始锁定期持续在一年或者一年以上,但一旦初始锁定期过去,投资者就希望能够在相对较短的通知时间内要求赎回他们的份额。瑞士信贷(Credit Suisse)最近的一份调查报告称,投资者正越来越多地希望赎回条款与基础投资组合相联系:只有25%的人乐意将赎回通知期为90天作为"高流动性"策略投资,而72%的人将90天通知作为"低流动性"基金。此外,2/3的投资者认为,如果他们同意其资本锁定时间更长,他们应该支付较低的管理或绩效费。此外,2/3受访的基金经理同意这个结论。[1]

投资者是对的,通知期应该随对冲基金的投资策略的变化而变化。有基金提供30天通知期的季度流动性,但大多数对冲基金至少有一年锁定期,至少30~90天的通知期。这意味着,投资者必须将赎回的意图在季度结束前30~90天通知对冲基金。两年锁定期曾经很常见,因为现在已经废除的证券交易委员会登记规则要求对冲基金经理在证券交易委员会注册为投资顾问,除非对冲基金制定了为期两年的锁定期。作为回应,许多经理将他们的锁定期改为两年。注册规则被法院推翻后[2],两年锁定期变得不那么常见了,锁定期超过两年现在极为罕见。

投资者通知期至少应与典型的基金投资结出果实所需的平均时间一样长。例如,对于采用不良投资策略的对冲基金来说,它通常需要半年到一年或更长时间才能看到结果,初始锁定期应该至少两年,因为它需要花费时间去寻找投资机会和配置必要的现金。通知期应该是180天或以上以与投资的平均期限和流动性特征相匹配。如果投资策略是短期性质的,比如管理期货或高速策略,那么锁定期可以是30天或更短。

一只锁定期大于90天的新基金会发现投资者做出负面反应,且被迫签署回

---

[1] "2010 Hedge Fund Investor Survey," Credit Suisse AG.
[2] Phillip Goldstein, et al., Petitioners v. Securities and Exchange Commission, United States Court of Appeals, District of Columbia Circuit. Argued December 9, 2005. Decided June 23, 2006.

签函给予种子或战略投资者更短期的锁定期。在这种情况下,从那些协商了较短的锁定期或者没有锁定期的种子或战略投资者那里获得的受管理资产的比例应保持在最低限度,以减少当流动性溢价从而结算按市值计价的损失时必须清算的那部分基金的风险。

有限合伙协议的锁定条款给了对冲基金经理在向要求赎回的投资者支付之前执行最少投资和通知期的权利。从资金风险管理的角度来看,投资者锁定的时间越长,基金经理就有更大的灵活性来管理市场危机时期。然而,确定最短锁定期条款是一个业务决策,应该在潜在投资者对流动性的要求与需要吸引种子和战略投资者直到基金达到最优规模而带来的业务风险间取得平衡。

改变赎回通知期、赎回日期和频率

基金经理在管理可能的高赎回带来的资金流动性风险时,可以协商额外的管理方式。这些包括对要求的赎回通知期的灵活性、赎回日期和赎回频率的协商。尽管这样的权利可能暂时缓解资金紧张事件的影响,但它们的范围通常是有限的,因此在市场危机的效果也是有限的。

基金在事前协商暂时延长赎回通知期限和推迟赎回支付的能力使得现金短缺的策略性管理成为可能。这样的协商一致是很少见的,因为投资者通常不喜欢这样产生的自己现金流管理的不确定性。当这些协议达成时,范围也通常局限于一个月或更短。

同样的,能够改变投资者的赎回频率的价值也是有限的。基金认为,信用紧缩会呈现"自动取款机效应",需要现金的基金中的基金和其他投资者会从投资者锁定最宽松的基金那里更频繁、更大额地赎回他们的投资。这反过来导致这些基金的业绩下降,因为他们不得不保持更多的现金头寸来预防赎回,即使他们的业绩是达标的,他们潜在的投资组合是稳健的。因此,一些基金要求,举例来说,投资者可以在 30 天的通知期后赎回,但该基金可以限制赎回次数为每年 6 次。这种方法具有有限的风险管理价值,因为用这样的权利限制赎回可能只会导致赎回金额变大,第六次可能就会将基金中投资的剩余价值全部取出。

最后,基金改变投资者赎回日期的能力受到投资者的极大限制,只允许赎回日期是周末或公共假日的情况下。因此,对管理资金风险的价值是有限的。

收取赎回费

如果投资者试图在锁定期结束前从基金取钱,那么一些基金就会向投资者收取提前赎回费。如果存在赎回费,通常只在特定期间(通常为六个月至两年)收取,或投资的指定部分提款时才收取。

提前赎回费用通常为 1~5 个百分点。其目的是抑制对基金的短期投资,从而减少成交量并允许基金使用更复杂的、非流动性的或长期的策略。在某种程度上,它也将阻止或限制投资者在市场危机期间或之后表现温和的时期撤回资金。显然,该费用越高,抑制作用就越大,因为它直接影响着投资者的净回报。为何要收取赎回费,基金经理指出,提前赎回或经常赎回的投资者进行赎回时会将成本强加于其他投资者:它会迫使基金的业绩表现低下,因为它必须保持高流动性资产以履行频繁的赎回;它会让其他投资者面临更大的流动性风险,因为基金的流动性部分必须出售以履行提前赎回。因此,与管理和绩效费不同,基金通常保留赎回费用以抵消这些赎回成本,从而直接为其余投资者而不是经理带来利益。

为赎回设置封闭

"封闭"条款是基金经理有权在任何提款日期限制提款的金额不超过基金净资产的规定比例——通常为 10~25 个百分点,根据投资者有权提取资金的频率而定。例如,如果基金的封闭限制为 15%,投资者要求赎回相当于该基金的资产净值的 20%,那么所有的赎回请求将会按比例减少到只有 15% 的赎回请求得到满足。

基金经理对赎回封闭的实施通常有一定的自由裁量权,而其他封闭规定非自由裁量机制只有在特定情况下才可行。例如,如果涉及基金大部分投资交易的交易所被关闭了,或交易被限制或暂停,那么赎回就可能被禁止。发行文件应该充分披露触发赎回封闭的情况并说明何时标准赎回将恢复。

相较于不允许提款的全面暂停赎回限制来说,这是个不严厉的提款限制。封闭是对冲基金几乎所有的策略都非常常见的特征。这样规定的目的是为了防止基金的挤兑,因为挤兑可能会削弱基金的业务,大量提款将迫使经理出售大量的头寸。封闭迫使投资者要等到下一个常规提款日期才能收到他们提款请求的未实现余额,从而放缓了对基金的挤兑。

但有业内人士担忧,一些基金可能会拖延返还钱来继续他们的业务,使他们能够继续收取高额费用。许多基金收取管理费用约为 2%,收取收益的 20% 或更多。

封闭条款减轻了基金赎回的现金需求,并通过限制任一赎回期间所需的现金总额,帮助基金抵御市场危机。这样做,减少了任何一个时期内清算大比例的资产的需要。与暂停赎回一样,封闭也是投资者社区批评的行为,它们并不总是有利于投资者,因为它们保证了基金的最低管理费收入。因此,它们可以被视为对基金特许经营和基金员工的生计的保护,超过了对投资者的最佳利益的保护。

基金的这些行为是合法的,只要这些条款包含在其组织章程性文件中,并明确为所有投资者追求最高利益。基金经理如果激发了封闭,他就应该写信给投资者解释预期的赎回数量减少了多少。

2008年提高了封闭限制的主要对冲基金包括城堡投资集团(Citadel Investment Group)、德劭集团(D. E. Shaw)、法拉龙资本管理(Farallon Capital Management)和磁星资本(Magnetar Capital)。这些特许经营公司做出这些决策的长期影响看上去很小,因为这些公司仍然是世界上排名前100的对冲基金。

堆叠封闭和投资者级别封闭　投资者级别封闭(investor-level gate)为每个基金的所有基础投资者设置了相互独立且相等的赎回比例限制。除了促进头寸的有序平仓和减轻全体赎回的压力,投资者级别限制也有助于减少管理者所面临的法律风险,因为它们平衡了赎回投资者和仍留在基金的投资者之间的利益冲突。

投资者级别封闭也可用堆叠封闭[stacked gate,也称为"基金级别封闭"(fund-level gate)]来代替,堆叠封闭要劣于投资者级别封闭。堆叠封闭允许按投资者赎回先后顺序在下一个赎回日期分配优先级。使用堆叠封闭的基金,在某一给定赎回日期尚未支付的赎回,可以滚动到下一个赎回日期优先赎回。

然而,没有提交赎回请求的投资者会发现自己排在提款队列的末尾,因为那些在上一季未全额支付的人会在通常的堆叠封闭结构中具有优先权。堆叠封闭劣于投资者级别封闭的原因,就在于它们会激励投资者尽快提交"防御性赎回"以排入队列获得流动性,这在市场压力时期尤其明显。因此,赎回就堆叠起来,那些最终并不赎回的投资者仍提交请求,以防如果他们最终决定套现时不排在队列末尾。

在信贷危机期间,许多基金正在经历赎回压力并认真考虑激活他们的封闭,投资者级别封闭和堆叠封闭之间区别的影响是鲜明的。例如,多边形投资合伙公司(Polygon Investment Partners)预见到其80亿美元的多边形全球机遇基金(Polygon Global Opportunities Fund)的退出通知会增多。多边形全球机遇基金已经建立了堆叠封闭系统,在任何时候将只允许有限数量的投资者退出。然而,当多边形意识到这个系统只会鼓励投资者尽早提交赎回请求时,他们改变了这个政策。因此,多边形采取了不同的路线,将投资者归入一个新的类别,赎回时使用更有利的投资者级别封闭,而不是先到先得的堆叠封闭系统。这向投资者保证,该基金将不会被迫清算,他们不需要仅仅为了排在队列前列或在退出时击败其他投资者而提交赎回申请。

暂停赎回

基金经理用于管理资金流动性风险的进一步选择变得更加严厉。大多数对冲基金的章程性文件预期资金投资的资产可能变得缺乏流动性或在市场危机时没有价值。因此,基金经理寻求能够给基金及其董事以下权力的条款:(1)限制可以在指定赎回日期赎回的受管理资产的比例;(2)暂停赎回。赎回也可能被拒绝,如果经理有理由认为该基金投资的资产净值不能被公允确定,该基金投资的赎回或实现在经理的眼里不能在正常的价格或正常的兑换率下受到影响,如果某些不利的监管条件出现,或者如果赎回有负面的税务后果。

在雷曼兄弟申请破产和投资者赎回请求急剧增加之后,暂停赎回的权利被大量资金激活。在信贷危机期间暂停赎回的全球对冲基金有:100亿美元都铎商景国际基金(Tudor BVI Fund)、德劭集团、法拉龙资本管理、RAB资本、美盛(Legg Mason)的博茂集团(Permal Group)、半人马座资本(Centaurus Capital)、高泰基金管理(Gottex Fund Management)、高桥资本管理(Highbridge Capital Management)、高盛。回想起来,这些基金中的大多数在2010年继续蓬勃发展,激活这一权利必须在投资者社区可能的临时异化和潜在的法律挑战间取得平衡。

确保暂停赎回的权利 为了确保这一权利,基金的章程性文件中的条款,综上所述,应给予经理和董事广泛的权力以按基金的最佳利益行动,给予他们行使暂停权力的权利。

暂停赎回的决定必须在赎回要支付的日期之前做出。法律上的优先顺序明确表明,暂停赎回不能应用于追溯,在暂停赎回权利生效前的有效赎回不支付是基金的违约事件,这给了投资者强制清算基金的权利。[1]

至关重要的是,基金要有证据证明它是按投资者的最佳利益行动。如果授

---

[1] 逆转案例支持董事暂停赎回支付的权力,因为暂停支付的决定在章程性文件中要求赎回款项支付的日期之前做出。见"In the Matter of Strategic Turnaround Master Partnership," 12 December 2008, Cayman Islands Court of Appeal.

权暂停赎回的权力行使得不恰当,这样的行动就会受到投资者的挑战并导致无效。[1]

行使暂停赎回的权利应极其谨慎。虽然暂停赎回在解决基金的即时资金危机和避免在市场萧条时清算资产方面效果很好,但它带来的市场声誉影响可以摧毁基金在投资界的商誉。未来的投资者不太可能投资于那些行使了暂停赎回权利的基金。

暂停基金资产净值的确定 作为暂停赎回的升级替代,在某些情况下可以暂停资产净值(从而赎回的份额)的确定,如果这项权力已经包含在该基金的发行文件和章程性文件中的话。最常见的情况是,如果董事有合理的信念认为,基金赎回请求资产的清算会导致基金及其投资者不合理的损失,那么一只基金可能暂停资产净值计算。

这种方法的明显缺点是它排除了基金的所有认购。因为基金已暂停其资产净值的计算,因而认购价格也不能确定,因此也就不能进行认购了。

暂停基金的资产净值计算通常不是最好的策略,因为它排除了认购。此外,在这种情况下管理费用没有支付。显然,这可能加剧基金经理对现金流的需要。

为非流动性投资建立侧袋存放或特殊目的工具 导致对冲基金资金风险的一个重要因素是基金从投资者那里获得的较短锁定期的短期资金和它进行的长期投资之间的不匹配和紧张关系。在市场危机期间,基金可能会陷入这样一种状态:他们无法轻易地为那些希望赎回的投资者不遭受大损失就从非流动性头寸中剥离出来,同时避免仍然留在基金的投资者的间接损失。最好的解决方案是让资金的期限与基金投资的流动性特征相匹配,短期通知就可以赎回的基金投资于流动性资产,而投资于流动性较差的或"难于出售的"资产的基金有锁定期条款使投资者留在基金一定的年数。在一个理想世界中,投资的流动性特征是确知的和静态的,这很容易做。然而在现实世界中,投资的流动性特征是变化的并在市场危机时期迅速恶化,改变投资者赎回的特征以更好地与投资流动性相匹配的能力可以为基金提供渡过市场危机所需的时间。

侧袋存放可以将流动性差或难以估价的投资与基金的流动性投资组合隔离开。侧袋存放可用于管理资金风险,让投资者继续认购和赎回基金的流动性资产的份额,同时通过将非流动性资产放入侧袋为投资者保留非流动性资产"潜在的"价值。

---

[1] 在逆转案例中,法院强调它不会"在没有明确证据情况下假设董事的权力已经被行使,除非是善意"。

管理对冲基金风险和融资

侧袋存放不仅在流动性危机期间使用。通常,侧袋存放是为非流动性投资而由投资经理创建的——要么是为新创建的机会,要么从已成为非流动性的现有投资。正常业务中通常侧袋存放的投资类型包括房地产、私募股权、破产、资产重组、清算和其他不良证券。侧袋存放投资中的投资者是无限期锁定的,他们的投资在投资实现前是不能赎回的,或者变得易于销售(侧袋存放投资的出售,或者投资变得更加流动或肯定会实现)时才能赎回。

当现有的投资因特殊原因如退市、暂停或未决诉讼等而变得流动性不足时,可以使用侧袋存放。然而,在最近的系统性流动性危机期间它们被证明特别有用。

在流动性危机期间,基金经理可能会选择建立侧袋存放或将额外的非流动性资产转移到侧袋以分离基金的流动性和非流动性资产。在这样做的时候,只有基金的流动性资产可以用于清算基金赎回。将资产转移到侧袋的决定既要实现投资者间的公平,又要实现准确的资产净值和业绩费用的计算。在以下特定情况下,将特殊投资从基金的一般投资组合中分离出来并放入侧袋对所有投资者都是公平的、合适的:

1.如果非流动性投资或特殊投资包含在一般的投资组合中时将扭曲基金的资产净值,因为投资经理评估时它只能按基本购置成本或公允价值评估,而不是按市场价格报价。

2.如果一些投资者按他们的份额赎回基金,其一般投资组合中包含非流动性资产,就会导致其余的投资者在基金持有的非流动性投资中持有非常高的比例。

3.如果对非流动性投资的理论价值收取绩效费,那将是不恰当的,因为在投资实际出售前真正的清算价值是未知的。

在创建侧袋存放或将组合中流动部分投资移入侧袋时,每个投资者权益的一部分就转换成一类或一系列新的不可赎回的权益,表示基金投资于非流动性的侧袋存放投资。一般来说,只有侧袋存放建立时那些实际投资于基金的投资者才能够参与分配给侧袋存放的特定投资的损益。任何后续投资或价值实现,或资产本身,只有那些最初参与侧袋投资的投资者才能参与。

侧袋存放对于基金的优势是,投资者不会因为其他投资者认购基金而稀释他们在特定投资上的利益,也不会因为其他投资者决定赎回基金而将特别大的利益陷入非流动性投资中。此外,基金的资产净值和支付给投资经理的业绩费不是基于非市场报价估值的投资的未实现收益。

将非流动性较投资转移到侧袋 在实践中,在该基金收购(或指定)非流动性投资时,每一个投资者持有的基金的投资组合的流动部分("流动份额"),要与一类新发行的份额交换,这类份额代表基金对特殊投资的投资("特殊投资份额")。这种交换受到相关数量基金流动部分投资者份额的影响,在价值上与该投资者购买相应比例的基金非流动部分的金额相等。由于交易在相关时间里对所有其他基金投资者是平等、共同的,它并不会稀释或损害任何一个投资者。通常发行一系列独立的特殊投资份额来代表每个非流动性投资或特殊投资。

从基金的角度来看,资金流动性管理是加强了,因为特殊投资份额的自愿赎回是不被允许的。当基础的非流动性投资份额出售时(也就是说,流动性事件发生了),侧袋投资份额可能只被交换为流动份额。出售的时机由基金经理决定。在流动性事件发生时,每个投资者都会赎回特殊投资份额,随后投资者会立即认购等值的流动份额(通常是初始类,它们由初始类转换而来),减去任何支付的费用。当然,投资者可以继续赎回他们在基金组合的流动部分的利益。如果一个投资者已经赎回了所有的流动份额,那么特殊投资份额就可以兑换现金,减去任何费用。这样,流动份额高赎回导致的被迫低价出售非流动资产的情况就可以避免了。

基金经理在灵活运用侧袋存放来管理流动性危机方面可能受到章程性文件的约束。例如,在基金刚开始时,投资者可能要求侧袋投资的价值在规模上是有限的,不管是参考基金的资产还是股东在基金的投资(通常为 10%~30%基金资产或股东投资)。此外,投资者可能会要求基金给予他们选择性加入/退出侧袋投资的权利,允许他们选择参与或不参与基金的特殊投资。这两个条款在基金的章程性文件或给投资者的回签函中,会显著降低对冲基金管理资金流动性风险的能力。

部分暂停赎回或保留赎回的一部分收益

管理赎回所产生的资金流动性风险的另一种机制是停止支付一部分赎回款项作为估值保留或或有负债保留。[1]这一权利可以由基金在章程性文件或回签函中协商确定。授予基金经理保留的范围可以是对赎回 100%的绝对保留,也可以仅仅保留 5%。暂停规定的范围及其有效性可以预先规定好,规定能够撤回的赎回的百分比,它是非流动资产相对于基金总资产的函数。这种解决方案的缺点是,它使得任何新投资者的认购价格的确定变得复杂,因为新认购价格

---

[1] 如果雷曼资产的价值增加,投资者将有权收回这种保留。

可能会随着保留部分而高估或低估。

实物支付赎回

管理赎回所产生的资金流动性风险的最后一种机制是履行赎回请求,但这些赎回部分用清算流动投资获得的现金支付,部分用非流动性证券支付。这种机制中清算决策由投资者做出,而不是基金经理。规模逐渐缩小的基金常常运用这种方法,基金不需要事先进行协商。

清算信托

当基金面临着高水平的赎回以及现金和非流动性投资的组合,只将现金分配给赎回的投资者,就会在剩下的非流动性资产中产生集中基金投资组合以及未撤回的投资者的利益的效果。将大量现金份额分配给赎回的投资者限制了基金的流动性和灵活性,在遇到严重的市场混乱和优秀的投资机会时就不会利用新投资。此外,结果组合的流动性特点将会与基金先前约定的投资计划不相符,让基金别无选择只能以甩卖价出售大量的非流动性资产来重新平衡其风险特征。最终的结果是,随着基金经理清算流动性较差的投资,留下的投资者就要承担损失,留下的基金份额几乎不可能上行。因此,唯一公平的行动可能是重组基金,创建一个清算信托来为最终赎回融资,以及一个接续的基金,允许继续投资者有机会从新的投资机会中获利。

假定这种情况是可能的,那么基金经理将清算信托条款包括在有限合伙协议里,作为管理因高投资者赎回产生的资金流动性风险的最后手段,这样做是审慎的。清算信托条款规定,如果投资者在任一撤回日期选择撤回超过一定比例的基金的资本(通常是25%或更多),那么"普通合伙人"(也就是对冲基金经理)可以完全自主决定选择这样的分配,即分配给清算信托,而不是直接给投资者。清算信托完全由基金经理管理,他作为受托人代表撤回的投资者,他们是信托的受益者。投资者想要赎回的资产和负债就放在信托里,它们的净值在数量上是相等的。

例如,如果要赎回的投资者已经要求从基金中全部撤回,他就会成为信托的受益人并收到信托的不可分割的一定的比例,该比例是基于在撤回日期他在整个基金占有的价值。基金经理作为信托管理人,应该使用一切合理的努力来减少转换成信托的资产转成现金,并及时向受益人分配现金。通常,完成清算的时间是没有承诺的。此外,基金经理即使在头寸全面清算后也可能会保留一些现金在信托里,以作为储备用于未来的负债(如投资者诉讼)。除了现金分配,信托也可以进行实物分配,这完全由基金经理自主决定。信托受益人可能会收到信托转移给他们的权益,也可能不会,该权益他们可以在二级市场赎回,因此他们可能别无选择只能等待信托分配从而退出。最后,管理和激励费用可以支付给提供服务的基金经理。

显然,基金经理必须仔细评估是否激活这一权利并创建一个清算信托。该选择是极端的,但是它给了经理极大的灵活性来管理高赎回带来的资金风险。激活这个权利应该只发生在基金经理仔细考虑了各种选择后,并得出结论,这是平衡赎回投资者与留下投资者的利益的最好的方式。

从一个投资者的角度来看,对同意清算信托条款的担忧是,如果基金经理激活这一权利,对他们投资的控制所带来的全部损失。投资者实际上没有追索权。清算信托条款给基金经理完全的决定权向信托支付实物赎回,这符合赎回的法律要求,但导致放入信托的头寸没有期限。此外,对一些基金来说,赎回的可能是与其占比不符的不受投资者控制的清算信托中难以估价且缺乏流动性的证券。此外,基金经理仍能挣得完整的费用。最后,在某些情况下,投资者无法退出信托,即使他们只希望拥有基金中证券的公平份额,因为基金经理没有义务向希望退出基金和信托的投资者进行实物赎回。

法律含义

基金章程性文件授予基金经理行使权力来管理因赎回所产生的资金风险,做出这种抉择必须认识到它可能受到法庭的挑战。这个含义可能是严厉的:如果法院裁决对投资者有利,它可能导致该基金被迫清算。

当基金行使暂停赎回的权利时,投资者就被锁定于基金,投资者可能向法庭申诉,要求基于公正和公平来清盘基金。通过审查基金的章程性文件,法院可能判决,按照这些文件,投资者有合法理由希望能够赎回其份额。此外,法院可能判定,基金在行使暂停赎回的权利时,可能会仅仅以自己的最佳利益行事,从而使投资者暴露于额外的风险,基金的资产可能进一步下降,以至于超出投资者可以全额偿还的范围,使投资者没有任何可能性从资产价值的增加中受益。如果法院得出这样一个结论,它可能会迫使基金清算,以保护投资者利益。

资金流动性风险管理策略:大宗经纪商

对冲基金与大宗经纪商的关系,在最好的时候,是共生的伙伴关系。对冲基金获得杠杆,它能放大投资回报,还有各种有价值的服务;而经纪商获得利息收入和证券抵押,可用于生成低成本的资金和附加费用。这种关系是一种信任,也是互相依赖的。因此,当任一方的信任稳定性动摇时,关系就会破裂,就如一方的失败会造成另一方的损失。这种关系通常是由一些文件统领,包括大宗经纪业务协议(也称为"客户开户协议")和国际互换交易商协会协议(International Swaps Dealers Association Agreement, ISDA 协议)。

这些文件授权双方可以相互隔离对方的失败。授予大宗经纪商与资金流动性风险相关的最重要的权利是要求更多的抵押品的权利和终止关系、撤回所有资金并要求清仓进行求偿的权利。

大宗经纪业务协议

大宗经纪业务协议是大宗经纪商提供给基金的单边服务协议。它涵盖基金与经纪商间涉及大部分证券类型的无限的交易,包含信贷、业务、抵押、运营和法律条款。2007 年之前协议的谈判是有限的,因为大宗经纪商不接受与对冲基金协商他们将向对冲基金提供的服务的条款。然而,自 2007 年以来,几个大宗经纪商未能提供足够的服务,这对他们的对冲基金客户的业绩有负面影响,该协议越来越需要谈判,对冲基金开始专注于与资金流动性风险相关的几个关键领域和快速召回抵押品的能力。

信贷条款 大宗经纪业务协议的主要信贷条款为大宗经纪商建立了以下能力:

- 完善基金抵押品的安全利益,以确保大宗经纪商提供的融资的安全。
- 抵押品的再抵押并确定必需的抵押程度。
- 交易和法人间以净信用敞口结算。
- 对冲基金行为带来的损失得到赔偿。
- 宣布对冲基金违约并立即召回对该基金的所有融资。
- 增加保证金水平并可以在任何时候以任何理由要求基金支付现金。

根据大宗经纪业务协议,违约事件发生时允许大宗经纪商终止关系并立即撤回向基金提供的所有资金。基金的违约事件包括:

- 基金合法终止。
- 未能支付或交付所需抵押品。
- 由于基金不能继续履行协议下的义务而违反大宗经纪业务协议。
- 发现基金的虚假陈述。

- "交叉违约条款"——对与大宗经纪商相关的任何法人义务的违约,如下属企业或提供该大宗经纪业务实体的金融机构的外国实体。
- "第三方交叉违约条款"——任何第三方的违约。
- 自愿或非自愿破产。

大宗经纪业务协议中需要协商谈判的要点最常见的是:

- 隔离:这是基金通过将可能触发违约的义务限制在特定的大宗经纪业务实体,来试图削弱交叉违约条款。这可以防止大宗经纪商终止融资,除非基金对该特定大宗经纪业务实体的明确违约。
- 第三方交叉违约:对冲基金也希望删除第三方交叉违约条款。这就允许基金对第三方违约,如次级大宗经纪商,而其他大宗经纪商无权撤回融资。这减少了所有大宗经纪商提供的资金同时撤回的风险。
- 改正期:对冲基金经常希望有时间修复可能引发违约的事件。通过协商给予潜在的违约事件一个改正期,他们可以迫使大宗经纪商推迟宣布违约及从该基金撤资。
- 保证金及时性:标准术语是保证金应在大宗经纪商要求时随时支付。对冲基金通常协商这样的条款,如追加保证金只有在上午10:00前通知时,才能在工作日结束前拿到。如果没有,保证金就会在第二天支付。这延长了对冲基金找到现金的时间,并交付给大宗经纪商以满足追加保证金。
- 再抵押限制:基金经常会协商,大宗经纪商再抵押证券的价值不能超过基金对大宗经纪商负债的140%。这一规定保护基金在给定大宗经纪商陷入财务困境时仍能接触到抵押品。在雷曼案例中,当雷曼的现金紧张时,它停止向基金提供资金,但却无法归还他们的抵押品,它已经将这些抵押品再抵押了以为自己提供资金。虽然许多基金担心雷曼兄弟的崩溃,试图将他们的抵押品从雷曼那里收回,这样它就可以由更有信誉的大宗经纪商用来生成资金,但他们不能得到它,导致资金紧张和其他头寸被迫清算。通过限制大宗经纪商再抵押抵押品到140%的监管限制,对冲基金可以在大宗经纪商自身遭遇资金困难时限制他们无法接触其抵押品的风险敞口。
- 多余抵押品的返还:此外,雷曼破产后,基金越来越渴望,在大宗经纪账户中的抵押品,如果大于作为保证金所要求的金额部分,能够在要求时退还。大宗经纪商会抵制这个要求,因为在银行间资金危机期间,多余的抵押品可能已经被再抵押了,很难从其他金融机构那里要回来。为了实施再抵押的限制,一些基金要求,如果抵押品不能在规定时间内退回,就可认定大宗经纪商违约。这对金融机构来说是一个非常重大的威胁,其在资金安排上也受制于交叉违约条款。如果其大宗经纪业务实体违约,那么该机构在所有的资金协议上都被认为违约,导致资金撤出作为一个整体的该机构。因此,大宗经纪商很少同意这种要求。

- 证券召回:维权基金特别要求,他们在为关键的公司行为进行投票表决时,股份能够返回给他们。

- 大宗经纪业务协议中的锁定条款:一些基金要求将限制大宗经纪商不通知就可以要求追加保证金的条款添加到协议。经纪商通常会抵制,因为通常会起草一份单独的文件管理保证金锁定。(锁定将在本章后面更详细介绍。)如果同意,等待期超过五个工作日将是极其罕见的。

ISDA

ISDA 是涵盖大多数衍生证券(即所有的互换、期权、大宗商品、外汇和结构性产品)的双边交易协议。它认识到大宗经纪商和基金间关系的双向性质,因此它为交易对手双方建立了权利和义务。跟大宗经纪业务协议类似,它是一个伞型协议,涵盖了无限的衍生品交易,每个都包含杠杆和资金元素。每个单独的衍生品交易用一个单独的包含具体交易的经济情况的确认来记录。

ISDA 对交易对手双方的主要优点是:

- 这是一个"破产保护"文件,它确保债权人能得到破产的交易对手的偿付。

- 它建立了交易对手间的付款条件。

- 它建立了交易的税收状态。这对基金来说是重要的,因为在相同的上涨潜力情况下,衍生品交易比现金交易更具有税收效率。

- 它规定了需要在交易对手间编制和传递的文件,以监控交易各方的信誉(包括对冲基金财务报表、章程性文件、NAV 报表、周期性业绩报表等)。

- 它提出了解决交易争端的机制(指定计算代理和建立估值争端解决程序等)。

- 它规定了违反事件(违约事件、终止事件、终止程序和终止事件中欠款的计算)发生时交易各方的权利。

- 它建立了设置抵押品的权利来减少因一方违约对交易对手的风险敞口。

ISDA 是一个模块化的文件,它由许多不同的支持文件组成。ISDA 主协议包含标准条款和与特定的交易关系相关的经协商的定制时间表。信贷支持附件(Credit Support Annex, CSA)包含标准条款加上额外的信贷条款,这些信贷条款随关系不同而不同。主确认书可能包含产品的具体条款、担保和独特的定义。单个的确认书包含单个交易的经济条款。

与大宗经纪业务协议一样，ISDA 文件包含重要的信贷、业务、抵押、运营和法律条款。对管理资金流动性风险来说，信贷和抵押条款是最重要的。

信贷和抵押条款 ISDA 协议的核心信贷概念是，它建立了交易对手双方在一方违约时终止关系的能力，并计算债务净值，以净值结算组合的债务。付款的时间和清仓的金额可能会对对冲基金在 ISDA 终止事件时产生资金流动性风险。

敞口按净值缩减对交易对手双方都有好处，它可以减少清仓的金额。ISDA 之下债务净值具有如下影响：

- 降低信贷敞口，因为组合的真实敞口是交易中的净敞口。
- 在信贷敞口限制下提高交易能力，因为敞口是以净敞口来衡量的。在减少潜在的信用敞口时可以增加交易能力，因此限制不会那么快就达到。
- 最小化所需的抵押品，因为各方基于所需的净保证金提供抵押，释放了资本并增加了对冲基金的有效组合杠杆。

ISDA 主协议

在 ISDA 主协议下需要谈判的通常是违约事件、终止事件和清仓金额的计算等条款。这些领域中的每一个都可以对关系取消、大宗经纪商撤回资金并要求偿付清仓金额的速度有直接的影响。因此，它们对对冲基金的资金风险有直接的影响。

违约事件 关于违约事件，对冲基金重点要协商的是：

- 未能支付/交付：对冲基金通常协商要求在未能支付或交付时有个改正期，以限制大宗经纪商宣布基金违约的能力。改正期通常是经纪商交付对冲基金未付款通知后的 1～3 天。这给该基金时间来解决这一可能导致终止 ISDA 的事件，延迟经纪商要求支付清仓金额的能力。
- 违反协议：基金未能提供约定的文档（财务报表、NAV 报表等）使大宗经纪商不能监控基金的信誉是 ISDA 下的违约事件。对冲基金通常协商为期 30 天的改正期，开始于大宗经纪商给出它没有得到所需的文档之后，以争取额外的时间来编制和交付文档。这是非常有用的，因为在危机期间，对冲基金的财务状况可能每天都在变化，资产可能会变得难以估值，标准报告可能会很耗时并延迟。
- 信贷支持违约：这是未能遵守信贷支持附件（见下文）下的义务，具体来说，

管理对冲基金风险和融资

就是支付保证金。对冲基金通常在大宗经纪商宣布违约前寻求协商一个改正期。

■ 特定交易下的违约：这一规定明确了交易的范围，在这些交易中任何违约都允许 ISDA 关系的终止。由于交易违约可能是对冲基金陷入困境的信号，因此大宗经纪商喜欢将交易的范围定义得尽可能广，包括未能履行与任何法人的任何交易，即使这些交易不受 ISDA 管制（如证券回购交易下证券不收回和金融集团内向任何法人的其他证券借贷活动）。对冲基金寻求缩小范围并"隔离"法人。通常情况下，基金将寻求嵌入最少阈值（"股权割让"）到回购收回时回购交易下的抵押不收回的定义中，并嵌入管理失误时的改正期，以确保微不足道的未付款不能触发违约。

—阈值量通常是设定在 1 000 万美元以下或基金资产净值的 2%～3%和经纪商市值或股东权益的 2%～3%。

—对于管理失误来说，通常所用的股权分割要求违约方证明不履行或未付款是管理失误的结果，而不是支付能力不足。

—管理失误的改正期通常不超过三天，要求纠正错误并在三个工作日内付款。

—这些术语有助于确保 ISDA 不会被终止，不会因错误原因产生资金风险。

■ 交叉加速：对冲基金也希望在非 ISDA 交易或第三方交易违约情况下，通过要求违约的非 ISDA 或第三方交易在 ISDA 清仓前加速和清仓，来延迟大宗经纪商宣布违约的能力。这迫使大宗经纪商等待终止 ISDA 并延迟要求清仓付款，直到第三方加速索赔。最后，对冲基金希望 ISDA 下的 ISDA 交易能在违约宣布前加速。所有这些步骤为基金必须支付清仓金额争取了更多的时间，并帮助减轻违约可能产生的潜在的资金风险。

■ 交叉违约：对冲基金希望能从对冲基金和第三方之间未能履行义务的违约事件中分割开来。此外，如果第三方的义务不能分割出来，那么基金也会寻求建立改正期来解决违约并延缓大宗经纪商要求清仓的能力。

终止事件 终止事件是给非违约方权利（而不是义务）来终止关系的术语。[1] 这些事件非违约方可以放弃，也可以用来与违约方协商更优惠条款，这些条款中主要是要求额外的抵押来保护非违约方以换取持续的关系。终止事件通常是"无过错"事件，因为它们并不完全受对冲基金控制。对这些事件的惩罚通常

---

[1] 由于大宗经纪商可能有权终止 ISDA 但是可能会推迟这样做，导致对冲基金现金需求的重大不确定性，基金认为经纪商不能置他们于无限的不稳定期间。由于这能够产生流动性紧缩，加剧资金风险，使基金管理更加复杂并可能导致自我实现的恶性循环，对冲基金通常要求将"要么全力以赴，要么索性放弃"条款包括在内，规定终止权利如果不行使的话将在例如 30 天内到期。

210

低于违约事件,违约事件会引发相互有控制地解除ISDA关系,双方要计算必要的需交付的清仓付款金额。相比之下,违约事件是受对冲基金控制的过错事件,非违约方成为计算代理来确定清仓付款金额。典型的终止事件包括:

- 违法:交易对手继续其ISDA义务就违法了。
- 税收事件:税收法律的变化,导致一方预扣ISDA付款的税款。
- 合并产生的信用事件:作为合并的结果,交易对手的信用变得"明显较弱"。

对对冲基金重要的是,大宗经纪商寻求嵌入额外终止事件来涵盖额外的"过错"事件,这些事件对对冲基金风险特征来说是特定的。可以利用这些额外的事件来结束ISDA关系并强制清仓金额的支付,从而给基金带来资金风险。这些事件包括:

- NAV触发:由于基金的资产净值下降通常是负业绩和/或投资者赎回的结果,它可以表明基金流动性问题的增加和基金信誉度的下降。因此,大宗经纪商会建立月度、季度和年度NAV触发,当NAV低于预设的水平时,ISDA可以被终止。经纪商寻求设置较低的触发水平并包括了投资者赎回对基金的NAV以及业绩的影响,而对冲基金会寻求较高的触发水平并排除了赎回的影响。

—测量NAV下降的机制也是重点需要协商的,对冲基金希望将计算定义为从任何月末或季末到另一个月末或季末。另一方面,大宗经纪商希望测量下降从月末或季末到月或季度内任意时点。区别是,在对冲基金偏好的机制下,如果NAV在月度或季度内低于触发水平但在期末恢复了,它不会触发终止事件,而在经纪商方法下它会触发终止事件。

—超级抵押:作为妥协,双方可能同意只有业绩才计入NAV触发,但还同意有单独的包括业绩和赎回的触发,允许大宗经纪商在没有终止ISDA能力情况下只能要求追加预设数量的额外抵押。由于没有像撤回ISDA下提供的所有资金那么严重,超级抵押触发可以要求对冲基金将额外的现金提供给大宗经纪商。

- 最小NAV下限:由于NAV的下降可以认为是业绩和赎回缓慢趋于恶化的表现,随着时间的推移,业绩和赎回的恶化会减少该基金的NAV和信誉,但没有快到能够触动任何月度、季度或年度触发,因此通常会包括"慢滴"(slow drip)条款,它为基金设定了一个以美元计价的绝对的最小NAV。如果低于这一水平,ISDA就可以被终止并可重新协商更严厉的条款。
- 未能提供一致透明度 由于大宗经纪商寻求理解和监测基金的信誉,他们通常要求基金每月提供其风险特征的信息。没有这个,经纪商就无法监控基金不断变化的信誉。因此,不能提供"透明度"如 NAV 报表、月间 NAV 的口头估计、整体资产配置、闲置资金水平、基金资产的流动性特征、风险报告和/或压力测试的结果,就成为 ISDA 关系终止的理由。对冲基金通常要求月底结束后有时间编制这些信息,通常为 15～30 个工作日和额外的宽限期,通常情况下为 5 天。这可以延缓大宗经纪商终止 ISDA 的能力,从而推迟清仓金额的支付。

- 关键人物条款:基金管理层的变化可能是有潜在的信贷问题的信号,也是高赎回该基金的前奏。因此,大宗经纪商要求,如果关键的个人如基金的创始人或关键的投资组合经理离去,他们有权终止并要求清仓支付,然后重新协商 ISDA。

由于 ISDA 是双向协议,对冲基金也担心如果大宗经纪商信誉恶化时抵押的收回,对冲基金也可以协商允许他们终止 ISDA 的条款。条款之一就是信用降级触发,如果大宗经纪商的信用评级低于一个阈值水平(通常是 BBB),它就允许基金终止 ISDA 关系,并要求收回抵押并清算支付。

清算金额的计算 ISDA 的终止事件中,清算支付的计算可能是高度复杂的,很可能缺乏流动性产品的估值多多少少带有点主观。如何计算没有市场的共识。因此,计算的机制在 ISDA 一开始就是要重点协商的,对冲基金要确保他们可以影响计算使其客观和不透明。

市场报价的方法 标准的 ISDA 机制是市场报价方法,非违约方或受影响方获得互换和衍生品交易替代值的市场报价。这种方法尽管对于流动性交易来说是客观的,但对缺乏流动性的交易来说它或许不可能得到报价。此外,通过从市场参与者那里得到报价,这种方法也有缺点,它传达了大量组合的市场细节,而这些组合可能很快就会被卖掉,提示市场参与者报出较低的市场价格。

损失的方法 然而,大宗经纪商希望清算金额是基于非违约方计算的"损失",包括大宗经纪商在每个互换交易一开始就对冲的清算成本加上互换的清算价值,以及使用内部模型来估值非流动性互换交易。因此,损失的方法可能导致清算金额高于市场报价的方法,从而显示对冲基金更高的资金风险。损失的方法也可能在清算金额的确定上产生更大的主观性,因此在 ISDA 协商中受到对冲基金的抵制。

ISDA 的信贷支持附件

信贷支持附件(CSA)进一步建立起被担保方(大宗经纪商)对所有交易对

手(对冲基金)提供的抵押的有效和完善的安全利益。它指定了追加抵押是如何决定的,追加保证金所需的时间及其付款方式,任何抵押替代要求,争端解决程序,以及大宗经纪商使用和保管对冲基金抵押的标准。它也可能包含额外的信贷支持附件相关的违约事件。

CSA 需要协商的主要方面是:

- 单边或双边协议:CSA 是否单向(也就是说,只对对冲基金)或双向(即适用于对冲基金和大宗经纪商)适用。通常情况下,需要提供抵押的是对冲基金。然而,自雷曼兄弟倒闭以来,较大型的基金可以提出协商,评级较低的大宗经纪商也提供抵押。CSA 是双边的时,清仓金额可能会减少,这降低了对冲基金潜在的资金风险。

- 合格的抵押和抵押折价率:除现金外,证券是否是可接受的抵押,如果是的话,证券的类型包括哪些。能用证券作为抵押可以减少基金的现金需求并降低潜在的资金风险。折价率水平也会重点协商,对冲基金会寻求选择能为他们的证券抵押提供最多资金的大宗经纪商。这使得基金能够控制新释放的现金,这些现金可以存放在不同于该大宗经纪商的账户中作为准备金,并用于满足任何交易对手或投资者的现金需求。(折价率和保证金水平将在本章后面更详细地讨论。)

- 抵押的阈值(或"无担保金额"):在该点基金必须提供额外的抵押来满足其抵押的不足。阈值越高,提供给基金的灵活性就越大,在此之前基金无须用现金或证券来满足追加保证金。

- 最小交付金额:低于该金额就不需要提供抵押。这对规模较小的基金来说常常是一个低门槛,但对顶级基金来说则可能是巨大的。它用于减少 ISDA 关系的运营负担和双方交付抵押的频率。抵押不需要交付直到敞口达到一定量。

- 通知时间和交付时间:交易对手必须通知另一方追加保证金的时间,以在工作日结束前通过交付现金或证券抵押来结清支付款项。通常,通知需要在上午 10:00 或中午前发出,以便下午 17:00 前支付所欠款项。如果交易对手在通知时间截止后才发出通知,那么交付将在下一个工作日仍然有效。通知后有时间从其他地方交易出证券头寸或现金来源是重要的,以避免在抵押支付上技术性违约,导致 ISDA 的解约结算。

- 追加保证金不支付的宽限期:通常会协商一个工作日的宽限期,以适应假日安排和运营延迟,从而避免技术违约和关闭 ISDA。

■ 超级抵押数量：因为违反超级抵押阈值，交易对手可能会增加其所需的保证金数量的多少。这通常在保证金计划表中协商，每种证券类型或证券集合为初始计划的两倍。

锁定和期限承诺

如果说 ISDA 协议像闪电约会，大宗经纪业务协议就像趋于稳定关系，那么所谓的"锁定"就像对冲基金和大宗经纪商之间的婚姻。ISDA 可能为单个的互换和衍生品交易制定保证金条款，大宗经纪业务协议为证券组合指定保证金条款，大宗经纪业务锁定在一段时间内固定了这些组合的保证金条款。

在最基本的术语中，锁定或"期限承诺"是大宗经纪商向对冲基金提供的一个信贷安排。锁定防止大宗经纪商改变用来确定抵押需求的保证金比率和方法。对于对冲基金来说，保证金需求的确定性、稳定性和可预测性就如大漩涡中的海锚和资金危机中的巨额资产。

此外，大宗经纪商机可能扩展锁定使其能涵盖保证金融资的融资率并限制经纪商在锁定期拒绝清空对冲基金交易的能力。对于规模较大的基金管理人来说，锁定期限通常为 60～180 天，对于最大的对冲基金来说甚至更长。在实践中这项安排的运作方式是，如果大宗经纪商想要在锁定期做出与对冲基金改变财务关系方面的改变，它在这样做之前必须向管理人提出必要的通知。

在信贷危机之后，影响主要银行的问题也影响了他们的大宗经纪业务单位。这导致向对冲基金提供信贷的兴趣不大，如果提供信贷就会要求更高质量的抵押。然而，随着银行业的复苏，提供信贷的兴趣正在增加。也就是说，大多数大宗经纪业务都没有兴趣为流动性较差的证券或任何头寸融资，因为大宗经纪商不能每天持续追踪到客观的价格。

协商锁定和大宗经纪业务协议 保证金锁定是与大宗经纪协议分开协商的。当对冲基金开始选择大宗经纪商时，他们有很强的议价能力，威胁更换经纪商给了他们在整个关系中很大的影响力。此外，经纪商可能最容易接受这样的想法：一旦基金与他协商好的有利的锁定期至少是 6 个月，这样他就有时间来观察该基金的交易习惯和风险特征。经过几个月证实能盈利，大宗经纪商很可能会提供更好的期限。

保证金锁定有五个重要方面需要协商：(1)覆盖条件，(2)除外头寸，(3)终止事件，(4)透明度要求，(5)保证金规则。

覆盖条件 承诺的范围被定义为"覆盖条件"，大宗经纪商在没有通知的情况下不能改变这些,只能等到锁定期到期后才能改变。

覆盖条款通常包括:

■ 大宗经纪商确定保证金或抵押要求或适用于对冲基金账户的融资费用所使用的方法。

■ 大宗经纪商和对冲基金之间交换信息的格式或内容,涉及基金账户中执行、融资、核对和报告等活动。

■ 锁定和保证金规则对已融资的现金证券头寸和互换等衍生工具的适用性。

此外,基金可能寻求包括大宗经纪商的承诺来继续清算交易。大宗经纪业务协议是一种请求设施(demand facility),因此,经纪商通常能在任何时间以任何理由决定停止清算基金的交易。这可能是极具破坏性的,如果基金不能实现对冲或通过出售损失头寸来止损,就可能导致基金的重大损失。如果继续清算交易的承诺包含在覆盖条款中,经纪商就必须在拒绝这样做之前提供必要的通知,这将使该基金有时间在其他经纪商那里开设新的账户。

条件和除外责任 条件条款指定了锁定的保证金规则将适用的抵押组合的类型。大宗经纪商会更愿意同意锁定流动性的、多样化和低波动率的组合,因为它们的风险更稳定。以下是典型的条件条款:

■ 最小头寸数量:大宗经纪商通常要求抵押组合包含至少15~25种不同的证券头寸。这样才能让经纪商确保组合的价值不会受到特质风险的影响。只要所有其他条件得到满足,在新关系建立时期这个要求可能放弃或减少,因为基金在逐渐建立平衡。

■ 最大资产类别敞口:就如头寸的多元化对于确保抵押价值的稳定是非常重要的,资产类别的多样化也是非常重要的。由于由流动性股票和优质主权债券组成的组合的数量通常是无限的,就需要应用其他限制。例如,经纪商可能不想同意锁定由超过50%抵押债券或超过10%~25%大宗商品组成的组合的保证金。这既出于风险原因,也因为资金的原因。股票和主权债券很容易再抵押,可以为经纪商产生低成本资金。然而,在所有其他条件相同的情况下,低级别公司债券和大宗商品不是那么容易再抵押,对经纪商来说融资成本更高。

除外指定了锁定保证金规则不适用的头寸的类型。大宗经纪商会寻求保留改变高风险头寸保证金的能力。因此,他们会寻求排除对冲基金组合中被认为风险过高的那部分锁定,并希望能够改变这些头寸的保证金。以下是除外条款的典型类型:

管理对冲基金风险和融资

- 集中度:大宗经纪商希望能够在风险更高的头寸上收取更高的保证金,因为它们代表抵押给经纪商的证券抵押的风险集中度。典型集中度除外责任,举例来说,如在一个新兴市场的头寸其联合市场价值大于组合总市场价值的20%～30%,或单一发行人的证券头寸(包括股票、衍生品、债券等)大于组合总市场价值的5%～10%。[1]

- 流动性:大宗经纪商希望能够在因潜在流动性不足而无法按市价清算的头寸上收取更高的保证金。典型的流动性除外责任,举例来说,如证券头寸大于证券发行规模的10%～15%,或债务证券大于发行人发行在外债务总额的5%～10%。其他流动性除外责任可能与限制交易证券如144a发行、控制头寸或私人证券有关。

- 其他风险头寸:

—小盘股:小盘股的波动率很高,这样小的公司的证券可能不存在机构买家。因此,流动性低。大宗经纪商寻求排除锁定余额中由小于3亿～5亿美元总市值公司头寸组成的多余的部分,通常寻求限制小盘股占锁定组合总市值的10%。

—便士股(penny stocks):类似于小盘股,股价低于1美元的股票比股价高于1美元的股票在流动性和波动率方面的风险要高。这是证券借贷市场和机构投资者对这类股票的兴趣两者共同作用的结果。大宗经纪商寻求排除锁定余额中由股价低于1美元股票组成的多余的部分,通常寻求限制便士股占锁定组合总市值的10%。

—次投资级债务:次投资级公司债务(低于BBB+)突然违约的风险明显高于投资级和主权债务。因此,大宗经纪商寻求自由改变这些类型证券的保证金,如果锁定中包含次投资级公司债务且大于组合的10%～15%,就从锁定中排除部分对冲基金余额。此外,经纪人可能寻求完全排除评级低于B—的债务证券。

—未分级的债务:就如次投资级债务,大宗经纪商不想在风险不可衡量的债务证券上锁定保证金比率,如果它们完全由未分级的公司债务组成,他们会寻求从锁定中排除部分对冲基金余额,或限制它占抵押组合总市值的一小部分。

- 新兴市场:

—鉴于新兴市场危机的历史及其扩散,大宗经纪商寻求从锁定中排除过多的新兴市场敞口。但是,随着新兴市场的持续稳定和强劲增长,对新兴市场抵押

---

[1] G-12国家的主权债券通常不包含在集中度除外条款中,因为它们的高流动性和相对较低的风险。

的兴趣也在增加。尽管如此,经纪商寻求自由改变这些类型的证券保证金,如果它们大于组合的50%,就从锁定中排除对冲基金余额中过多的部分。

——大宗经纪商依靠法律权利来在违约事件发生时清算对冲基金头寸以取回融资。在某些不那么成熟的新兴市场国家,这项法律权利尚不清晰。因此,大宗经纪商将寻求排除这些国家的证券得到融资,他们的保证金将被锁定。

在条件和除外责任的协商中,大宗经纪商应该定制这些条款以适应对冲基金的策略。对冲基金会期望大宗经纪商减少某些条件和除外责任的限制,以更好地适应基金的投资策略,同时增加其他的条件和除外责任的限制,以使锁定服务于为投资组合稳定融资的需要,这样对冲基金就会是舒适的。对除外责任,只要建立了组合限制比例,那么就要明确,只有高于这些阈值的多余的头寸才会从锁定中排除,而不是全部头寸。

终止事件 保证金锁定中的终止事件给予大宗经纪商在特定事件发生时终止锁定的权利。在保证金锁定协商中,终止事件是非常有争议的。对冲基金倾向于视它们为"如果……那么"的语句,比如"如果这个事件发生,那么大宗经纪商将终止锁定"。然而,对经纪商来说,这些条款作为选项是有用的,尽管他们希望从未使用它们。

大宗经纪商通常希望有终止事件,能在任何情况下基金遇到困难时保护他们。终止事件允许经纪商单方面立即终止关系并基于主观评估提高保证金,这会使保证金锁定在资金或市场危机时毫无价值。例如,一些大宗经纪商试图包括这样一项条款,如果他们确定继续与基金做生意可能遭受声誉风险,就允许终止。基金经理应该提防主观终止事件,这样的规定应在协议外协商。典型的客观终止事件包括:

- **违约/交叉违约**:基金在与大宗经纪商或相关实体的任何协议上违约的话,就有理由终止锁定。对冲基金希望将这种违约限制在仅仅是基金对经纪商的违约,而排除将对其他金融机构的违约作为触发经纪商终止锁定的权利。一般来说,经纪商不接受这种限制。

- **NAV触发**:从某种程度上说,资产净值的下降表明业绩下降和/或投资者的赎回,这是基金信用恶化的潜在指标。下降的速度和持久性是另一个指标。大宗经纪商希望,在基金自己的NAV值月度报告显示这种下降时能够终止锁定。

月度、季度和年度NAV变化触发允许变化超过预定的阈值时终止锁定。这是在锁定条款谈判时需要重点协商的条款之一。对冲基金希望这些阈值尽可

管理对冲基金风险和融资

能高来排除投资者赎回的影响,以便在由高赎回引起的市场危机或资金危机中仍然持有锁定。大宗经纪商希望是相反的。通常,NAV 触发设定在一个月下降 15%,一季度下降 25%,一年下降 35%,并包括赎回的全部影响。

NAV 触发的最终协议,以及大宗经纪商和对冲基金具有的灵活性,取决于基金策略的波动率和对冲基金需要的保证金的进取性。如果基金遵循低波动率的策略,为经纪商提供详细、频繁和最新的资金头寸和闲置现金的信息,保证金要求从经纪商的角度来看是相对保守的,那么经纪商可能同意设置高 NAV 触发。

- NAV 下限:基金的 NAV 可能发生缓慢下降,它不会触发任何 NAV 触发,但随着时间的推移,它会改变基金的信誉。大宗经纪商认为这种改变是商业上可接受终止现有的锁定的理由并重新谈判。通常情况下,NAV 下限在锁定协议开始时设置在高于 NAV 的 50%,在后续年份的年底设置为 50%。

- 关键人员条款:创始人、基金经理、明星交易员或其他重要贡献者离开基金,可能会导致大量的投资者在业绩不佳预期下赎回。在最极端的情况下,它可能会给出基金不正常的信号。由于这些原因,大宗经纪商寻求有权记下锁定中关键人员的名字,并在一个或多个关键人员退出基金时终止锁定。对冲基金通常寻求修改这个终止事件,要求超过一个关键人员退出基金且 30 天内没有合适的人员来替代时才能终止锁定。

- 监管:监管调查可能是基金信誉度下降的信号。因此,大宗经纪商寻求能够在这样的调查事件中终止锁定。不过,对冲基金寻求限制该规定,只有在调查结论表明违反监管确实发生并且监管机构对基金及其经理或负责人进行了客观制裁后,经纪商才能终止。

- 未能提供透明度:后面还将进一步讨论,大宗经纪商需要关于对冲基金总体风险特征的定期、及时、详细的月度信息以持续监控其信誉。如果基金不提供这些信息,经纪商就只能依靠基金托管人那里的余额来对基金的风险进行评估。如果基金有多个大宗经纪商,那么任何一个经纪商就只看到整体的一部分。因此,如果该基金未能按时提供预先约定的透明度,那么经纪商就可以终止锁定。通常需要协商的关键点是透明度内容的披露和在次月基金交付的时间以及是否有几天的宽限期。一般来说,透明度需要每月交付且在次月的 15 天内交付。

透明度和信息披露 典型的透明度要求包括:
- 资产净值:基金每月的 NAV、净认购和赎回,以及业绩。

- 杠杆率报告：包括资产负债表外头寸多头和空头市场价值。
- 记录的百分比：经纪商的融资与对冲基金整体组合的比例。
- 资金流动性：闲置现金数额或占 NAV 的比例。
- 组合流动性：全部对冲基金组合的流动性特征按期限分为流动性桶，用来显示在不同的时间范围内可以出售换取现金的组合的比例。
- 风险报告：VaR 报告，VaR/NAV；压力情景下的结果，压力损失/NAV。
- 组合资产类别敞口：组合按总市场价值的比例，或根据给定的资产类别、国家、行业、评级桶等风险因素敏感性，进行分解。

这些透明度要求可能对对冲基金运营产生负担。为了减少这种负担，基金可能寻求让大宗经纪商接受与基金每月向投资者提供的透明度同样水平的透明度。大宗经纪商经常发现这种程度的透明度不够，觉得他们有权获得更多的信息，因为他们是基金的主要债权人。

保证金规则 对冲基金可以将锁定看作是其与大宗经纪商交易的所有证券之上的固定保证金率。事实并非如此。在现实中，锁定通常只确定了保证金率计算的方法。锁定使大宗经纪商不能改变方法，但不会导致在所有的市场环境下固定的比率。

这是因为经纪商确定保证金的方法越来越复杂且以市场为导向。大多数大宗经纪商有一系列的方法可用。保证金可能基于对冲基金组合的压力测试确定（基于压力的保证金），用 VaR－类型分析确定（VaR 保证金），或基于一系列复杂的规则或算法确定（基于规则的保证金）。

VaR 保证金方法确定的锁定实际上会有顺周期性（pro-cyclical）。随着市场进入危机，大多数证券的波动率和相关性可能会增加。因此，大宗经纪商那里的余额 VaR 将增加，随之保证金也增加。正是在这个时候，基金需要最大化其资金的灵活性。

基于压力的保证金可能是基于历史情景和潜在的未来情景的最糟糕的结果，它是由大宗经纪商根据其对市场前景的判断来确定的。显然，更糟的情景会导致不改变方法而保证金增加。另外，压力情景可能被定义为相关风险因素的三个、四个或五个标准差的位移。这些标准差来自于最近的历史时间序列。在市场危机中，这些也将是顺周期的，因为大多数风险因素的标准差会随着波动率的增加而增加。

基于规则的保证金通常由基础保证金率组成，基础保证金率确定正常市场中的保证金，但它包含数学函数，当流动性、波动率和/或集中度达到预先设定的阈值时,就会增加保证金使其高于基准率。这些额外的费用在危机时会增加保证金。

基于规则的保证金锁定为保证金提供了最大的可预测性,在锁定下保证金数量最佳边界集可能增加。该方法也有自己的优势,一旦大宗经纪商提供了规则,它能够被对冲基金复制。这使得基金能够对潜在的交易及其保证金影响进行"如果……怎样?"分析。它还能使基金模拟不利市场情景下保证金的变化并对资金流动性进行计划。

在锁定协商中,保证金方法是公平博弈。基金可以通过提供示例组合并评估每种可用的方法下的保证金,来评估所有大宗经纪商的方法。一旦选择了一种方法,对冲基金就可以要求计算中改变特定的参数以产生较低的保证金,或者让保证金在市场动荡的时期小幅度上升。结果就是为基金定制一种方法。大宗经纪商是否接受将取决于预计将从该基金获利多少、经纪商对基金风险的评估,以及锁定中其他条款的进取性。

次要的考虑因素

融资利率和费用 对冲基金也可以锁定他们的费用和融资利率。这对保证金水平来说通常是次要的,因为费用变化对基金的资金影响是小于保证金水平变化的影响几个数量级的。

这可以是保证金锁定协商中的一部分。大宗经纪商通常会向基金提供货币和各类抵押的融资利率计划。利率将以伦敦同业拆借利率(LIBOR)或联邦基金利率价差的形式报价,并根据经纪商再抵押基金的抵押获得资金的能力而变化。不可再抵押的抵押通常会收取更高的无担保资金利率。

双向终止条款 由于信贷危机事件,经纪商因信誉和资金问题而倒闭,一些对冲基金经理和财务总监觉得保证金锁定不应该是完全单向的。例如,基金可能要求,大宗经纪商的信用评级下调到低于投资级就应该是终止事件。尽管这是非常次要的考虑因素,因为如果是担心经纪商的信誉,基金可以简单地选择不使用该经纪商并将它的余额转移到其他地方。为了避免这种风险,锁定不需要终止。

替换的权利 替换权利可能是对冲基金锁定的一个额外选择。替换权利允许大宗经纪商在对锁定发出通知后,经纪商必须继续接受满足特定要求的交易,并向基金提供相同水平的融资,直到通知期限结束。这有效地允许基金继续交易,并在交易时用新的头寸代替旧的头寸,从而继续有新的头寸符合锁定保证金的要求。例如,只要对冲基金满足以下条件,就能够做到这一点:

- 用新的头寸替换旧的必须在同一天。
- 抵押池的风险特征必须在整体上不会恶化。这通常是在一组预先确定的测试上客观衡量的,这些测试如:

—超过组合总市场价值 5% 的头寸的数量不能增加。

—抵押组合占超过两天成交量的证券头寸的百分比不能增加。

—抵押组合占非投资级债的百分比不能增加。

—抵押组合占潜在非流动性的大批量债券的百分比不能增加。大批量的头寸可以用超过债券总发行规模 10% 的任何债券头寸来衡量。

—抵押组合不能集中。任何一个国家或行业的组合占比不能增加到超过组合总市场价值的 20%。

—以市场价值为权重的抵押组合中的债券平均信用价差不能增加,以市场价值为权重的债券组合平均信用评级不能下降。

以上条款都是在一个"术语表"中提交给基金。术语表用浅显的语言对经纪商提出的锁定协议的条款进行了概括。对冲基金的财务总监或组合经理则考虑这些条款对基金运营的影响并响应提议。一旦达成协议条款,最后的术语表就交给经纪商的律师,约定的条款就写入正式锁定文件中。一个示例术语表如表 5.2 所示(注释说明用斜体表示)。

表 5.2　　　　　　　　　　锁定术语表示例

伊卡洛斯资本有限合伙

	提议的锁定条款(仅作示例)
	(根据满意的文件)
期限	5~180 个日历天数
描述	经纪商可以根据需要改变保证金,但本协议下覆盖条款在××天内不能改变(受下面的终止事件和除外责任制约)。 经纪商保留拒绝额外的交易的权利和指定资产从锁定中排除的权利。
覆盖条件	(1)经纪商 XYZ 用于确定保证金或抵押要求或适用于基金账户的融资费用的方法;(2)经纪商 XYZ 和基金之间交换的有关基金账户执行、融资、核对和报告活动的信息的格式或内容。
保证金条款	见保证金计划
条件	头寸的最小数量必须至少有 25 个。(在锁定的最初 30 天,只要所有其他条件得到满足,这个条件可减少到 15 个。) 公司债券不能超过保证金组合市场价值的 50%(区别于流动性更强的主权债券)。

续表

排除头寸	集中头寸： 1.单一国家敞口大于组合市值总值的 20%。 2.除经合组织国家国民政府外,单一发行人头寸大于组合的市值总值的 10%。 3.证券头寸大于该证券发行规模的 10%。 4.债务证券头寸超过发行人总未偿债务的 20%。 5.总市值小于 5 亿美元的公司的头寸应当限于组合市值总值的 10% 6.直接债务投资评级低于 BB- 的头寸应当限于组合市值总值的 15%。 限制证券：与限制或私人证券相关的头寸 不能定价证券：经纪商 XYZ 必须能够通过每天追踪公平的市场价格来不断地对头寸进行估值。（停止定价的证券将被排除在外,而不管它们最初是否包含在锁定中。） 未分级的证券：标准普尔或穆迪都没有评级的证券。 国内货币：总值大于组合市值总值的 20% 的非美元、欧元和日元敞口。（这用于限制更多的外国货币敞口。） 机构评级：没有标准普尔或穆迪等效评级低于 B- 的证券。（这是为了确保组合中的债券的信贷质量仍主要是投资级。若没有评级要求,低级别证券就会充斥。）
	（对于以上术语,这些准则以外多余的头寸通常会从锁定中排除。）
终止事件	交叉违约：违反或违约与经纪商相关的任何实体的任何其他协议。 破产：破产、倒闭或任命基金接管者。 基金的净资产下降：每月 10%（仅指业绩）,每季度 12%（仅指业绩）或 20%（包括赎回）；每年 30%（包括赎回）。 NAV 下限：协议开始时超过 NAV 的 50%,后续每年底超过 50%。 变更经理：目前的对冲基金经理停止运营基金。 未能提供透明度：次月 15 日内。（经纪商指定需要什么样的透明度信息。） 监管制裁：监管部门对基金、经理或指定的负责人进行制裁。
替换的权利	如果组合违反了排除头寸或其他限制,客户就可以替换抵押,要满足以下几点： (1)替换通知必须与头寸从组合中移除在同一天内。 (2)组合中以下各项的比例不能增加： ● 大于组合总市场价值 5% 的头寸。 ● 超过两天交易量的证券。 ● 非投资级债券。 ● 超过发行量 10% 的债券。 ● 任何国家或行业的债券大于总市值的 20%。 (3)以市场价值为权重的债券组合平均信用价差不能增加,以市场价值为权重的债券组合平均信用评级不能下降。

续表

透明度要求(经纪商所需的典型信息)	每月的基金 NAV 和业绩 杠杆报告：包括表外头寸(LMV、SMV、GMV 和 NAV) 记录的百分比：经纪商 XYZ 的融资与基金的整体组合的比例 闲置资金/NAV 以流动性组合体现的资产负债表流动性 风险报告(VAR/NAV；压力风险/NAV) 国别细分、评级细分、企业和主权细分

管理保证金要求 不管是否锁定，保证金要求随基金和融入资产类型的不同而不同。所需的保证金数量以及大宗经纪商提供给对冲基金的杠杆的主要决定因素是：

(1)经纪商对基金信誉的评估。

(2)基金提供的抵押的质量。

对冲基金信誉 在大宗经纪商与对冲基金建立关系的初期，经纪商将对基金进行信用评估。该评估旨在对基金的相对违约概率进行排名，并每月监控，每年正式评估。评估信用的主要因素有：

(1)基金主要策略的风险。

(2)基金业绩的历史波动率。

(3)投资者的多样性和投资者锁定期的长度。

(4)基金表现出的风险管理能力和行为。

(5)组合经理对杠杆的兴趣和控制。

(6)基金的现金流和资金流动性管理。

(7)后台能力、定价程序和运营风险敞口。

在评估的基础上，经纪商将决定它与基金进行交易的类型：现金证券、交易所交易衍生品、场外交易衍生品、大宗商品、可转换债券、信用衍生品，等等。通常，这种信用评估是定性的，它依赖于做出评估的信贷经理的经验和判断。更大的经纪商和投资银行日益用记分卡来制度化这项信用技能，记分卡在一致但相对的基础上对基金在上述七个方面做出评估。在未来，使用结构性违约模型来定量评估对冲基金的信用是可能的，但要从对冲基金获取大量潜在的敏感数据。(请参阅附录3，评估对冲基金违约概率的结构框架的讨论。这个附录的目的是提出一个概念性框架来量化对冲基金倒闭，CFO 和 CRO 可以用作一个有用的心智模型来为闲置资金的最低水平建立战略决策框架。)

基金的信用也应在规范交易的法律文件中的条款中考虑，它也将确定经纪商是否介入基金与其他公司的交易,然后基金放弃该交易并由经纪商融资。这些符合条件的交易通常也规定了能被接受为抵押的证券类型。

抵押质量 信用评估是基金违约可能的一个相对指标,而抵押质量用来控制大宗经纪商在违约事件中的敞口。对基金的融资数量是市场危机时抵押潜在价值的一个函数(即它的市场风险)。

经纪商评估对冲基金的抵押质量,是根据其:

1.市场中性:抵押组合确实是套利组合并被很好地对冲了吗?还是定向有偏差并暴露于系统性的市场走势?它与贝塔中性、德尔塔中性、伽马中性、DV01、CSO1和凸性中性有多接近?

2.集中度:抵押组合集中于特定的名称、行业、国家、货币或地区,使其价值容易受到特定的风险冲击?

3.拥挤的交易:组合包括大量与其他对冲基金持有的头寸相似或相关的头寸吗?它们会在对冲基金敏感性变化时受制于价格和流动性的变化吗?

4.流动性:头寸可以在一个交易日内在市场出售而不对市场产生影响吗?

5.可定价性:每个头寸都可以用每天的执行价格来进行客观估值吗?这样如果基金违约了,经纪商被迫清算抵押来收回其对基金的贷款时,经纪商可以对将获得的现金数额表现出自信。

其他可能影响抵押质量评估的经纪商特定因素包括:

1.经纪商通过抵押的再抵押来产生担保资金的能力。这会根据经纪商的监管体制和制度能力而变化。

2.经纪商通过借出抵押内"很难借到"从而可以要求高的溢价的多头头寸来产生高利润卖空收入的能力。

3.其他对冲基金向经纪商担保的类似的抵押的数量。一般来说,大宗经纪商寻求保持多元化的抵押,可以是多种对冲基金的,也可以是特定抵押池内的。

抵押质量的评估是一个持续不断的过程,至少每日通过抵押压力测试来评估,而盘中交易的高速基金在盘中进行评估。

保证金要求与用作抵押的单个证券的质量相关,但也与抵押组合内的组合结构的质量相关。保证金要求决定于:

1.静态算法或"规则":这些是应用于组合的流动性、集中度、波动率、对冲稳定性和市场中性测试,会围绕基础保证金数量增加或减少保证金要求。

2.VaR分析:对于所选的高流动性市场,比如历史回报分布低峰度的G-10外汇和政府利率市场,基于5~10天清算期和99%置信区间的VaR的保证金可能是可接受的基准,经纪商将根据其来决定保证金。然而,2007年和2008年极端6和7西格玛的市场走势(如第1章中所讨论的)破坏了VaR类型保证金方法的谨慎,相反,压力测试方法更好。

3.压力分析:保证金可以根据预先设定的压力算法来确定,如保守相关性假设下3~4西格玛的市场走势,该算法经纪商会定期更新。

4.情景分析:保证金可以根据经纪商预先设定的一组情景来确定。这些可能是基金和经纪商事先基于基金的投资组合相关风险的共同评估而协商一致的。如果组合风险改变了,基金的投资风格也变化了,经纪商通常会保留改变情景的能力。

这些方法中每一种都可以包含乘数,它能使每种方法输出的保证金要求增加或减少。经纪商对基金信誉的评估也会决定用于结果的乘数,从而决定基金需要提供的保证金水平。

保证金的其他决定因素 尽管大宗经纪商和基金之间很少明确地讨论,经纪商(及其所属于的金融机构)承担的基金风险总量是管理总体关系规模的一个因素。向基金收取的保证金水平和经纪商承担的风险通常是负相关的。如果基金违约并且提供保证金不足,所有经纪商都会衡量他们面临的潜在损失的金额。通常,潜在损失是压力损失敞口。压力损失是市场危机时基金抵押组合来不及清算,导致其价值最糟糕的下降。压力损失敞口测量如下:

$$压力损失敞口 = \text{Max}(0, 压力损失 - 保证金)$$

其中,压力损失等于在极端市场危机中抵押价值的下降。[1]

如果基金违约并且实际压力损失超过保证金,经纪商将承担损失。在市场危机中当提供的保证金小于抵押价值潜在的下降时,潜在的压力损失敞口就发生了。

经纪人寻求最大化客户收入与客户驱动的压力损失敞口间的比例。他们对那些其认为更有信誉的基金的压力损失敞口有风险偏好。他们也对那些能产生大量收入来源的基金承担压力损失敞口有风险偏好。他们对那些其认为信誉度低或不产生大量收入来源的敞口没有兴趣。

不管对冲可能为经纪商或基金的信誉产生的总收入,经纪商承受的任何单个基金的压力损失敞口可接受的数量是有限制的。如果客户基金违约,经纪商

---

[1] 经纪商的压力情景通常包含至少4西格玛的日价格和波动冲击;随着报价/询价价差的扩大历史平稳基差关系至其最差的历史水平;资产类别间相关关系增加到接近1;以及无法清算抵押组合至少5天。

的潜在损失就会威胁经纪业务的活力,使经纪商的盈利减少,其信誉和市场中自我融资的能力遭到破坏,这些都是潜在的敞口。

优化资本效率:低保证金组合的特点 真正的套利组合是市场中性的、高流动性的、高度多样化的、包含很少的基差或尾部风险的,这样的组合通常能从经纪商那里得到最高的杠杆。这样的组合的特征随资产类别不同而不同。

外汇 宏观基金在外汇市场获取头寸,如果它们的抵押组合符合下列标准,将得到最大的杠杆:

1.在 G3、G7 和 G10 国家的货币市场中性多头和空头现货和远期头寸。[1]

2.抵消期限和数量相配的多头和空头远期头寸。

3.抵消德尔塔、伽马、罗、维加和西塔条款相配的多头和空头外汇期权头寸。

4.不超过组合在任何单一货币的德尔塔的 20%。

固定收益 固定收益相对价值基金在利率市场获取头寸,如果它们的抵押组合符合下列标准,将得到最大的杠杆:

1.在 G3、G7 和 G10 国家及其相互之间利率曲线久期中性互换、政府债券和利率期货头寸。[2]

2.与有限的通货膨胀有关联或新兴市场利率敞口,因为与 G10 市场相比,这些工具的流动性更低从而往往会吸引更高的保证金。

3.不同评级政府债券曲线之间的有限补偿敞口,在避险压力情景下,这些头寸往往会从基差风险中吸引更高的保证金。

4.抵消利率德尔塔和利率波动水平敏感性相配的多头和空头互换期权。

5.不超过任何主权债券曲线以久期加权的敞口的 20%。

信贷相对价值基金在信贷市场获取头寸,如果它们的抵押组合符合下列标准,将得到最大的杠杆:

1.投资级、高收益、非投资级信用曲线和特定发行人曲线及其相互之间的利率久期和信用价差久期中性的 CDS、公司债券和 CDS 指数头寸。[3] 不同期限

---

〔1〕 从 G3 到 G10,保证金将增加,到 G10 以外的货币时会增加更多。保证金通常是基于每种货币的历史波动率。对于受控制的货币制度来说,保证金是基于制度变化中预期的货币水平的变化。鉴于 G10 外汇市场的深度,头寸的规模通常是无形的风险,但在 G10 之外和受控制的货币情况下,并不是这样的。

〔2〕 由于大多数比率的保证金方法是基于压力的,为获得最大的保证金减少,久期中性应该沿着每条相应的曲线扩展到狭窄的时间桶,以便从非平行运动如曲线趋陡或压扁、扭曲等来最小化风险。大多数经纪商的保证金方法包括非平行压力情景,对于时间桶及其之间非久期中性的组合,它将增加保证金要求。

〔3〕 大宗经纪商在保证金信贷组合上同时使用基于规则的算法和基于压力的方法。在这两种方法中,信用价差久期中性必须沿着特定发行人曲线扩展到特定的时间桶以获得最低保证金。

束(小于1个月,1~3个月,3~6个月,6~12个月,1~3年,等等)的信用价差和利率久期越中性,而不是整个曲线总体而言,非平行曲线移动的敏感度就越低,保证金就越低。

2.有限的没有信用评级、违约或在新兴市场的债券发行敞口,因为与评级发行和G10市场成熟的发行人相比,这些工具的低流动性导致这些敞口往往会吸引更高的保证金。

3.不同的信用质量(投资级对高收益等)曲线间有限抵消敞口,在避险压力情景下,这些头寸往往会从基差风险中吸引更高的保证金。

4.抵消与信用价差久期、基础债务和违约概率相关性的波动敏感性相配的多头和空头CDO、Itraxx或CDX部分头寸。

5.不超过以任何单个发行人加权的信贷价差久期的5%。

股权 如果抵押组合符合下列标准,那么股票基金将得到最大的杠杆:

1.贝塔中性现金股权、股权指数、股权互换和合约在国家、地区和行业及其之间有差异。[1]

2.有限的小盘股、新兴市场或限制股票敞口,与发达市场的非限制大盘股相比,这些敞口因为其较低的流动性往往会吸引更高的保证金。

3.有限的高波动率股票敞口,因为清算价值有可能变化很大,这些往往会吸引更高的保证金。

4.抵消与发行人级别德尔塔、伽马和维加敏感性相配的多头和空头股权期权头寸。

5.不超过任何单个发行人净德尔塔敞口的7%。

可转换债券 如果抵押组合符合下列标准,可转换套利基金将得到最大的杠杆:

1.国家、地区和行业及其相互之间的贝塔中性CB、认股权证、优先股、普通股和期权敞口。

2.投资级、高收益、非投资级信贷曲线和特定发行人曲线及其相互之间的利率久期和信用价差久期中性头寸。

3.有限的小盘股、新兴市场、无评级、限制或高结构化可转换债券敞口,这些敞口因为其较低的流动性往往会吸引更高的保证金。

---

[1] 经纪人通常使用基于规则的算法来计算股票组合的保证金。这些算法根据发行人的资本多少和国别风险来分配基础保证金。然后针对高波动的股票他们会调高保证金。此外,根据头寸的大小及其在组合整体中的相对价值,保证金会根据集中度和流动性风险进一步增加。根据组合中匹配的多头和空头头寸以及组合的整体市场中性,保证金会减少。

4.有限的高波动率股票敞口,因为清算价值有可能变化很大,这些往往会吸引更高的保证金。

5.高溢价可转换债券中限制的部分组合,因为它们对股票波动率的敏感性。接近债券价值下限的可转换债券交易具有较低的股票德尔塔和较稳定的估值。

6.抵消与发行人级别德尔塔、伽马和维加敏感性相配的多头和空头可转换债券和股票期权头寸。

7.不超过任何单个发行人净德尔塔敞口的7%。

大宗商品 如果抵押组合包括交易所交易的大宗商品期货和期权且符合下列标准,经纪商将会收取不超过交易所要求的CTA:

1.通过在大宗商品领域、交易所特定商品曲线和时间桶及其之间投资于特定商品组合、德尔塔中性期货来最小化基差风险。

2.相对低交易量的大宗商品领域(例如,运费、天气、碳、稀有金属)和大于六个月至一年的远期期货的有限敞口,因为其较低的流动性,这些往往成交量较低并吸引更高的保证金。

3.有限空头波动率头寸如裸空头期货期权头寸,由于大宗商品市场波动增加的可能性很大,这些往往会吸引更高的保证金。

4.任何一个合约中很大一部分未平仓头寸中的有限的头寸,因为这些头寸很难滚动且流动性较差,因此吸引更高的保证金。

对大宗经纪商要求增加保证金的回应 大宗经纪商提供杠杆并从提供给对冲基金的融资中赚取收入。尽管这是一种共生关系,但为什么经纪商有时降低他们愿意提供的杠杆数量,或通过增加保证金完全拿走它?答案在于以经纪商运作的潜在压力敞口衡量抵押的质量、对冲基金的信用质量以及压力损失敞口与经纪商挣得的收入和利润的关系。

抵押质量和压力损失敞口 经纪商基于压力损失敞口来衡量其风险敞口。衡量压力损失敞口的方法包含动态市场变量。经纪商的压力情景通常包含至少4西格玛的日价格和波动冲击;随着报价/询价价差的扩大,历史上稳定的基差关系扩大到历史上最糟糕的水平;资产类别间的相关性增加到接近1;流动性大量下降,然后该冲击为期一天的影响扩展到至少五天,因为大家认为在对冲基金技术违约后无法快速清算抵押组合。

当压力损失敞口增加到超过经纪商设定的阈值时,减少它至低于阈值的一种方法是要求追加保证金。压力损失敞口会因组合构成的变化、市场驱动变量如压力损失估计中使用的波动率和流动性的变化或者经纪商改变其压力损失计算方法而增加,但它不会导致保证金和压力损失相同幅度的变化。

抵押组合构成的变化。抵押组合构成的变化常常导致压力损失敞口增加并要求追加保证金。变化可能在对冲基金一方没有任何行动情况下发生,且变化可能简单如头寸市场价值增加,这样在抵押组合中头寸变得越来越集中。然而,更常见的是,构成变化来自基金的主动决策。例如,基金只要简单地解除对冲的头寸,使其方向明确并导致在 4 西格玛市场走势下压力损失增加,压力损失就能增加。另外,基金可以决定增加高信心头寸的规模,导致组合集中度增加并导致更高的压力损失。当组合构成变化并导致更高的压力损失,就会要求追加保证金以使经纪商对压力损失的敞口保持在限制以内。

抵押组合波动率的上升。压力损失计算中有几个部分是市场驱动的。市场条件的变化会导致压力损失的增加并要求更多的保证金。例如,压力损失计算有一部分是采用 4 西格玛价格走势,市场范围的波动率或特定股票的波动率的增加会增加压力损失计算中使用的 4 西格玛价格走势的冲击。

抵押组合流动性的恶化。类似于波动率,流动性在计算中也是市场驱动的输入。如果股票成交量或期货未平仓头寸降低,抵押组合中现有头寸的相对流动性就会下降。这就会增加经纪商认为的清算组合所需要的天数,从而增加组合受到连续负面的市场走势影响的天数。结果是压力损失增加。

抵押组合集中度的增加。另一个市场驱动的变量是组合中证券价值的变化,这会导致原来多样化的组合朝集中方向发展。考虑第一天一个组合包含 20 只股票,每只股票的市场价值都相同。如果第二天,一半的头寸升值 2%,而另一半贬值 2%,整体组合价值仍然是相同的,但升值头寸在组合中的比例增加。如果这样持续 37 个交易日,前 10 的头寸中每一个将代表超过 10% 的组合的价值,每个都是集中头寸。集中头寸更会引起不成比例的压力损失计算。

抵押组合市场中性的减少。类似价格的变化对多样化组合的影响,市场中性是很难维持的,这是因为价格形态随时间推移而变化,同时个股贝塔不稳定。另外,如果 ETF 股票指数或指数互换用于对冲单个股票组合的系统性风险,那么该指数,不管是指数成分的相对权重还是成分本身,都可能改变。在某种程度上,由于组合构建的变化,组合证券市场价值权重的变化,或者单个证券的贝塔漂移,市场中性会被破坏,压力损失将会增加。

增加保证金要求的其他理由 大宗经纪商愿意提供的杠杆数量不仅仅是抵押质量的函数。基金的违约概率,以其信誉来表示,也是一个主要因素。

信誉恶化。对冲基金信用质量恶化的迹象也可能触发增加保证金。这些迹象包括：

1. 重复未能及时满足追加保证金，可能表明基金的流动性问题或运营缺点。

2. 月回报低于-10%，季回报低于-15%或年回报低于-30%，表明基金的投资策略未能如意向那样运作。这就是为什么大多数经纪商会在 ISDA 和保证金锁定协议中执行 NAV 触发，这允许他们在负业绩情况下终止协议。

3. 闲置资金的水平呈下降趋势，交易股票和固定收益相对价值的基金低于 AUM 的 20%，交易不良债务或其他流动性较差策略的基金低于 40%，只交易期权和期货的基金低于 50%，可能表明该基金在很不利的市场走势情况下保持偿付能力的能力下降了。

4. 当与基金的可用闲置资金或投资组合的流动资产相比较时，赎回请求大幅增加，这增加了基金受到挤兑的可能性，以及基金可能需要对赎回进行封闭的可能性。

5. 基金的 AUM 随着时间的推移逐渐下降，可能引起大宗经纪商重新评估它的信用。

6. 基金的业绩与采用类似策略的基金的回报很不一致，可能表明风格漂移并引起经纪商重新评估适当的保证金水平。

7. 监管制裁或基金有不当行为的谣言如内幕交易或欺诈，也可能促使经纪商提高保证金。

8. 基金的关键员工辞职。

9. 未能披露或延期披露周期性的基金业绩、赎回、高级别投资组合构成、闲置资金水平，或未能回应经纪商的查询，可能会增加基金信用方面的不确定性，导致更高的保证金。

最后，保证金增加可能是为了改善经纪商基金业务的盈利能力。

经纪商成本的增加。大宗经纪商在对冲基金上的盈利能力主要是基于：

1. 经纪商能赚取的息差，即从提供给基金的融资中赚取的利息收入和经纪商为提供给对冲基金融资而产生的资金利息支出之差。

如果经纪商在提供给基金融资时无法保持正的息差，经纪商的盈利能力就可能成为负的。这可能发生是因为基金抵押的证券由于其质量差不容易再抵押，或因为基金已经排除了经纪商再抵押抵押组合足够的部分来产生充足的低成本资金来与借给基金的资金相匹配。

2. 经纪商可以向基金做空股票来赚取收入。

为做空股票，基金必须向经纪商支付固定费率来获取这样做的权利。如果基金不这样做或不把多头股票头寸包括在承诺给经纪商的抵押中从而经纪商可以借出获利,那么经纪商的盈利能力可能降低或为负的。

3.经纪商必须承担的运营成本,来服务于对冲基金的特定需求。这些包括维护法律、风险管理、销售、账户管理、运营和IT员工的成本以服务于基金。

基金可以通过要求定制服务来将无补偿的运营成本强加给经纪商,如独特的保证金方法、定制的报告、专业研究、法律文件旷日持久的谈判、特殊的咨询服务,或在满足追加保证金方面仅仅是通过多次推迟。

如果对经纪商而言整体关系的盈利能力在下降或是负的,那么经纪商将寻求通过消除不盈利的部分来降低关系的成本。这可能意味着缩减关系包含的活动的范围。选择性增加保证金可用于提示基金将无利可图的业务转移到别处。

潜在的压力敞口与盈利能力。最后,假设关系是充分盈利的,那么保证金可以用来改善整体关系的风险特征。大宗经纪商定期评估从与基金的关系那里赚取的利润,并与关系产生的压力损失敞口比较。

如果关系只是略微盈利但给经纪商带来了很高的压力损失敞口,那么保证金可能有选择地增加,以减少敞口防止进一步侵蚀盈利能力。

增加保证金管理:资金流动性风险和潜在的策略 如果经纪商寻求增加保证金从而减少基金可得到的杠杆,就有许多策略基金的财务总监或首席运营官可以用来管理潜在的资金流动性风险。

对因抵押质量恶化而导致的保证金增加的应对 扭转或避免因基金抵押质量恶化而导致的保证金增加通常是最容易处理的。真正的采用低风险套利策略的对冲基金通常在其整体投资组合中都有头寸,这降低了给定经纪商对集中度、流动率、方向性或波动率的担忧。然而,这些头寸只是由另一个经纪商持有,需要转移。对冲基金需要将其投资组合在它的大宗经纪商间分成同一比例抵押组合,这样每个经纪商持有相同风险的抵押组合。如果组合不能有效地以这种方式分割,基金就应该考虑从一个经纪商那里获得大部分融资,该经纪商将得到大部分的抵押,同时在另一个经纪商那里保持开立一个账户作为备用。

从战术上讲,增加抵押池的质量以避免或减少潜在的保证金增加涉及以下方面:

1.抵消交易:通过向另一个经纪商移入抵消头寸来降低给定经纪商的抵押组合的方向性。

2.多元化头寸:通过向另一个经纪商移入其他不相关的头寸来降低给定经纪商抵押组合的集中度。

3.提高流动性:抵押池的整体流动性特征可以通过移入额外的高流动性头寸来提高,这些头寸改善了抵押池的整体流动性,或者将头寸在几个经纪商间分割来减少任何给定经纪商持有的非流动性头寸。

4.降低波动率:给定经纪商抵押池的整体波动率特征可通过移入额外的波动率较小的头寸来提高,这些头寸提高了抵押池的整体波动率特征。

5.移动高保证金头寸:不是所有的经纪商都有相同的风险偏好。如果抵消、多元化或更流动的头寸无法获得,那么可以将能吸引更高保证金的头寸移到另一个具有更大风险偏好的经纪商那里,这样不会显著增加保证金。

当然,如果对冲基金不是真正采用多元化套利策略,就可能没有头寸来减轻经纪商可能会看到的抵押组合的风险。在这种情况下,就需要和经纪商进行商业讨论,根据关系的盈利能力增加其对基金的风险偏好。[1]

对因信誉恶化而导致的保证金增加的应对 扭转或避免因经纪商对基金信誉恶化的评估而导致的保证金增加是非常难以管理的,因为它是主观的。这样的评估可能是真正恶化的结果,也可能是经纪商的误解。后者更容易管理。

如果经纪商追加保证金的要求是基于没有完整的关于基金的真实头寸的信息而产生的误解,那么这是可以纠正的,只要基金愿意向经纪商提供额外的信息。基金的财务总监应采取以下步骤来纠正任何错误的信用评估:

1.请求会见经纪商员工并回答任何问题。准备提供书面信息如下:

(1)基金的闲置现金水平。

(2)基金的AUM按资产类别细分。

(3)基金十大头寸的一般描述,包括总规模和头寸类型。

(4)细节如整体投资组合的多样化。

(5)组合水平对一级市场风险因素的敏感性(对主要股票指数、久期、信用价差久期、凸性、外汇等等的贝塔敏感性)。

(6)投资组合中资产的流动性特征,包括在当前和压力市场条件下一天内、五天内等要清算的基金的比例。

(7)全部投资组合市场价值的压力分析,闲置资金在危机中维持基金偿付能力充足率的评估。

(8)在下一个赎回/认购窗口的预期投资者赎回/认购。

2.改善持续信息披露以提高对基金信誉的洞察,增加经纪商的风险偏好。

---

[1] 当然,如果关系不能带来足够的盈利来保证大宗经纪商较高的风险偏好,那么讨论支付更高的融资利率或基金在其他地方开展业务是符合逻辑的。

如果基金的信誉确实在恶化,它可能会考虑采取以下步骤来帮助确保增加保证金确定是需要的:

(1)提高抵押的质量:正如前面所讨论的那样,提高抵押的质量会导致较低的保证金,减少经纪商的压力损失敞口,抵消增加保证金的需要。

(2)基金的闲置资金增加透明度:经纪商不需要立即要求追加保证金来保护自己免受基金信誉恶化的影响,只要基金可以证明它有能力在以后日期其信用状况进一步恶化时提供追加保证金。[1]向经纪商提供频繁更新的基金持有的闲置资金水平将在这方面减少经纪商的不确定性。如果基金以其闲置资金水平表示的信誉提高了,那么保证金增加就不需要了。

(3)在经纪商账户里保留超额的股票:在经纪商账户里保留超额的股票或现金就向经纪商显示,基金有能力在需要时提供追加保证金而不用清算头寸。如果基金有稳定的或不断增长的超额股票在账户里,表明基金的信誉提高了,保证金增加最终就不需要了。这种方法的优点是基金不需要向经纪商额外提供报告。

这些选项中的第一个有效地减少了经纪商在基金违约时对基金的敞口。第二个和第三个选项有效地改善了经纪商通过减少不确定性来确定违约概率的能力,并给基金提供了改善其信誉的时间。

对因盈利能力恶化而导致的保证金增加的应对 扭转或避免由于基金和经纪商之间关系的盈利能力恶化而导致的保证金增加在短期内很容易管理,不会引起对冲基金的资金危机。然而,长期影响可能更为棘手。

当再抵押市场稳定且银行间拆借利率很高时,关系的组成部分可能是有利可图的。然而,当银行间信用风险增加时,就像2010年欧洲主权债务危机期间,再抵押某些形式的证券抵押的能力就可能会蒸发。

例如,假设大宗经纪商正对欧洲投资级可转换债券组合提供5倍杠杆,对抵押组合收取20%的平均保证金,先前已同意对抵押组合市场价值的80%进行融资并收取3个月LIBOR+50个基点。这个定价是在2006年再抵押市场强劲时协商一致的。然而,信贷危机和欧洲主权债务危机之后,欧洲次投资级可转换债券的再抵押市场缩水了。经纪商不能从可转换债券抵押产生足够的担保资金来发放贷款,还不得不向经纪商的其他无担保商业票据利率贷款提供资金来源,导致经纪商获得负息差。如果经纪商决定消除这种情况,从而通过增加保证金到

---

[1] 大宗经纪商不想陷入资金危机并迫使对冲基金清算超过对冲基金的能力,但大宗经纪商没有与基金相同水平的信息。

100％的可转换债券来撤回融资,这将导致对冲基金不得不降低杠杆率和清算它的一些头寸,以偿还经纪商的融资。在这种情况下,通过使融资对经纪商有盈利,增加保证金就可以在短期内避免或者减轻。要做到这一点,对冲基金应该支付更高的融资利率以使经纪商恢复正的息差。接受一个更高的融资利率在短期内可能会更好,如果它能阻止强制清算基金的组合。

从长远来看,这种情况可能会侵蚀基金的业绩。事实上,经纪商已经减少了持有并通过提高融资利率消除了基金在可转换债券头寸上获得流动性溢价的能力。为了延续其策略和满足投资者的回报预期,基金可能需要为其活动寻找廉价资金的替代来源。

结 论

总之,很明显,对冲基金可以在其章程性文件、交易协议和大宗经纪业务文件中建立许多机制,来减轻和管理投资者赎回和大宗经纪商要求增加抵押带来的资金风险。这些权利和机制可以确保基金的持续偿付能力和保护所有投资者免受在一个萧条的市场上以跳楼价出售基金头寸的后果。

尽管在基金的章程性文件中可以建立多种方法来管理高水平赎回带来的资金风险,在行使这些权利时仍存在着法律和声誉风险。最大的潜在风险是法律风险。面对无法立即将对冲基金份额兑现,投资者可能会寻求法律追索权。判例法仍在不断发展之中。法院可以决定基金在行使其控制赎回的权利时是不公正、不公平的,并决定强制清算事实上对投资者是最公平的做法。

对于大宗经纪协议,最大的潜在风险是基金未能满足追加保证金和经纪商清算基金资产以补偿其融资,给投资者所剩无几。

尽管文件可以建立权利和降低资金风险,但基金避免资金风险损失的最重要的方法是,积极管理他们的流动性特征并构建他们的投资组合,使其投资的流动性与预期的长期或短期赎回水平和通知时间相匹配。2008年的危机以及雷曼兄弟的破产警示基金经理对认购和章程性文件进行压力测试,以确保包括足够的规定内来管理和预防投资者对基金的挤兑或经纪商的破产。如前面章节所述,资金流动性压力测试对于避免这些潜在的损失是至关重要的。

第6章 管理交易对手风险

全球金融市场通过市场中交易对手间的一系列相互关联的合同而运作,从全球性的商业和投资银行,到企业终端用户、资产管理公司、保险公司和个人投资者。全球金融市场的平稳运行依赖于这些交易对手各方履行其合同义务。交易对手风险是交易或合同的一方无法履行其合同义务的风险。

在对冲基金中,最重要的交易对手风险出现在对冲基金和其最常见的交易对手之间的合同,特别是投资银行和经纪业务。通常对冲基金面临的最简单形式的交易对手风险是大宗经纪商或投资银行对互换协议或其他场外衍生品合约不付款或不履行。如果合约赚钱了而交易对手在到期时不能支付,对冲基金将蒙受损失。如果交易对手在到期前违约,对冲基金可能不得不用一个交易对手的更昂贵的互换来替代原来的互换。此外,在一个典型的互换中,对冲基金需要在互换一开始就提供抵押(这称为初始保证金),然后在互换的整个生命周期中随着互换价值的上升和下降而定期增加或减少抵押品(这被称为变动保证金)。如果投资银行或大宗经纪商在互换生命期倒闭了,那么对冲基金也面临着不能收回互换协议下交换的抵押的风险。

单个的互换是一个自足的担保交易,而大宗经纪协议是一个担保交易设施。这样一个协议下的交易也需要提供抵押并且基金有暴露于收不回交易对手担保的抵押的风险。最后,对冲基金依靠于大宗经纪商的托管服务。经纪商未能履行托管和保管证券的合同义务是对冲基金的主要交易对手风险。

幸运的是,对冲基金有很多策略和制度选择来管理和减轻他们的交易对手敞口。图6.1对此进行了总结,如图所示,一些策略可能不会产生额外的成本;一些产生直接和间接财务成本;而另外一些招致财务和运营成本。财务成本主要是由解决方案使抵押不受大宗经纪商的控制这一事实引起的。经纪商无法再抵押抵押品,因此受制于更高的资金成本。该成本能否转嫁给对冲基金在很大程度上取决于基金的成熟和议价能力。各种方案的运营成本主要来自对冲基金必须更积极地管理其超额抵押,要根据保证金要求从一个机构或账户移动到另一个,而不是放在大宗经纪商那里并允许随保证金要求改变而借记和贷记超额抵押账户。

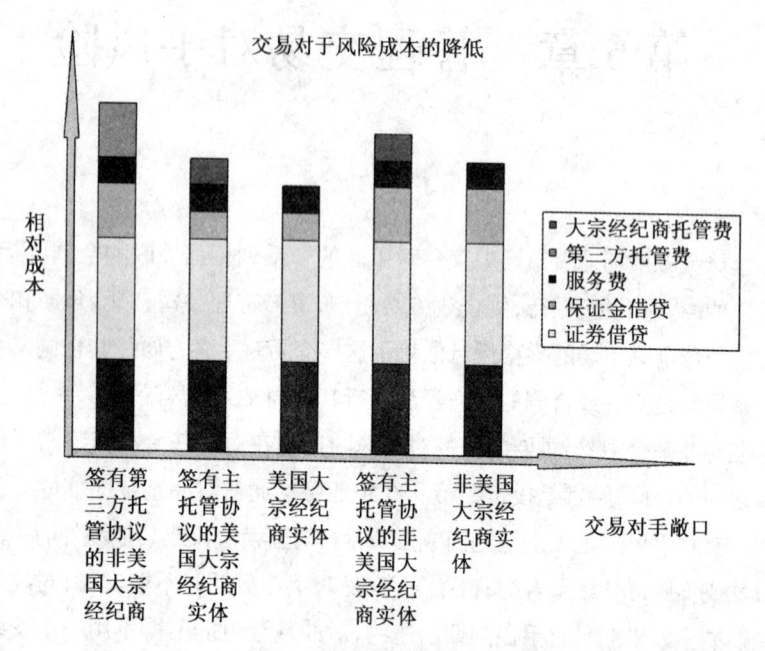

图 6.1　降低大宗经纪业务交易对手敞口的成本

各种选择方案在减少交易对手风险的有效性方面也是不同的。在某种程度上,成本增加,交易对手风险减少,但并不是每种情况或每个对冲基金实际上都是这样。第三方托管的安排是最有效的,但也是最昂贵的,不管是在财务上还是运营上。美国监管规则提供更大的确定性,对冲基金的资产在经纪商违约发生时将被隔离,通常只引发较低的保证金贷款费用,但它们也限制基金能够最终获得的杠杆的数量。使用非美国大宗经纪商的法律分离和破产远程托管工具可以在经纪商违约时隔离资产,但在减少交易对手风险方面可能是无效的,这是因为对冲基金依赖于通过访问经纪商的系统才能将抵押移出工具。使用非美国工具通常会产生额外的费用和更高的保证金贷款成本。

我们将看到,最优选择将取决于对冲基金特定的优先级、风险承受能力、对杠杆的需求以及策略。

对冲基金对大宗经纪商的敞口

对冲基金,通过他们的商业模式和运营,来承担对大宗经纪商的交易对手敞口,而交易对手敞口会在经纪商破产时导致损失。由于对冲基金在经纪账户持有现金和融券头寸,在经纪商那里持有托管的额外的完全支付的证券,经纪商的倒闭可能导致获取这些资产的损失。不管从历史还是目前来看,对冲基金和机构经理大约有80%的衍生品交易和抵押发生在不到20%的经纪业务社区。这种类型的集中交易对手敞口风险在贝尔斯登和雷曼兄弟的倒闭中得到了很好的例证,它会引起对冲基金抵押管理部门的破坏,因为他们忙于收集头寸、抵押余额和合同协议等数据来评估其潜在损失(见第2章)。

经纪关系(及最重要的经纪服务)的本质特征是:(1)清算与结算;(2)融资;(3)托管。清算与结算服务使得交易得以与多个执行经纪商执行,通过单一大宗经纪商集中清算和结算。大宗经纪商通常通过保证金贷款、证券贷款(例如,卖空)、回购协议和场外衍生品(通过中介和嵌入式杠杆)提供融资。为了方便以及支持融资渠道,对冲基金往往将资产托管于经纪商。

使用经纪服务使基金暴露于经纪商可能资不抵债的风险——通常,是经纪商持有资产的数量并可以再抵押(实际敞口可以超过这个量),它要与经纪服务的使用相称。

例如,为了提供融资,经纪商通常要求其所持有的基金的所有资产都有安全利益,在一些场外衍生品和回购协议的情况下,它会要求直接转让抵押。基金资产会陷入资不抵债的程度是与经纪商持有的这些基金的数量相称的。

大宗经纪商通常还要求有再抵押所有资产的权利,尽管一些司法管辖区(包括美国)实施限制。再抵押增加了经纪商没有足够的资产来满足客户的要求的可能性,从而加剧了破产的风险。由于突然破产所造成的混乱,在破产前和破产期间,对冲基金也面临着交易没有被正确地执行或及时入账的风险。

特定经纪商的破产带来的风险将随以下因素的变化而变化:(1)经纪业务文件的条款;(2)经纪商的法律结构,包括适用的监管和破产制度,以及参与的不受监管的子公司;(3)资产在哪里、怎样并以谁的名义注册和持有;(4)再抵押在多大程度上是允许的;(5)经纪商和基金之间进行的业务的性质。

2008年8月,交易对手风险管理政策组Ⅲ(the Counterparty Risk Management Policy Group Ⅲ, CRMPG Ⅲ)在一份名为"包含系统性风险:改革之路"

(Containing Systemic Risk: The Road to Reform)的报告中指出,当资金受限的经纪商和投资银行寻求最大化他们的现金和准现金证券时,其方式可能对交易对手产生不利影响。这些影响包括:

- 要求对冲基金交易对手关闭衍生品交易,尤其是那些对基金来说是价内期权的,从而要求向经纪商交还高质量的抵押。
- 撤回给对冲基金的资金额度以最大化经纪商的现金。
- 只要交易簿记消耗经纪商的资金和资产负债表,就要求由经纪商分配或更新交易而不接受向经纪商分配或更新交易。

抵押管理实践总是必须在风险减少和组合的流动性与成本间取得平衡,从历史来看,卖方社区在开发抵押管理专长、能力和系统来积极管理敞口和抵押方面一直居于领先地位。然而,作为导致贝尔斯登和雷曼兄弟崩溃的直接结果,抵押管理的历史概念如抵押的再抵押以增加流动性和降低资金成本,由于对冲基金在危机期间难以收回其抵押和证券而被对冲基金重新评估。为了在经纪商或投资银行破产时保护抵押,基金正在尝试第三方安排,让抵押品证券由第三方托管,而不是经纪商。

交易对手风险降低策略

显然,清楚地记录合同、选择高质量的交易对手和多元化经纪商减少了经纪商破产的可能性和严重程度。

及时、详细、可执行的文件

尽管书面文件本身可能并没有必要建立一个合同,但它们是合同条款最好的证据和确保各方在交易的具体条款上协商一致的最好的手段。因此,未能适当或迅速地记录交易会产生不必要的交易对手风险。

文件的延迟是很常见的。进入交易的时间和证明交易的文件的执行时间之间的差错就可能产生风险,导致一方可以离开交易或引起条款争议。同样,不准确或不完整的文件可能会使各方误解了他们的义务从而导致诉讼,结果是无法按预期执行。同样重要的,对冲基金由于误解文件是如何运作的,就可能面对意想不到的市场和信贷风险,尤其是在混乱的市场。基金在合同宽限期和提前通知期间遭遇意料之外的市场和信用损失时关闭交易就提供了这种风险的一个很好的例子。此外,在诉讼中,文件常常会被置于显微镜下,任何缺陷都会被放大

第6章//管理交易对手风险

并被用作违约的借口。

交易对手风险可以用充足的人员和强大的实践来控制,但对冲基金经常将关键合同的谈判和签约外包给第三方律师事务所,基金的财务总监和首席运营官的参与是有限的。专职的基金工作人员更积极参与有几个好处。首先,它可以有效减少交易的日期及其编纂之间的时间。第二,它允许对冲基金作为被授权的合同授予方,在前期就处理谈判时看起来遥远或无关紧要的问题,在发生争议时它们就变得很实际。第三,该过程为基金提供了一个论坛,为交易对手提供了在非诉讼条件下协商同意众多的问题。最后,它允许在问题出现前各方之间讨论和编纂关系的法律性质。

协商并维护已签署的规定了交易或关系的协议(例如,衍生品合约、开户文件、经纪业务协议、股票贷款协议、ISDA、抵押支持协议和放弃协议)是至关重要的。律师应该检查协议的条款以确保对冲基金的利益受到保护。应考虑的关键问题包括:

1.抵消的权利:每个文件的当事各方和每个文件的条款都极大地影响基金对经纪商破产的敞口程度。基金应评估协议是否充分地允许其用不同交易所欠金额来抵消损失。抵消金额是如何估值和处理的?在各方之间的所有关系和交易间是否有普遍的抵消权?权利是单方面的或不对称的吗?如果基金及其交易对手进入主净结算协议(master netting agreement),那么交易对手违约的实际敞口并不是每个证券合约的损失,而是净结算协议涵盖的所有合同的净值。没有净结算协议,基金会收到每个正值合约的恢复值,但仍欠负市场值合约的全部市场价值。有了净结算协议,负市场值合约将从正市场值合约的价值中减去,从而降低总体敞口。协商一致的抵消的具体形式在很大程度上取决于基金与经纪商业务的性质。要注意到抵消权的可执行性随管辖的不同而不同,这也是非常重要的。

2.交叉违约的权利:什么引起了违约?抵押不能收回是一致同意的违约事件吗?违约怎样才能客观确定?一方或双方寻求一部分关系"被保护起来"以使一个实体的一项交易不会导致实体之间的所有合同的解除和终止吗?

3.终止条款:在什么条件下可以终止合同?如果一方试图终止关系,必须给多少次通知,抵押必须在多久返回?包括相互"足够的保证"条款和基于股东权益的终止事件,在ISDA计划中的账面价值或评级下调可以在破产前提供早期预警信号和终止权利(在主协议之下)。

4.资产隔离:要求资产和抵押隔离(于第三方托管人或至少在经纪商账户)

和/或以对冲基金的名字注册(罕见)而不是以"街"的名字注册(这是很常见的),这样可以提供额外的保护。

这些是关键的问题,它们对基金减少对信誉恶化的交易对手的敞口的能力有直接影响,应在任何风险实际形成前在协议中规定。然而,尽管这可能有助于减少不确定性,但这也可能导致与经纪商间漫长和困难的谈判,经纪商反过来可以要求带有无改正期或事先通知的交叉违约条款,并大幅增加初始保证金要求,同时实施零阈值和较低的最小转移数量。协商这些条件并不总是符合基金的最佳利益,因为在某些情况下他们也可以根据整体投资组合的市值来增加敞口。

当然,单个对冲基金也会根据依据其业务和风险偏好的性质签订的主ISDA和大宗经纪协议中的有关规定,做出不同的决定。理解各种协商一致的条款的不同的选项和意义,将有助于更好地管理交易对手风险。

交易对手选择

解决交易对手风险的第一步是在交易对手的选择上具有控制。在选择交易对手时,对冲基金应该考虑:

1.特定实体的信誉、声誉、经验和身份。

2.按照基金的业务需求(包括产品的复杂性和交易频率),交易对手提供适当的服务水平的能力,如:

(1)有效和及时地对交易进行处理、报告、清算和结算;

(2)必要的财务能力以支持基金的业务;

(3)胜任的员工以服务于基金的需求,包括用于编制账户和记录的信息支持和报告;

(4)交易所需的保证金和现金移动的条款和条件。

3. 交易对手的监管环境。

4.交易对手愿意进入交易或向基金提供服务的条款(如经纪商资金锁定条款)的稳定性。

仔细评估和选择高质量的交易对手是有效的交易对手风险管理策略之一。贝尔斯登的没落带给我们的重要启示,就如任何揭示交易对手风险的重大事件一样,是需要不断地重新评估交易对手的信用,并认识到对冲基金从来不会及时获得所有必要的信息来确保所选交易对手的信誉能持续。因此,多样化交易对手敞口是另一个重要的有效风险管理策略。

多样化交易对手风险

在贝尔斯登和雷曼兄弟案例中,市场缺乏这些公司呈螺旋式下降的关键信息。这种信息不对称,即客户对交易对手信誉的了解可能总是比交易对手对自己的了解要不完全和不及时,将持续存在。减轻这种风险的一个主要方式是多样化交易对手。最近的破产事件带来的教训已经让投资者和基金经理铭记在心。今天已经很少能看到即使是很小的新对冲基金发行时是没有至少两个大宗经纪业务关系的。

此外,许多对冲基金也在探索其他的手段分散其风险。许多有足够规模的对冲基金正在建立专有的清算与结算系统或外包这些服务给利基(非大宗经纪商)提供者,而另一些则继续探索替代的资金来源。回购协议直接与市场中"现金供应商"(例如,大型养老金计划)执行就是另一种资金来源的一个很好的例子,它通过交易对手多元化、流动性增加、融资利率降低、保证金降低、保证金第三方托管以及获得政府的流动性计划给对冲基金带来好处。

限制再抵押

除了财产被绑在旷日持久的破产程序中的风险,雷曼兄弟案例还说明了如下的风险:(1)给予交易对手交易中的索取权的优先级不清晰,如与破产实体间的衍生品交易;(2)使用破产实体作为大宗经纪商——在本质上,作为经纪商的交易对手风险的一种形式在向客户出借交易的另一面。

经纪商风险的一种形式与基金资产的再抵押有关,其中包括权利未交付的资产的担保。在传统的经纪业务安排下,当客户与经纪商达成协议,后者通常会接管所有的客户资产以保障协议下客户的义务。然后经纪商可能会再抵押证券,以获得低成本的担保贷款,它通常作为杠杆用于向对冲基金贷款。经纪商向对冲基金收取的贷款利率和经纪商通过再抵押融资市场必须向担保资金支付的利率之间的差异就是经纪商的息差。在经纪商违约拖欠贷款并出售再抵押资产以偿还贷款的例子中,证券所有人除了向经纪商追索外是无追索权的。

在美国,经纪商在多大程度上可以再抵押客户资产是受《1934 年证券交易法》及其后续修正案限制的。经纪商可以再抵押客户对经纪商负债价值的140%。此外,经纪商不能使用这些资产来筹集比其贷款给他们的客户更多的钱。这与英国不同,那里没有这样的法定限制。因为再抵押对经纪商是有利可图的,因此一些协议允许美国客户的资产被转移到经纪商的英国子公司以绕过这些限制。根据英国法律,当经纪商行使权利再抵押资产时,该资产的所有权转移到经纪商。由于这些原因,美国的协议通常会允许这样的转移。尽管美国监管下的经纪商在资产再抵押方面比欧洲同行更受到限制,对冲基金在其经纪商申请破产时可能仍面临问题。[1]

为降低涉及的风险,许多对冲基金目前正在通过修改 CSA 或大宗经纪商协议来寻求禁止或至少限制其抵押的再抵押。自雷曼兄弟崩溃以来,试图以这种方式做出限制的做法变得更为常见,甚至在英国,那里仍然没有法定限制。140%的水平正日益被接受为一种商业平衡量来要求甚至非美国的大宗经纪商限制他们的再抵押。此外,对冲基金可能会对不同资产类别的再抵押证券的价值做出不同的限制要求。在最极端的情况下,对冲基金完全可以拒绝同意再抵押。一些基金只对维持指定的信用评级的经纪商限制再抵押(尽管在雷曼兄弟案例中这不起作用,因为雷曼在崩溃前一直维持其较高的信用评级)。所有这些选项可能导致经纪商收取更高的资金费用。

在雷曼破产后接踵而来的大西洋两岸新出现的问题是,哪些资产已经被再抵押缺乏透明度。很多客户,包括对冲基金,现在要求其大宗经纪商增加报告这些活动。一些对冲基金甚至坚持要每日报告其资产在哪儿被持有。

尽管限制再抵押减少了交易对手风险,但这不可避免地导致经纪商更高的资金成本,这可能转化为对冲基金更高的服务费。对冲基金反对这种说法:对经纪商再抵押能力的限制减少了经纪商的息差,并拒绝支付根据保证金购买的证券头寸上的额外成本和更高的融资利率。

评估不同国家的法律和监管制度

非美国大宗经纪商可能对客户有更广泛的破坏。在雷曼兄弟国际(欧洲)(LBIE)的具体案例中,总部位于伦敦的雷曼兄弟子公司在雷曼兄弟控股(Lehman Brothers Holdings, Inc.)在美国申请破产的同一天提起行政诉讼(英国破产程序)。LBIE 的对冲基金客户已经陷入在伦敦的旷日持久的行政诉讼以恢复在大宗经纪商 LBIE 处持有的资产。英国体系将再抵押资产作为破产财产处理,客户只能取得无担保债权人的地位。此外,甚至 LBIE 持有的未再抵押的客户资产也被绑在行政诉讼过程中了。

---

[1] 在 LBIE 案例中,客户资产的安全、及时归还受到阻碍,因为美国的大宗经纪业务客户失去了资产的资本权益,因此失去了英国金融服务局的客户资产原始资料(Client Assets Sourcebook, CASS)规定的金钱和资产保护。

第6章//管理交易对手风险

英国普华永道会计师事务所作为 LBIE 管理人,引用了记录的混乱与交易的复杂性来作为 LBIE 客户可能需要数年时间来接收他们的资产的原因。对再抵押资产来说,问题更不清楚;行政过程可能需要许多年,恢复的可能是原始值的一小部分。许多对冲基金严厉批评 LBIE 的行政诉讼过程对基金资产的绑定。

大宗经纪商的法律结构大大影响其破产对其客户的风险。美国经纪商有法定义务注册经纪自营商并加入自律组织,遵守自律组织的规则。客户资产的隔离、再抵押、证券持有/控制和最小净股本都受到《1934 年证券交易法》的监管。美国大宗经纪商的客户在美国持有资产能够受到《1979 年证券投资者保护法》(Securities Investor Protection Act of 1979, SIPA)及其修正案的保护,建立了证券投资者保护公司(the Securities Investor Protection Corporation, SIPC)。

一般来说,在一个 SIPC 诉讼中,破产方的客户优先于一般无担保债权人从客户财产池中按比例获得赔偿。对冲基金客户不管有多少亏空,都是无担保债权人。受到一定的限制,SIPC 弥补亏空最多每客户 500 000 美元。在 2009 年之前,一些经纪商向客户资产保护公司(the Customer Asset Protection Company, CAPCO)投保了额外的保险以弥补超出的亏空,但因为所有发行在外的 CAPCO 担保债券于 2009 年 2 月到期,只有雷曼兄弟公司和雷曼兄弟国际(欧洲)的客户还有资格从 CAPCO 享受 SIPC 保护。

提供给美国大宗经纪商的监管保护一般不适用于非美国子公司、非美国经纪商或美国以外的资产。美国经纪商通常依赖于这样的不受监管的子公司来进行保证金贷款或证券借贷和/或作为非美国司法管辖区的托管人。

在这种情况下,相关管辖区的法律可能会比在美国提供更少的保护和实施较少的限制(例如,许多管辖区允许全部再抵押)。

理想情况下,主要担忧交易对手风险的对冲基金应选择在美国持有资产的大宗经纪商而不使用不受监管的子公司,选择法律结构受到美国监管制度监管的大宗经纪商。当然,交易对手风险并不是在选择大宗经纪商时唯一的考虑因素。如果有业务的原因涉及不受监管的经纪子公司,应该进行成本效益分析,确保额外风险得到适当的补偿。

LBIE 例子充分证明,作为交易对手风险的一个方面,企业需要认真考虑监管框架,它将应用在与交易对手发生争议或交易对手破产时。在这里,以下问题需要考虑:

- **法律的选择**:什么法律制度将优先考虑并管辖与交易对手发生的纠纷?

- 论坛的选择：这样的争端会在哪里裁决（在法庭上或通过仲裁？）和在什么管辖权下裁决？
- 监管的选择：什么监管优先考虑并管辖交易对手，尤其是相关外国实体？

面对贝尔斯登或 LBIE 造成的损失，仲裁并没有被证明是大多数基金进行追索的途径。大多数公司已经转向法庭来维护他们的权利和恢复他们的资产。

清除超额股票

一种简单的方法来减轻对冲基金对大宗经纪商潜在违约的敞口，是将敞口保持在必要的最低水平来进行成功的投资。这要求在经纪商账户中保持足够的超额价值（股票）来满足期望的日常变化所需的保证金，但要"清除"任何超额的股权，其来源于拥有的证券的累积利润、股息和利息，或清算的头寸，并将它转移到第三方托管人。

确定需要维持的最优超额价值的主要的困难是保证金要求的不可预测性。对冲基金不希望每日保证金的小幅度变化就必须将现金转入账户，这给基金带来了运营负担，但推迟支付保证金在大多数经纪协议中是一个违约事件，可以给经纪商法律理由终止与该基金所有协议。这可能导致撤回所有资金，对对冲基金的业绩是极具破坏性的。因此，基金应试图在账户中保持一些超额的股票可以记入借方从而快速支付保证金。此外，基金与大宗经纪商可以协商建立一个最低转换账户，这样不重要的保证金的变化就不需要立即支付。CSA 中未调整低初始保证金要求和高阈值的日敞口调整的变动保证金[1]可以通过最小化不必要的保证金提交来减少敞口。这减少了必须立即支付的保证金数量，使基金能够定期用较大的转移来补充，而不是无数的小的日常转移。

当超额股票从经纪账户中退出时，它通常会存入第三方或托管银行账户从而减少基金对大宗经纪商可能违约的敞口。该账户可能有也可能没有利息，这取决于吸收存款的机构。

破产远程托管安排

如前所述，投资者无法收回陷入 LBIE 破产程序的抵押资产。[2] 因此，对

---

[1] CSA 要求，当证券合同的任何一方在合同期欠另一方，抵押就被提交。这两个交易对手保持一个现金和/或证券组成的抵押账户，如果交易对手任一方在净结算协议下所有合同的净值上违约，那么该账户就能减少发生的损失金额。当合同净值和抵押金额之差超过保证金要求时，额外抵押必须提交以弥补差额。这限制了对在额外抵押需要前市场移动的大小的敞口，外加保证金要求的大小。

[2] 雪上加霜的是，处于空头头寸、通过提供现金从雷曼借入股票的对冲基金发现自己仍然需要返回股票给已经破产的大宗经纪商，尽管自己在经纪商那里的抵押没有返回。

冲基金开始积极地要求他们其余的大宗经纪商提供选项来将资产转换成不能直接用于支持保证金负债,或将卖空转入隔离的、破产远程的账户。

大宗经纪商提供了两个基本模型来回应。第一种方法是,建立专用托管工具或信托作为独立法律实体,超额资产可以从大宗经纪商账户移出转入这些托管工具。这个模型允许基金通过现有的服务关系继续监控和管理其经纪商和托管人两个账户,允许在两个账户间进行有效、简单的数据交换和报告。抵押仍保留于经纪商那里,只有超额资产转移到托管工具。虽然抵押和任何超额资产保留在相同的经纪自营商的基础结构中,但是引出的问题是抵押和资产是否足够远程,能够确保对冲基金在经纪商破产时快速获取。

第二个模型完全将超额资产和抵押移出经纪自营商实体及其基础结构并转入第三方托管人。这样的安排被认为是提供更大的破产保护,但必须将资产转入不相关的实体而增加了操作的复杂性。但由于模型已经改进,经纪人和托管人已经改善了各自系统之间的接口,操作的复杂性也减少了。

使用第三方托管人通常使得抵押更容易被追踪,从而在发生违约时在许多司法管辖区提供了一定的法定保护。然而,在使用第三方托管人然后抵押被再抵押的地方,这样的法定保护将很可能不适用,结果将类似于经纪商持有抵押。这个模型的另一个缺点是,尽管经纪商将抵押存放于第三方托管人,但它仍然可能还有再抵押权利。由于对冲基金将不参与与托管人的合约协商,它将无法排除再抵押,也就没有合同上的权利要求托管人在大宗经纪商破产时返回抵押,尽管有一个清晰的留置权和隔离账户。

三方协议 由于这些仍存在的交易对手风险,许多基金经理寻求与经纪商和第三方托管人协商协议。这三方合同保证了对冲基金在特定条件满足时有要求返回抵押的权利,以及限制托管账户中任何证券的再抵押。这个模型将超额资产和衍生品交易要求的初始保证金都存入一个独立的托管人的托管账户。如果对冲基金作为借款人倒闭了,大宗经纪商获得账户中的抵押。如果大宗经纪商倒闭了,其与对冲基金的关系仍然保持着,他们一起可以有序平仓业务。一旦结算金额协商一致,欠经纪商的差额就从托管人持有的抵押中扣除,对冲基金接收余下的抵押。大宗经纪商和对冲基金都有防范对方崩溃的保护方法。

因为证券通常不能被再抵押,大宗经纪商和托管人如同意第三方安排,就会要求更高的费用。这样的安排导致的较高的成本使得他们不太受中小型基金的欢迎,这些基金既没有能力吸收成本,也没有潜在利润将大宗经纪商拉到谈判桌前。只有最大的对冲基金才能成功协商三方安排。中小型基金越来越多地寻求其他替代方案,因为其无须很高的成本就能提供的额外的保护。

结 论

对冲基金经理可以通过协商合同来预期大宗经纪商的潜在违约,从而大幅降低其对交易对手的信用敞口。在协商这样的合同时,对法律和监管制度影响的评估是至关重要的。此外,限制经纪商可以再抵押对冲基金抵押的程度,在ISDA和信贷支持附件中协商净额结算、抵消和担保条款,设置最小转移金额,以及协商破产远程托管安排来确保超额资产和/或抵押由第三方账户持有,可以大幅降低对大宗经纪商的交易对手敞口。由于与高质量交易对手的谈判合同不能限制交易对手风险,多元化交易对手可以进一步减少损失的可能性。虽然这些行动可以大幅降低对冲基金的交易对手风险,但它们的直接和间接成本是高昂的。基金由此发生的运营和财务费用应该与通过这些行动避免的损失进行权衡。

第 7 章 对冲基金投资者的风险管理

许多投资者都渴望投资于对冲基金并且对冲基金管理的资产持续增长。提高回报和降低风险的机会是诱人的。然而，有许多与风险和风险管理有关的问题，投资者需要在做出这样的投资之前知道。掌握这些问题或雇用熟练的顾问或基金中的基金经理，能够大幅增加长期成功的几率。

对冲基金的部分配置作为一种资产类别，可以提高大多数投资组合的风险回报特征。具体来说，专门构建的对冲基金敞口可以补充传统的投资组合。举个例子，一个投资者想要减少他对利率变化的定向敞口，而不减少收入，他可以降低其固定收益配置的久期但增加一个特定的低波动率的对冲基金或对冲基金中的基金，该基金严重或完全偏重于无方向性的套利策略，以部分替代其固定收益敞口部分。同样，更成熟的投资者寻求更高的短期股票敞口，他可能选择保持整体股票和固定收益风险因素配置相当稳定，但用多头/空头股票对冲基金敞口取代一些他的定向股票敞口。这将作为部分股票贝塔对冲来保护下跌。投资者如主要寻求降低风险而不降低回报，他可能配置其一部分敞口到多样化的基金中的基金，该基金显著聚焦于大多数传统的投资组合目前不存在的风险因素，比如大宗商品、货币、信贷策略、管理期货、卖空者、自然灾害或天气敞口。

虽然上面这些例子有强烈直观的吸引力，但有几个难点和潜在的陷阱需要注意。例如，正如在第 4 章所讨论的，运用固定收益套利策略到对冲基金配置来减少久期和波动率的同时保持回报是一个看似安全的举动，直到想起大多数固定收益套利策略还有厚左尾分布，在市场衰退时可以表现出很强的类似卖空期权的特征。固定收益套利基金经理通常通过流动性和结构交易的杠杆卖家生成阿尔法来获取持有非流动性证券的溢价。这些交易在大部分时间里会产生适度的回报，但不是在危机中。组合的其他"套利"交易可能是基差交易，这些交易偶尔会迅速破裂。回想一下，当市场进入危机时，信用价差和传统稳定的基差关系破裂了，流动性枯竭。固定收益套利基金的提款将是不可避免的和同时的。在这种特殊情况下,对冲基金配置试图传递的组合收益将会蒸发,这测试着投资者的决心。

记住这本书讨论的风险,有明确的风险承受能力的投资者可以建立一个整体风险预算并确定一个适当的对冲基金配置作为整体资产配置计划的一部分。通过风险预算,核心的卫星组合能够被构建,改善了传统组合的风险回报特征。

确定对冲基金的资产配置

由于对冲基金投资策略的复杂性,有时还带有非流动性和不透明性,因而投资对冲基金涉及非传统风险承受。而且对冲基金的监管相对较少。投资对冲基金只适合于成熟的投资者,他们能够识别、分析和承担相关风险,并遵守适当的实践来评价、选择、监控和退出这些投资。如果成熟的投资者乐于承担这样的风险并且具有相应的技能或外包所需的工作来动态地管理这些投资,那么这个问题就变成了投资者应该投资多少于对冲基金。机构或高净值个人可能会受益于中介合作伙伴(例如,对冲基金中的基金),它们具备必要的资格和技能来过滤成千上万的对冲基金并了解不同的对冲基金策略是如何优化组合生成一致的绝对回报的。

对冲基金在过去的十年才成为一个重要的另类资产类别。其非正常风险回报特征和有吸引力的绝对回报显然帮助美国大学捐赠基金等机构投资者在金融危机前的多年中实现显著优于传统资产配置的业绩。[1] 危机前巨大的业绩优势也特别表明,对冲基金通过增强其组合的风险回报权衡提供给投资者显著的组合收益。对冲基金配置产生的回报似乎与传统的股票和债券等资产类别的回报相关度相当低。然而,最近的研究表明,由于对冲基金传统资产类别的回报缓慢但持续的上升,对冲基金多样化的好处不断下降了。[2] 这种下降被认为是由于对冲基金回报与传统资产类别回报的时变相关性。这一点最终用最近的金融危机说明了,在危机中对冲基金的股票和债券的投资业绩大幅且巧合地恶化。这种时变和潜在的阶段锁定行为削弱了静态对冲基金配置多样化的好处并认为对冲基金应更多地采用动态配置。

---

〔1〕 Bessler, W., and W. Drobetz 2008, "Editorial Special Issue: New Asset Classes," *Financial Markets & Portfolio Management* 22:95—9。

〔2〕 Bessler, W., J. Holler and P. Kurmann 2010, "Hedge Funds and Optimal Asset Allocation: Bayesian Expectations, Time-Varying Investment Opportunities and Mean-Variance Spanning," Center for Finance and Banking, Justus-Liebig-University Giessen:3。

安德鲁·罗(Andrew Lo)提供了对冲基金与传统资产类别的不对称相关性的经验证据,该相关性在金融危机期间大幅增加。[1]同样,米拉·格特曼斯基、伊戈尔·马尔洛夫和罗(Mila Getmansky, Igor Makarov and Lo)记录了不同的对冲基金回报机制,表明对冲基金组合正是在那些市场机制最有价值的时候,其组合利益下降了。[2]因此,预期回报的时变、方差和对冲基金与其他资产类别的相关性在不同的市场环境中可能会影响其多样化的利益。

预期回报的时变、方差和相关性明显使得确定资产类别配置来最大化传统和另类资产类别组合的预期回报和最小化预期波动的分析更为复杂了。显然,均值－方差优化是不够的。

尽管均值－方差优化是不够的[3],但还没有出现最佳的实践方法可以广泛采用且有明显的优越性。有前途的竞争方法包括机制变换动态相关性模型(the regime-switching dynamic correlations model,RSDC 模型)、全要素多变量 GARCH 模型(the full-factor multivariate GARCH model,FFMG 模型)[4]以及在较小程度上,贝叶斯资产配置框架(Bayesian Asset Allocation Frameworks)。[5]

贾默里迪萨和弗隆托斯(Giamouridisa and Vrontos)发现机制变换动态相关性模型会降低组合风险并提高抽样经风险因素调整后实现的回报。特别是,他们发现尾部风险(以条件风险价值衡量)在 RSDC 模型下是最低的。这表明 RSDC 协方差模型代表了一个更精确的尾部风险测量的工具。在他们的分析中,FFMG 模型排名第二,有显著差异。当他们研究在每种方法下调整组合的成本时,发现 RSDC 比 FFMG 的交易成本更高。这表明尾部风险减少和交易成本之间的替代关系。在 RSDC 模型下减少尾部风险就会产生更大的交易成本。

贝斯勒、霍勒和库尔曼(Bessler, Holler and Kurmann)还分析了对冲基金由传统和其他另类资产类别组成时组合多样化的好处。在他们的研究中,他们把

---

[1] Lo, Andrew W. 2001, "Risk Management for Hedge Funds: Introduction and Overview" in *Financial Analysts Journal* 57: 16—33。

[2] Getmansky, Mila, Andrew W. Lo and Igor Makarov 2004, "An Econometric Model of Serial Correlation and Illiquidity in Hedge Fund Returns" in *Journal of Financial Economics* 74: 529—609。

[3] 马科维茨(Markowitz)的均值－方差优化技术常用于组合构建中。不幸的是,这项技术可以同时引入错误,既因为未来往往不像过去,也因为这项技术通常将平均回报向量和方差－协方差矩阵的历史点估计作为输入。在某种程度上,过去的高回报和低相关性不会持续很长时间,因此均值－方差优化可能会产生误导的结果。

[4] Giamouridis, D., and I. Vrontos 2006, "Hedge Fund Portfolio Construction: A Comparison of Static and Dynamic Approaches" in *Journal of Banking and Finance*: 23。

[5] Bessler, Holler and Kurmann,同前。

回报和风险的现实前瞻性估计与历史观察相结合。其贝叶斯资产配置框架包含了投资者对对冲基金提供正的风险调整后的回报的能力的先验预期,并将其作为输入结合进均值－方差组合构建的过程。与广义布莱克－利特曼(Black-Litterman)方法非常像,贝叶斯方法允许投资者包含当前对回报和风险的看法并围绕均衡配置调整组合配置。这使得这项研究可以反映异质机构投资者客户如大学捐赠基金和养老基金在资产配置过程中的不同期望。实证结果表明,对冲基金投资组合的好处,由于对冲基金提供的风险回报的大量时变,关键取决于市场环境。由于对整个抽样期间的分析表明有效边界的正向转换与投资者的乐观水平无关,因此不同子期间的结果表明,有效边界的向上转换似乎更有可能是在股市上涨的时期。根据这些证据,他们得出的结论是,对冲基金在相对较低波动率的资产类别中是有吸引力的。

一些从业者还试图在对冲基金策略内部进行重新分配,因为他们的预期变化了,资产配置过程中的贝叶斯输入也更新了。然而,投资者锁定限制显著地使得调整和再分配过程变复杂了。同样,随着对冲基金配置的增加,这些锁定限制使得投资者可能会增加其整体组合的非流动性风险而整体预期回报没有显著增加。锁定限制可以是一个月、一季度和一年(或更长时间),还可能会有很长的赎回通知期。鉴于这些现实的流动性约束,个人投资者在策略间重新配置的灵活性是很小的。基金中的基金通常寻求优惠条款并多多少少有点动态地配置基金的能力。

投资方法

假设对冲基金的配置与投资者的目标一致且已经量化了,那么投资方法就需要确定。投资者开始对冲基金投资计划的最佳方法是什么?投资者应该投资于单一策略基金,还是多策略基金?如投资于多策略基金,其配置是通过单一公司的策略系列,还是只配置于有名的基金中的基金?每种方法都有其优点和缺点,正确的选择取决于投资者的成熟度、机构投资能力和投资目标。

单－策略投资

一些投资者放弃基金中的基金或多策略方法,而是建立自己的单一策略基金组合。单一策略基金的经理在一个特定的策略或类似的策略有实际的或感知的专业知识。这些投资通常由混合工具提供。

需要进行细致和有效的尽职调查来选择对冲基金领域的高级经理。因此，投资者需要大量专业知识来评估一系列不同的策略。将资产配置到各个策略也需要该领域广泛的知识，以为投资者获取正确的风险回报特征。最后，正在进行的对经理的尽职调查程序中专业知识是至关重要的。

如果具有适当水平的内部能力，那么投资于几个单一策略基金对基金中的基金或多策略模型来说是一个可行的选择。这种方法有可能带来高回报，尽管风险水平更高。投资者还可以实现更多定制项目。费用一般也比使用其他类型的投资工具要低。

与讨论过的其他方法一样，单一策略投资有明确的缺点。尽职调查很花时间，并且通常是昂贵的。你的员工为什么要花50%的时间和资源来监控一个很小的（通常为5%~10%）配置呢？在每个类别都使用高级经理是非常困难的，因为业务具有"口碑"性质以及较高的账户最低限额。普通投资者也可能难以访问"明星"和有前途的经理的网络。投资者的流动性和透明度要求也可能减少可以雇用的经理的范围。如果内部组织没有所需的专业知识和经验，那么建立适当的资产配置也可能是困难的。

多策略投资

如果投资者不能接受额外的费用或与基金中的基金相关的其他问题，那么多策略工具可能是一个有吸引力的选择。它们的目标就是，不管股票、固定收益和货币市场向哪个方向运动，总能提供正回报。多策略基金由一家公司提供的单一组合结构中不同的对冲基金组成。这种方法可能适合于那些对一个特定的公司在不同的策略间的投资智慧有强烈信念的客户。类似于基金中的基金，多策略公司可以提供组合更一般的风险回报特征，以及基金定制来满足投资者的特殊需求。

多策略基金类似于基金中的基金模式的一个明显的优势是，配置你的投资在不同的对冲基金带来的多元化利益。然而，与基金中的基金不同，没有额外基于业绩的费用。多策略工具经理净结算业绩费，这样投资者在业绩较差时就不用支付了。

因为多策略基金不受外部经理的限制，因此与大多数基金中的基金相比，它们可以向投资者提供更大的流动性和透明度。运用多策略方法的一个额外的优势是机构质量的客户服务和报告，这并不总是可以从更小的精致型组织中得到的。

我们将在下面讨论的单一策略基金受限于其投资机会的范围。当它们的投资"优势"消失时,经理可能不得不通过转换成现金或留在表现不佳的投资来减少敞口。与单一策略基金相比,内部运行多个策略允许资本快速流动到任何资产类别上任何运行良好的投资。单一策略基金也存在能力约束,这在多策略产品中是不用考虑的。

最令人信服的反对多策略方法的论据是暴露在单个公司的可能的运营困难的风险。基金中的基金倾向于通过基础经理数量的增加来缓解这种风险。研究表明,绝大多数基金倒闭可以归因于运营问题。

多策略基金的另一个缺点是不同的策略间很难吸引和留住有才华的投资专业人士。最好的经理一直集中在一个单一的或狭窄的策略组。同时,尽管多策略基金提供广泛的投资多样化,但这些好处可能会低于那些可以通过基金中的基金结构得到的。如果投资团队人员接近于一致,或者是由不同基金的类似的训练有素的人员组成的,就会减少独立的想法,增加集中风险。

基金中的基金投资

许多投资者开始对冲基金配置时会发现,基金中的基金路线是成功实现对冲基金计划最顺利之路。这种方法对于投资者尤其有利,他们对一般的另类资产的敞口有限并缺乏必要的专业知识。

在基金的基金投资中,第三方提供商构造各种单一策略基金的组合来实现一个特定的风险回报特征。基金中的基金经理负责所有研究,需要进行相应组合经理的雇用和解聘,以及项目构建和费用谈判。提供商的一个重要责任是对基金经理能力的尽职调查进行彻底审查和对投资进行持续的监控。

大多数基金中的基金提供商通常开发一个或多个核心投资组合,这些组合他们觉得是提供了对对冲基金市场合适的多样化敞口,同时也符合很大一部分投资者的目标和风险特征。合适的多样化投资组合可以保护投资者免受单一策略业绩不佳或失败带来的巨大损失。许多还根据投资者的独特环境和需求定制其组合。

选择基金中的基金计划有明显的优点。首先是提供商带来的资产配置、选择、终止和尽职调查过程的专业知识。作为一个例子,大多数基金中的基金在雇用一个经理前会要求最低程度的组合透明度。直接面对对冲基金的普通投资者可能并不能得到这些信息。给定基金中的基金提供商能够管理的资产总额,他们对基金也有多种选择,其中一些基金对外部投资者是不开放的。许多基金中的基金擅长挖掘有才华的未被发现的经理,这些人通常"不受关注",或在更广泛的投资界无法获得。第三方提供商也可以使用规模来协商减少锁定时间,从而减少流动性风险。

以基金中的基金投资的最大缺点是向投资者收取额外的费用。通常情况下,提供商收取管理费加上业绩提成。因此,成本成为投资者的一个重要问题。

总之,基金中的基金提供给投资者知识、尽职调查、定量技术、多样化、风险管理和获得表现最佳的对冲基金经理的最佳组合。然而,一个基金中的基金组合中包含的基金数量也可以为投资者带来问题。如果一大群单一策略基金汇聚在一起,那么重复持有的可能性会增加整体组合的集中风险。这就是为什么在基金中的基金水平进行风险管理是非常重要的原因之一。

选择策略和筛选基金

一旦投资者认为对冲基金配置是可取的并选择了一种方法,那么选择特定的对冲基金投资是合乎逻辑的下一步。如果这项工作是通过投资顾问来进行的,那么投资者应该评估顾问在对冲基金领域的能力。具体来说:

- 有一个合格的个人或团队来为财务顾问评估对冲基金吗?
- 在尽职调查过程中评估了哪些具体问题?评估深度和质量如何?
- 基金多久评估一次?
- 产品已经按最佳筛选过程被适当筛选了吗?
- 基金中的基金经理有哪些相关的经验?
- 经理有哪些其他的经验、资格和注册?

如果投资者采用多策略基金,那么他们应该评估上面这几点,但还应关注经理配置策略的能力并分配多策略基金的特质风险。业务尽职调查是必要的,因为整个配置将会受一家公司掌控。

如果投资者没有采用基金中的基金或顾问,那么他们自己应该有必要的技能和经验来配置策略并按策略和经理计算最优配置。

确定策略和经理的适当的子配置

投资对冲基金需要多样化的和构建良好的组合策略来确保单个基金经理级别的风险多样化和系统性风险最小化。此外,对冲基金配置的动态管理在理论上可以是阿尔法的来源。

在这一领域的一个有趣的问题是挑选最好的经理的能力与动态超配和低配各种策略的能力的相对重要性。问题的答案可以告知基金的基金经理他们应该努力的方向。刘和弗伦奇(Liew and French)提供了经验证据,随着时间的推移,经理选择比策略配置更重要一些,但两者都是出众的业绩的关键组件。经理选择被认为比动态策略配置有更大的能力来产生超额回报,这是因为同一策略不同经理之间业绩的分散程度要大于不同策略之间的。[1] 始终选择成功的经理比选择获胜的策略产生更高的回报,但两者都是重要的回报来源。此外,不可否认,选择错误的经理或在错误的时间被过度暴露于错误的策略会造成损失。

通过初始筛选符合投资者投资目标和投资要求的基金,不管是直接寻找另类资产敞口还是通过对冲基金中的基金,合格的业绩优异的基金的范围都可以缩小一些。投资要求应该指定客户的目标风险回报特征并包含清晰的投资者视角的风险定义。是亏损的风险呢,还是无法实现一定最低回报的风险?"风险"意味着在需要时不能得到钱(即流动性)吗?投资者对巨幅下跌和市价损失的容忍能力有多大?如抵押支持证券、私募、小盘股或科技股这样的证券或投资,是基于授权的吗?最大可接受预期尾部损失(expected tail loss, ETL)什么?这些问题的答案可以立即除去大量潜在的经理,例如,如果他们的锁定期太长或交易的证券是投资者不能接受的。

说明动态风险和回报特征

正如在第4章所讨论的,不同的对冲基金策略持续暴露于不同的风险类型,但动态的宏观环境、不断变化的杠杆和基金经理的定位将动态改变基金的风险特征。例如,过去是高波动性的多头/空头经理通常在未来将继续采用类似的交易风格,从而在未来表现出高波动率。同样,过去是低波动率的高速统计套利经理或CTA往往其未来波动率也较低,因为融入过程的严格的风险控制和交易规则会随时间持续下去。在实践中,风险敞口倾向于在短期内持续(即对于大多数基金来说是1~3个月),但在更长期会放大或减小。分析风险敞口并对其潜在影响进行建模是对冲基金组合构建中的一个重要组成部分。

在回报方面,学术研究在对冲基金行业业绩持久性方面提供了混合的证据。在一个有争议的研究中,麦基尔和萨哈(Malkiel and Saha)发现在任何给定年里

---

[1] French, Craig W., and Jimmy Kyung Soo Liew 2005, "Quantitative Topics in Hedge Fund Investing," *Journal of Portfolio Management* 31(4): 21—32.

微弱多数顶级公司会在随后的一年重复他们的业绩。[1]阿加瓦尔和奈克(Agarwal and Naik)发现了在季度回报方面业绩持久的证据,爱德华兹和恰拉扬(Edwards and Caglayan)发现了在一年期和两年期的视野内业绩持久的证据。[2]

对于基金中的基金经理来说,各种对冲基金策略和对冲基金不同的和时变的风险回报特征提供了几乎无限的通过积极组合配置来创造价值的可能性,在这里,策略和经理相互作用来最小化风险和生成一致的绝对回报。

通过策略和经理配置添加阿尔法的先决条件是尽可能彻底理解每个策略和基金中不同的风险回报的驱动因素。对冲基金的回报和风险来自于对不同的基础证券工具的敞口,也来自于基金采用的策略和使用杠杆的程度。许多对冲基金策略投资于多个资产类别,从而回报的产生是多元化的,但这并不一定降低总风险敞口。对策略和对冲基金的回报进行回归和因素分析使我们能够洞察风险和回报的历史来源。从这些无可避免的不完整的风险分析中,我们能够得到未来业绩的预测和最有根据的配置。

回报的因素分析

多因素模型可以是分析过去的回报和估计未来的回报的一个有用的起点。

因素分析假设对冲基金回报包含一个难以解释的回报来源(被称为"经理的阿尔法")和从各种常见的对冲基金因素敞口获得的风险溢价。

对冲基金回报＝经理的阿尔法＋从对冲基金因素获得的风险溢价

或者,更公式化:

$$对冲基金回报 = \alpha + \sum(\beta_i \times 因素\ i)$$

其中,β_i是对冲基金因素i上的回报。

一些研究人员使用对冲基金指数作为因素,一些使用市场因素,一些使用宏

---

[1] Malkiel, Burton G. G., and Atanu Saha 2005, "Hedge Funds: Risk and Return," Financial Analysts Journal 61(6): 80–88. 本研究因没有完全理解对冲基金指数提供者的方法论并错误地下结论说指数回报被夸大了而受到批评。

[2] Agarwal. V., and N. Naik 2000, "Multi-Period Performance Persistence Analysis of Hedge Funds," *Journal of Financial and Quantitative Analysis* 35(3)。

观经济因素,另一些使用主成分分析得出特定策略或风格的因素。[1] 每种方法都有其优点和缺点。

就阐述目的而言,市场因素往往是最直观的。对冲基金回报流可以基于市场因素组来分解,这些因素如:(1)债券因素,(2)股票因素,(3)波动率因素,(4)信用因素。成熟的机构投资者或其顾问应该能够基于调查中基金的投资策略调整这些因素并适当地应用它们来解释大部分的回报可变性。例如,如果所考虑的对冲基金是一个股票多头/空头基金,那么所使用的因素可能是股票因素组的一个子集(即小盘股减大盘股、高 P/E 减低 P/E、前一年的回报、股权波动等)。[2]

无论使用哪些因素,它们应一致地应用于各个被分析的基金。一旦基金常见因素的识别已经尽可能地完整,那么理解每个对冲基金配置背后的风险驱动因素的相关性就至关重要。这不但对构造一个有效多样化的组合是必要的,而且重要的是,从风险的角度来看进行压力测试是必要的。

将候选的对冲基金的回报分解成其因素组件可以显性识别不同策略的共同风险因素。两只对冲基金之间的共同因素表明风险特征的融合和潜在因素的集中,而驱动这两只基金回报的离散的因素可以解释为这两只基金具有分散的风险特征。

此外,通过观察对冲基金因素和传统资产类别指数如债券和股票之间的长期关系,基金中的基金经理可以将对冲基金选择集成到整体资产配置的过程。[3] 通常,对传统资产未来业绩的预期会对对冲基金因素的预期回报产生影响。这将反过来影响通过特定的策略暴露于这些因素的对冲基金的预期回报。这可以让我们洞察债券、股票和对冲基金组合对共同市场风险因素如利率水平、信用价差或者股市水平的变化的长期回报敏感性。

---

[1] 运用主成分分析,Fung and Hsieh (1997)分辨了五个基于回报的风格因素。此后,Brown and Goetzmann (2003)运用更新的数据集应用不同的统计技术扩展了该研究并发现了八个风格因素。他们把这些因素解释为全球宏观[类似于 Fung and Hsieh (1997)]、纯杠杆货币[类似于 Fung and Hsieh(1997)的趋势跟随因素]、两个股票因素——美国因素和非美国因素[类似于 Fung and Hsieh(1997)的价值因素]、一个事件驱动因素[类似于 Fung and Hsieh(1997)的不良因素]和两个部门因素——新兴市场和纯财产[都不在 Fung and Hsieh (1997)研究中]。像 Brown and Goetzmann (2003)那样的其他关于基于回报风格因素的研究通常分辨了额外的有助于更好地解释回报的因素。可以令人满意地指出,就像 Brown and Goetzmann (2003)的研究中,他们大多得出与 Fung and Hsieh (1997)一致的结论。这增加了对该命题的信念,即只有有限数量的系统性的对冲基金风险因素是一直存在的。

[2] Edwards, F. R., and M. O. Caglayan 2001, "Hedge Fund Performance and Manager Skill," *Journal of Futures Markets* 21: 1003~1028。

[3] 尽管短期关系也可以被量化,但对冲基金敞口的动态特性使得概括短期敏感性容易出错。长期关系更可靠,但不可否认,为了动态的经理或策略配置目的是没有用处的。

从构建上来说,对冲基金风险因素应该是离散的因素,但风险经理必须考虑潜在的因素的同时移动、相关性和协整及其对整体组合的影响。由于对冲基金的回报和相关性是时变的,在危机期间往往会增加,假设一些未来的极端市场条件会引起未来的交叉相关高于过去的是很重要的。估算拟议中的配置假定的多样化带来的损失和随之产生的压力时期的最坏业绩会进一步帮助识别不可接受的或次优的组合。类似地,通过历史压力事件时期运行各种组合显示了实际事件带来损失的大小。

正如因素可以应用于改进投资者压力测试的估计,它也能用于识别压力市场期间多元化的风格。因素敞口可以识别,在极端市场事件中有望减轻损失,并提供尾部风险对冲。例如,冯和谢(Fung and Hsieh,1997)指出了趋势跟踪基金与全球股市表现相反的特征。[1] 随后,这个经验规律在 Fung and Hsieh (2002)中进行了建模和验证。[2] 例如,他们的研究显示,趋势跟踪因素在股票市场大跌期间可以用来生成大的正回报。他们的研究结果表明,在传统股票市场处于压力期间,因素可以用来识别能提供大的正回报的对冲基金敞口。

最后,不同的对冲基金和基金策略在压力期间的潜在相关性分析可以提供构建核心卫星基金的基金组合的一个框架。那些显示一致的低相关性或提供尾部风险对冲的策略和基金应该是核心组合的一部分,只要基金的基金经理可以不断地监控风险—回报参数并动态地随市场环境的变化配置到不同的对冲基金策略,那么这些配置将是卫星组合的一部分。对于不太成熟的投资者或者没有这样能力的投资者来说,对冲基金组合应该保持在核心策略层面,与客户的长期投资目标一致。

定量筛选

一旦投资者已经形成了投资要求并建立了核心策略配置,那么必须要为投资识别各个基金。包含详细统计数据的对冲基金数据库通常用于筛选潜在基金。[3] 上述因素分析可用于最初筛选排除不符合投资者要求的基金。回报的质量可以基于回报的自相关或序列相关、盈利月份的比例等来评估。除了纯风险标准的筛选,风险调整后业绩矩阵——包括下行偏差、夏普比率、Calmar 比

---

[1] Fung, W., and D. Hsieh 1997, "Empirical Characteristics of Dynamic Trading Strategies: The Case of Hedge Funds," *Review of Financial Studies* 10(2)。

[2] Fung W., and D. Hsieh 2002, "Asset-based Style Factors for Hedge Funds," *Financial Analyst Journal* 58: 16—27。

[3] 并不是所有基金中的基金在筛选时都使用数据库。原因之一是最好的经理通常确实需要求助于这些数据库来追踪投资者,因此不这样做。

率、Sterling 比率、Sortino 比率和最大下跌——构成了筛选的基础。使用的关键统计数据有可能会不同,但应该与投资者要求及其规定的预期回报和风险偏好直接或密切相关。

从风险的角度来看,在筛选过程中设定波动率、偏度和峰度的阈值是重要的。在每个主要的对冲基金策略内部,以下论述是真实的:后来倒闭的基金其平均历史波动率通常大于存续的基金的平均波动率。后来倒闭的基金也往往具有比存续基金更低的正偏度。这个结果在事件驱动策略中表现得特别明显,存续基金平均正偏而倒闭基金平均负偏。后来倒闭的基金也倾向于有更高的估计峰度,表明风险更大的基金的回报分布倾向于厚尾。评价回报的自相关和序列相关性也是重要的,它可以作为回报平稳或欺诈的潜在指标。

最后,业绩统计数据不应该孤立地在某个时间点或为一名经理进行评估,而应该总是相对于同行组别在滚动的基础上进行。这样做可以加速搜索过程来筛选排除那些不能随着时间的推移不断超越同行的经理。筛查的结果即为合格基金的入围名单。

定性筛选

以上所述的一切将帮助投资者或顾问得到经理的入围名单,对名单上的经理投资者将进行尽职调查。这个过程的第一步是为名单上的每名经理建立一个完整的统计文件。如果一个完整的量化文件是在定性分析开始前的潜在投资上生成的,就可以制定针对特定经理的历史和策略的更好的尽职调查问题。此外,还能识别能力或缺乏风险控制等问题,它们对未来投资有不利影响。

例如,与基金的基准相比,一个非常强劲的年回报可能隐藏着基金的策略转变。小盘股股票多头/空头经理开始时 25.39% 的复合年化回报可能超过罗素 2000 和 HFR 多头空头股票指数。然而,如果滚动回报表明,经理的回报是通过随时间增加保证金的方式超过罗素 2000 的并且其回报越来越与 HFR 多头空头股票指数相关,那么经理应该肯定会受到质疑,他是否越来越从专注于小盘股转向中盘和大盘股。由投资者或其顾问来确定经理的策略或风险控制是否已经从根本上改变了。如果投资者从一开始就过于依赖年度统计数据,他可能会错过这些重要问题。

投资者尽职调查

投资者应该直接或雇用专业顾问对未来的对冲基金经理进行严格的尽职调

查。这绝不应该被投资者视为只是一种礼节性的表示。未来的基金经理最初可能提供的信息不多于发行文件中尽职调查的信息,但投资者必须确保所有相关问题得到回答并准备好在标准材料之外进行调查。

经验在评估投资潜力和风险时是至关重要的。没有两名经理都是相同的,基金不能简单地使用机械清单或简单的"一刀切"的方法来进行检查。尽职调查前基金的定量分析可以显示哪些领域需要进一步的定性分析。必须仔细、老练地评估每个基金结构的相对优势和劣势,深入探索相关领域,排列基金策略和运营风险的优劣,并根据现有的控制和最佳实践的发展评估这些风险。

尽职调查过程

尽管尽职调查随策略和基金不同而不同,但所有基金仍有很多调查的共同点。在面对面会谈前,通过向基金的管理部门提交尽职调查问卷,可以加速这部分过程,要求信息覆盖基金的主要方面,如基金的投资条款,基金的业务性质和投资策略,包括其管理层、员工、债权人、客户、资产、负债、收入、竞争和其他业务风险,以及适用于基金的监管方案。投资者或其顾问应该审查提交的文件以确保与要求一致程度令人满意并确定还需要哪些信息。然后潜在投资者或其顾问应该寻求会见基金的管理人员和其他深度参与基金业务、风险管理和投资的人员,以调查与基金和投资者相关的特定领域。

除了前面章节中概述的尽职调查,投资者应该调查在表 7.1 中列出的领域并在投资对冲基金前记下警示信号。

表 7.1　　　　　　　　　额外的尽职调查注意事项

描述/领域	调查的关键领域/警示记号
组织文件	
基金的邮寄地址是什么?它与物理地址一样吗?	如果基金有多个地址,或者基金与另一只基金或企业或公司共享一个地址或办公室,那就需要有解释并获得允许共享或共处的文件(书面合同)。谨防软佣金(soft dollar)[1]安排,它会让投资者无意中补贴投资活动的成本,而他们并没有得到好处。

---

[1]　"软佣金"是一个金融术语,描述产生于交易或其他客户和投资经理间交易的佣金。软佣金安排就是这样的一个安排,在其中投资经理要求第三方或内部支付佣金用于换取给客户带来好处的服务,而客户无须支付佣金。

管理对冲基金风险和融资

续表

描述/领域	调查的关键领域/警示记号
该基金是国内基金还是离岸基金？	如果是离岸基金，确定经理和/或基金是否受到监管机构的监管，如果是的话，获得监管备案文件。尽管两个法律地址——国内的或离岸的——都不是警示信号，但投资者必须理解统驭基金的监管框架或监管框架。
询问律师、会计师、管理人员和大宗经纪商。	律师、会计师、管理人员和大宗经纪商有信誉吗？询问律师和会计师：使用不是众所周知的专业人士引起的担忧和在每一个离岸管辖区专业人员是有限的。要求提供聘用信来证明与基金的关系。如果投资者未听说过任何专业服务提供商，那么他应该有推荐信。如果推荐信不是马上可以提供，那么这就是一个警示信号。
基金和证券托管在哪里？	如果答案不是纽约、伦敦或其他主要金融中心，那么这就是一个警示信号。
如果基金的住所在美国，那么该基金注册在美国证券交易委员会吗？	要求提供一份表格D，就如提交给证券交易委员会和相关州的。验证表格D或在各个州等效的州监管文件。如果表格D不是马上可以提供，那么这就是一个警示信号。
基金在哪个州成立？	大多数国内基金在特拉华州(Delaware)成立，尽管一些在内华达州(Nevada)成立，有时候也在另一个州成立。获取基金形成文档(如组织或公司章程)。如果章程不是马上可以提供，那么这就是一个警示信号。
要求基金提供信誉良好的州证书。	这可以从成立的州得到。联系州来验证证书状态或要求证书直接寄给你。如果州证书不是马上可以提供，那么这就是一个警示信号。
费用和开支	
管理费是什么？	经理有权获得超过受管理资产2%的管理费吗？如果是的话，那么投资策略在运营上是否足够细致来证明这样高的运营负担是合适的呢？总回报可能不会高到足以让投资者有足够的净回报来抵偿风险。如果不是，那么这就是一个警示信号。
绩效费是什么？	经理有权获得超过利润的20%吗？如果是的话，这就是一个警示信号，因为即使基金盈利，对投资者的回报也可能不足以抵偿这样的风险。 预期回报扣除费用后可能是足够的吗？如果不是，再次考虑投资，因为净回报可能不足以抵偿风险。 协议是"高水位"(high water mark)的吗(即投资者有了利润，经理收取利润的一部分，经理只有在损失弥补后的年份才能获取利润)？如果不是，这表明经理部分是不公平的，可能不会建议投资。

续表

描述/领域	调查的关键领域/警示记号
撤回条款是什么？该协议允许投资者撤回所有资本或是其资本的一部分吗？如果是这样的话，在什么情况下投资者必须给出书面通知(如90天或180天)，以及每年投资者可以撤回多少次？行业标准有所不同。	部分撤出资金的能力是重要的,因为它允许投资者调整组合或执行策略的变化而完全没有失去投资基金的机会。通知和清算时间长会由于流动性不足而增加了投资者损失的风险。如果协议包含了限制非常严格的撤回的权利,与声称的基础基金资产的流动性不符合,那么这就是一个警示信号。
财务报表和业绩	
直接从审计师那里获取过去三年经审计的财务报表的副本。	检查它们是否与经理提交的基金的业绩一致。不接受基金提供的副本。审计人员未能提供真实的副本是一个警示信号,它是经审计的和报告的业绩之间的任何不一致。不满意的意见也是警示信号。
直接从基金的会计师事务所获取过去三年提交纳税申报表的副本。将结果与经审计的财务数据比较,协调税务结果与财务数据(通过未实现收益/损失)。	不接受基金提供的副本。纳税申报表应该包括纳税安排和声明(除了纳税安排 K-1,它披露了每个投资者在基金的头寸)。确定税收目的,基金是被视为证券交易者还是作为投资者。如果基金被视为投资者,那么这就是一个警示信号,因为投资者的税收通常是不利的。
获取开始以来扣除费用后的业绩报告。如果业绩演示材料(performance presentation material, PPM)给出了统计历史,那么对此进行审查并与经审计的财务数据比较。如果经理提供了历史结果,询问这些结果是否符合AIMR(行业协会)关于结果报表的指南。检查投资经理过去在其他基金的业绩(如可行的话)。	让经理解释月度历史业绩的任何波动,或基金规模的巨大变化。基金成立后最大的撤回是什么？如果经理不能完全解释大幅的业绩波动或 AUM 的重大变化,那么这就是一个警示信号。如果业绩结果与 AIMR 不符,那么这就是一个警示信号。如果业绩报告与 AIMR 相符,执行回报的自相关[1]和欧米伽比率[2]评价来检测回报操纵或平滑。要求经理解释与其同行在任何指标上的巨大偏差。无法充分这样做就是一个警示信号。

---

[1] 自相关是信号与其自身的交叉相关。非正式地,它是观察值之间的相似性,用它们之间的时间间隔的函数来表示。这是一个数学工具,用来发现重复的模式,它是由对冲基金经理操纵月环比回报要么夸大回报要么低估波动引起的。Lo(2002)记录了对冲基金回报的正自相关会夸大夏普比率。

[2] 欧米伽比率衡量的是投资资产、组合或策略的风险。它包括将回报区分为给定的阈值之上和之下的损失和得益,欧米伽比率就是得益概率除以损失概率的比率。欧米伽比率考虑了分布的所有矩(平均回报、波动率、偏度、峰度和更高阶的矩)。因此,举例来说,它对非正态回报是有效的,对对冲基金回报的不对称性是适合的。

续表

描述/领域	调查的关键领域/警示记号
在投资策略组中,基金报告了远优于其他基金的业绩了吗?	如果是这样的话,就要求解释,因为有许多欺诈涉及据称是优秀的业绩,而该业绩与主流趋势是背道而驰的。
评估组合持有资产的方法,包括持有的非流动性资产。讨论估值过程和用于定价的来源。如果有任何非流动性证券,找出它们在组合中所占的比例和用于定价的指南。此外,验证它们是如何衡量流动性不足的风险的。	如果经理决定某些资产或某些类型资产的估值,或经理过度影响这些资产的估值,那么这就是一个警示信号。
投资条款	
基金经理在基金中的投资水平	基金经理应该有一部分他的个人净资产投资于基金,以使他的利益与投资者一致。没有这么做就是一个警示信号。
基金中客户和投资者的类型(如机构、高净值个人等)	理想情况下,客户应按类型和流动性偏好多元化,但这并不总是可能的。高流动性偏好和短赎回期限投资者的集中可能是一个警示信号,但这也取决于基金资产的基础流动性,如果没有提前赎回费。
投资者锁定和退出时间	投资者具有从基金优先或提早退出的回签函,是一个警示信号。
经理和员工的诚实正直	
员工的就业历史是什么?他们曾受雇于其他对冲基金吗?	如果是这样,核实就业并审查这些基金的历史。以前基金的命运怎样?基金具有快速倒闭、封闭自己或被迫进行清算的,是一个警示信号。 他们受雇于大型金融机构吗,如果是这样的话,以什么身份呢?任何对就业的编造就是一个警示信号。
获取经理的照片识别(驾照、护照等)。进行背景调查一定要获得每个人的允许。	不允许进行背景调查是一个警示信号。
检查法院对经理及其负责人的判决。	所有对基金、经理或员工的诉讼或监管诉讼都应该审查。投资者应该确定事件是否已解决,是否有投资者遭受了损失。 应该避免有过调查和诉讼的基金经理,即使这些事件被驳回。法院对经理及其负责人的判决是一个警示信号。
从经理那里获得至少三个证明人:查询谁是推荐人并开展尽职调查。	经理拒绝提供证明人是一个警示信号。

续表

描述/领域	调查的关键领域/警示记号
有合规手册和道德准则吗？个人交易政策是什么？不在工作场所的组合经理无法监控吗？	缺乏道德准则和合规手册可以表明合规文化薄弱。类似地，缺乏个人交易政策表明合规文化薄弱。两者都是潜在的警示信号。
过去三年中员工流动率一直是什么样子(离职和新员工)？	突然、多个、不明原因的离职可能是员工因对不道德的商业行为不适而离开公司的迹象。这是一个警示信号。
投资组合构建	
要求提供组合特征的细节(如典型的多头和空头头寸数量、持有多头和空投的行业细分、平均持有期、清算天数、营业额、波动率等)	经理多元化的方法是什么(如一个可能的限制是持有特定股票不超过5%，持有特定行业不超过10%)？过度多元化的组合会稀释阿尔法。多元化不足的组合可能增加特质风险且没有提供适当的回报。 组合流动性与潜在的投资者赎回期限相配吗？ 过度集中或流动性较差的组合是一个警示信号。
投资的平均持有期	过长的持有期可能表明非流动性头寸并可能是一个警示信号。
基金的杠杆信息和总杠杆限制	具有高杠杆和高收益或损失的历史可能表明缺乏纪律或具有赌博类型的行为，是一个警示信号。 无法明确对杠杆的具体限制可能表明缺乏交易纪律，是一个警示信号。
经理的风险管理过程	风险管理过程应关注具体策略的主要风险，不仅包括投资风险，而且包括资金风险、运营风险和交易对手信用风险。 无法明确风险管理过程可能表明缺乏风险管理纪律，是一个警示信号。
运营能力	
基金的经纪公司是谁？	他们的声誉好吗？他们的信誉如何？基金多元化其大宗经纪商了吗？基金遵循什么程序来减轻大宗经纪商的交易对手风险？他们允许证券被再抵押吗？如果是这样的话，它大于债务的140%吗？他们经常清除大宗经纪业务中的超额股票吗？他们有保证金锁定吗？他们有第三方保证金协议吗？ 如果大宗经纪商没有多元化且这些问题共同将基金暴露于交易对手风险和/或资金风险，这是一个警示信号。
应急和业务连续性计划	能够使基金在运营中断后快速重新开始运营的业务连续性计划对于避免潜在的重大损失是至关重要的。 缺乏业务连续性计划是重大疏忽，这些基金应该避免。

续表

描述/领域	调查的关键领域/警示记号
交易分配过程的描述	经理管理多个基金和管理账户,应该要求书面的交易分配过程。 这样的过程应该符合 AIMR 原则。 缺乏书面政策应该认为是一个警示信号,因为它可能会导致不公平的交易分配和业绩操纵。
给投资者的历史月度资产净值的频率和详细信息	月度业绩结果不能在次月两周内提供的对冲基金可能表明:(1)资产流动性不足,(2)运营能力不足。这样的基金应该避免。

此外,潜在投资者应该评估基金的关键员工的角色。投资者可能准备和分发问卷给基金管理公司的董事、官员和负责人,了解他们的背景和经验,包括是否参与了任何破产、刑事、民事或行政诉讼,是否拥有基金证券,是否与基金有商业交易,以及与他们对基金业务的了解和参与相关的其他信息。这些信息也可能会与基金的重点人员的第三方背景调查相互参照。

检测异常回报模式

业绩和风险衡量未能充分暴露某些风险如对冲基金的欺诈的主要原因之一,是对冲基金策略的独特性和执行这些策略相关的运营问题。对冲基金回报不像只做多头的基金那样容易分解并可归因于明确的风险因素。

这就是说,定量分析可以提供潜在回报操纵和欺诈的线索。一些作者,包括Getmansky 等,认为对冲基金回报自相关的存在是欺诈的迹象,而其他人则争辩说,它只是表明对冲基金持有的基础资产的非流动性。[1] 博伦和克里普莱(Bollen and Krepely)声称正自相关的存在表明回报平滑,而阿斯内斯、克莱尔和刘(Asness, Krail and Liew)认为它是价格僵化的证据,它可能是善意的偶发事件或是恶意的故意。[2]

任何单个基金的回报的定量评估必须与其他策略对照着进行评估。这是因为某些策略比其他策略显示更高的正自相关。可转换套利、不良证券和固定收

---

[1] Getmansky, M., A. W. Lo, and I. Makarov 2004, "An Econometric Model of Serial Correlation and Illiquidity in Hedge Fund Returns," *Journal of Financial Economics* 74: 529—609。

[2] Bollen, Nicolas P. B., and Veronika Krepely Pool, "Conditional Return Smoothing in the Hedge Fund Industry," *Journal of Financial and Quantitative Analysis* (JFQA),即将出版。可以在 SSRN 网站 http://ssrn.com/abstract=937990 获取。

益套利的自相关估计较高,股票和全球宏观策略的自相关很低,主要是因为每个策略使用的基础证券的流动性存在差异。

由于自相关本身并不是回报操作或欺诈的证据,因此存在着这样的危险,即运用自相关测试会导致假阳性。为减少假阳性的可能性,需要过滤同行的异常优异业绩的同时自相关。[1]

自相关

如果今天的业绩会对下个月的业绩产生影响,那么就存在着自相关。形式上,自相关可以表示成:

$$r_{t+1} = \rho_0 + \sum_{k=1}^{q} \rho_k r_{t-k} + \varepsilon_{t+1}$$

其中,q 为滞后回报的数量;

ρ_k 为 k 期滞后回报的偏自相关;

ε 为残差。

一种自相关测试是 Box-Ljung 测试(或 Q 统计量)[2]:

$$Q = T(T+2) \sum_{k=1}^{q} \frac{\rho_k^2}{T-k}$$

其中,原假设是时间序列是独立分布且不是自相关的,备择假设是回报的时间序列是自相关的。使用六个月滞后回报自相关,Q 统计量的 p 值水平表明原假设能否被拒绝。p 值越小,反对原假设的证据越强,自相关出现的可能性就越大。

由于许多对冲基金策略显示自相关,因此如果怀疑某只基金,那么它应该大幅超过其策略的自相关级别,其业绩会明显优于同行。经理不太可能操纵他的回报低于同行。

超过同行的业绩

检测超过同行的业绩为不正常的回报分布的一种方法是欧米伽。[3] 欧米伽是以概率加权的预设的回报阈值上的收益和损失的比率。用公式表示为:

---

[1] 不管什么原因,如果月度回报序列受到正自相关影响,定量分析师未能做出适当的调整,真正的年化波动率就会被低估,真正的多样化的好处将会被高估。一些对冲基金的基金可能会使用风险预算给经理配置。这种方法经常在战略和经理层面与边际在险价值分析或最大风险限制一起使用。在某种程度上,基础对冲基金回报流受到正序列相关性的影响,不调整到估计风险而配置风险桶将会偏离总体组合并过度加重这些经理的负担。

[2] Ljung, G. M., and G. E. P. Box 1978, "On a Measure of a Lack of Fit in Time Series Models," *Biometrika* 65: 297~303. doi:10.1093/biomet/65.2.297.

[3] Barreto, S. 2006, "'From Omega to Alpha' A New Ratio Arises," *Inside Edge*, Hedgeworld.

$$\Omega_X(\tau) = \frac{\int_\tau^\infty (1-F_X(x))\,dx}{\int_{-\infty}^\tau F_X(x)\,dx} = \frac{收益}{损失}$$

其中，τ 是预设的回报阈值或最小可接受回报。

与其他回报指标相比，欧米伽的优点是，它没有假定回报是正态的，并在计算中使用了回报的具体经验分布。例如，夏普比率假定回报是高斯分布的，这个假设对于对冲基金来说是太强了。

应用

自相关和欧米伽可用来为潜在的对冲基金就同行和代表性指数排名。单个基金欧米伽和 p 值结果可以作为索引编入欧米伽和 p 值水平成为 HFR 指数，HFR 指数与其策略相匹配，HFR 指数值作为除数。然后基金可以根据它们的欧米伽和 p 值索引进行排序。高索引的欧米伽值和低索引的 p 值可能是高欺诈风险的一个信号。例如，伯尼·麦道夫（Bernie Madoff）的基金——格林尼治费菲德哨兵（Greenwich Fairfield Sentry），其欧米伽指数比等于 42、p 值接近 0，表明远超于同行的业绩和相对于同行很高的回报自相关。投资顾问或基金的基金经理可以制定如下规则：每个分布前 10% 的基金可以过滤掉，如果其仍要保持一个可行的投资候选，那就需要进一步调查欺诈。

对冲基金监控

当目标配置已经确定，投资者分配资本到选定的对冲基金后，工作绝没有完成。从这时起，监控投资以确保它符合预期就变得必要了。必须不断地评估组合经理以确定他们仍然是最好的选择。他们还满足投资者的最低可接受回报和风险标准吗？他们的同行现在在一个或多个类别做得更好吗？经理还在做着雇用他们来做事情吗？与同行相比，这些投资仍然是投资者能做的最好的吗？投资者、他的顾问或基金中的基金经理通常会每隔几个月访问经理以确保投资协议的规定仍然得到遵守。在定期到办公室拜访之间，投资者必须依靠报告的基金回报来确定基金是否遵循协商一致的指导方针。然后这些就需要综合起来来评估基金中的基金的组合是否如预期那样运行。

一般来说，最好对投资的基金至少每月进行一次完整的定量分析。这就能够追踪对冲基金因素的发展,确认预期相关性仍然实现和滚动波动仍在预期内,监测综合组合的下行风险和持续风险分析。此外,建议与经理每季度或每半年进行一次小型尽职调查会议,来检查组合、市场和策略。定量分析在生成相关问题与基金经理进行讨论方面也很有用。最后,重要的是至少每年要进行监管和推荐人检查一次。

再次,因素分析在监控过程中要扮演非常有价值的角色。投资后更新对冲基金回报的因素分析允许投资者和基金中的基金经理对组合中基金特征的变化有一个更好的观点(例如,阿尔法、贝塔和相关性的增加或减少)。它还可以引导基金经理对业绩或策略变化的质疑。最后,各种解释回报因素相对力量的显著和持续的变化可以显示基金风险特征的变化并促进对各经理配置的调整。

许多投资者和基金中的基金经理,为了建立一个多元化的组合,会选择相互间低相关、不相关或负相关的基金,或者选择与基准低相关、不相关或负相关的基金。为了检查基金和基准之间的相关持续维持在低位,投资者或基金中的基金经理可能会每月进行一致相关性计算。因为投资前回报时间序列可能很长,且对冲基金每月要报告回报,因此每月更新相关性计算不一定必然证明其在组合中的发展趋势,直到为时已晚。在一个相当短的时间窗口跟踪基础基金的滚动相关性会在相关性统计中引入更大的波动率和更不精确,但使它对变化更具响应性。投资者或基金中的基金经理可以询问基金的变化。为什么基金的相关性增加?策略有重大改变?基金投资过多的现金于指数吗?经理打算在未来做什么,如果有的话,以确保基金不会过度和永久相关于特定的指数?如果相关性变化是伪造的,那么基金将无法解释。如果它是由于策略改变或外生的市场现象,那么基金就会这么说。较短的时间窗口增加了投资者在潜在损失发生前做出调整的可能性,但也会产生假警报的更大可能性。

同样,因素分析可以在对冲基金回报上运行。关键是要考察因素在滚动时间期间的变化,这可能对组合产生负面影响,而不仅仅是看某一时点上的快照。由于这较短的时间窗口增加了结果的不确定性,因此到你能确定的时候,它可能已经是太迟了而不能避免损失。

霍尼克(Hornik)等提出了监控给定的历史时期新进数据平稳回归关系的一种健全的过程。[1] 该过程被 Gupta and Kazemi 改编用于对冲基金因素监测,

---

[1] Hornik, Kurt, Friedrich Leisch, Christian Kleiber and Achim Zeileis 2005. "Monitoring Structural Change in Dynamic Econometric Models," *Journal of Applied Econometrics* 20(1): 99–121.

他们表明,它在三个著名的对冲基金倒闭前(拜誉基金、Marque 合伙 I 和 V-Tek 资本)能有效检测风格转换。[1]

从本质上讲,提出的监控过程比较了基于最后一次尽职调查访问前收到的数据估计的因素载荷与基于最后一次尽职调查访问及其之后收到的数据估计的因素载荷。估计因素间的差异根据数据的波动性和估计的标准差进行比例化。比例化后的差异度量符合布朗桥(Brownian bridge)分布,实证的比例差异与该分布进行对比,看它在一个给定的置信区间统计上是否显著。如果因素敞口是随时间变化的并超出 95% 置信区间,这表明风格转换了。

简言之,假设一个策略的基金回报率可以用以下形式的线性因素模型来表示:

$$r_t = \beta_0 + \sum \beta_j f_{jt} + \varepsilon_t$$

其中,R_t 为基金在时间 t 的回报,β_j 是基金的因素敞口,$j=1,\cdots,F$,F_{jt} 为因素 i 的回报,ε_t 为误差项或未解释的经理的阿尔法。

最后一次尽职调查前,$t=n$,经理的回报是由上面的模型生成的。因此,分析的目的是使用在时间 t 观察到的回报,其中 $t=n+1,\ldots,T$,T 是下次访问的时间,来看因素敞口是否有实质的变化。由 Hornik 等提出的监控测试使用以下检验统计量:

$$Y(t) = \Lambda(t) \times (\beta^{\Lambda(t)} - \beta^{\Lambda(n)})$$

其中,$\beta^{\Lambda(n)}$ 是使用 n 期(也就是说,最后一次尽职调查访问的日期)前数据的线性因素模型系数向量的估计值,$\beta^{\Lambda(t)}$ 是基于最近回报数据的因素系数向量的估计值,$\Lambda(t)$ 是与数据的波动率和估计的标准误差相关的比例因子。为了确定线性因素模型是否存在结构性的变化,$Y(t)$ 的值要与 $\pm b(t)$ 相比,其中

$$b(\tau) = \tau(\tau-1)[\lambda^2 + \log(\tau/\tau-1)]$$

$$\tau = t/n$$

如果 $Y(t), t=n+1,\ldots,t$,超出了两个边界,那么没有变化的零假设就被拒绝。选择 λ^2 的值来反映置信水平(例如,在 95% 置信水平 $\lambda^2 = 7.78$)。如果因素敞口是随时间变化的并超出 95% 置信区间,这表明风格转换了。

其他类型的策略转换可以通过定性监控检测。在评估和监控对冲基金时,似乎资产规模是一个非常重要的业绩因素。许多经理往往在其基金小而灵活时获得最好的回报。最好的会向新投资者关闭其基金而不是让业绩受损;但其他

---

[1] Gupta, Bhaswar (with Raj Gupta) 2009, "Abnormal Return Patterns and Hedge Fund Failures," *Risk Management of Financial Institutions*, Spring.

的被更高的管理费用和业绩不会受到影响的信心诱惑,会继续募集资产。根据策略,如果没有足够的机会来配置资金,业绩可能会随着资产增加而下降。在这种情况下,经理可能会偏离最初使他们成功的策略,可能会采取以下策略之一来控制资本:

1.到经理的专业领域之外寻找更多的投资机会。一些发展机会是符合逻辑的,可以有利可图(合并套利经理关注其他事件驱动的机会,可转换经理调查Reg. D,等等)。然而,当经理背离他或她目前的策略时,总是有风险的。

2.集中更多的资金投入到顶级的投资设想,从而增加了一个特定的投资可能严重影响整个基金的风险。这可以通过跟踪最大头寸随时间占受管理资产的比例来检测。

3.从顶级投资设想转向二线、三线或四线的机会,从而影响基金的业绩。这可以通过恶化的业绩来检测。

4.基金保持大量的现金,从而降低回报。这可以通过跟踪基金每月的现金头寸占 AUM 的比例来检测。

5.将部分投资管理过程移植进其他次级顾问,他们可能没有经理的经验水平、证书或后台基础设施。如果没有预先通知投资者,这是不会发生的,并可以在周期性的尽职调查更新中查询到。

6.花更多的时间来管理组织、更少的时间管理基金,让更初级人员处理日常运营。如果没有预先通知投资者,这是不会发生的,并可以在周期性的尽职调查更新中查询到。

如果随着资产增长而业绩落后了,那么投资者应该问问经理是否达到他的极限能力。他有足够的人员来处理额外的资本吗,或者他会花更多的时间在后台职责而花更少的时间在实际资金管理上吗?经理确信他已经发挥了最大能力了吗?

业绩的上升和下降是什么引起的,经理是怎么应对的?有其他基金在他的基金处于平稳时持续增长吗,它需要经理更多的关注吗?如果经理认为资产不会影响业绩,那么如何解释当前的业绩?有许多问题能从简单的业绩时间序列图与受管理资产的对比中检测到。

结　论

经验证据表明,投资对冲基金,如果做得好,可以提供更高的组合回报和更低的组合相关性,并对下跌市场引起的损失提供部分保护。但对冲基金投资带来的挑战,可能是典型的只做多头的投资者以前没有碰到过的。

决定传统组合中有多少配置给对冲基金需要对投资者或投资要求中规定的风险承受能力和目标回报预期进行复杂的评估。缺乏透明的数据和对冲基金回报的非正态分布使得创建满足这些要求的配置变得更为复杂。投资者需要用更复杂的分析技术如因素分析、适合于非正态回报分布的风险调整业绩统计和深入的对冲基金策略知识来武装自己,使尽职调查能增加价值。所有这些定量和定性分析必须放在一起来筛选和排序对冲基金。筛选和组合构建过程必须包括预先的压力和情景分析,用来发现缺点和减轻尾部风险的方法。

当所有投入都已经给予给定的对冲基金配置后,这些投资必须受到监控以了解预期是否得到满足,并且是否有可能继续得到满足。跟踪对冲基金回报的因素敞口、相关性和周期性的定性评估,对于在损失发生前检测风格转换和基金业绩的潜力是必要的。如果执行得当,这些过程可以增加投资者获得对冲基金更高的好处和避免大部分下行风险的可能性。

第8章 结 论

最近的信贷危机引发的市场事件是前所未有的。随着危机席卷金融市场,它显示了对冲基金的商业模式的脆弱性,尤其是对冲基金需要在承担风险和稳定的流动性和融资要求的杠杆间取得平衡。产生可持续的阿尔法的艺术要求起伏的市场力量、融资、杠杆和风险承担之间保持持续的均衡。基金经理、投资者和债权人的行为没有可量化的公式,极端市场波动的频率和幅度不能以很大的确定性来预测。有出错的很大可能,但通常几乎没有出错的余地。

虽然对冲基金及其投资者在金融危机期间从直接经验中学到了许多教训,但这些都是在相互隔离状态下学到的,并经常被隐藏以最小化对基金声誉的潜在损害。本书一直试图将这些教训汇总并提炼,使投资和金融界不再重复过去的错误。

总之,这些教训包括:

1.对冲基金应该实施全面风险管理,在许多情况下雇用一名全职风险经理。考虑到风险管理所需的功能(如第2章中所述),需要在对冲基金中配置风险管理人员。大多数对冲基金策略的风险特征是投资风险和资金风险占主导(见第3章和第4章),这就必须让负责风险管理的个人和财务总监紧密合作。另外,这些职位应该结合起来。

2.风险管理应该考虑基金的总业务风险,而不是仅仅单独专注于投资组合的风险。组合的投资风险通常只以投资组合中的证券的固有风险来评估,而不是以内嵌于基金商业模式的资金风险、交易对手风险和运营风险来评估。这种对投资风险的关注隐含假设着对冲基金的重大风险都来源于投资组合,在任何情况下,组合经理对基金的资产都拥有唯一和独家的权利。这是一个错误的和潜在的灾难性的假设。

3.应该运用前瞻性情景分析来明确预期基金的不同利益相关者的潜在行为。对基金赎回和满足潜在的追加保证金的现金需求,应根据利益相关者的权利来评估,这些规定在基金的章程性文件和大宗经纪合同中。应该对最坏情况下从投资组合产生现金的能力进行评估,对现金潜在的极端需求进行分析,并制定适当的应急计划。主要交易对手失败对基金流动性的影响,应该是这个情景分析的一部分。

4.管理资金风险的能力可能会受到在章程性文件和与大宗经纪商签订的融资和担保协议中授予投资者和债权人权利的限制。如第五章所述,管理资金风险的策略应该根据最坏的融资情景测试来评估,这样测试结果才会表明潜在的资产/负债不匹配和资金缺口。基金的章程性文件的构建及其与大宗经纪商的安排应该致力于减少这些潜在的资金缺口。

5.作为资金风险管理的一部分,基金应该评估在市场驱动保证金方法下保证金需求的稳定性和可预测性,以在平稳的市场提供高杠杆,但在市场危机时增加非预知的保证金。从大宗经纪商那里的融资的稳定性可以通过该关系对经纪商来说仍是盈利的方式来增加,即使在市场混乱和再抵押市场的流动性下降的时候。

6.对冲基金业务模型外包了许多服务以获得运营效率,但这样做在运营和财务上会产生对交易对手的依赖。交易对手破产可能对基金业绩产生重大的负面影响,对其运营是极具破坏性的。如在第 2 章和第 6 章所讨论的,交易对手风险和运营风险的管理需要在选择和多元化交易对手时进行严格的尽职调查和持续的监控。最小化交易对手敞口是以一定的经济代价换来的。限制经纪商再抵押抵押品的能力,或初始保证金的第三方安排,最大限度地减少了交易对手敞口,但也引起了经纪商的成本,降低了提供融资的吸引力,除非有适当的补偿。

改变的重要性

最近的大部分危机中好的一面是,相对回报投资者累计的痛苦的负回报意味着绝对回报投资留在这里。投资者的日益成熟和对冲基金对机会和投资者的加速竞争意味着大规模的绝对回报投资将变得越来越制度化。

对冲基金业的未来主要是由其投资者的差异化需求驱动的。投资者在信贷危机中的损失经验,大多数的市场策略(非 CTA)不能令人满意的相关业绩,以及许多知名对冲基金在大量赎回要求面前令人不满意的反应,置基金经理于压力之下。投资者将继续配置资本到那些显示风险调整业绩优于同行的基金。投资者允许这些基金去平衡其同行的错误并将其已被证实的投资和风险管理准则

第8章 结 论

扩展到新的策略和地理区域。

随着对对冲基金策略理解的人越来越多,传统高速套利策略的不断升级,阿尔法生成将变得更加困难。竞争会减少回报。虽然业绩回报仍能保持高水平,但费用将会增加,因为技术和人员的投资需要保持优势。投资者对其投资实践、风险特征和风险管理透明度要求的不断提高,也将增加对冲基金的成本。对单独托管账户的要求也将因赎回风险而继续增长。投资者将继续更加关注对冲基金的潜在缺陷与成功运行和管理基金所需的专业知识。现有的参与者需要维护并提高规模经济,新进入者将会面临越来越多的进入壁垒。整合是可能的,因为较大的制度健全的公司是建立在核心投资和风险管理能力之上的,而非单个的明星基金经理之上。[1]

考虑到发达国家和发展中国家之间经济和政治力量的变化,以及源自人口结构的变化(生育率下降且人均寿命不断增长)、发达国家的债务水平(税收上升和较低的实际利率)、全球化和移民、大宗商品有限的供应和全球需求的增长、宗教信仰冲突、收入差距扩大和全球变暖引起的艰难的政治抉择,不确定性也仍然存在。风险管理无法消除不确定性,但它可以通过避免不必要的风险来降低风险,多元化和量化那些不可避免的风险,确保投资决策是在潜在后果完了解情况下做出的,即使这些决策被证明是错误的。

业内人士的回报不会是均匀分布的。对冲基金间的收益越来越倾斜,这取决于他们的风险特征和风险管理能力。顶级对冲基金衡量、预算和控制风险的能力具有策略和竞争优势。本书致力于分析这些能力和共享知识,这样投资和金融界在最近的信贷危机期间所犯的错误才不会重复发生。

---

[1] 在过去三年中,许多成功的公司都由于业绩不佳或客户赎回而退回资本并关闭。最近高调宣布关闭的是,斯坦利·德鲁肯米勒(Stanley Druckenmiller)的杜魁斯尼资本管理有限公司(Duquesne Capital Management LLC),其负责监管120亿美元,从来没有一年亏损过,但在2010年下降了5%。德鲁肯米勒表示,他很失望在过去三年里不能匹配自1986年以来平均每年30%的回报,因此他将关闭该基金。

附录1 尽职调查的主题

公司的历史

何时成立、何人成立和种子 AUM 的金额？
主要决策者的背景？
组织结构(管理/决策)？
有投资委员会吗？它在整体资产配置决策中的作用是什么？
哪些个人覆盖哪些市场？
NAV 有多少(总额和按基金细分)？
基金的法律结构是怎样的？
法人之间有交叉持股吗？如果有的话,到什么程度？
基金注册于不寻常的离岸司法辖区吗？如果是,为什么选择那里？
存在明显的利益冲突吗？

投资者

每只基金的最低投资是多少(通常在发行备忘录中说明)？
基金募集的历史是怎样的(可能在财务报告中是明显的)？
募集了多少资金(最初和最近时期)？
有什么样的撤回历史(获取资本的流入/流出和费用的历史)？
资金募集和营销策略是什么？
主要投资者的背景是什么？
赎回的政策是什么？
多少比例的 AUM 是由高净值个人投资的？
多少比例的 AUM 是由机构(例子)投资的？
多少比例的 AUM 是由基金中的基金投资的？
委托人的钱有多少已经投资了？投资于哪些基金？

某些投资者或某些类型的投资者持有的 AUM 有集中的倾向吗？
最大投资者持有的 AUM 的比例是多少？
各基金的前五名/前十名投资者拥有的总 AUM 比例是多少？
最大投资者投资于基金多久了？

投资策略

所用的每个策略的描述。
使用的证券工具是什么？
融资/杠杆的主要来源是什么？
使用的对冲技术是什么？
他们喜欢的交易的例子，他们不喜欢的交易的例子，以及为什么。
交易的时间范围。它符合投资策略和赎回条款吗？
赎回权利是如何规定的？如何管理不匹配？
有新策略吗？如果有，它们如何增加新市场/风险的专业知识？
所有基金并行运行吗？如果不是，应该解释差异。

业绩

哪些交易期间是最糟糕的？业绩不佳的原因是什么？学到了哪些教训？采取了哪些补救措施？

有没有详细的回报历史数据？要求与他们提供给有限合伙人那样的频率更新报告。

业绩与对冲基金指数比如何？与基金设定的基准(例如瑞士信贷第一波士顿/特里蒙特)比如何？

风险管理

基金是如何给整个基金按头寸量化风险的？
需要 VaR，最好是按基金的子组件来计算。
资产流动性纳入 VaR 了吗？
需要压力测试的结果(情景描述，财务结果)。
基金如何监控资产之间、基金之间等的相关性？
审查风险度量方法和程序。
个人交易的止损限额和程序是什么？

建立头寸时,基金总是执行止损指令吗?

基金有凌驾于止损和其他限制之上的倾向吗?这些决策是什么时候由谁做出的?

什么是基金的集中度限制:与 NAV 相比,典型值和最大值?交易思路或投资主题有集中度限制吗?证券呢?市场呢?地理位置呢?

流动性风险管理:头寸的流动性,经理对 NAV 的定义和政策限制。

这些(如给定证券发行量、成交量的百分比)是证券相关的流动性限制吗?

管理层定义的"非流动性"头寸的总体政策限制。

运营风险度量:内部控制和组织。

需要所有风险报告的副本。

杠杆的容忍度

管理层如何度量杠杆?

表外头寸包括吗?如果包括,如何包括?

什么因素改变管理层对杠杆的容忍度(例如资产/市场风险、波动性)?

杠杆对市场风险、资金风险和资产流动性风险的影响是什么?

什么是基于风险的杠杆度量(例如,VaR/股本或压力损失/股本)?

现金流和资金流动性风险的管理

使用了什么方法[如现金/股本或 VaR/(现金+借款能力)]?

有多少大宗经纪商?他们是谁?业务按经纪商细分后是怎样的?

有多少现金用于满足追加保证金,满足赎回(审查赎回权)?

流动性计划过程/应急计划。

定价程序

什么是审计报告声明程序?多少百分比的 AUM 在级别 1、2 和 3 的资产?

发行备忘录中描述的定价过程是怎样的?它们与经审计的财务报告匹配吗?

按市值计价政策。

上市产品的估价程序。

检查交易商的未上市投资(提供价格的交易商数量?基金中谁对决定未上市投资的估值?)

经理/交易员标志的使用频率是多少(占总额的比例)?

每日损益的可得性。

与侧袋存放相关的估值程序。

与私募或受限证券或私募股权相关的估值程序。

后台办公室

内部:有多少人参与？他们的职责是什么?

外部:谁是服务提供商?

附录2　对冲基金倒闭案例

不凋花顾问有限公司(2006)

不凋花顾问(Amaranth Advisors)在2006年9月在天然气期货市场损失了大约60亿美元。不凋花在其天然气策略中拥有集中且未多元化的头寸。由于运用了大量杠杆,其头寸大得惊人,约占全球天然气期货市场的10%。不凋花未能将头寸规模与很小的日交易市场价值相比,并留出足够的流动性储备。由于其证券很集中,它未能正确地评估到无法按最新的报价或其附近出售期货合约并做出相应的准备。对冲基金需要明确地管理资产流动性风险。

在不凋花案例中,集中度是如此之高,以至于在它需要平仓时没有自然的交易对手。不凋花遭受的一部分损失是由于资产流动性不足。从2006年8月31日到2006年9月21日为期三周的天然气期货合约回报对超额未平仓合约的回归分析表明,8月31日的未平仓合约远高于历史正常值,那些合约遭受了较大的负回报。[1]

长期资本管理公司(1998)

因经济冲击导致过度的按市值计价的损失和追加保证金,长期资本管理公司(Long-Term Capital Management,LTCM)陷入现金流危机,后于1998年得到由14家银行组成的财团救助。该基金陷入困境源于其资金和资产流动性问题。长期资本管理公司倒闭引起的资产流动性问题说明了流动性变得更有价值了(危机后确定如此)。因为大部分资产负债表项目暴露于流动性风险溢价,其空

---

[1] Ludwig Chincarini, "The Amaranth Debacle: A Failure of Risk Measures or a Failure of Risk Management?"*The Journal of Alternative Investments*, Winter 2007: 91。

头头寸相对于其多头价格增加了。这实际上是一个巨大的、未对冲的单一风险因素敞口。长期资本管理公司已经意识到了资金流动性风险。事实上,在市场压力很严重的时候,据估计 AAA 级商业抵押贷款的减值从 2% 提高到 10%,其他证券也类似。为了应对这个问题,它已经以其许多抵押贷款的保证金固定几个星期作为条件协商了长期融资。然而,因为流动性的螺旋上升,长期资本管理公司最终未能为其头寸提供资金,尽管它采取了许多控制资金风险的措施。

附录3　现金管理和倒闭概率

对冲基金是一种新的商业模式,其前瞻性甚至历史的违约概率的量化数据仍然缺乏。创建对各种风险因素的敞口和生成阿尔法使得它比只做多头的基金承担更少的传统交易活动。此外,与只做多头的基金相比,对冲基金寻求用非线性敞口来产生不对称的预期回报特征。为此,他们利用保证金融资和高杠杆,投资非流动性工具,并迅速抓住然后退出市场机会,从而导致高组合成交量。这些生成阿尔法的策略起源于投资银行的自营交易组,得到了那些银行的大部分资产负债表和稳健的运营基础设施的支持。然而,对冲基金的情况却不是这样的,其承担着资金风险和运营风险,而投资者对此却收不到溢价。

本附录的目的是提出一个量化对冲基金破产的概念性框架,可作为 CFO 和 CRO 的一个有用的心智模型来制定涉及他们的最低水平闲置现金的策略决策。下面描述的变量和倒闭概率的正式的量化需要比公开可得的数据更多的数据并超出了本书的范围。

回报特征

对冲基金的回报显示出非高斯特征[1]。如前面章节所示,对冲基金风格的特定回报指数的分析表明,基金策略表现出非零月回报和变动的峰度,所有都大于零(见表 A.1)。能够符合这一观察到的厚尾行为的金融模型是必需的。

---

[1] 在概率论和统计中,正态分布或高斯分布是一个连续概率分布,通常对围绕在均值周围的数据簇给出了一个很好的描述。相关的概率密度函数的图形是钟形,峰值在均值处,被称为高斯函数或钟形曲线。

表 A.1　　　　　　　　按峰度排序的对冲基金指数月回报

月回报（2000 年 1 月～2010 年 3 月）

对冲基金策略	均值	标准差	偏度	峰度	最小回报	最大回报	与标准普尔相关性
固定收益相对价值	0.70	1.26	−2.81	17.72	−7.70	3.70	0.67
不良债务	1.06	2.18	−0.93	5.73	−9.81	8.74	0.75
标准普尔500 指数	−0.17	4.37	−1.43	5.59	−22.80	11.35	1.00
事件套利	0.94	2.07	−1.07	4.64	−8.58	6.86	0.75
市场中性	0.53	0.95	−0.53	4.12	−3.72	4.40	0.34
多策略	0.52	3.10	−1.25	2.90	−6.16	3.91	0.63
可转换套利	0.60	6.50	−0.19	2.33	−7.53	9.10	0.63
股票多头/空头	0.84	2.28	−0.28	2.09	−7.04	9.21	0.67
新兴市场	1.33	2.62	−0.87	1.53	−8.81	7.91	0.90
全球宏观	0.89	1.31	0.58	1.21	−1.97	5.96	0.25
J.P.摩根全球债券	0.55	1.81	0.06	0.27	−3.91	6.35	0.03
CTA/管理期货	0.81	8.53	0.15	0.06	−7.30	8.10	−0.20

资料来源：Greenwich Atternative Investments，EurekaHedge，J.P.Morgan，Dr.Robert Shiller（耶鲁大学）。

结构违约模型

结构违约模型，如默顿模型，对非金融公司特别是生产实体来说已被实证证明是准确的。然而，对于高杠杆金融公司来说，结构模型预测的信用价差明显高于市场所观察到的，这是因为其资产和负债的波动率比无杠杆的非金融公司要高。虽然结构违约模型不能直接适用于对冲基金违约概率的衡量，但它可以提供一个有用的框架来考虑这个概率。

结构模型有三个特定的输入：资产净值、资产净值的波动性和债务/股票的值。该模型还有两个输入：违约壁垒（the default barrier）和违约壁垒的波动率。这些输入用于具体说明资产价值的扩散过程。当资产价值下跌到低于壁垒时，该实体就被认为已经违约。壁垒本身是随机的，具有将跃迁违约风险（jump-todefault risk)纳入模型的作用。结构违约模型通过扩散过程来演化资产价值的运动,违约壁垒波动的根本目的是提供一个能够捕捉到短期违约概率的跃迁过程。

对冲基金拥有资产和负债。负债主要是欠大宗经纪商的借方余额用于偿还保证金贷款。股票是由投资者投入用来换取对冲基金的份额。资产主要是闲置资金和投资组合中证券的净清算价值。

将结构违约模型应用于对冲基金的挑战在于,基金的资产和负债的价值高度随机但不是正态分布(即非高斯)。[1] 投资组合的价值变动取决于市场回报,因为对冲基金的回报(如表 A.1 所示)不同程度上与标准普尔 500 的回报相关,但它也随其他不可观察因素的结果而变动。同样,基金的负债价值主要随欠大宗经纪商的借方价值的变化而变动,它受到经纪商保证金规则、在经纪商那里的抵押组合的质量和经纪商对基金信誉的评估等市场变量的影响。对冲基金投资组合、负债水平和抵押组合的质量,会因为组合经理基于他不断更新的市场观点和机会集做出交易和杠杆决策,而彻底变化和每天变化,这一事实更增加了复杂性。

基于资金的破产模型

正如信贷危机的经验所表明的,当基金不能为自身持续提供资金时,对冲基金的商业模式就崩溃了。这可能是由于投资者对基金的挤兑,他们寻求赎回的份额总量超过了留存现金和投资组合在短期内清算所能产生的现金。它也可能是由于大宗经纪商要求追加保证金,要求立即提供的现金大于留存现金和投资组合清算所产生的现金。因此,给对冲基金破产建立模型的一种更简单和更保守的概念性框架可能是这样的,破产规则设定于当对冲基金的闲置资金和立即清算其投资得到的潜在的现金小于净赎回和保证金所需的现金时。从概念上讲,基金的净现金分布代替了结构模型中的资产净值分布。

用公式表示,确定任何投资者赎回期间的破产概率的框架是:

$$P(A \cap B \cap C) < 0$$

其中,A 为在时间 T_0 和 R 之间清算投资组合所产生的潜在现金的分布;

B 为在时间 R 应付的净赎回所需的潜在现金的分布;

---

[1] 对冲基金的资产和负债的价值是随机的,因为它是不确定的,资产和负债的价值是由一些可预测的元素和一个随机元素特别是市场共同决定的。

C 为在时间 T_0 和 R 之间由于保证金要求改变所需的潜在现金的分布；

R 为赎回应付日期。

换句话说，从赎回应付日期时的清算现金(A)、赎回和认购现金(B)和保证金变化现金(C)的联合分布中得到的值小于 0 美元的可能性有多大？注意，B 和 C 是净值，可以为正的，也可以为负的。

估计 A、B 和 C 的分布

A 分布(在时间 T_0 和 R 之间清算投资组合所产生的潜在现金的分布)的形状变动取决于每只对冲基金的策略和每只对冲基金投资组合的独特内容。然而，所有的基金财务总监或风险经理可以通过第 3 章所述的流动性压力测试来估计他们的特定组合在任何时间范围内能够生成的预期的和最坏情况下的潜在现金量。[1]

B 分布(在时间 R 应付的净赎回所需的潜在现金的分布)的形状将因每个基金投资者基础构成的变化而不同。然而，所有的基金财务总监和风险经理可以估计各自基金的预期和最坏情况下的赎回水平。B 分布的这些点可以基于投资者赎回行为的历史分析来估计。如果基金的章程性文件规定了基金经理可以封闭基金的条件(例如，如果赎回超过基金 AUM 的 20%)，那么最坏情况下的 B 值是已知的了。

C 分布(在时间 T_0 和 R 之间由于保证金要求改变所需的潜在现金的分布)的形状也会因每只基金的信誉、策略和大宗经纪商提供的保证金条款的不同而有所不同。然而，所有的基金财务总监和风险经理可以估计预期和最坏情况下他们的基金所需的保证金水平。C 分布的这些点可以基于大宗经纪商的保证金方法模型(VaR，大宗经纪商基于压力和规则的保证金方法对基金应该是透明的，对冲基金都可以在内部复制)来估计，并应用于不同质量的抵押组合，处于不同的市场情景。此外，如果保证金方法不透明，那么对基金组合的保证金要求的历史分析可以提供所需保证金的分布和变化的重要见解。回归可以提供对保证金驱动因素的洞察。如果基金锁定了保证金，那么最坏情况下给定组合在锁定通知期间所需的保证金水平可以高精确和高置信度地被估计。

潜在的应用

以上所述基于资金的破产模型可作为分析各种策略决策的一个有用的框

---

〔1〕 由清算产生的现金的估计应该被投资组合的资产净值的模拟所覆盖，并纳入严重的市场下降以更好地估计最坏情况下的现金清算价值。

架。这些包括：

- 在给定投资组合波动率、投资组合流动性和长期目标回报情况下，最优的投资者锁定期、赎回条款、保证金锁定期和对冲基金应该具有的保证金水平。

- 在给定所需的杠杆和目标回报情况下，根据投资回报的可变性、投资组合流动性的可变性、保证金要求的可变性以及投资者赎回的可变性，基金应保持的闲置现金的最佳水平。

- 在给定所需的杠杆和目标回报情况下，根据投资回报的可变性、保证金要求的可变性以及投资者赎回的可变性，最优的投资组合流动性水平。

- 在给定可接受的基金破产的概率情况下，根据投资回报的可变性、投资组合流动性的可变性、保证金要求的可变性以及投资者赎回的可变性，基金应保持的闲置现金的最低水平。

- 在给定所需的杠杆和目标回报情况下，根据投资回报的可变性、保证金要求的可变性以及投资者赎回的可变性，投资组合流动性的最低水平。

作者简介

戴维·贝尔蒙特具有超过 19 年的买方和卖方的风险管理经验,曾担任首席风险官、对冲基金风险经理、对冲基金投资者以及对冲基金贷款人。戴维目前是共同基金(Commonfund)的首席风险官,管理着 270 亿美元的长期客户资产,横贯对冲基金、私募股权、房地产、大宗商品、固定收益和股票。稍早前,戴维还是淡马锡控股的风险管理部门负责人,淡马锡控股是新加坡的主权财富基金,在那里他除了对直接投资、私募股权和长期投资进行风险管理外,他还对淡马锡的内部对冲基金策略和第三方对冲基金投资进行风险管理。在他的早期职业生涯中,他还担任过多策略对冲基金黑河资产管理(Black River Asset Management)的前身嘉吉财务市场集团(Cargill's Financial Markets Group)的风险经理。后来,他担任了新视代资本(Nexgen Capital)的风险主任,该对冲基金在新兴市场、信贷套利、波动套利和自然灾害债券持股。

戴维的卖方经验来自于他最近作为瑞银投资银行对冲基金风险信贷的全球负责人和瑞银美洲的大宗经纪风险管理负责人。

戴维拥有耶鲁大学的工商管理硕士和科学硕士学位,是注册金融分析师。

東航金融·衍生译丛
CES FINANCE

第一辑

《看不见的手》
定价：58.00元

《对冲基金型基金》
定价：49.00元

《常青藤投资组合》
定价：44.00元

《对冲基金大师》
定价：53.00元

《对冲基金表现评价》
定价：53.00元

第二辑

《解读石油价格》
定价：29.00元

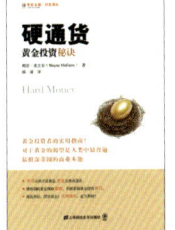

《硬通货》
定价：38.00元

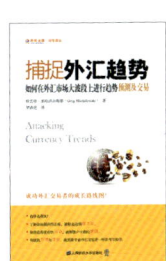

《捕捉外汇趋势》
定价：45.00元

《对冲基金全球市场盈利模式》
定价：49.00元

《使用铁秃鹰期权进行投机获利》
定价：28.00元

第三辑

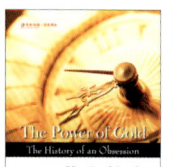

《黄金简史》
定价：50.00元

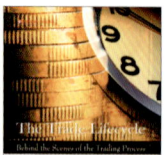

《交易周期》
定价：49.00元

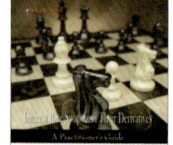

《利率互换及其衍生产品》
定价：39.00元

《期权价差交易》
定价：43.00元

《波动率指数衍生品交易》
定价：42.00元

第四辑

《揭秘外汇市场》
定价：48.00元

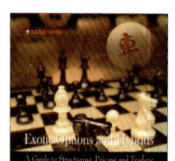

《奇异期权与混合产品》
定价：55.00元

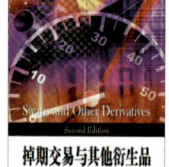

《掉期交易与其他衍生品》
定价：50.00元

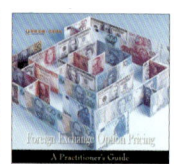

《外汇期权定价》
定价：48.00元

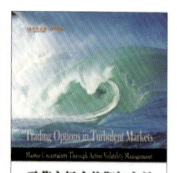

《震荡市场中的期权交易》
定价：44.00元

第五辑

《顶级对冲基金投资者》
定价：36.00元

《期货交易者资金管理策略》
定价：45.00元

《奇异期权交易》
定价：33.00元

《外汇交易矩阵》
定价：45.00元

《债券与债券衍生产品》
定价：48.00元